CEDÊNCIA DE TRABALHADORES E GRUPOS DE EMPRESAS

JOÃO NUNO ZENHA MARTINS

Assistente Estagiário da Faculdade de Direito de Lisboa

CEDÊNCIA DE TRABALHADORES E GRUPOS DE EMPRESAS

TÍTULO:	CEDÊNCIA DE TRABALHADORES E GRUPOS DE EMPRESAS
AUTOR:	JOÃO NUNO ZENHA MARTINS
EDITOR:	LIVRARIA ALMEDINA – COIMBRA www.almedina.net
LIVRARIAS:	LIVRARIA ALMEDINA ARCO DE ALMEDINA, 15 TELEF. 239851900 FAX 239851901 3004-509 COIMBRA – PORTUGAL livraria@almedina.net LIVRARIA ALMEDINA – PORTO R. DE CEUTA, 79 TELEF. 222059773 FAX 222039497 4050-191 PORTO – PORTUGAL porto@almedina.net EDIÇÕES GLOBO, LDA. R. S. FILIPE NERY, 37-A (AO RATO) TELEF. 213857619 FAX 213844661 1250-225 LISBOA – PORTUGAL globo@almedina.net LIVRARIA ALMEDINA ATRIUM SALDANHA LOJA 71 A 74 PRAÇA DUQUE DE SALDANHA, 1 TELEF. 213712690 atrium@almedina.net LIVRARIA ALMEDINA – BRAGA CAMPOS DE GUALTAR UNIVERSIDADE DO MINHO 4700-320 BRAGA TELEF. 253678822 braga@almedina.net
EXECUÇÃO GRÁFICA:	G.C. – GRÁFICA DE COIMBRA, LDA. PALHEIRA – ASSAFARGE 3001-453 COIMBRA E-mail: producao@graficadecoimbra.pt FEVEREIRO, 2002
DEPÓSITO LEGAL:	173174/01
	Toda a reprodução desta obra, por fotocópia ou outro qualquer processo, sem prévia autorização escrita do Editor, é ilícita e passível de procedimento judicial contra o infractor.

"Se por saber se entende um conhecimento definitivo, uma das conclusões mais dignas de se anotar sobre a ciência é a de que esta não conduz ao saber"

W. STEGMÜLLER: "Einheit und Problematik der wissenschaftlichen Welterkenntnis", in Münchener Universitätsreden 41, Munich, 1967, p. 4.

MODO DE CITAR

A indicação de disposições legais desacompanhada da menção do respectivo diploma legal refere-se, salvo disposição em contrário, ao Decreto-Lei n.º 359/89, de 17 de Junho, com as alterações introduzidas pela Lei 39/96, de 31 de Agosto, e, mais recentemente, pela Lei n.º 146/99, de 1 de Setembro.

As traduções para português, em que não tenha sido indicado o nome de um tradutor, são da responsabilidade do autor.

A primeira citação de todas as obras e artigos faz-se pela referência bibliográfica completa; nas referências subsequentes, o título é abreviado e omitem-se todos os outros elementos.

Os algarismos sem indicação, reportam-se, consoante o texto, a páginas ou datas.

A bibliografia, consultada e citada, consta do final do trabalho.

LEGENDA

As abreviaturas utilizadas significam:

AAFDL	–	Associação Académica da Faculdade de Direito de Lisboa
Ac.	–	Acórdão
ACE	–	Agrupamento Complementar de Empresas
AEIE	–	Agrupamento Empresarial de Interesse Económico
AL	–	Actualidad Laboral
Al.	–	Alínea
ADSTA	–	Acórdãos Doutrinais do Supremo Tribunal Administrativo
AktG	–	Aktiengesetz (lei alemã das sociedades anónimas de 6 de Setembro de 1965)
Ar.	–	Repertorio Aranzadi
Art.	–	Artigo
Arts.	–	Artigos
AÜG	–	Arbeitnehmerüberlassungsgesetz
BMJ	–	Boletim do Ministério da Justiça
BTE	–	Boletim do Trabalho e Emprego
BFDC	–	Boletim da Faculdade de Direito de Coimbra:
CC	–	Código Civil
CE	–	Comunidade Europeia
CEE	–	Comunidade Económica Europeia
CEFEDOP	–	Centro europeo para el Desarrolo de la Formación Profesional
CES	–	Conselho Económico e Social
Cfr.	–	confirmar/confrontar
Cit.	–	citado/a
CJ	–	Colectânea de Jurisprudência
CPC	–	Código de Processo Civil
CPT	–	Código de Processo do Trabalho
CRP	–	Constituição da República Portuguesa
CSC	–	Código das Sociedades Comerciais (aprovado pelo DL n.º 262/86 de 2 de Setembro)
DRLI	–	Giornale di diritto del lavoro e delle relazioni industriale
DL	–	Decreto-Lei

DS	– Droit Social
DR	– Diário da República
Ed.	– Edição
EIRL	– Estabelecimento Individual de Responsabilidade Limitada
IDICT	– Instituto de Desenvolvimento e Inspecção das Condições do Trabalho
IGT	– Inspecção Geral do Trabalho
JOCE	– Jornal Oficial das Comunidades Europeias
LCCT	– Regime jurídico da Cessação do Contrato Individual de Trabalho e da Celebração e Caducidade do Contrato de Trabalho a Termo (aprovado pelo Decreto-Lei n.º 64-A/89 de 27 de Fevereiro)
LCT	– Regime Jurídico do Contrato Individual de Trabalho (aprovado pelo Decreto-Lei n.º 49408, de 24 de Novembro de 1969)
LDT	– Lei da Duração de Trabalho (aprovada pelo Decreto-Lei n.º 471/71 de 27 de Setembro)
LFFF	– Lei das Férias, Feriados e Faltas (aprovada pelo Decreto-Lei n.º 874/76 de 28 de Dezembro)
LRCT	– Lei das Relações Colectivas de Trabalho (aprovada pelo Decreto--Lei n.º 519-C1/79 de 29 de Dezembro)
LTT	– Lei do Trabalho Temporário (aprovada pelo Decreto Lei n.º 358/89 de 17 de Outubro)
Nº	– número
OIT	– Organização Internacional do Trabalho
QL	– Questões Laborais
RDC	– Rivista di Diritto Civile
RDE	– Revista de Direito e Economia
RDES	– Revista de Direito e Estudos Sociais
RDM	– Revista de Derecho Mercantil
REDT	– Revista Española de Derecho del Trabajo
RFDUL	– Revista da Faculdade de Direito da Universidade de Lisboa
RIDL	– Rivista Italiana di Diritto del Lavoro
RIT	– Révue Internationale du Travail
Rel	– Tribunal da Relação
RL	– Relaciones Laborales
RLJ	– Revista de Legislação e Jurisprudência
ROA	– Revista da Ordem dos Advogados
RS	– Révue des Societés
STJ	– Supremo Tribunal de Justiça
v.g.	– *verbi gratia* (por exemplo)
ZIAS	– Zeitschrift für ausländisches und internationales Arbeits – und Sozialrecht

INTRODUÇÃO

O presente trabalho destina-se, no seu essencial, a analisar o regime jurídico da cedência ocasional de trabalhadores no quadro das sociedades em relação de grupo, tendo como suporte o disposto na Lei do Trabalho Temporário[1].

Pretende-se, através de uma abordagem teórica e empírica do *fenómeno cedência*, proceder ao seu exame à luz do ordenamento jurídico português, em ordem a apurar eventuais pontos de desarticulação entre o direito constituído e as necessidades regulativas de que parece depender o desejado desenho normativo da cedência ocasional de trabalhadores.

Cumulativamente, traça-se uma análise, necessariamente breve, dos novos contornos das relações interempresariais estabelecidas no quadro de um ambiente sócio-económico cada vez mais competitivo, pautado por um

---

[1] Entendemos que a matéria, dada a complexidade da sua estruturação jurídica e das diversas e problemáticas componentes que apresenta, se encontra disciplinada sem profundidade científica e com uma razoabilidade sistemática no mínimo duvidosa, justificando-se plenamente a sua autonomização relativamente à temática do trabalho temporário. Sobre a questão MARIA REDINHA, *A Relação laboral fragmentada – estudo sobre o trabalho temporário*, BFDC, STVDIA IVRIDICA 12, Coimbra editora, Coimbra, 1995, 155. Na Alemanha, onde também se discerne a cedência ocasional e a cedência definitiva de trabalhadores, a matéria encontra-se fora do BGB (que contém um capítulo expressamente dedicado ao contrato de serviços – *Dienstvertrag* – que engoba quer o arrendamento de serviços, quer o contrato de trabalho), estando regulada na *Arbeitsnehmerüberlassungsgesetz,* AÜG de 1972. Neste quadro, a matéria continua pois a constar da AÜG (com excepção da cedência entre empresas do mesmo grupo – realidade delimitada a partir do § 18 da AktG – cujo desenho se encontra no art. 1.º, § 1, Abs. 3, S. 2, tendo desta forma merecido autonomização legislativa), depois do fracasso que constitui a *Diskussionsentwurf des Arbeitskeises Deutsche Rechtseinheit im Arbeitsrecht* e a tentativa codificadora de todo o Direito do Trabalho em que a matéria da cessão temporal de trabalhadores (*Arbeitnehmerüberlassung*) aparecia regulada no capítulo dedicado à relação de trabalho (*Inhalt des Arbeitsverhältnisses*), ao lado do trabalho "compartido"(arbeitsplatzteilung) e do "auxiliar associado" (*Hilfspersonen*).

ritmo evolutivo intenso, ao qual o ordenamento juslaboral não pode ficar indiferente.

Destacam-se, assim, no presente trabalho duas características essenciais. Uma relacionada com o carácter multidisciplinar da abordagem dos assuntos tratados, opção justificada pela peculariedade do objecto de pesquisa e, simultaneamente, pela riqueza de cambiantes que encerra. Neste tocante, será numa perspectiva essencialmente juslaboralista que se procurará dissecar a temática, sem prejuízo do reconhecimento da necessidade da dilucidação de alguns aspectos de Direito Comercial que servirão de fio condutor à análise que será traçada, procurando evitar-se uma segmentação analítica que contenderia com a transversalidade das questões suscitadas e no interface que entre o Direito do Trabalho e o Direito Comercial deve ser estabelecido quanto a este aspecto[2].

---

[2] Conforme refere BAPTISTA MACHADO, *Introdução ao Direito e ao Discurso Legitimador*, Coimbra, Almedina, 1987, 183, cabe ao intérprete empreender um esforço de "consonância com o espírito ou unidade intrínseca de todo o ordenamento jurídico" pois a interpretação de um texto só adquire significado através de uma referenciação às restantes disposições que integram o ordenamento. Determina o art. 9.º do CC que, na reconstituição do pensamento legislativo, se *leve sobretudo em conta a unidade do sistema jurídico*. Os preceitos incorporam intrinsecamente conexões de sentido, relações de interdependência semântica entre eles, existindo uma verdadeira espiral hermenêutica que acentua a iluminação recíproca entre o todo e as partes. Consequência da unidade (variável) objectiva do ordenamento jurídico, a indispensabilidade do atendimento ao elemento sistemático não pode ser amputada com a simples impostação das matérias no sistema externo de um código ou diploma legal restringindo o seu alcance aos preceitos imediatamente antecedentes ou subsequentes. A colocação sistemática tem de ir mais longe (*Zusammenschau*), sob pena de desvirtuamento. Impõe-se a realização de um *"tour d'horizon"* pelos campos jurídicos, que pela sua matéria o mereçam, a fim de se determinar se neles se cristalizou uma linha de pensamento que seja importante para a compreensão do preceito que se trata de interpretar. Também CANARIS, *Pensamento sistemático e conceito de sistema na ciência do direito*, 2.ª edição (tradução de MENEZES CORDEIRO), Gulbenkian, Lisboa, 1996, 157ss, releva a dimensão das ordenações sistemáticas em todos os níveis de obtenção do Direito, num processo de extrapolação dos valores resultantes da respectiva inserção sistemática, que acentua os vasos comunicantes entre os diferentes ramos do direito e que exprime neste sentido um prolongamento da interpretação teleológica. Sobre o aspecto, *vide* ainda LARENZ, *Methodenlehre der Rechtswissenschaft* (tradução de José Lamego), 3.ª edição, Fundação Calouste Gulbenkian, Lisboa, 621; CASTRO MENDES, *Introdução ao estudo do Direito*, Lisboa, 1984, 237ss; CASTANHEIRA NEVES, "Interpretação Jurídica" in *POLIS III*, "Enciclopédia Verbo da Sociedade e do Estado", Lisboa, 1985, 652ss; DIAS MARQUES, *Introdução ao Estudo do Direito*, 1192, Lisboa, 136ss; OLIVEIRA ASCENSÃO, *O Direito. Introdução e Teoria Geral – uma perspectiva luso-brasileira*, 7.ª edição, Almedina, Coimbra, 1993, 366ss; JOSÉ LAMEGO, *Hermenêutica e Jurisprudência*, Fragmentos, Lisboa, 1990, *passim*.

Como segunda nota essencial, avulta o carácter problemático que se pretendeu infundir ao trabalho. Levantam-se questões, identificam-se problemas, sugerem-se alternativas. Trata-se de desbravar clareiras perante a decantada crise do Direito do Trabalho, muitas vezes distorcida e embaciada. Assim, embora tenhamos seleccionado matérias de contornos mais específicos, tal circunstância não implica que, ao nível da elaboração de um quadro geral de análise, fosse negligenciado o estudo das expressões fácticas que dão corpo à cedência. Pelo contrário, constituiu preocupação fulcral a apreensão da componente praxeológica deste *precipitado fenoménico*, de modo a garantir o enquadramento teórico da cedência de trabalhadores nas suas principais coordenadas explicativas. Para o efeito, procurou-se passar em revista as envolventes sócio-económicas do fenómeno, as dinâmicas laborais atípicas em que este se integra, as figuras com funcionalidade económica similar, as ressonâncias da crise que perpassa o Direito do Trabalho, bem como os aspectos prático-jurídicos que dão corpo à mobilidade dos trabalhadores. A emergência de novas estratégias empresariais e de novos expedientes contratuais reconfiguraram os tradicionais quadros de análise laboralistas, obrigando a uma recomposição normativa perante a qual o *legislador* não pode ficar inerme. Neste particular, a cedência, enquanto fenómeno polimórfico e de contornos relativamente indefinidos, recorta-se como uma figura demarcadamente específica, com múltiplas facetas e componentes[3], galgando muitas das vezes as fronteiras (móveis) do Direito do Trabalho. O seu regime, conforme se procura explicar, revela-se desarticulado e fragmentário, apresentando solicitações regulatórias que lhe confiram um revestimento normativo adequado às relações grupais actuais e conforme com a evolução entretanto verificada.

---

[3] Considerando que a cedência, ao contrário do trabalho temporário, não suscita grandes problemas, PAULA CAMANHO/MIGUEL CUNHA/SOFIA PAIS/PAULO VILARINHO, "Trabalho Temporário", RDES XXXIV (1992), n.ᵒˢ 1/3, p. 256.

CAPÍTULO I

FUNDAMENTOS SOCIAIS E ECONÓMICOS DA CEDÊNCIA DE TRABALHADORES

1. A crise económica e social e os novos rumos jus-laborais

A evolução da tessitura económico-social, *maxime* a industrialização e o desenvolvimento tecnológico[4], postulou a confecção de esquemas negociais ductilizáveis: a relação jurídica laboral e as estruturas societárias tiveram de adaptar-se aos novos tempos. *"A necessidade de se racionalizar a produção a fim de promover o aumento dos lucros"*[5] e os custos de globalização económica[6] vieram acurar este processo[7]. Os fenómenos de mobilidade, flexibilidade e fluidez de estruturas são hoje uma realidade. Os liames empresariais e o aparecimento de estruturas actua-

---

[4] Acentuando a complementarização entre o aspecto tecnológico – *"sem a evolução qualitativa do processo de trabalho, devida à revolução industrial, ou seja, sem a introdução da máquina-ferramenta, o direito laboral não existiria"* – e o aspecto organizativo – *"parece indiscutível que o direito do trabalho é um produto da empresa moderna"* – vd. ORLANDO DE CARVALHO, "Empresa e Direito do Trabalho" in Temas de Direito do Trabalho (IV Jornadas Luso-Hispanas-Brasileiras de direito do Trabalho), Coimbra, Coimbra Editora,1990, pags. 10 e 15.

[5] FRANCISCO AMARAL NETO, "Os Grupos de Sociedades", ROA, Ano 47, Setembro, 1987, pp. 590-591.

[6] Numa perspectiva crítica dos problemas associados à globalização, enfocando a necessidade de acompanhamento do sistema de relações a uma realidade em mudança, sem que contudo se saiba muito bem os contornos e os rumos dos novos caminhos, vd. F. DURÁN LÓPEZ, "Globalización y relaciones de trabajo", REDT, n.º 92, 1999, 886. Neste contexto, são três os grandes traços característicos de um cenário globalizante que marcam a evolução verificada: a deslocalização da produção (e os inerentes movimentos de capitais associados à constituição de filiais no estrangeiro ou à aquisição de empresas); a oligopolização do mercado (e a deslocação das normas sobre concorrência de um quadro nacional para um quadro mundial) e a imperfeição do mercado internacional (no sentido em que existe uma assimetria profunda entre taxas salariais e taxas de juro e o acesso às novas tecnologias).

[7] DANIÈLE LINHART, "Crisis y Trabajo", in VVAA: *La automación y el futuro del trabajo. Tecnologias, organización y condiciones de trabajo* (org. Juan José Castillo), Ministerio de Trabajo y Seguridad Social, Madrid, 1988, 481, 499.

cionais comuns[8], através de vários modelos organizativos[9], encontram razão explicativa no quadro de sistemas de aproveitamento de benefícios fiscais, de racionalização de diversificação do risco[10]. Forjam-se processos multiformes que permitam às empresas *"intentar habilitar-se com a competitividade requerida por um mercado cada vez mais global e ávido de inovação"*.[11] O modelo Tayloriano de confinação de actividades dos trabalhadores a tarefas rotineiras pré determinadas revela-se um desperdício de meios insustentável[12]. As mais modernas tecnologias[13] e o saber

---

[8] As finalidades que subjazem à formatação estrutural assinalada são basicamente duas: como finalidade *externa*, aparece-nos o domínio ou controlo de mercado, sendo que numa perspectiva *interna* se prossegue um aumento de produtividade baseado em formas de gestão e administração mais racionalizadas.

[9] Sejam de tipo radial, circular ou em pirâmide. Aparecem ainda formas de concentração binómicas – vertical e horizontal – e de estruturação em conglomerado.

[10] Factores potenciados pelas profundas diferenças existentes entre os diversos ordenamentos jurídicos e que contribuem para a maximização dos benefícios que a limitação territorial de cada ordenamento, ante a ausência de um efectivo controlo estatal e internacional, propicia. Esta fragmentação e actuação em frentes diversas por parte dos chamados grupos multinacionais (fundamentalmente através do forjamento de expedientes jurídicos que permitem elidir a sua consideração unitária e facilitam a adaptação às especificidades de cada um deles) conduz à intensificação da chamada "divisão do mercado internacional de trabalho". Ainda, F. DURÁN LÓPEZ, "Globalización y relaciones de trabajo", REDT, n.º 92, 1999, 870.

[11] MARIA REDINHA, "A Precariedade do Emprego- Uma interpelação ao Direito do Trabalho", in VVAA, *I Congresso Nacional de Direito do Trabalho-Memórias*, Coimbra, Almedina, 1998, 333.

[12] ROBERT BOYER, *La Flexibilité du Travail en Europe*, Paris, 1986, 240; ALAIN SUPIOT, *Transformation of labour and future of labour law in Europe*, European Commission, Research Papers; MARIA MAIA DA SILVA, "Mobilidade Profissional", QL, n.º 9- -10, ano 1997, 77. Ainda numa análise bastante completa sobre a germinação das primeiras reacções "anti-tayloristas" de desenho de trabalho, ALCAIDE CASTRO, *Las nuevas formas de organización del trabajo – un analisis sobre su viabilidad*, Akal/Universitaria, Madrid, 1982, reportando-as aos estudos da *Industrial Fatigue Research Board* e da *Industrial health Research Board* na década de 30 e THOMAS STHAL, BARRY NYHAN e PIERA D´ALOJA, *A organização qualificante – uma visão para o desenvolvimento dos recursos humanos*, Eurotecnet, Comissão da Comunidade Europeia, 1993, 18, numa abordagem diagramática da passagem dos modelos tradicionais de trabalho para um modelo de *"ilhas"*, dando um exemplo concreto do que significa *"reorganização pela flexibilidade e qualidade"* e apontando também as características do novo paradigma empresarial emergente: interdependência, sabedoria, intuição, auto-conhecimento, parceria, comunicação, êxito económico, planeamento e visão partilhada (p. 102).

[13] Veja-se, por todos, ALONSO OLEA, *Introduccion al derecho del Trabajo*, 5.ª ed., Madrid, Civitas,1994, 283ss.

altamente qualificado transformaram-se em poderosíssimas alavancas de desenvolvimento. Também a "velha" organização fordista[14] de produção, assente numa organização tipicamente piramidal, fortemente hierarquizada e formatada em trabalhadores caracterizadamente automatizados (isto é, fazendo o mais rápida e automaticamente possível uma muito pequena parcela, um reduzido segmento do processo produtivo no seu conjunto), contratados sem termo e a tempo inteiro, foi sendo paulatinamente substituída por uma organização empresarial menos "modular", baseada em equipas de trabalho arrimadas a objectivos globais e onde se passaram a entrecruzar múltiplas formas contratuais[15]. A empresa com-

---

[14] Assinale-se que estes paradigmas organizativos da prestação de trabalho, corporizados num determinado esquema sequenciado de realização de tarefas pré-desenhadas, não são absolutamente coincidentes. O fordismo não se esgota na pré-sequenciação assinalada e a sua opção encontra-se as mais das vezes imbuída de determinados referenciais ideológicos.Cfr. SANTOS ORTEGA, *Sociologia del Trabajo*, Valência, Tirant lo blanch, 1995, 76 e ss. Por outro lado, também o fordismo acrescentou outras dimensões de impacto considerável nas condições de trabalho prototípicas do modelo taylorista: a linha de montagem passou a impor o tempo e o modo de actividade dos profissionais e a perspectiva de um consumo de massa passou a ter expressão nos incentivos monetários à produtividade. BERNARDO XAVIER, ("Flexibilidade e Mobilidade" in VVAA, *I Congresso Nacional de Direito do Trabalho – Memórias*, 1998, 109) refere de forma lapidar que "*Os sistemas de Ford e Taylor viviam à base de organizações complexas e de postos de trabalho simples. Hoje as organizações são simplificadas, mas com postos de trabalho mais ricos e complexos*". ROBERT BOYER (*Les transformations du rapport salarial en Europe depuis une decénnie*, Mimeo, 1984, 19) e LORENZO CILLARIO (" El engaño de la flexibilidad. Elementos para una crítica de la ideologia de la automatización flexible *in* VVAA: *La automación y el futuro del trabajo. Tecnologias, organización y condiciones de trabajo*; MTSS, Madrid, 1988, 231-247) enfatizam que o acrescento que o fordismo trouxe ao taylorismo, após 1950, ao nível da progressão do salário nominal ao ritmo dos ganhos de produtividade, ficou a dever-se no essencial à mutação das normas de consumo.

[15] No entanto a adopção de estratégias de produção flexibilizadoras não é absolutamente incompatível com a manutenção de um modelo fordista. Se é certo que à diversidade de necessidades surgida se exige uma flexibilização de produtos (finais), não é menos verdade que a sua produção assenta muitas das vezes num reduzido número de produtos intermédios que obedecem a uma lógica de *standardtização*, de carácter massificado, desenvolvida por empresas subcontratadas. Conforme se verá adiante, estas desenvolvem tarefas complementares e rotineiras, enquanto as empresas «centrais» reservam para si as funções chave ou inovadoras. A rotina destas operações insere-se as mais das vezes numa lógica de deslocalização de empresas para regiões de mão de obra mais barata. Sobre a questão cfr. JOSÉ AYRES DE SÁ «Abordagem às novas formas de organização do trabalho» (inédito) *in Seminário sobre Riscos Emergentes da Nova Organização do Trabalho*, documentos da Presidência Portuguesa da União Europeia, pg. 7, Lisboa, 2000.

pactada, de organização produtiva imutável, fechada na sua configuração inicial cede perante formas organizativas abertas, dúcteis, tanto extensíveis quanto retrácteis, no quadro de uma lógica actuacional ajustável às necessidades (igualmente mutáveis) do mercado. O contexto histórico presente marca a implosão do universo prático e axiológico em que se alicerçara a estrutura fordista, tornando problemática a concepção das dinâmicas socio-económicas[16] subjacentes à crise contemporânea que agudizaram a recomposição do mundo produtivo e laboral que foi germinando na década de 70. Deu-se então início a um período de construção jurídica das formas laborais atípicas como forma de combate ao desemprego, ganhando o Direito do Trabalho em *"perversão regulativa aquilo que perdeu em efectividade"*[17]. Os novos rumos jus-laborais demonstram à saciedade a falência do modelo clássico da relação de trabalho[18], constituindo um dos espaços mais nebulosos da cedência de trabalhadores a

---

[16] A aceleração das mudanças induzidas pelo progresso tecnológico, a instabilidade social, a emergência de clivagens civilizacionais, a par de uma recomposição das estruturas demográficas e da desintegração de instituições e valores dominantes, fomentaram um conjunto de discursos de *post-modernidade* que surgem associados a "um outro modelo de desenvolvimento". Cfr. MARIA JOÃO RODRIGUES, *Competitividade e Recursos Humanos*, D. Quixote, lisboa, 1991, 11.

[17] G. LYON-CAEN, *Le Droit du Travail Non Salarié*, Éditions Sirey, Paris, 1990, p. 195.

[18] Sobre as alterações na configuração do trabalho subordinado, motivadas essencialmente pela introdução de estruturas organizativas diferentes e pela concretização de produtos da inovação em novos instrumentos de produção, com destaque para a introdução de mecanismos jurídicos asseguradores do enriquecimento da categoria profissional, cfr. BERNARDO LOBO XAVIER, *"Flexibilidade e mobilidade"*, cit., 115 e ss. Assim, a Lei das Grandes Opções do Plano (Lei n.º 30-B/2000, DR-I A, n.º 299, Suplemento, 29-12-2000), confere particular destaque à criação da Agência Nacional de Educação e Formação de Adultos (ANEFA) enquanto organismo destinado à promoção de novas dinâmicas de educação e formação ao longo da vida, à qualificação escolar e profissional de activos e à certificação de saberes e competências adquiridos em contextos formais e não formais, avultando também, neste domínio, uma preocupação de melhoria de empregabilidade de pessoas adultas, numa procura integrada de melhoria de condições profissionalmente qualificantes que justificou, colateralmente, a dinamização de programas de estágios para jovens licenciados do ensino superior e o incremento de formas de mobilidade profissional profissional e formativa no âmbito da União Europeia. O objectivo fundamental, associado à promoção das qualificações necessárias ao nível da tecnologia de informação e ao desenvolvimento dos necessários processos de aprendizagem global ao longo da vida, radica na construção de um modelo construtivo de práticas e indicadores claros de inclusão social.

identificação do desenvolvimento do seu traço genealógico e a precisão do seu aparecimento[19]. Trata-se de um fenómeno que se foi arreigando paulatinamente, que ganhou legitimação histórico-cultural e que hoje aparece como uma prática frequente face aos desafios económico-sociais com que a comunidade empresarial se depara.

Na realidade, a imperiosidade de colocar ao serviço das empresas instrumentos normativos e de gestão que lhes permitam satisfazer necessidades de mão de obra pontuais, imprevistas ou de curta duração constitui ainda um discurso actual.

Numa época em que as estruturas transnacionais possibilitam às empresas a constituição de redes de relacionamento e impõem adaptações

---

[19] O facto de, desde a antiguidade até à Idade Média, a disciplina jurídica do trabalho ter estado vasada em institutos jurídicos de âmbito mais ou menos genérico, como das várias formas de propriedade (para regular a escravidão, a adscrição à terra e o colonato) ou os da locação (para regular as relações de serviço livre, já que o trabalho era assimilado a uma coisa que o seu titular aluga), fazia com que a natureza mobiliária da força de trabalho permitisse um enquadramento mercantil do trabalhador e este fosse transaccionado ou cedido sem quaisquer peias. Em Roma o trabalho era incluído nos frutos: o contrato de trabalho configurava-se como um aluguer do homem, valorado como algo frutífero, que podia ser dado em uso ou usufruto, sendo à época as *"operae"* um verdadeiro bem de mercado, susceptível de valoração e estimação económica. Os *servi, mancipia* ou *homines,* pertencem em propriedade aos seus donos, sendo ao mesmo tempo *res* e *personae.* Enquanto *personae aliena iuris* encontram-se sob a *potestas* (*hoc sensu* propriedade) do seu dono. Na época clássica, a obrigação de trabalho manteve-se arrimada ao carácter de domínio ou escravidão da pessoa, considerando-se a *"dare operas"* como um equivalente da escravidão, estabelecendo Paulo, no final deste período, uma distinção entre *"servire"* em sentido próprio e *"operas dare"* (Dig. 40.7.4,4). Foi com a *"locatio conductio"*, o instituto jurídico que regulava as relações de trabalho em que participavam o *escravo* e o *libertado* que começou a ganhar importância o carácter sinalagmático da relação laboral e a ganhar fisionomia própria o *tipo* negocial do contrato de trabalho – *se locare operas suas locare*. Tradicionalmente distinguiam-se duas formas: a *locatio conductio operarum* e a *locatio conductio operis*; na primeira, o trabalhador era retribuído durante o período em que dispunha da sua força de trabalho, sendo que, na segunda, a retribuição era determinada em função da obtenção de um concreto resultado material. Como nota comum tinham a disponiilidade da energia laborativa em favor de outrém, com materiais e meios por este fornecidos, havendo um estado de ampla subordinação, uma quase total submissão do *"locator operarum"* em relação ao respectivo credor. Cfr. DE ROBERTIS, *I raporti di lavoro nel diritto romano*, A. Giuffrè Editore, Milão, 1946, 19ss. e MAX KASER, *Römisches Privarecht*, C. H. Beck`sche Verlagsbuchhandlung, München, 1992. Para um bosquejo histórico, sucinto mas objectivo, do Direito do Trabalho, vd BERNARDO XAVIER, "Direito do Trabalho", *Polis, Enciclopédia da Sociedade e do Estado*, vol. II, p. 582.

permanentes e contínuas, os projectos empresariais alargam-se, multisubjectivizam-se[20], e passam a constituir-se unidades operativas assentes em cadeias de produtos, tarefas de organização ou simplesmente assentes em estruturas com afinidades de âmbito territorial. O aumento do desemprego nas décadas de 1970 e 1980, a crise económica e o ambiente recessivo que despontaram neste período[21] reforçaram e aceleraram nas empresas localizadas no espaço comunitário um conjunto de profundas reestruturações e racionalizações nas suas estruturas produtivas, passando a ser um lugar comum a utilização da expressão "flexibilidade de emprego"[22]. É bom de

---

[20] OCTAVIO BUENO MAGANO, *Os grupos de empresas no direito do trabalho*, São Paulo, Ed. Revista dos Tribunais, 1979, p. 20, refere que « *já se chegou mesmo a dizer que, para as empresas modernas, o grande problema não é o de saber se se vai ligar a outra e sim o de escolher com qual se ligar mediante que tipo de relacionamento*».

[21] Foi neste período que se viveu a segunda grande crise económica do século. Com a deflagração do primeiro choque petrolífero (1973), agravada com o choque verificado em 1979, tanto os países em vias de desenvolvimento quanto os países mais industrializados, foram inelutavelmente confrontados com as presenças indesejáveis da inflação, estagnação e desemprego. Em relação aos últimos, veja-se GEOFFREY RENSHAW, *Reajustamento e comportamento da economia nos países industrializados: uma síntese*, CES, Lisboa, 1993.

[22] O termo flexibilidade assume matizes diferentes consoante o contexto em que é referenciado. Pode referir-se a uma variável numérica, temporal, funcional, salarial, organizacional ou de gestão.Cfr.TREU, "La flexibilité du travail en Europe", *International Labour Review*, vol. 131, n.º 4-5,1992, 532 e ss. Traduz no essencial uma ideia de capacitação competitiva das organizações para fazerem face às circunstâncias externas (no sentido de adaptação dos recursos humanos – muitas das vezes através do recurso a novas formas de contratação – às necessidades verificadas) e operarem os respectivos ajustamentos da produção. É no entanto corrente na doutrina a identificação de distintas *formas* ou *graus* de flexibilização, assumindo o termo distintas aplicações conceituais consoante a abordagem seja jurídica ou económica. Cfr. PEDRO B. DA CAMARA, PAULO BALREIRA E JOAQUIM VICENTE RODRIGUES, *Humanator, Recursos Humanos e Sucesso Empresarial*, Lisboa, Publicações Dom Quixote, 1997, 85 ss; JORGE LEITE, "Flexibilidade Funcional", QL, ano IV, n.os 9-10, 1997, 5 ss; MÁRIO PINTO, PEDRO FURTADO MARTINS E ANTÓNIO NUNES DE CARVALHO, *Glossário de Direito do Trabalho e Relações Industriais*, Lisboa, Universidade Católica Editora, 1996, 136 e 137. Distingue-se neste sentido *Flexibilidade funcional (ou qualitativa)* e *Flexibilidade quantitativa*, exprimindo a primeira uma noção mais vocacionada para os trabalhadores qualificados cuja actuação é polivalente, sendo que a segunda se aplica ao conjunto de trabalhadores com vínculo precário (contrato de trabalho a prazo, temporário ou a tempo parcial) cuja contratação é estritamente condicionada pela volatilidade do mercado. Para MARIA REDINHA ("A Precariedade do Emprego –. Uma Interpelação ao Direito do Trabalho", cit., 334), esta segunda modalidade trata-se de

ver que uma situação do mercado de emprego, fortemente marcada pela crise económica que marcou o início dos anos 80, originou tensões muito

---

uma *flexibilidade externa,* naquilo que a doutrina espanhola entende ser uma *flexibilidade de entrada.* Relativamente à alusão a graus de flexibilidade, esta referência traduz uma realidade de conteúdo multiforme que inclui não só o conteúdo da relação laboral "qua tale"(mobilidade no exercício de funções, modulação de horários, circulação geográfica) como também a forma da relação de trabalho (tempo parcial, *job-sharing*). JOSÉ JOÃO ABRANTES, ("A Redução do Período Normal de Trabalho. A Lei n.º 21/96 em Questão", QL, ano IV, n.ºs 9-10, p. 81) numa perspectiva voltada para a consideração dos interesses dos trabalhadores, distingue ainda *flexibilidade interna* (atinente à valorização e qualificação dos trabalhadores – ainda o art. 58.º al./c CRP) de *flexibilidade externa (*no sentido em que os trabalhadores ficam sujeitos a formas contratualizadas mais plásticas e por isso menos garantistas), realçando a necessidade de uma plataforma de congraçamento entre ambas, de um *trade off* entre a adequação da relação de trabalho numa óptica de competitividade da empresa e a valorização e formação da vida profissional do trabalhador. Em sentido aproximado, veja-se MONTEIRO FERNANDES, "Os Sentidos de Uma Revisão Flexibilizante das Leis do Trabalho", QL, ano VI, n.º 13, 1999, 107 ss. Neste âmbito, e conectada com a lógica de flexibilização *mista* que subjaz à cedência, refira-se que a qualificação profissional assume um papel cada vez mais importante. Os institutos tradicionais revelam-se cada vez mais inadequados face às crescentes necessidades dos empregadores. Na actualidade, não parece aliás excessiva a afirmação de uma *obrigação de trabalhadores e empregadores procederem a uma constante actualização,* pelo menos no que se entender necessário para o melhor desempenho das suas tarefas. É evidente que um exacerbamento de figuras imbuídas de lógica flexibilização, numa modalidade absolutamente *externa* comporta tendencialmente uma desqualificação do trabalho; recortando-se como um fenómeno que numa época em que o ciclo de qualificação é cada vez menor dificulta sobremaneira o alcance das qualificações que se pretendem atingir. Por outro lado, o facto de um conjunto de figuras apresentar potencialidades para quebrar a rigidez do mercado de trabalho, através de uma variação do valor (ou custo) do trabalho e de uma plasticidade conceitual que permite a realização dos necessários e constantes ajustamentos entre a oferta e a procura no mercado de trabalho, afigura-se um factor extremamente positivo. Só assim se consegue evitar a apregoada *cristalização* dos contratos de trabalho numa perspectiva negadora de uma política de criação de novos empregos; faculta-se ainda, por esta via, o desenvolvimento de estratégias de diminuição e jugulação de fenómenos como o trabalho a prazo, e o sector "invisível" do trabalho *negro.* O recurso a estes expedientes, que a prática demonstra ser cada vez mais frequente, não é reconhecidamente a via mais acertada para a manutenção dos níveis de competitividade que as empresas procuram manter (numa pers-pectiva motivacional dos trabalhadores e de estabilidade das relações) sendo preferível a realização de investimentos imateriais no estabelecimento de novas culturas organizacionais, nas pessoas e nas novas redes de informação (a conectividade assume-se como a principal característica da *net*-economia no âmbito das novas estratégias de *win-win*). Por isso, na actualidade, factores de competitividade deverão ser a aposta em

fortes nas estruturas normativas do Direito do Trabalho[23], obrigando à procura de soluções mitigantes dos custos directos e indirectos associados

---

novas tecnologias e desenvolvimento de novas relações de poder suportadas em altas competências, aumento de qualificações e aumento dos poderes de decisão. Uma empresa que reduz os níveis hierárquicos aproveita de forma tão intensa quanto possível as competências dos trabalhadores e adapta-se com mais facilidade às oscilações de mercado sendo que este caminho terá necessariamente de ser entrecruzado com uma organização de trabalho flexível, diluidora de fronteiras hierárquicas e potencialmente polivalente, através da estruturação de programas que propiciem um aumento da formação adequada, da aprendizagem contínua e de um aumento da participação dos trabalhadores na vida da empresa numa pers-pectiva corresponsabilizante do caminho traçado. Torna-se de facto fundamental que os recursos humanos devam ser participantes ao nível dos objectivos quantitativos e qualitativos de produção, criando-se uma lógica de auto-responsabilização e valorizando-se as capacidades de cada um, designadamente através da criação de condições para que os objectivos da empresa confluam com as formas de satisfação profissional dos trabalhadores. Para uma análise das diversas teorias sobre o mercado de trabalho (teoria do capital humano, da procura de emprego, dos contratos, do salário de eficiência e da segmentação do mercado de trabalho) em combinação com o conceito economicista de flexi-bilidade, vd. ERIC LECLERCQ, *Les théories du marché du travail*, La pensée économique contemporaine (4), Éditions du Seil, 1999 e FERNANDO ARAÚJO, "Direito do Trabalho e Análise Económica" in VVAA: *Estudos do Instituto de Direito do Trabalho* (org. Pedro Romano Martinez), Faculdade de Direito de Lisboa, 2001, 189-268 (*maxime* 229-232).

[23] Por exemplo, o Decreto-Lei 398/83 de 2 de Novembro (Suspensão ou redução da prestação do trabalho-lay-off) e o Decreto-Lei n.º 421/83 de 2 de Dezembro (trabalho suplementar), concitaram logo no início da década fortes movimentos de contestação social e despoletaram uma actuação activa das centrais sindicais na "*defesa dos interesses dos trabalhadores e no combate à precariedade laboral*". Abriu-se no entanto o caminho para a "*superação de certos bloqueios tradicionais*", na expressão de FURTADO MARTINS, *Os Acordos de Concertação Social em Portugal* (I Estudos), Conselho Económico e Social, Lisboa, 1993. Esboçou-se uma legislação de crise ou de emergência: surgiram os regimes das empresas em situação económica difícil, do apoio financeiro a empresas atingidas por "*catástofres ou outras ocorrências graves*", da suspensão do contrato de trabalho e da redução dos períodos de trabalho ("*Lay-off*"). Nesta sequência, a regulamentação em 1989 há muito reclamada do trabalho temporário e da cedência ocasional de trabalhadores, bem como a LCCT constituíram marcos importantes no despontar de níveis mais altos de consciencialização dos agentes económicos e sociais, e acentuaram o papel da concertação social na evolução do sistema juslaboral. Estas modificações de largo espectro vieram na sequência de modificações estruturais ao nível da legislação laboral europeia, com particular destaque para a reforma alemã, através da Lei para a Promoção do Emprego (*Beschäftigungsförderungsgezetz*) de 26 de Abril de 1985 (na esteira aliás da *Arbeitsförderungsgesetz* de 1982). Em Espanha, a "*reforma del mercado*

ao factor de produção trabalho[24]. Tratou-se de uma época de resposta tardia aos dois choques petrolíferos, de *stop and go* em contraciclo com as economias da OCDE, de esforços de ajustamento pela redução da procura interna e de utilização das técnicas clássicas de regulação conjuntural (políticas monetária, orçamental, cambial e de rendimentos e preços)[25]. A debilidade da procura, a alta dos custos reais de mão de obra (com a inerente baixa de produtividade) e a rigidez do mercado de trabalho eram apontados como factores explicativos da crise "laboral" que então se enfrentava[26]. O modelo de relação jurídico-laboral dominante no pós--guerra, escorado na relação laborativa plenamente subordinada, marcado pela duração indeterminada, exercido a tempo inteiro e caracterizado pela fixidez modal do seu objecto revelou-se desajustado[27].

---

de trabajo" chegou mais tardiamente, tendo sido iniciada com o *Real Decreto-Ley 18/93* de 3 de Dezembro relativo à adopção de Medidas Urgentes de Fomento da Ocupação.

[24] Assim, BRITO XAVIER, "A Crise do Direito do Trabalho" in VVAA: *III Congresso Nacional de Direito do Trabalho,* Coimbra, 2001, 249.

[25] ERNÂNI LOPES, *Concertação social e Política económica – O caso português,*1992 (inédito).

[26] As razões são aduzidas por BERNARDO XAVIER, "O Direito do Trabalho na crise (Portugal)", Temas de Direito do Trabalho, IV Jornadas Luso-Hispano-Brasileiras de Direito do Trabalho, Coimbra Editora, Coimbra, 1990, 102. No diagnóstico vasado no *"Livro Branco"* sobre o tema *"Crescimento, Competitividade, Emprego",* são apontadas sobretudo como causas concretas do desemprego: a rigidez do mercado do trabalho; a protecção excessiva conferida aos que têm trabalho em detrimento de quem procura o primeiro emprego; os obstáculos à mobilidade profissional ou geográfica e a falta de flexibilidade em relação à organização e à duração do trabalho. Neste sentido, a Lei das Grandes Opções do Plano (Lei n.º 30-B/2000, DR-I A, n.º 299, Suplemento, 29-12-2000), apresenta como objectivos matriciais ao nível de uma política de emprego sustentável, a adaptabilidade e a aprendizagem profissionais em articulação uma gestão flexível do tempo de trabalho, no quadro de uma lógica de rotação de empregos, para os quais são estabelecidos *benchmarks* (7492).

[27] A substituição da produção de massa vai sendo paulatinamente substituída por uma diversificação de produtos como decorrência das novas sociedades de consumo e das exigências prementes de adaptação célere do processo produtivo a essas mesmas necessidades. O labor produtivo pauta-se neste contexto por uma sequência tendencialmente arritmada, muito em função da consistência da procura e do surgimento de novas necessidades. É o chamado sistema da *lean production* (produção magra) cfr. I. KOVÁCS/J.J. CASTILLO, *Novos Modelos de Produção – Trabalho e Pessoas,* Oeiras, Celta Ed., 1998, p. 6. Trata-se de um sistema de origem nipónica orientado para a eliminação de quaisquer desperdícios (de tudo o que não produz qualquer valor acrescentado) e de aproveita-

A expansão extensiva e intensiva do mercado, segundo a «ideologia consumista», a diferenciação consequente dos produtos, o aumento do número de escolhas, a mercadorização da informação, a inovação constante, a redução dos prazos de entrega, passaram a determinar e a comandar uma procura variada e incerta, requerendo capacidade de mudança e adaptação às exigências dos mercados, modelados por novos produtos e exigindo outros processos de trabalho e novas formas de estruturação jurídica e organizacional[28] que permitissem um fornecimento de respostas às necessidades crescentes do mercado[29]. A flexibilidade na gestão do pes-

---

mento da experiência e dos conhecimentos acumulados pelos trabalhadores, sendo contudo o trabalho de grupo encarado como um instrumento de racionalização e não como um meio de integração social e de humanização do trabalho (aliás desde cedo se constatou que a produtividade de um grupo social organizado não é igual, mas superior, à soma das produtividades individuais dos seus membros. Cfr. JEAN CLAUDE ANTOINE, *Introduction à l'Analyse Macro-Économique: Les Origines*, PUF, Paris, 1953, 80-83). Actualmente a questão essencial repousa em saber como conciliar as condições requeridas para a produção de riqueza (exigência do mercado enquanto princípio de regulação social) e a protecção daqueles que a produzem (princípio da segurança dos trabalhadores) ou em *como ter uma economia de mercado sem uma sociedade de mercado.*

[28] MARIA MÁRCIA TRIGO, "Economia da Informação e do Saber", *Sociedade e Trabalho*, n.º 4, Março, 1999, Ministério do Trabalho e da Solidariedade, Lisboa, 45, apoda esta nova era de *"New Economy"*, *"Information Edge"*, *"Knowledge Society"* ou ainda de *"Capitalismo Informacional"*. As necessidades mantêm-se e por isso alude-se a uma *"destandartização"* dos paradigmas dos sistemas de relações laborais e do Direito do Trabalho. Cfr. PAULO PEDROSO, "O Direito do Trabalho perante as transformações das Relações Laborais", *Sociedade e Trabalho*, n.º 7, Dezembro 1999, 41. Sobre a questão veja-se também MARIZIO FERRERA, ANTON HEMERIJCK e MARTIN RHODES, *The Future of Social Europe, Recasting Work and Welfare in the New Economy,* Ministério do Trabalho e da Solidariedade, Celta Editora, Oeiras, 2000. Em termos de perspectivas para o futuro, a "gestão de engenharia simultânea" (sistema de encurtamento do tempo total de produção através do trabalho simultâneo em várias fases dessa produção) e a chamada "gestão de reengenharia" (instituição de múltiplas formas técnicas e humanas de reorganização do trabalho), através de aplicação de controlos de inventário momentâneos (*just in time*) a todas as fases da empresa, de acordo com um sistema de processamento de dados, parecem ser as tendências gestionárias mais em voga.cfr. AMÉRICO RAMOS DOS SANTOS, "A Estratégia Europeia para o Emprego, a implementação dos planos de acção para o emprego e os desafios para o futuro", Instituto Superior de Gestão, Évora, 14 de Fevereiro de 2000 (comunicação no quadro da Presidência Portuguesa da União Europeia).

[29] G. LYON-CAEN "Plasticité du capital et nouvelles formes d'emploi", DS, 1980, n.ᵒˢ 7-8, 8 ss; JACQUES CALVET, "La necessité d'une flexibilité et d'une mobilité dans

soal e o acesso a mão de obra especializada perfilavam-se como factores--chave para o desenvolvimento da política económica competitiva colimada, sendo ao mesmo tempo uma imposição defluente das modificações estruturais inerentes ao fenómeno da globalização e do *mercado comum*. *Pari passu*, a passagem de uma economia pesada, fabril e intensiva para uma economia leve, rica em informação e de serviços, foi (e vai) destronando com inevitabilidade as indústrias tradicionais[30]. A crise era patente e originou o ensaio de estratégias alternativas de valorização do capital apostadas na redução dos custos do factor trabalho como forma de ressurgimento das taxas de lucro, por forma a permitir o desenvolvimento de "outras modalidades de mobilização da força de trabalho"[31].

---

l´industrie automobile contemporaine et les difficultés pour y parvenir", DS, 1986, n.º 11, 735 ss. A nova realidade empresarial e as formas gestionárias desenvolvidas são assomadas por um caudal infindável de conceitos. Ilustrativamente, *learning organization, empowerment, real time strategy, benchmarking, core competence, downsizing e rightsizing, outplacement e outsourcing, kaisen, kamban, total productive maintenance*, etc.

[30] MARIA JOSÉ SOUSA, *Teletrabalho em Portugal – Difusão e condicionantes*, FCA-Editora de Informática, 1999, 20.

[31] B. SOUSA SANTOS/J. REIS/MARIA LEITÃO MARQUES, "O Estado e as transformações recentes da relação salarial – A transição para um novo modelo de regulação da economia", in: VVAA, *Temas de Direito do Trabalho; IV Jornadas Luso-Hispano--Brasileiras de Direito do Trabalho*, Coimbra Editora, Coimbra, 1990, 148.

2. A cedência como epifenómeno

Neste contexto, a cedência ocasional de trabalhadores, ou mais latamente o *empréstimo de trabalhadores*[32], correspondeu a uma certa crise de rentabilidade, motivada por uma procura estocástica, que obrigava à transformação de custos fixos em custos variáveis[33].

O alucinante progresso tecnológico[34] registado, o envelhecimento demográfico[35], as altas taxas de desemprego e a precariedade do trabalho reclamavam dos órgãos de decisão coragem política para avançar com medidas inflectoras desta tendência crescente[36].

---

[32] Numa alusão imagética (sem qualquer enfoque reificativo) que neste contexto abrange também o trabalho temporário.

[33] Tendo como pressuposto de que o salário é cada vez mais enquadrável nas variáveis relativas aos custos fixos.

[34] O desabrochar desta *"New Society"*, baseada fundacionalmente na valorização e no conhecimento, era já identificada na década antecedente como *"Sociedade Pós-Industrial"*. cfr. DANIEL BELL, *The Coming of post-Industrial Society- A Venture in Social Forecasting*, Basic Books, New York, 1973.

[35] O fenómeno do envelhecimento vinha a atingir dimensões preocupantes, devido ao *baby-bust* subsequente ao *baby-boom* que se registou no pós-guerra. Entre nós, não obstante a situação estacionária da população total (cerca de 9,5 milhões de indivíduos), era patente um envelhecimento da população, a par de uma diminuição do peso da população jovem.

[36] A questão coloca-se ainda na actualidade. O mundo sem fronteiras que se vive na Europa Comunitária, com a plena circulação de pessoas, bens, serviços e capitais, num cenário em que não existem quaisquer barreiras monetárias, associado ao progresso das novas tecnologias de informação, influi nas mudanças organizacionais em curso. O bloco regionalizante que se constitui como forma de escudo à globalização económica pode de facto desembocar num quadro normativo *desregulado*r ou mais flexibilizante, com as inevitáveis repercusões ao nível dos índices estatísticos de emprego e na respectiva qualificação. Sobre a questão SABINA PEREIRA DOS SANTOS, *Direito do Trabalho e Política Social na União Europeia*, Principia, 1999,p.23 e *"Emprego, reformas económicas e coesão social – para uma Europa da inovação e do conhecimento"*, Documento da Presidência Portuguesa da União Europeia, Lisboa, Janeiro de 2000, onde se enfoca a

A exteriorização do emprego, enquanto fenómeno cada vez mais praticado, recortava-se por isso como um processo incontornável a que importava dar adequado revestimento normativo[37]. As empresas, sujeitas à forte concorrência que o mercado passou a impor[38], procuravam utilizar mão de obra juridicamente vinculada a outro empregador, que, assumindo o ine-

necessidade de desenvolvimento de uma *policy mix* que estimule o crescimento e o emprego, assegurando a estabilidade macro-económica e a consolidação do euro. As ciências da vida, a tecnologia dos materiais e os progressos na área da informática, *prima facie* valoráveis como factores aferentes ao desemprego, aparecem neste contexto como uma realidade potenciadora de emprego, crescimento e desenvolvimento sustentáveis.

[37] A afirmação encobre um apelo reflexivo mais vasto que bule com os pressupostos de intervenção do Direito, conduzindo à questão da (necessária) reciprocidade entre as estruturas económicas e jurídicas, numa perspectiva de condicionamento recíproco, que não infirma contudo a autonomia científica que caracteriza o Direito (assente na especificidade do seu objecto, meios e fins) e que não deve assentar na sua absoluta "post-facticização", enquanto forma de regulação dos fenómenos sócio-económicos sobrevindos e nesta perspectiva já consumados. cfr. J. M. COUTINHO DE ABREU, *Da empresarialidade – As empresas no direito*, Coimbra, Almedina, 1999, 16 ss. P. ZANELLI, *Impresa; Lavoro e Innovacione Tecnologica*, Doot. A. Giuffrè Editore, Milão, 1999, 123, alude a um estado de perplexidade do direito do trabalho, em alguns casos com "foros de ludismo", salientando a inadmissibilidade do alheamento do tecido normativo à evolução económica e social verificada e mostrando alguma perplexidade pelos estados de autismo e inefectividade que desvirtuaram a sua pujança.

[38] O papel das empresas vinha aliás ganhando uma centralidade crescente no debate político sobre a competitividade e a criação de emprego, surgindo na altura referências várias a "organização flexível", "sistemas de trabalho de alta *performance*", "*lean production*" e "descentralização do trabalho". A formalização da adesão comunitária em 1985 (CEE), associada à liberalização dos mercados financeiros e ao espectacular desenvolvimento tecnológico que germinou na altura, agudizaram a situação e exigiram das empresas a procura de modelos organizacionais mais flexíveis, abertos à mudança, com estruturas de custos concorrenciais com os parceiros além fronteiras. Por outro lado, a queda do sistema socialista em finais da década de 80, com a inerente extensão comercial ao Leste europeu e a redução do preço dos transportes internacionais retiraram algum do impacto que pretendia atingir com as medidas tomadas e que agora se analisam. A adesão de Portugal à CEE, apesar da exposição ao exterior assinalada, teve no entanto inegáveis virtualidades no que ao direito do trabalho interessa. Para além dos recursos financeiros, técnicos e materiais que permitiram (e permitem ainda) um acentuado investimento na formação e qualificação profissionais, conseguiu-se ainda formar um bloco comercial regional que protege os países do espaço comunitário da feroz concorrência externa, criando condições para o surgimento de novos postos de trabalho Sobre o tema, BERNARDO XAVIER, *O Despedimento Colectivo no dimensionamento da empresa*, Verbo, Lisboa, 2000, 5 e JOSÉ BARROS MOURA, "Direito do Trabalho e Integração Económica", QL, ano II, n.º 5, 1995, 87.

rente risco económico[39], lhes fornecia os trabalhadores de que necessitavam para a realização de determinadas tarefas[40]. Havia neste contexto situações atípicas, *"com foros de marginalidade"*[41] a que incumbia dar o devido enquadramento. Logo em 1974, o Supremo Tribunal Administrativo teve ensejo de pronunciar-se sobre a situação de um trabalhador que recebeu uma comunicação no sentido que não se justificava a sua permanência na empresa onde exercia a sua actividade, devendo apresentar-se ao serviço de outra empresa integrante do mesmo grupo económico. O Supremo considerou, de forma simbiótica, que a transferência ordenada pela sua entidade patronal devia verificar-se nos termos definidos pelo art. 24.º da LCT, sendo contudo necessário, atenta a diferenciação jurídico-subjectiva entre as entidades envolvidas, o consentimento do trabalhador[42]. No ano seguinte, o mesmo Tribunal[43] considerou possível que

---

[39] O modelo associado à rigidez (irredutibilidade) salarial - art. 21.º al c) da LCT – constringia a margem actuacional das empresas, sendo a sua consagração arrimada não apenas a um princípio de não retrocesso social mas também justificável no quadro de um modelo económico de salários de eficiência, em que um salário mais baixo provoca uma redução da produtividade do trabalho agravando por esta via os custos da empresa. Isto é, nestas situações, a empresa deve manter o salário real num nível superior ao *market clearing*, ou seja, acima do que seria necessário para contratar alguém com a habilitação necessária naquelas condições de mercado.

[40] Os benefícios da utilização dos trabalhadores por parte de empresas que com eles não firmam qualquer vínculo laboral radicam essencialmente na *economia* de custos com as formalidades burocráticas de selecção e admissão dos trabalhadores e na redução dos encargos administrativos e sociais que surgem associados ao contrato de trabalho.

[41] A expressão consta do preâmbulo do projecto de diploma para apreciação pública publicado na Separata 2 do BTE de 31 de Julho de 1989.

[42] Ac. STA de 19/11/74 (AD, 1975, n.º 159, p. 405).

[43] Ac. STA de 11/6/75 (ADSTA, 1975, n.º 166, p. 1316). Neste aresto, entendeu-se, ainda que com fundamentação não absolutamente probante, que o facto de a retribuição continuar a ser paga pela *"primeira empresa"* ao trabalhador envolvido, fazia com que lhe fosse imputável *"a autoria de qualquer contravenção relativa ao seu comportamento para com elas, designadamente o pagamento de importância inferior àquela a que corresponde o exercício das novas funções por ele desempenhadas"*. De facto a incumbência do pagamento da retribuição, pelo menos na actualidade, não é um elemento característico da vinculação laboral. Essencial é antes a detenção do poder disciplinar na esfera jurídica da empresa cedente, independentemente de o poder de conformação material se encontrar atribuído à cessionária. Curiosamente, o Supremo analisou também a questão de as sociedades comerciais envolvidas serem ambas constituídas pelos mesmos sócios à luz da possibilidade de responsabilização conjunta. Considerou-se, e bem, que esta factualidade *"não retira a cada uma delas a sua personalidade jurídica diferente da dos associados, quer em relação a elas, quer em relação a terceiros"*.

uma empresa autorizasse que trabalhadores seus fossem *"prestar serviço a outra empresa, continuando a pertencer aos seus quadros"*, atendendo à inexistência de qualquer proibição legal que vedasse tal operação. Enquadrou a situação na figura do *ius variandi*, fazendo aplicar o n.º 2 do art. 22.º da LCT[44]. Como decorrência deste enquadramento, salientou que o facto de o exercício da prestação laboral acontecer em local diferente, não implicava, *de per si*, a vinculação ao poder directivo da empresa que dela beneficiava[45].

Em 1980, o Tribunal da Relação do Porto, qualificou de empregadora a entidade que, não obstante a *"cessão"* de um trabalhador, sobre este continuava a exercer *"o poder de direcção e de autoridade"*[46].

Seis anos depois, numa altura em que a cedência começava a ganhar contornos legais e científicos, o Supremo Tribunal de Justiça[47] qualificou de *"cessão de trabalho"* o negócio que deslocava o trabalhador para outra empresa, continuando a relação de trabalho com a empresa cedente (*Verlheier*), cabendo à cessionária apenas o poder de conformação material da actividade do trabalhador. Contudo, pouco tempo volvido, o Supremo inflectiu a sua orientação, voltando à posição sufragada uma década antes, e enquadrou a cedência no âmbito do *ius variandi*[48].

A outro nível, eram também várias as convenções colectivas de trabalho entre empresas do mesmo sector de actividade que previam no seu clausulado a aplicação da figura[49].

---

[44] Como especificidade deste caso aparecia o facto de as entidades interveniente serem ambas sociedades por quotas e terem sócios comuns.

[45] Diferença assinalável face ao regime em vigor da cedência ocasional de trabalhadores.

[46] Ac. Rel. Porto, de 15 de Dezembro de 1980 in CJ, 1980, tomo 5, p. 167

[47] Cfr. ADSTA, n.º 359, 1986, 498 ss. Em sentido semelhante, o Ac. Rl. de Coimbra, ADSTA n.º 293.º, 1986, 658 ss.

[48] AC. STJ de 24-1-90, ADSTA, n.º 347, 1990, p. 1435 e, do mesmo Tribunal, o aresto de 16-10-91, ADSTA, n.º 363, p. 414. O STJ em 18 de Novembro de 1997, Processo n.º 120/97 (ALMEIDA DEVESA), 4.º secção, (não publicado), configurou a situação como um afloramento do *ius variandi*.

[49] Designadamente no sector da construção civil. Por exemplo, os Contratos Colectivos para a Indústria da Construção Civil e Obras Públicas publicados nos BTE, n.º 9, I Série, 8 de Março de 1981 (em que verdadeiramente se consagrava uma cessão da posição contratual – "A cedência definitiva do trabalhador a uma entidade patronal para outra só é admitida se à respectiva proposta apresentada com a antecedência mínima de 15 dias, der o trabalhador o seu acordo por escrito e não determinar diminuição dos direitos, regalias e garantias estipuladas na lei e neste contrato, nomeadamente as decorrentes da antiguidade que será sempre contada a partir da data de admissão ao serviço do cedente"). Mais recentemente, também neste plano, veja-se o BTE n.º 8, I Série, de 28 de Fevereiro de 1995.

3. A cedência no quadro normativo nacional

Face ao cenário traçado, a cedência de trabalhadores e o trabalho temporário estavam no limbo dos fenómenos sociais incómodos. A situação, denunciada pelo Conselho das Comunidades, desembocou numa Resolução[50] que estabelecia a necessidade de os Estados membros assegurarem o controlo do trabalho temporário[51] e a protecção social dos trabalhadores sujeitos a esta modalidade de trabalho. A Comissão das Comunidades vinha aliás, desde o início da década de 80[52], a discutir uma proposta de directiva neste domínio, cuja promanação nunca chegou a efectivar-se, dadas as dificuldades de relacionamento detectadas entre a cedência (em sentido próprio e impróprio) e o trabalho de duração determinada (ou contratação a termo). O Governo, em 1985, tomou a iniciativa de proceder à regulamentação desta zona juslaboral de contornos plásticos e mal definidos, procurando definir *pari passu*, em conjunto, os regimes do trabalho temporário e da cedência ocasional de trabalhadores, atentas as respectivas "afinidades funcionais". Existia um vazio legal. Por isso, na esteira da vontade política manifestada, colocou à discussão pública um projecto de diploma[53] cujo epílogo nunca chegou a vislumbrar-se[54]. Em

---

[50] A Resolução de 18 de Dezembro de 1989.

[51] Em sentido amplo, o trabalho temporário *tout court*, a cedência ocasional de trabalhadores e os contratos *a prazo*.

[52] Foi em 7 de Maio de 1982 que a Comissão apresentou ao Conselho das Comunidades Europeias uma proposta de Directiva que veio a ser objecto de discussão intensa cfr. JOCE de 19 de Maio de 1982, n.º C 128, pp. 2 ss.

[53] *Vide* Separata n.º 2 do BTE de 21 de Março de 1985.

[54] Na altura, para além das pressões sindicais em sentido contrário e de o governo na época não dispor de um suporte parlamentar maioritário, levantava-se a questão da possível violação da Convenção n.º 96 da OIT, que apontava no sentido de os trabalhadores não poderem ser explorados por intermediários. Cfr. BERNARDO XAVIER, "O Direito do Trabalho na Crise", cit., 115. Acontece que uma das directrizes fundamentais da OIT consistia no desenvolvimento de uma política de fomento de um serviço público de emprego

1989, o XI Governo Constitucional apresentou uma proposta de Lei de Autorização Legislativa que veio a ser corporizada na Lei 12/89, de 16 de Junho, em que o órgão de soberania proponente reconhecia o atraso de Portugal na regulação da matéria, justificando o regime desenhado como aquele que mais se acomodava às pretensões (conflituantes) veiculadas por empregadores e confederações de trabalhadores[55] no seio do Conse-

---

que estabeleceria a ponte entre o mercado de emprego e as empresas, evitando deixar nas mãos de privados (designadamente empresas) as actividades de colocação de pessoal, razão pela qual a desconfiança face à cedência (própria e imprópria) de trabalhadores era acentuada. Constata-se que na actualidade, apenas a Holanda, com a criação colaborante do Governo e dos parceiros sociais da START (uma entidade que auxilia os desempregados na obtenção de emprego através do trabalho temporário) deu concretização prática a um dos eixos ideológicos veiculado no seio da OIT há quase duas décadas. Crê-se contudo que o serviço público de emprego não é incompatível com a cedência de trabalhadores por entidades privadas, devendo existir uma lógica de complementaridade entre ambos. Por outro lado, alguns autores insurgiam-se ainda de forma vigorosa contra o que consideravam ser *"o carácter de mercadoria da força de trabalho e a reificação do trabalhador"* – cfr. BOAVENTURA S. SANTOS, J. REIS e MARIA LEITÃO MARQUES, "O Estado e as transformações recentes da Relação salarial – A transição para um novo modelo de regulação da Economia", cit., 153.

[55] A posição dos sindicatos, para além de se acomodar a uma perspectiva de defesa dos direitos dos trabalhadores – enquanto manifestação de fundados receios que as figuras desvalorizassem o trabalho como meio de realização pessoal e profissional e conduzissem à sua *despersonalização* – tinha também muito que ver com o seu próprio papel. Na realidade, a dimensão colectiva dos direitos de participação e associação fica desvanecida com a deslocação do trabalhador para outra estrutura produtiva, não encontrando nesta a solidariedade e ambiência necessárias à estruturação organizativa de meios de defesa dos seus interesses, mitigando-se naturalmente a dimensão participativa subjacente ao papel das associações sindicais. Dentro desta lógica, o art. 2.º da Lei n.º 46/79 de 12 de Setembro (Lei das comissões de trabalhadores) veda por exemplo o direito de o trabalhador cedido integrar comissões de trabalhadores criadas na entidade cedente, estando excluído do respectivo universo eleitoral, dado que não constitui *"um trabalhador permanente"*. A questão, relativamente às *"agências de emprego privadas"* (que abrange em sentido lato e para este exclusivo efeito também as empresas de Trabalho Temporário), foi objecto de particular enfoque na Convenção n.º 181 da OIT (DR n.º 37, I Série-A, 13 de fevereiro de 2001) que estatui *expressis verbis*, na sequência do espírito caracterizante da Convenção 135 da OIT, a proibição de privação da liberdade sindical e do direito de negociação colectiva dos *"trabalhadores recrutados por agências de emprego privadas"* no sentido abrangente a que aludimos e que se encontra desenhado no seu art. 1.º. Ainda sobre a debilidade dos mecanismos de participação dos trabalhadores que existem em Portugal, consulte-se ainda DIETER FRÖLICH/COLIN GILL/HUBBERT KRIEGER, *Implication du lieu de travail dans l'innovation technologique dans la communauté européenee, Les voies de la*

lho Permanente de Concertação Social. A combinação de factores como a rápida obsolescência do conhecimento determinado pelo ritmo das evoluções tecnológicas, o maior grau de competitividade influenciado pela globalização da economia e o envelhecimento progressivo da população, impunham já na altura a colocação em causa do modelo tradicional da relação laboral e apelavam ao desenvolvimento de políticas de fornecimento aos trabalhadores de conhecimentos múltiplos e de capacidade de trabalho em *diferentes projectos* e em equipa[56]. Por isso, quer o trabalho

---

participation, Fondation européene pour l´amélioration des conditions de vie et de travail, Dublin,1993, 257-265 ressaltando uma impostergável necessidade de reforço da participação da negociação directa entre trabalhadores e empregadores.

[56] A progressão dentro da empresa não se verifica como antigamente, exigindo-se ao trabalhador uma passagem por diferentes funções e empregos como forma de experimentação e habilitação para as funções almejadas. Na realidade, a expansão de um modelo global e informacional mexe de forma decisiva com a *"geografia dos trabalhadores"*, sendo também cada vez mais frequente o trabalho em telecentros, em casa, no escritório do cliente, em edifícios de parceria e de parceiros, nos aeroportos, nos *"training center"* ou nos *"creatif center",* conforme enfoca MARIA MÁRCIA TRIGO, "Economia da Informação e do Saber", cit., 50. CHARLES GRANTHAM (*Executive Digest,* ano 6, n.º 70, Agosto de 2000, 57) realça também a obsolescência do modelo organizacional tradicional, hierárquico e formal, considerando inevitável a sua substituição por um modelo mais dinâmico e flexível, assente em pequenas redes de trabalho, com profissionais especializados que trabalham agrupadamente em projectos específicos. O desenvolvimento e implementação destes projectos impõe uma laboração por tempo limitado até que sejam atingidos os objectivos subjacentes à sua constituição. A temporariedade surge neste contexto como uma vertente da flexibilidade e dinâmica gestionárias que marcam a nova realidade, também designada por *"era da atomização empresarial"*. O conceito é discutido em todos os países desenvolvidos ou em vias de desenvolvimento (*fléxibilité, flexibility, flexibilización, flexibilisierung*) em face da assacada rigidez do direito do trabalho. Refira-se ainda que, não obstante alguma da aparência desprotectiva de algumas das soluções acima forjadas, não deixa de ser preferível a flexibilização actuacional assinalada (sinónimo de emprego) à desagregação do factor trabalho e ao abaixamento dos níveis de protecção daqueles que passam a ser trabalhadores autónomos no quadro de processos de engenharia gestionária cada vez mais aplicados. O eixo principal das reestruturações até aqui desenvolvidas, segundo estudos realizados, assenta numa redução do número de trabalhadores com vínculo estável, geralmente através do recurso a reformas antecipadas e com a contratação de trabalhadores mais jovens e com um nível de escolaridade mais elevado, e na utilização de formas de contratação a termo, prestação de serviços e subcontratação, cfr. VÍTOR CORADO SIMÕES, *Inovação e gestão em PME Industriais portuguesas*, Lisboa, Gabinete de Estudos e Planeamento do Ministério do Emprego, 1996. Conforme salienta MONTEIRO FERNANDES, " O Sentido de uma Revisão Flexibilizante das Leis do Trabalho" in VVAA, *II Congresso de Direito do Trabalho*, Almedina, Coimbra,1999, pg. 314, a flexi-

temporário, quer a cedência de trabalhadores, manifestaram-se à época como uma das poucas alternativas legais para o desemprego (a par de incentivos à contratação laboral inseridos num contexto comunitário de jugulação do fenómeno do desemprego e de qualificação e formação profissionais) apresentando-se neste ambiente como um "mal menor". Foram ganhando terreno às variantes clássicas de cumprimento do contrato de trabalho (*Arbeitsvertrag*), firmando-se paulatinamente como formas mais ou menos subreptícias de ocupação precária de postos de trabalho permanentes, "*instalando-se como instrumento preferencial de uma gestão puramente financeira da força de trabalho*"[57].

Neste cenário, o Decreto-Lei n.º 359/89 veio introduzir alguma ordem quanto ao enquadramento e consequências da cedência ocasional, sendo porém evidentes as deficiências técnicas e regulamentares que apresenta, e que não foram oportunamente supridas com as revisões entretanto operadas[58].

---

bilidade não pode significar desregulação (*Entnormalisierung*), sob pena de se abrirem espaços de anomia ao eliminar-se ou restringir-se as regras que o condicionam – "*tratar--se-ia de acabar com o direito do trabalho, ou de reduzir o seu volume de modo a fazê-lo retornar à função primitiva de protecção marginal*". Para além do retrocesso civilizacional que se encontra associada a esta concepção de que o potencial de emprego se encontra presente na economia e de que será inteiramente convertido em emprego efectivo com a abolição de uma regulamentação legal espartilhadora, acresce que qualquer empresário moderno, como bem sublinha o autor, dificilmente abdicaria do quadro de referências fornecido por uma regulamentação legal equilibrada e da margem de previsibilidade que dela resulta. É esta equipolência normativa que permite o desenvolvimento de actividades gestionárias racionalizadas ao oferecer instrumentos adequados de gestão e superação de conflitos e também ao limitar a concorrência patronal no mercado de trabalho.

[57] MARIA REGINA REDINHA, "Empresas de Trabalho Temporário", RDES, ano X--XI, 1984/5,144.

[58] A primeira alteração que teve lugar em 1996 com a Lei 39/96, de 31 de Agosto, incidiu fundamentalmente sobre o trabalho temporário, modificando-se o art. 16.º e disciplinando-se de forma diferente a responsabilidade do utilizador. No tocante à cedência, as alterações foram reflexas, já que a duplicação dos valores previstos no quadro sancionatório do art. 31, veio, ainda que timidamente, inibir a prática de cedências de pessoal ilícitas nos termos em que o diploma o determina. Já a Lei n.º 146/99, de 1 de Setembro, procedeu a um conjunto de alterações bem mais vasto, reestruturando a disciplina aplicável ao trabalho temporário (salientando-se as alterações introduzidas nos arts. 13.º, 20.º e 21.º que são aplicados "*supletivamente*" à cedência ocasional de trabalhadores *ex vi* do art. 29.º) e no que directamente se relaciona com a cedência, mexeu com os arts.º 26.º, 28.º e 31.º. No primeiro, suprimiu-se uma situação que não correspondia com propriedade a uma situação de cedência mas antes a uma prestação de serviços, renumerando-se o preceito

em conformidade. No art. 28.º, acrescentou-se um novo número, fazendo-se prever com a extinção da cessionária o reingresso do trabalhador na empresa cedente, com salvaguarda dos direitos que tinha à data da cedência. A alteração do regime sancionatório previsto no art. 31.º fica no essencial a dever-se ao novo regime contraordenacional laboral – Lei n.º 116/99, de 4 de Agosto (que define o novo regime jurídico das contra-ordenações laborais, a moldura sancionatória aplicável às infracções cometidas e a tramitação do respectivo processo), Lei n.º 113/99, de 3 de Agosto (que tipifica e classifica as contra--ordenações laborais correspondentes à violação específica de segurança, higiene e saúde no trabalho em certos sectores de actividade ou a determinados riscos profissionais), Lei n.º 118/99, de 3 de Agosto (que tipifica e classifica as contra-ordenações laborais correspondentes à violação dos diplomas reguladores do regime geral dos contratos de trabalho) e Lei n.º 114/99, de 3 de Agosto (tipifica e classifica as contra-ordenações laborais correspondentes à violação de regimes especiais dos contratos de trabalho e contratos equiparados) – para o qual o aplicador de direito é remetido por força da tipologia categorial uniforme utilizada neste conjunto de diplomas. No entanto o *"leit motiv"* da alteração efectuada foi reconhecidamente a disciplina relativa ao trabalho temporário, conforme se salientou no debate parlamentar sobre a proposta de Lei n.º 242/VII, que veio a ser corporizada quase na íntegra na Lei 39/96. Com mais detalhe, vd. Acordo de Concertação Estratégica 1996/1999, de 20 de Dezembro (ponto 2.2.10) e Diários da Assembleia da República de 17 de Junho de 1999, I Série, n.º 94, pp. 3368 ss. e de 9 de Julho de 1999, II Série-A, n.º 76, 2.º suplemento.

CAPÍTULO II

A EMPRESA

SECÇÃO I

A EMPRESA

1. Conceito de empresa

O papel da empresa no campo juslaboral é fundamental. O trabalhador, na maior parte dos casos, exerce a sua prestação em empresas e por isso o desenho das relações laborais assenta no pressuposto de que a relação jurídico-laboral tem como um dos pólos a empresa ("Unternehmen", "enterprise", "impresa").[59] É a partir da sua definição que se delimita o lugar da prestação do trabalho e todo um conjunto de vicissitudes que têm como padrão de referência a perspectiva integracional que subjaz à respectiva noção.[60] Importa neste sentido encontrar uma definição de empresa que funcione como *categoria-cenário*[61] do desenvolvimento das relações laborais. Do ponto de vista económico, a realidade empresa traduz-se num espaço económico dentro do qual se realiza uma combinação de factores de produção, ou seja, uma unidade económica em que se desenvolve o processo produtivo. Neste sentido, havendo uma "unidade de decisão patrimonial em que se combinem original e homogeneamente os factores capital e trabalho", o conceito tipológico de empresa encontra-se preenchido. Este conceito baseado na "entidade unitária", não recebeu contudo total objectivação jurídica. No plano do direito, a empresa deve ser analisada numa dupla perspectiva vecto-

---

[59] MENEZES CORDEIRO, *Manual de Direito do Trabalho*, Almedina, Coimbra, 1997, 484, referindo também que *"é pessoa laboral o centro de imputação de normas juslaborais"*.

[60] Qualificação, Categorização, promoções, formação profissional, despedimentos colectivos...

[61] A locução é de ABEL FERREIRA, *Grupos de Empresas e Direito do Trabalho* (dissertação de mestrado não publicada), Faculdade de Direito de Lisboa, 1996, 17.

rial: quer enquanto organização de que o empresário se serve para alcançar determinada realidade objectivamente considerada (forma jurídica de organização), quer enquanto resultado dessa actividade (empresa-organização), estando-se em ambas as situações perante um descartamento da sua decantada mistificação como um sujeito de direito personificado[62]. No entanto, sem prejuízo das múltiplas acepções que são atribuídas à realidade empresa,[63] cumpre buscar a sua definição numa perspectiva de acomodamento ao regime e fisionomia laborísticas[64] tendo em conta a evolução económica vivida e a actuação operativa do conceito ao nível da realidade "grupos de empresas". MONTEIRO FERNANDES, define a empresa como " *uma organização de meios estável e predisposta para a realização de certo fim útil pelo seu titular, o qual, mediante contratos de trabalho, emprega outras pessoas na realização desse fim*"[65], descrição com

---

[62] MONEREO PEREZ, J., *Teoria Jurídica de Los Grupos de Empresas y Derecho del Trabajo*, Editorial Comares, Granada, 1997, 10.

[63] A empresa pode ser considerada o empresário, isto é, como um sujeito de direitos ou deveres de relações jurídicas; é também comum (*maxime* ao nível do Direito Comercial) a sua valoração enquanto estabelecimento (organização de meios produtivos do empresário), sendo neste tocante tratada como objecto de direitos, designadamente em situações de trespasse ou de compra e venda da *empresa*.

[64] MONTOYA MEGAR, *Derecho del Trabajo*, Tecnos, Madrid, 1981, p. 470, desde sempre sustentou que o "conceito jurídico de empresa é basicamente um conceito jurídico-laboral". Manifestando-se contra uma concepção conceitual unitária de empresa, vd COUTINHO DE ABREU, *Da empresarialidade. As empresas no direito*, Almedina, Coimbra, 1999, 281ss.

[65] A inserção da necessidade de existirem contratos de trabalho em sede de definição conceptual de empresa no plano laboral pode nem sempre verificar-se. Não só deixa de fora as situações em que as empresas no plano societário são constituídas por sócios de indústria como também não atende justamente à proliferação de novas empresas constituídas por trabalhadores que exercem a sua actividade ao abrigo do regime da cedência ocasional de trabalhadores e do trabalho temporário sem que neste plano analítico caiba falar em contratos de trabalho com a empresa directamente beneficiária da respectiva prestação. Por outro lado, com o espectacular desenvolvimento tecnológico verificado, são também crescentes as empresas em que o exercente da actividade é simultaneamente chefe e chefiado: é o caso conhecido das empresas informáticas, de divulgação e estruturação de *sites*, em que não obstante os elevados índices de facturação verificados, o substrato pessoal da actividade prosseguida é restrito a um número reduzidíssimo de pessoas, quando não a uma única pessoa (ou o alargamento a mais do que uma pessoa é processado através de contratos de prestação se serviços). Neste sentido, BERNARDO XAVIER em o *O despedimento colectivo no dimensionamento da empresa*, Verbo, Lisboa, 2000, acaba por reconhecer que, se a empresa laboral apresenta como traço distintivo o facto de

enfoque organizacional, secundada por COUTINHO DE ABREU[66], que a define como *"organização de meios que constitui um instrumento de exercício relativamente continuado de uma actividade de produção, cujos trabalhadores estão sujeitos, individual ou colectivamente, ao regime do direito do trabalho"*[67]. CAMPS RUÍZ recorta o conceito como uma *"unidade organizada e organizadora de um conjunto de meios materiais e humanos tendentes à obtenção de um fim"*[68]. Neste quadro, afigura-se fundamental a estruturação do conceito a partir da noção de organização ou comunidade de *pessoas* que quadre com a visão humanizada ou personalista que deve presenciar a análise das relações jurídicas laborais[69], havendo quanto a este aspecto um *plus* ao nível do direito do trabalho. A empresa é ao mesmo tempo uma das formas de actividade económica e uma das formas sociais de trabalho[70]. Deve aliás salientar-se que grande parte da normação juslaboral apenas se justifica em relação a unidades produtivas com certa consistência numérica, sendo o número de trabalhadores decisivo[71]. Por

---

"o substracto pessoal ter inerente a sua inserção, organização e funcionalidade tituladas por contrato de trabalho", não deixa de reconhecer que o título é reversível...

[66] *Da empresarialidade – As empresas no direito*, cit., 299. O conceito abrange empresas do sector público, privado e cooperativo e social, prescindindo o autor do intuito lucrativo, fundamentando a sua posição na necessidade de evitar diferenciações de tratamento ao nível dos trabalhadores assalariados apenas por actuarem em organizações de carácter distinto – veja-se o art. 2.º 3.º e 24.º LCT; arts. 5.º, ss, LCCT; art. 25.º do DL 215-B/75 de 30 de Abril.

[67] Para uma crítica à definição apresentada, veja-se BERNARDO XAVIER, *O despedimento colectivo no dimensionamento da empresa*, Verbo, Lisboa, 2000, 26-27.

[68] *Régimen laboral de la transmisión de empresa*, Valencia, Tirant Lo Blanch, 1993, 23-24.

[69] É esta a perspectiva seguida por BERNARDO XAVIER, *Curso de direito do trabalho*, Reimpressão, Verbo, Lisboa, 1999, 201, ao apresentar a definição a partir de uma "organização de pessoas". A existência de trabalhadores é de facto irrelevante para a concepção de empresa noutros ramos de direito.

[70] MONEREO PEREZ, J., *Teoria Jurídica*, cit., 25.

[71] Veja-se as relações colectivas, a matéria relativa a carreiras profissionais. Também o art. 15.º da LCCT estabelece um esquema processual mais leve para o despedimento com justa causa de trabalhadores pertencentes a empresas com menos de vinte trabalhadores. Segundo o mesmo diploma, nas empresas com 20 ou menos trabalhadores o prazo geral do período experimental é de 90 dias, em vez de 60 como nas restantes empresas. Também no regime sancionatório contra-ordenacional – Lei n.º 116/99 – o valor das coimas é agravado em função da dimensão da empresa, sendo um dos critérios utilizados, a par do volume de negócios, o número de trabalhadores existente. Acresce que existem normas de Direito do Trabalho cuja aplicação é expressamente condicionada à existência

outro lado, a ideia de empresa encontra-se sempre presente como suporte da tutela da continuidade (transmissão da titularidade ou exploração do estabelecimento, encerramento temporário ou definitivo) e da estabilidade sócio-profissional do trabalhador (categoria, local e tempo de trabalho). É ainda a dimensão da empresa, numa importância mais difusa, que modela as situações jurídicas em que assentam o relacionamento estabelecido entre trabalhador e empregador: hierarquização e especialização de funções, burocratização, complexidade dos circuitos organizatórios e relacionais.[72] De acordo com uma sistematização dogmática, o conceito de empresa é, assim, decomponível em vários vectores: subjectivo (referente ao empresário); funcional (referente à actividade económica empresarial); patrimonial (relativa ao património, ao estabelecimento e à sede física da empresa); social ou institucional (atinente à organização de determinada realidade social implicada no exercício da actividade económica). O problema radica na elaboração de um conceito jurídico unitário de empresa, dotado de um estatuto geral configurável como um grupo de normas aplicáveis a todas as empresas por abstracção dos seus elementos consti-

---

de um determinado número de trabalhadores. É o caso da Lei n.º 141/85, de 14 de Novembro (com as alterações introduzidas pelo Decreto-Lei n.º 9/92, de 22 de Janeiro) atinente à publicação do balanço social (o art. 1 obriga à elaboração, até 31 de Março do ano seguinte, do respectivo balanço social às empresas com pelo menos 100 trabalhadores ao seu serviço). Relativamente a este aspecto, a aplicação do *"benchmarking"* (enquanto processo contínuo e sistemático para avaliar serviços, processos de organização, que são reconhecidos como representantes das melhores práticas, com a finalidade de melhoria de desempenho), na análise do valor do desempenho humano no mesosistema empresarial, toma como marco de referência os indicadores apurados a partir da informação extraída da matriz oficial do Balanço social. Sobre a questão, J. EDUARDO CARVALHO, *"Rating Social"* *-Análise do valor económico-laboral nas organizações empresariais*, Colecção Teses, edições da Universidade Lusíada, Lisboa, 1999, p.157.

[72] A estrutura hierárquica assume especial importância para efeitos do art. 20.º n.º 2 e 26.º n.º 2 da LCT. ABEL FERREIRA, *Grupos de Empresas e Direito do Trabalho*, cit., 78, acentua com acutilância que a complexidade organizativa, que pauta as empresas hodiernamente, conduz ao *"aparecimento de vários agentes detentores do poder patronal, resultado dos procedimentos de delegação legalmente previstos, provocando uma aparente dissociação entre a realidade jurídica do empregador e a realidade fáctica do interlocutor do trabalhador"*, sendo que, do ponto de vista estritamente jurídico a dissociação apontada acaba por constituir apenas uma aparência que surge como decorrência da cisão entre a titularidade do capital e a titularidade da gestão, o que não infirma o facto de a exclusividade do poder de direcção radicar na esfera jurídica do empregador, sendo, conforme se nota, exercido no quadro de poderes de delegação conferidos às estruturas intermédias ou de chefia.

tutivos. A dispersão normativa e a ausência de um estatuto jurídico unitário e sistemático de empresa tornam assaz difícil a elaboração de um conceito unitário.[73] Por outro lado, a legislação existente proporciona uma base jurídica inegável para a normalização jurídica da empresa como unidade económica (unidade de exploração comercial e industrial) formada por capital e trabalho, dirigida e organizada por um empresário, havendo um objecto unitário.[74] À imagem da empresa encontra-se sempre associado um fenómeno de gregarismo e de uma certa continuidade social[75]

---

[73] MONEREO PEREZ, J., *Teoria Jurídica...*, cit., 13.

[74] A empresa, apresenta-se assim como o quadro de realização da prestação laboral, isto é, como o centro de constituição, modificação e extinção das situações jurídicas laborais.A falta de coincidência com a noção de empregador denota contudo o seu reduzido valor explicativo para operar no domínio dos grupos de empresas. Existem na actualidade várias definições de empresa com valor legal mas nem sempre conciliáveis – vg Código Comercial, Código da Propriedade Industrial, Código de Direitos de Autor, C.P.E.R.E.F. e vária legislação fiscal. Na base da definição desta realidade parece estar um complexo organizacional de factores de produção, estando excluída a realização de actividades agrícolas e artesanais. A noção mostra-se contudo compatível com diversas formas de organização jurídica – sociedades, cooperativas, actuações individuais... – contanto que realidades estruturadamente complexas. No art. 3.º do Decreto-Lei n.º102/84, de 24 de Março (*formação profissional de jovens em sistema de aprendizagem*), entretanto revogado pelo Decreto-Lei n.º 205/96, de 25 de Outubro, apresentava-se uma noção que tinha de ser objecto de uma leitura no específico contexto normativo em que se encontrava inserida – "para efeitos do presente diploma, entende-se por empresa toda a organização em que se desenvolve profissionalmente uma actividade dirigida à produção de bens ou à prestação de serviços".

[75] O recente Código Comercial de Macau, aprovado pelo Decreto-Lei n.º 40/99/M, inspirando-se na doutrina do Código Civil Italiano, adopta uma uma noção de empresa relativamente ampla e dúctil por forma a permitir o enquadramento da dimensão estrutura e dimensão actividade. Na verdade, a empresa é uma estrutura para um processo produtivo, mas é também um processo produtivo através de uma estrutura. Estrutura e processo produtivo são apenas dois momentos da mesma realidade, que é essencialmente una: a empresa. Neste sentido o Código utiliza a expressão empresa comercial independentemente de *in concreto* estar em causa o vector actividade ou o vector estrutura, o qual relevará da concreta disciplina desenhada. Procurou-se desta forma obviar a algumas das dificuldades surgidas em Itália devido ao facto de o *Codice Civile* ter segmentado estes dois vectores, a empresa (*impresa*) como actividade e o estabelecimento (*azienda*) como estrutura. Cfr. ORLANDO CARVALHO, *Critério e estrutura do estabelecimento comercial*, Coimbra, 1967, 7, nota 3. Assim nos termos do n.º1 deste diploma, define-se quem pode ser empresário comercial e no art. 2.º "considera-se empresa comercial toda a organização de factores produtivos para o exercício de uma actividade económica destinada à produção para a troca sistemática e vantajosa", exemplificando-se de seguida as actividades des-

que lhe confere uma coloração simbólica de unidade de direcção e de autonomização estabilizada. A empresa aparece assim, na nossa perspectiva, como um *centro de referência social dotado de uma consistência económica aglutinadora em que confluem interesses da mais variada ordem,* sem que com isto se constitua como sujeito jurídico-laboral, já que este recortar-se-á a partir da pessoa jurídica[76] que aparece como elemento constitutivo daquela concreta estrutura produtiva. Trata-se, no plano juslaboral, de um sistema organizado de relações laborais que envolve em si mesmo uma colectividade de trabalhadores e um elemento de direcção da sua complexidade organizativa. Bastante próximo do conceito de empresa encontra-se o conceito de estabelecimento, mais teorizado no campo do Direito Comercial[77]que traduz o conjunto de bens materiais e imateriais, organizado pelo empresário, numa óptica de unita-

---

tinadas à definição. No n.º 2 do preceito, afasta-se do conceito de empresa comercial, "a organização de factores produtivos para o exercício de uma actividade económica que não seja autonomizável do sujeito que a exerce". Na actualidade, a despersonalização da entidade patronal tem muito que ver com a existência de estruturas tecnocráticas autónomas, de que resulta um considerável afastamento entre a titularidade formal dos contratos de trabalho e o exercício efectivo dos poderes patronais. São estruturas marcadamente impessoais, que se associam ao estiolamento do conceito de empresa enquanto objecto do domínio absoluto do respectivo titular e que conduzem à aceitação da influência na empresa de contrapoderes em que estão investidos órgãos representativos dos trabalhadores. Inclusivamente, ao nível do Direito Comercial e no plano da estruturação do sujeito patronal, o CSC determina a necessidade de a administração actuar não só com referência à satisfação dos interesses da sociedade e dos accionistas mas também dos trabalhadores. Ainda sobre o conceito de empresa, OLIVEIRA ASCENSÃO, *Lições de Direito Comercial*, I, 121ss; CARLOS FERREIRA DE ALMEIDA, *Direito Económico*, AAFDL, 1982, 323ss; PEREIRA DE ALMEIDA, *Sociedades Comerciais*, Coimbra Editora, Coimbra, 1997, 14.

[76] Por exemplo Sociedade Anónima ou Cooperativa.

[77] Sem prejuízo da sua estruturação no quadro dogmático do Direito do Trabalho, atendendo designadamente à importância do art. 37.º da LCT e hipótese de "sub-rogação legal " aí prevista. Cfr. MOTA PINTO, *Cessão da posição contratual*, Almedina, Coimbra, 1982, 84ss. Utilizando, ainda, em sinonímia as expressões "empresa" e "estabelecimento", quando define este como "o complexo da organização comercial do comerciante, o seu negócio em movimento ou apto para entrar em movimento" que para "além de unidade económica, é também uma unidade em sentido jurídico – uma unidade jurídica". vd FERRER CORREIA, *Lições de Direito Comercial-I*, Coimbra, 1973, pags. 201 e segs. Adiante, o autor conclui pela mencionada "unidade jurídica" da realidade económica de facto " estabelecimento/empresa", que postula particular tutela jurídica "logo objecto de um direito autónomo" sendo um bem jurídico *"qua tale".*

rização funcional.[78] O critério da entidade económica autónoma, não obstante a necessidade do seu preenchimento a partir de uma ponderação casuística, permite a caracterização como estabelecimento quando exista um substracto organizacional de factores produtivos com um mínimo de consistência e autonomia. A perspectiva é neste âmbito de carácter essencialmente patrimonial. Neste sentido, uma empresa pode ter vários estabelecimentos e um empresário[79] vários estabelecimentos. A multiplicidade de estabelecimentos acentuará a dispersão organizatória que sustenta o conceito de empresa, dificultando "a harmonização no tratamento concedido a todos os trabalhadores da empresa"[80], mantendo-se, no entanto, como centro de referência das relações entre os sujeitos jurídicos.[81] As concepções que identificam empresa com empregador[82] ou que encaram a empresa como mero objecto de direitos deste, fundamentam-se essencialmente no amplíssimo leque de poderes que cabem a este último, não só no plano organizacional (ao nível do pessoal que constitui a empresa) mas também no que toca aos aspectos globais sobre a empresa (*rectius*, esta-

---

[78] Sobre a figura, com abundantes referências doutrinais e jurisprudenciais, J. COUTINHO DE ABREU, *Curso de direito comercial,* I, reimp., Coimbra, 1999, p. 190 ss. Na jurisprudência, com muito interesse, analisando o conceito *laboral* de estabelecimento (estando também envolvida a Lei da Greve), o Acórdão de Uniformização de Jurisprudência n.º 2/2001, do Supremo Tribunal de Justiça (DR, I Série-A, n.º 15, 18-1-2001).

[79] Não necessariamente entidade patronal, já que o empresário titular de empresa pode não corresponder a um empregador, nem habitual ou mesmo ocasionalmente. Acresce que no rigor dos termos, é frequente existirem empregadores onde não há empresas – o caso da dona de casa.

[80] ABEL FERREIRA, *Grupos de empresas e direito do trabalho,* cit., 89.

[81] Diferença assinalável face ao fenómeno dos grupos de empresas, em que existirão em princípio tantos empregadores quantas as empresas em questão e em que, decorrente e exemplificadamente, o princípio da igualdade será avaliado no quadro de cada uma delas. Sobre a incidência do princípio ao nível do direito do trabalho, GUILHERME DRAY, *O princípio da igualdade no direito do trabalho – sua aplicabilidade no domínio específico da formação de contratos individuais de trabalho,* Almedina, Coimbra, 1999.

[82] A noção de empregador que aparece desenhada no art. 1.º, n.º 2, al. a) do Decreto-Lei n.º 215-C/75 como "*pessoa, individual ou colectiva, de direito privado, titular de uma empresa que, tenha, habitualmente, trabalhadores ao seu serviço*" é na verdade, e em bom rigor, a noção de entidade patronal. Trata-se de uma definição que tem um âmbito operativo reduzido e limitado ao objectivo de integração numa associação patronal pretendendo a exclusão da participação de entidades públicas em associações patronais e acentuando a respectiva natureza empresarial.

belecimento).[83] Um dos pressupostos do acolhimento ético-jurídico da cedência de trabalhadores foi justamente a empresarialização, enquanto definição de um centro de confluência de interesses sociais de ordem diversa, tendo-se buscado a sua fundamentação a partir do conceito empresa não só num plano fáctico como também jurídico. É, de facto, o suporte empresarial que dá substância à cedência ocasional de trabalhadores e permite realizar na plenitude a função sócio-económica que lhe está atribuída.[84]

---

[83] É o caso da venda ou trespasse do estabelecimento, da necessidade de intervenção como outorgante nos negócios que se relacionem com a empresa ou o estabelecimento e ainda da responsabilidade inerente ao exercício dos direitos de gestão. Cumpre, no entanto, deixar bem clara a necessidade de distinção entre empresa/empresário e entidade patronal. A primeira (entidade patronal) é um sujeito de direitos, sendo que a "empresa", na definição exposta, mais não é do que um complexo de situações jurídicas, ainda que pautado por uma unidade funcional ou finalística. O interesse da empresa "*tout court*" constitui uma referência de análise para certas situações laborais, não o sendo enquanto tal o interesse do empregador: é o caso manifesto do *ius variandi,* da alteração da época marcada para o gozo de férias, etc.

[84] A empresa surge neste contexto por comodidade de expressão, independentemente da posição institucionalizante de cedente ou cessionário, já que a outorga do acordo de cedência (art. 28.º) é feita evidentemente pela pessoa individual ou pessoa colectiva que é titular e que é representada fisicamente por uma concreta pessoa.

2. Estiolamento da matriz empresarial tradicional

A identificação da empresa como "centro de integração social" está todavia em profunda crise.[85] A cedência de trabalhadores e o trabalho temporário comprovam esta tendência. A empresa perde espessura humana e material[86], os processos gestionários praticados externalizam o seu aspecto actuacional, a redução de recursos humanos[87] surge como expediente para travar as dificuldades económicas e os meios técnicos e materiais utilizados não se encontram na sua titularidade.[88] Emerge o conceito de "empresa sem pessoal".[89] Perante este cenário, o facto de a prestação de trabalho concretamente verificada ocorrer à luz de um acordo que não o contrato de trabalho[90] contribui para a desmaterialização do substracto pessoal que

---

[85] MONTEIRO FERNANDES, "Problemas jurídicos del trabajo realizado por mediación de empresas de trabajo temporal", REDT, 1984, Abril-Junho, 180 e JORGE LEITE, "O direito do trabalho na crise", *Temas de Direito do Trabalho*, cit., 29.

[86] G. LYON CAEN, "Plasticité du capital et nouvelles formes d`emploi", DS, 1980, n.os 7-8, 8; MARIA REGINA REDINHA, "Empresas de Trabalho Temporário", cit., 153.

[87] Basicamente através de processos de *downsizing* (redução radical no tamanho da empresa através do *de-layering* ou da venda de negócios não estratégicos), dos despedimentos com *de-layering* (libertação de mão de obra com funções intermédias e correlativa redução dos níveis hierárquicos da empresa) e de *reengineering* (redesenho profundo dos processos de negócio com o objectivo de obter melhorias substanciais em três áreas--custos, serviços e tempo.Cfr. R. TOMASKO, *Downsizing-Reshaping the Corporation for the Future*, Amacon, 1990.

[88] Designadamente através do recurso crescente à celebração de contratos de *leasing*, *software e franchising* (este último, muitas das vezes, como forma de "des-centramento" produtivo que visa evitar o suporte dos encargos associados à contratação laboral). Cfr. GIUSEPPE FERRARO, "Dal lavoro subordinato al lavoro autonomo", *Diritto del Lavoro e di Relazioni Industriali*, n.º 79, ano XX, 1998, p. 443.

[89] GÉRARD LYON CAEN,"La crise du droit du travail", *In Memoriam Sir Otto Kahn Freund*, Munique, 1980, 517.

[90] Por isso, os trabalhadores não são incluídos no mapa de pessoal da cessionária – art. 13.º *ex vi* do art. 29.º. Assinale-se contudo as virtualidades que o factor de *integração*

tradicionalmemte caracterizava o conceito de empresa.[91] Neste quadro, conforme nota MARIA REGINA REDINHA[92], ganha novo fôlego a teoria da "incorporação (*Eingliederungstheorie*) do trabalhador na empresa"[93], perdendo consistência factual a concepção contratual clássica da relação de

---

na empresa alberga enquanto critério aferente à identificação da subordinação jurídica, designadamente no que se refere ao regime de invalidade do contrato de trabalho – art. 15.º LCT – cuja verificação do vício não infirma os efeitos próprios do contrato de trabalho produzidos até à data, tudo se passando como se este fosse válido durante o tempo em que foi executado.Cfr. ROMANO MARTINEZ, *Direito do Trabalho I*, cit, 339 e ainda MENEZES CORDEIRO, "Da situação jurídica laboral: perspectivas dogmáticas do Direito do Trabalho", ROA; 1982, 122, situando a questão na doutrina global das relações contratuais de facto que, nesta perspectiva, transcende o Direito do Trabalho. Trata-se do irrompimento das chamadas relações laborais de origem não contratual, que decorrem *hoc modo* de um simples comportamento social (*Faktische Vertragverhältnisse*) mas cuja realidade pode não ser apropriável pela teoria da incorporação. Se esta teoria encara este tipo de relações como um fenómeno característico da incorporação, como um elemento fundamental da vida da relação laboral, já a doutrina das relações laborais de facto recorta a sua explicação a partir de uma figura excepcional dentro do regime da relação contratual de trabalho, com amparo legal nas relações de facto.

[91] Num outro plano, assiste-se também ao "desaparecimento físico" dos empresários", passando a empresa a ser chefiada por pessoas que, não sendo detentoras do capital, são contratadas para exercer essas funções pelas suas qualidades técnicas, emergindo a figura dos administradores como classe profissional. Por isso, como refere ANTÓNIO DE SOUSA, em *Chefia da Empresa*, POLIS, vol. I, Verbo, p. 799, as "relações profissionais e de competência sobrepõem-se aos vínculos pessoais, sendo os membros da organização vistos como actores que desempenham um determinado papel na organização, em vez de como pessoas na sua totalidade, cuja esfera de interesses e actuação excede em muito a actividade profissional", algo que não pode ser dissociado do *"management"* ou *"tecnoestrutura"*.

[92] *Empresas de Trabalho Temporário*, cit., p. 154.

[93] Teoria comummente invocada para sustentar a autonomia dogmática do Direito do Trabalho. Sobre a questão, MENEZES CORDEIRO, "Da situação jurídica laboral: perspectivas dogmáticas do Direito do Trabalho", ROA, 1982, 109ss e 120ss. No entanto, a polaridade antinómica em que eram habitualmente colocadas as teorias contratualistas e da incorporação foi desde cedo estiolada, pois que nem GIERKE, nem POTHOFF, nem MOLITOR ou SIEBERT e NIKISCH renegam com absolutidade a natureza do contrato como origem da relação laboral. A teoria da incorporação surge fundamentalmente como uma explicação de como a primitiva relação, normalmente contratual, se transforma por força do ingresso na empresa. É que se a relação de trabalho é considerada uma relação jurídico-pessoal comunitária (*Gemeinschaftsverhältnis*), é natural transportar o seu começo para o momento em que o trabalhador entra na empresa e diferenciar este momento da relação obrigatória nascida do contrato. A relação comunitária aparece assim como uma fase poste-

trabalho.[94] A empresa não é mais " a coerente unidade jurídica, física e social de produção" que polarizava todas as funções num mesmo centro geográfico, contando com *"trabalhadores permanentes investidos de um estatuto jurídico comum"*[95]. O centro de tomada de decisões distancia-se do local onde a produção se processa, a flexibilidade "interna e externa" acentua a falta de pontos de arrimo quanto à efectiva localização dos trabalhadores e a *periferização* das unidades de produção estilhaça a ideia de empresa comunidade[96], a par da pulverização de estatutos, da fragilização do movimento sindical e da exteriorização dos processos produtivos. A tudo isto, associa-se uma multinacionalização crescente, um desenvolvimento de formas de descentralização gestionárias e uma lógica de contenção de custos imobiliários que obriga à imaterialização dos centros de trabalho e que tornam o conceito de empresa um conceito cada vez mais imaterial e evanescente, irrompendo em simultâneo o conceito de *empresa virtual,* de titularidade invisível, dispersa no espaço e volátil no tempo.[97] Como refere JEREMY RIKIN, "o essencial da infra-estrutura mate-

---

rior da relação de trabalho, que é dimensionada com a entrada em vigor do contrato de trabalho. Neste quadro, a incorporação não constitui um acto jurídico mas antes uma medida de facto (*talsachliche Massnahme*) da organização de trabalho. Trata-se de actos da vida que se explicam por si mesmos e que não têm necessidade de um novo suporte, assente numa vontade destinada a produzir efeitos jurídicos.

[94] CONSUELO CHACARTEGUI JÁVEGA, *Empresas de trabajo temporal y contrato de trabajo*, Tirant lo Blanch, Valencia, 2000, 47. A autora considera que, no quadro das teorias contratualistas, a prevalência do contrato como fundamento (*Rechtsgrund*) legitimante do poder de direcção implica que os resultados a que a empresa chegue, enquanto organização, constituam elementos externos ao contrato que não podem modificar a sua natureza criando ou alterando faculdades que não estejam previamente integradas no mesmo.

[95] G. LYON CAEN, *Le Droit du Travail Non Salarié*, Édition Sirey, Paris, 1990, p. 12. Conforme se notará adiante, a integração do trabalhador na empresa não constitui fundamento para a construção da relação laboral, havendo antes que valorar a vontade das partes livremente expressa no contrato de trabalho. Neste sentido, e noutro contexto, BARROS MOURA, *A convenção colectiva entre as fontes de Direito do Trabalho*, Almedina, Coimbra, 1984, 34.

[96] A empresa-comunidade de tipo "comunhão" (MOSSA), "coligação de interesses"(KEYNES) ou inspirada nas teses da *Unternehmen* (OTTO MAYER, HARIOU).

[97] RUI FIOLHAIS, *Sobre as Implicações Jurídico Laborais do TELETRABALHO Subordinado em Portugal*, Instituto do Emprego e Formação Profissional, Ministério do Trabalho e da Solidariedade, 1998, p.68. Trata-se de uma situação verificável não apenas no domínio da realidade cooperativa mas também no âmbito do *fenómeno* do trabalho informático em que emergem empresas com dimensão económica e financeira de alguma

rial do capitalismo contemporâneo já não precisa de ser propriedade dos que a utilizam"[98]. Ou seja, nesta paleta, perdem densidade normativa conceitos como empregador, representação e o próprio conceito de assalariado, em face de tipologias sucedâneas.[99]

---

grandeza e em que muitas vezes apenas existe um trabalhador que é justamente o proprietário.Veja-se ainda, nesta tendência, a proliferação de novas empresas societárias. Surgem as *Sociedades de capital de risco* (Decreto-Lei n.º 43/91, de 7 de Novembro, com as alterações do decreto-Lei n.º 175/94, de 27 de Junho e do Decreto-Lei n.º 230/98 de 22 de Julho), sociedades anónimas com o objecto social principal *"de apoio e promoção do investimento e da inovação tecnológica em projectos ou empresas através da participação temporária no respectivo capital social"* (art. 1.º); as *Sociedades de desenvolvimento regional* (Decreto-Lei n.º 25/91, de 11 de Janeiro, com as alterações introduzidas pelo Decreto-Lei n.º 274/94, de 7 de Outubro); as *Sociedades emitentes ou gestoras de cartões de crédito* (Decreto-Lei n.º 166/95 de 15 de Julho); as *Sociedades financeiras para aquisições a crédito* (Decreto-Lei n.º 206/95, de 14 de Agosto); as *Sociedades de garantia mútua* (Decreto-Lei n.º 211/98, de 16 de Julho); as *Sociedades gestoras de participações sociais* (Decreto-Lei n.º 495/88, de 30 de Dezembro), vulgo *holdings*; as *Sociedades gestoras de patrimónios* (decreto-Lei n.º 163/94, de 4 de Julho, com as alterações do Decreto-Lei n.º 17/97, de 21 de Janeiro; *Sociedades de locação financeira* (Decreto-Lei n.º 72/95, de 15 de Abril); *Sociedades de titularização de créditos* (Decreto--Lei n.º 453/99, de 5 de Novembro).

[98] *The Age of Acess* com tradução portuguesa de Miguel Serras Pereira, *A Era do Acesso. A Revolução da Nova Economia*, editorial Presença, Lisboa, 2001, 17.

[99] Sem que evidentemente o trabalhador possa ser considerado algo de apropriável. Cfr. RUI FIOLHAIS, *cit.*, 80.

SECÇÃO II
NOÇÃO E TIPOLOGIAS DOS GRUPOS

1. Grupos de empresas no Código das Sociedades Comerciais

A matéria das coligações plurisocietárias encontra-se regulada no Título IV do Código das Sociedades Comerciais[100], que se encontra subdividido em quatro capítulos, sob a designação de Sociedades Coligadas.[101] Importa, de forma linear e sucinta, apresentar a tipologia dos grupos de sociedades desenhada no CSC, tendo presente a economia da exposição e a desproporção que constituiria uma análise dissecada e exaustiva da sua estrutura e de alguns dos controvertidos aspectos que esta suscita. Não cabe *hic et nunc* fazer tais desenvolvimentos.

No capítulo I, a Lei estabelece que apenas as sociedades por quotas, sociedades anónimas e sociedades em comandita por acções[102] que tenham sede em Portugal[103] podem ser sociedades coligadas. Estas, nos termos do art. 482.º, podem ser sociedades de simples participação, sociedades em relação de participações recíprocas, sociedades em relação de domínio e sociedades em relação de grupo.[104]

---

[100] Aprovado pelo DL n.º 262/86 de 2 de Setembro.

[101] Arts. 481.º a 508.º-E. Conforme nota ENGRÁCIA ANTUNES, *Grupos de sociedades – Estrutura e organização jurídica da empresa plurissocietária*, Coimbra, Almedina, 1993, 212 e ss, o conceito tem um valor estritamente societário não podendo sem mais ser transposto para outros domínios do Direito, salvo "quando o diploma legal que o utiliza contenha remissão expressa ou implícita para a lei societária".

[102] Art. 481.º CSC, que tipifica as formas societárias que são abrangidas pela sua disciplina.

[103] Afora as excepções previstas no n.º 2 do art. 481.º CSC.

[104] Vd. ENGRÁCIA ANTUNES, *Grupos de Sociedades*,. cit., 251 e ss. Veja-se ainda o n.º 2 do art. 483.º e a equiparação da titularidade directa e indirecta quanto à determinação do montante das participações sociais em questão em relação a todas as modalidades de coligação que aí é estabelecida.

O capítulo III deste título IV trata da regulamentação das três primeiras, ocupando-se o capítulo subsequente do desenho normativo dos grupos de sociedades. No capítulo IV, cura-se da apreciação anual da situação de sociedades obrigadas à consolidação de contas.

Brevitatis causa, encontramos as *Sociedades em relação de simples participação* sempre que uma sociedade (ou uma pessoa singular por conta dela[105]) é titular de quotas ou acções de uma outra sociedade em montante igual ou superior a 10% e não esteja em relação de participações recíprocas, em relação de domínio ou de grupo com ela.[106]

As *Sociedades em relação de participações recíprocas* constituem-se a partir do momento em que ambas as participações atinjam 10% do capital da participada[107] mas inferior a um limite de 50%, havendo uma reciprocidade de detenção de participações que constitui o traço distintivo com as *Sociedades em relação de simples participação*.

O art. 486.º n.º 2 estabelece um elenco de situações que fazem presumir[108] uma relação de domínio, havendo neste sentido lugar à aplicação do regime das *Sociedades em relação de domínio*, tendo este quadro presuntivo carácter meramente exemplificativo.[109]

Quanto às *sociedades em relação de grupo*, tratadas no capítulo III, apresentam uma estrutura tipológica tripartida, sendo em relação a estas que o legislador utiliza a expressão "grupos de sociedades".[110]

Encontramos os *Grupos constituídos por domínio total*, em que o domínio que a sociedade dita dominante exerce na totalidade pode ser inicial[111] ou superveniente,[112] mantendo-se como tal desde que esta não deixe de ter, directa ou indirectamente, 90% das sociedades dependentes.

---

[105] Art. 483.º n.º 2 *in fine*.

[106] Art. 483.º n.º 1. Existe uma limitação de detenção das participações de 50% que ultrapassado origina uma relação de domínio. Veja-se ainda o fracassado dever de comunicação previsto no art. 484, que surge desacompanhado de qualquer tipo de sanção específica para a sua inobservância.

[107] Art. 485.º n.º 1.

[108] Art. 486.º muito próximo da opção presente na lei alemã (AKTG). Presunções *iuris tantum* cuja função jurídico-processual faz inverter o ónus da prova. Cfr. ENGRÁCIA ANTUNES, cit., 359, 390 e 405ss e TERESA ANSELMO VAZ, "A responsabilidade do accionista controlador", *O DIREITO*, ano 128.º, 1996, III-IV, 336-337

[109] Sobre a *influência dominante*, cfr. ENGRÁCIA ANTUNES, *Os grupos de sociedades*, cit., 359ss.

[110] ENGRÁCIA ANTUNES, *Os grupos de sociedades*, cit., 24ss, referindo as diferentes dimensões semânticas da expressão.

[111] Art. 488.º – "*uma sociedade pode constituir, mediante escritura por ela*

Os grupos (contratuais) paritários, quando se constituem grupos de sociedades em que estas não se encontrem dependentes entre si ou em relação a sociedades terceiras, e em que contratualmente tenha ficado acordada a submissão a uma direcção unitária e comum.[113]

E os *Grupos (contratuais) de subordinação*, quando uma sociedade decide subordinar contratualmente a gestão da sua actividade à direcção de uma outra sociedade, quer seja ou não sua dominante.[114]

Neste contexto, cumpre atentar no art. 503.º CSC[115] que prevê o direito de dar instruções vinculantes às sociedades dependentes e subordinadas, no quadro dos grupos de domínio total e de subordinação. No entanto, atendendo à manipulação gravosa que pode subjazer a estas instruções vinculantes,[116] podem ser criadas situações que obriguem a uma reacção do ordenamento jurídico em ordem à sua conformização com a principiologia que anima o sistema.[117]

---

outorgada, uma sociedade anónima de cujas as acções ela seja inicialmente a única titular".

[112] Art. 489.º – A sociedade domina na totalidade uma outra sociedade por não existirem outros sócios.

[113] Art. 492.º CSC. Sobre a locução *"direcção unitária"*, por todos, ENGRÁCIA ANTUNES, *Grupos de Sociedades*, cit., 399, admitindo a existência de um direito de dar *"instruções vinculantes"* não prejudiciais.

[114] Arts.º 493.º e e 495.º, avultando o direito previsto no art. 503.º de a sociedade directora dar instruções vinculantes à administração da sociedade subordinada.cfr. ENGRÁCIA ANTUNES, *Os grupos de sociedades*, cit., 593 ss., para quem não serão admissíveis instruções que coloquem em causa a viabilidade económica da sociedade subordinada, mesmo que necessárias para sobrevivência da sociedade directora *"ou do grupo como um todo"*. A existência de instruções perigantes da própria vivência da sociedade subordinada contraria a principiologia do sistema, havendo neste sentido um limite intrínseco ao próprio contrato de subordinação que conforma a actividade da sociedade directora. Neste sentido, veja-se também ABEL FERREIRA, *Grupos de empresas e direito do trabalho*, cit., 106.

[115] Em conjugação com o art. 491.º do mesmo diploma.

[116] Será o caso em que as sociedades dominantes e directoras impõem *"por exemplo, que as dependentes ou subordinadas cessem determinadas actividades desvantajosas, a fim de serem acrescentadas às exercidas por aquelas ou outras sociedades do grupo; se encarreguem de sectores do mercado não rentáveis; lhes emprestem dinheiro gratuitamente ou a baixas taxas de juro; lhes forneçam bens a preços inferiores aos do mercado (e inferiores até ao preço de custo)..."* conforme refere COUTINHO DE ABREU, *Grupos de Sociedades*, p. 128.

[117] Note-se contudo que o próprio CSC acautela os direitos dos sócios minoritários, ao estabelecer uma "garantia mínima de lucros" para os sócios minoritários das sociedades subordinadas – art. 500.º – o mesmo acontecendo em relação aos credores das sociedades

subordinadas ou dependentes, ao responsabilizar as sociedades em relação de domínio total. Sobre a responsabilidade da sociedade directora pelas obrigações da sociedade subordinada no art. 501.º e sobre o art. 504.º, veja-se, para mais detalhes, TERESA ANSELMO VAZ, cit., 382., ELISEU FIGUEIRA, "Disciplina jurídica dos grupos de sociedades. Breves notas sobre o papel e a função do grupo de empresas e sua disciplina jurídica", CJ, ano XV, Tomo IV, Coimbra, 1990, 51 e 52. Diremos apenas que no que respeita às sociedades em relação de grupo, a responsabilidade da sociedade directora ou dominante face aos credores sociais é independente da própria influência dominante: fundamenta-se no "risco da empresa a cargo de quem tem o poder de gestão", tratando-se de uma responsabilidade pelo cumprimento de obrigações alheias (não parece ser um caso de responsabilidade civil independentemente de culpa pois, como nota ELISEU FIGUEIRA, o CSC não parece aceitar que a sociedade dominante se liberte das suas obrigações perante os credores mediante a prova de que o incumprimento não lhe é imputável nem apresenta qualquer conexão com o poder de gestão, por não existir relação de causalidade entre esse comportamento e o exercício do direito de dar instruções). Trata-se neste sentido de uma responsabilidade passiva solidária: está-se perante uma obrigação comercial (art. 100.º do Código Comercial), sendo que o preceito não prevê a necessidade de excussão prévia dos bens da sociedade dependente para que os credores possam exigir o pagamento à sociedade dominante, mas apenas que a sociedade dependente permaneça em mora pelo menos durante 30 dias, período findo o qual os credores podem agir indiferenciadamente contra cada uma delas.

2. Grupos de Empresas na ordem jurídica e económica

A globalização[118] da economia e o crescimento da competividade multiplicaram as formas de concentração empresarial[119]. Conforme apontámos, o aparecimento de grupos[120] de empresas é mais uma fase das contínuas modificações que afectam a empresa e que se refractam nos trabalhadores e no Direito do Trabalho. A problemática dos grupos de empresas pode considerar-se como uma complexização dos tradicionais problemas de juridificação do fenómeno empresa, agudizada pela cres-

---

[118] A globalização recorta-se como um processo a partir do qual as empresas e economias nacionais se integram de forma crescente na economia mundial, surgindo associada a uma perda paulatina de autonomia das políticas económicas e sociais dos governos nacionais, no quadro de uma dependência cada vez mais acentuada do chamado mercado internacional.Cfr. JEREMY RIFKIN, *La fine del Lavoro.Il declino della forza del lavoro globale e l'avvento dell'era post-mercato*, Varese, 1995.

[119] ANA MARIA PERALTA em *Direito Comercial Comparado*, AAFDL, Lisboa, 1995, 44, aponta a concentração como um dos fenómenos característicos do novo direito comercial – " de um direito comercial cujo sujeito predominante era o comerciante em nome individual, passou-se a uma fase em que a sociedade comercial passou a dominar a cena, sendo considerada por alguns como a mais prodigiosa invenção do capitalismo moderno. Mais modernamente assiste-se a uma nova evolução: muitas vezes não é já a sociedade comercial quem actua mas sim o grupo societário, nas suas diversas formas jurídicas. O alargamento do mercado, passando de uma escala nacional a uma escala regional e mesmo mundial, dificultou a actuação dos agentes fora deste esquema organizativo...". No sentido em que o espaço económico com uma multiplicidade de agentes individuais, de dimensão reduzida e similar, em que a empresa individual detinha um papel central no funcionamento do sistema económico e social, é claramente um dado do passado, por contraposição ao modelo concentracionista actual, veja-se também ENGRÁCIA ANTUNES, *Direito das Sociedades Comerciais – perspectivas do seu ensino*, Almedina, Coimbra, 2000, 33ss, onde se encontra um excurso de grande interesse sobre os diferentes aspectos (numa perspectiva sincrónica e diacrónica) dos fenómenos societários.

[120] Gramaticalmente GRUPO é *um conjunto de pessoas, tomadas como constituindo um todo ou uma unidade* – Dicionário da Língua Portuguesa, 7.ª Edição, Porto Editora, 1996.

cente expansão de empresas multinacionais, por um desenvolvimento dos mercados de capitais associado a uma diminuição do papel do Estado, que pauta um cenário cada vez mais globalizante. A questão perpassa vários domínios. Apesar de existirem empresas com revestimento não societário[121], ao direito do trabalho pareceria interessar especialmente a noção de grupos de sociedades[122] *"proprio sensu"*, isto é, aquela em que as sociedades comerciais *"conservando embora a respectiva personalidade jurídica própria se encontram subordinadas a uma direcção económica unitária e comum"*.[123] Só assim, à luz de uma construção unitária (*unum*

---

[121] Cooperativas, estabelecimento individual de responsabilidade limitada, fundações, associações. Por isso, PEREIRA DE ALMEIDA qualifica a actividade económica de uma empresa como uma *"gestão com autonomia financeira segundo princípios de economicidade de modo a permitir uma convivência com outros agentes económicos em ambiente de economia de mercado"*(Sociedades Comerciais, Coimbra Editora, Coimbra, 1997, 21).

[122] A expressão "Grupo de Sociedades " é preferida por BAYLOS GRAU A. e COLLADO GARCIA, L. em *Grupos de Empresas y Derecho del Trabajo – Introduccion*, Editorial Trotta, 1994, 14, que a consideram técnico-juridicamente mais rigorosa e mais consentânea com a terminologia utilizada ao nível do Direito Comercial. Os autores reconhecem no entanto a consolidação da expressão "grupos de empresas" no plano doutrinal e jurisprudencial, razão pela qual procedem à sua utilização. Também COUTINHO DE ABREU, *"Grupos de Sociedades e Direito do Trabalho"*, cit., 66, 1990, 130, salienta com especial agudeza a falta de sinonímia entre as duas expressões. Não só existem empresas de revestimento não societário que podem ter relações grupais, como existem sociedades cujo objecto é gerir participações sociais *(holding)* e que não têm empresas propriamente ditas (em face da noção que apresentamos de empresa quer-nos contudo parecer que as holdings são materialmente caracterizáveis como empresas).

[123] Cfr. ENGRÁCIA ANTUNES, cit., 93 ss. O autor refere a existência de duas grandes concepções a este propósito. Uma de carácter mais restrito, para a qual basta *"... o exercício de um poder de direcção central ao nível das finanças das sociedades-filhas(...) decisões como a determinação dos objectivos económico-financeiros de médio e longo prazo, política de dividendos e reservas, sistema de «cash flow», redistribuição dos recursos financeiros do grupo para os seus segmentos ou projectos de investimento mais promete-dores, uniformidade do recurso ao crédito externo..."*, isto é um conjunto de variáveis com influência na prosperidade do próprio grupo que neste sentido deverão ser coordenadas e centralizadas pela sociedade-mãe. Uma de carácter mais amplo para a qual a direcção unitária não tem necessariamente de se ater à centralização da política financeira apontada, podendo também verificar-se quando a sociedade-mãe exerça um poder de direcção central relativamente a qualquer uma das outras áreas funcionais da gestão empresarial das sociedades-filhas (áreas de produçaõ, vendas, pessoal, comercial, logística, etc.), contanto que a lógica centralizadora logre alcançar efeitos práticos na actuação global da empresa societária e lhe retire independência económica. A direcção económica unitária (*"uniform management"*, *einheitliche Leitung"*) consubstancia-se assim numa

et idem), e no âmbito da determinação do empregador no domínio dos grupos de empresas, ganharia relevância operativa a noção de grupo enquanto tal. Contudo, no plano legal, o grupo em si mesmo não tem entre nós personalidade jurídica. Aliás, na actualidade, apenas os ordenamentos jurídicos alemão e brasileiro possuem uma regulamentação geral sobre os grupos de empresas, realidade que o "legislador laboral" em Portugal não se abalançou a regular. Seria porém a partir desta premissa, *et por cause*, da empresarialização do grupo[124], que a abordagem jurídica poderia gan-

---

estratégia ou política económica geral do grupo que atravessa os diversos aspectos do respectivo funcionamento e aglutina do ponto de vista material as actividades económicas das diversas sociedades agrupadas. Sobre a figura, enquanto elemento primacialmente característico da *noção legal* do grupo de sociedades, veja-se no plano regulamentar os arts. 492.º e 493.º do CSC e o § 18 AktG 1965.

[124] No sentido de que o grupo de empresas é uma unidade que corporiza uma empresa única, com interesses próprios e uma actividade conglobante, OCTÁVIO BUENO MAGANO, *Os grupos de empresas no direito do trabalho*, São Paulo, 1979, 86. Neste sentido, a identificação de um único empregador conduz à conclusão de que as demais empresas que o estruturam são considerados "estabelecimentos" ou unidades de produção. As ideias **de controlo empresarial** (muito próxima da "influência dominante cujos critérios – elidíveis – vêm traçados no art. 486.º CSC) e de **unidade de gestão**, particularmente em voga na jurisprudência francesa e espanhola, ao procurarem construir a noção de grupo a partir de realidades indiciárias, mostram-se desde logo assaz restritivas por não permitirem resolver a questão no domínio de outras formas de colaboração e cooperação interempresarial em que as empresas se comprometam a respeitar os interesses do grupo num quadro de abdicação dos respectivos interesses individuais sem sujeição a um interesse primaz de qualquer uma delas. Havendo paralelamente probabilidades manifestas de afectação dos interesses dos trabalhadores e centrando-se a fundamentação material das teorias numa coordenada de *direcção efectiva do grupo (*olvidando-se o facto de na prática a maior parte das decisões não serem tomadas pelos órgãos da sociedade-mãe mas antes informalmente por pessoas físicas em encontros e reuniões semi-informais), as teorias denotam com clareza uma insuficiência explicativa quanto às formas de agrupamento hodiernas (factor mais evidente quanto à teoria do controlo empresarial), sendo que a teoria da unidade de gestão aparece evanescentemente traçada, ficando o aplicador de direito sem uma base criteriosa que permita aferir da sua verificação. Conforme sublinha ABEL FERREIRA em *Grupos de empresas*, cit., 137, existe uma variedade de combinações e uma diversidade de formas de organização da figura da "unidade de gestão" que a sua única virtualidade radica no enfoque da impossibilidade de uma definição conceitual de grupo. Neste sentido, parece irrealista a consagração de uma base de análise fixa sendo imperioso o recurso a utilização de um pensamento tipológico, que, de acordo com uma análise funcionalizada à salvaguarda dos valores axiais do sistema jus-laboral, consiga concretizar na prática a sua teleologia, sem prejuízo da necessidade e conveniência de formulação de um feixe de critérios que facilite a tarefa do aplicador de direito quanto à definição *in concreto* de um

har contornos mais seguros com todas as consequências daí decorrentes. É ponto assente que a matéria, a nível juslaboral, postula uma regulação geral e sistemática, atendendo à transmudação fundamental da posição da entidade empregadora perante o enfoque estrutural absolutamente diferente da empresa na sua dimensão organizativa que modela a tomada de decisões e a atribuição de funções no quadro da mesma[125] em relação com

---

grupo de empresas. Neste sentido, também, GIUSEPPE MELIADÓ, *Il rapporto di lavoro nei gruppi di società – subordinazione e imprese a struttura complessa*, Doot. A. Giuffrè Editore, Milão, 1991, 89-96.

[125] A preocupação é expressa nestes termos por MELIADÓ, cit., 30-31. São abundantes os diplomas que aludem à realidade "grupos de empresas" sem que contudo se utilize a expressão com rigor e univocidade. Ilustrativamente, o Decreto-Lei n.º 312/95, sobre os centros tecnológicos e definição da respectiva estrutura orgânica, no art. 4.º, comete a capacidade proposicional da criação de centros tecnológicos "às associações patronais ou a *grupos de empresas* suficientemente representativos de um sector", parecendo abranger--se toda e qualquer realidade socio-económica em que existam laços unificantes ou negociais, não subsumíveis à definição presente no CSC. O mesmo acontece com a Resolução do Conselho de Ministros n.º 61/81 que " autoriza o Gabinete da Área de Sines a proceder a pré-qualificação de empresas ou *grupos de empresas* técnica e financeiramente aptas para a construção de habitações e equipamentos complementares em Santo André, na área de Sines" ou com o Decreto-Lei n.º 168/94, que aprova "as bases da concepção, do projecto, da construção, do financiamento, da exploração e manutenção da nova travessia sobre o Rio Tejo". Também o Decreto-Lei n.º 475/99, que regula a constituição e o funcionamento dos fundos de pensões e das sociedades gestoras de fundos de pensões, estabelece no n.º 2 do art. 10.º que "os fundos de pensões fechados podem ser constituídos por iniciativa de uma empresa ou *grupos de empresas*, de associações...". De outra parte, veja--se também a recente Lei 40/99, de 9 de Junho, elaborada na sequência da Directiva 94/45/CE do Conselho de 22 de Setembro de 1994, relativa à instituição de um conselho de empresa europeu ou de um procedimento de informação e consulta dos trabalhadores nas empresas ou grupos de empresas de dimensão comunitária, que veio na sequência das preocupações da União Europeia em relação a matérias com particular incidência social e em que se procurou assegurar aos trabalhadores uma participação mais efectiva (e co-responsabilizante) ao nível dos processos de decisão tomados pela entidade empregadora. Com referência à Directiva, consulte-se BERNARD TEYSSIÉ, *Droit Européen du Travail*, ed. Litec, Paris, 2001, 274-306. LEITE/FERNANDES/AMADO/REIS, *Conselhos de empresa europeus*, edições Cosmos, Lisboa, 1996. A definição de grupo de empresas é recortada a partir da noção de controlo (art. 2.º ns.º 2 e 3), cuja aferição assenta num pressuposto de "*influência dominante*" (art. 4.º), estabelecendo-se com recurso à técnica da presunção *iuris tantum* (veja-se o art. 3.º n.º 2 da directiva) um conjunto de critérios que conduzem o intérprete à sua verificação. Este conceito, não obstante as virtualidades ostentadas quanto à facilitação da respectiva prova e à criação de um quadro presuntivo propiciador de uma certa segurança, deve no entanto ser objecto de uma leitura inserida nos objectivos

específicos que o diploma visa prosseguir, mostrando-se demasiadamente restritivo, não só porque baseado numa fórmula de cooperação transnacional (que não atende às situações de domínio de facto em fórmulas de cooperação horizontal) mas também porque *"ad evidentiam"* desfasado da realidade económico-social portuguesa. Por isso, as preocupações determinantes do diploma nacional correm o sério risco de uma aplicação fruste, já que, para além da exigência relativa aos critérios instituídos para a determinação da "dimensão comunitária" tendo em conta a realidade portuguesa (as empresas portuguesas com mais de 1000 trabalhadores mas com actividade exclusiva no território nacional, bem como as empresas nacionais que tenham também estabelecimentos no exterior do país mas cujo número de trabalhadores não atinja ou o total de 1000 ou os 150, em pelo menos, dois dos Estados-membros em que se encontra estabelecida, não são empresas de dimensão comunitária para efeitos da Lei n.º 40/99 – o legislador português respeitou escrupulosamente os limites mínimos estabelecidos pela directiva, ainda que dispondo de uma margem de alargamento da respectiva teleologia que não foi totalmente potenciada e que poderia estender a informação e consulta e a instituição de conselhos de empresa europeus a outras realidades empresarias em que também se suscita a necessidade de tutela da posição dos trabalhadores) o diploma pouco acrescenta aos procedimentos que as empresas já devem respeitar por força de legislação anterior (Lei 46/79 de 12 de Setembro, *maxime* art. 18.º; reconheça-se no entanto a virtualidade ostentada quanto ao direito à informação e consulta sobre matérias transnacionais susceptíveis de afectação dos interesses dos trabalhadores), havendo ainda, nos termos do n.º 4 do art. 25.º do normativo nacional (que concretiza neste tocante a ressalva prevista no n.º 2 do art. 5.º da Directiva) um núcleo reservado de matérias que se encontra subtraído do âmbito de informação e consulta atribuído no geral aos conselhos de empresa europeus e aos representantes dos trabalhadores. É o caso emblemático de operações públicas de aquisição, que, por força do regime previsto no Código dos Valores Mobiliários (art. 173.º ss), e não obstante a sua projecção directa e imediata nas relações estruturais do conjunto da empresa ou do grupo, obrigam o oferente e a sociedade visada a um dever de segredo particularmente intenso, que nos termos do art. 181.º n.º 2 al. c) – *deveres da sociedade visada* – só possibilita a informação do órgão de administração da sociedade visada aos trabalhadores ou aos seus representantes sobre o conteúdo dos documentos da oferta, após a publicação do anúncio preliminar e até ao apuramento do resultado da oferta.

A nível comunitário, são igualmente abundantes os diplomas e decisões que referenciam os grupos de empresas, designadamente em matéria de direito da concorrência. Emblematicamente, veja-se as decisões da Comissão ns.º 80/60/CEE, 86/186/CEE, 86/366/CE, 86/498/CEE,90/38/CEE, 91/50/CEE,89/58/CEE, 94/19/CE, 94/6/CECA, 94/259/CECA 94/601/CE, 94/771/CE, 90/38/CEE, 91/50/CEE, 94/208/CE, 97/26/CE, 97/81/CE, 97/540/CE, 1999/139/CE, 1999/210/CE, 1999/229/CE, 1999/329/CE, 1999/421/CE, 1999/459/CE, 1999/509/CE 1999/152/CE e 2000/129/CE. Destaque-se ainda a Directiva CEE, do Conselho de 18 de Maio, de 1983 relativa ao balanço consolidado. No plano regulamentar, sem pretensões de exaustividade, os Regulamentos do Conselho ns.º 1017/68, 2407/92, 3385/94, 684/96, 1074/96 e 2026/97.

a gestão do factor de produção trabalho[126]. Neste contexto, pode mesmo afirmar-se que, no momento actual, aquilo que poderíamos denominar "Direito do Trabalho dos Grupos de Empresas", não se apresenta no nosso ordenamento com uma regulação sistematizada, cabendo a delimitação dos seus contornos técnico – científicos à doutrina e à jurisprudência, não obstante a emergência de específicos sectores nos quais o grupo começa a aparecer com substância jurídica relativamente à atribuição de determinados efeitos. Trata-se, no fundo, de empreender um esforço de objectivação que busque o afastamento de dissonâncias entre a norma e a realidade... tendo noção de que as vantagens do processo de concentração empresarial que se assinalaram[127], assentes na constituição de grupos, não podem obnubilar os riscos associados a todo esse processo, não apenas no que se refere à asfixia dos sócios minoritários e ao desvirtuamento do direito da concorrência, mas, no que para aqui interessa, à postergação do particular regime de direito laboral. Ao nível do direito comercial, conforme se notou, atende-se ao instrumento jurídico utilizado para a criação do grupo,

---

[126] Cfr. SOARES MARTINEZ, *Economia Política*, 5.ª edição, Almedina, 1991, 434ss. A estruturação de novas formas de organização do trabalho surge como manifestação de um movimento dos anos 70 inspirado sobretudo na abordagem sócio-técnica desenvolvida pelos investigadores do *Tavistock Institut of human Relations* de Londres, tendo essencialmente como quadro de objectivos, uma melhoria dos resultados económicos e uma democratização da empresa e humanização do trabalho que permitisse uma elevação dos índices de qualidade de vida no trabalho. Foram privilegiadas soluções como a promoção de novas formas de organização do trabalho, novos métodos de gestão e democracia industrial. Entre nós, não surgiu um movimento de reforma da empresa semelhante ao do ocorrido nos países nórdicos ou na Alemanha. Sobre a questão cfr. CLÁUDIO TEIXEIRA, *Organização do Trabalho e Factor Humano, do Instrumento ao Actor*, IEFP, 1996. O aspecto é, sobretudo, valorado, conforme sublinha ALAIN TOURAINE, em *Critique de la modernité*, Paris, Fayard, 1992, 165ss, no âmbito de uma nova abordagem sobre a realidade empresa que vem colocar em causa as concepções dominantes a este respeito, não só no plano estritamente económico (de optimização e alocação de recursos), como sobretudo também no plano social, em que se postula a confecção de novas formas contextuais de relacionamento entre empresários e empregadores.

[127] Economicamente, avultam os aumentos de produtividade comercial e industrial e da capacidade de comercialização das sociedades integrantes, em consequência da diminuição de custos e da integração de mercados propiciada; financeiramente, é compensador o resultado obtido com um reduzido investimento inicial que permite assegurar o controlo de grandes fluxos de capital que maximiza o dinheiro inicialmente injectado; jurídicamente, à dispersão de riscos associada à manutenção da personalidade jurídica de cada uma das sociedade integrantes, acrescem ainda vantagens de natureza fiscal, concorrencial e até políticas, conforme faz notar ENGRÁCIA ANTUNES, *Grupos de empresas*, cit., pp. 36 ss

tendo em mira a aplicação de um regime jurídico derrogador dos preceitos gerais do direito das sociedades, sem que daí decorra a sua personificação. Tudo está em saber se o intérprete deve ficar ilaqueado à estruturação e regime previstos no CSC (com todas as limitações que este apresenta[128]), tratando diferenciadamente as outras formas de cooperação empresariais e transpondo na plenitude a regulamentação comercialista específica dos grupos de empresas, sem qualquer atendimento aos valores materiais que se postam no âmbito do direito do trabalho[129]. Seria a nosso ver irrealista

---

[128] Veja-se a possibilidade de a sociedade dominante pulverizar o seu património por várias sociedades do grupo, frustrando o regime do art. 501.º n.º 1 e impermeabilizando as diferentes sociedades quanto à garantia que o preceito consagra. Por outro lado, como bem nota ABEL FERREIRA (*Grupos de empresas e direito do trabalho*, cit., 117), o período de tempo, que medeia entre a realização da prestação do trabalhador e aquele em que a entidade empregadora está obrigada a pagar a respectiva retribuição retira eficácia ao regime desenhado. Acresce que, na prática, a cessação do contrato de subordinação – art. 506.º – ocorre quando a sociedade (ex) subordinada já se encontra numa situação económico-financeira extremamente débil e apenas subsiste (com óbito pré-definido) para eximir a sociedade directora da responsabilidade por (inevitáveis) perdas que se registem (art. 502.º n.º 2) e para com os respectivos credores (art. 501.º n.º 1) atenta a delimitação temporal que subjaz à respectiva responsabilização.

[129] Neste sentido veja-se a diferenciação de tratamento prevista no CSC entre o regime das sociedades em relação de domínio e o regime aplicável aos grupos. É que, quanto ao tipo de coligação traduzido nas sociedades em relação de domínio não é aplicável o regime jurídico estabelecido para os grupos de sociedades, concretamente no que concerne à responsabilidade da sociedade dominante perante os credores da sociedade dominada – art. 501.º ss – ficando os trabalhadores privados neste domínio de qualquer protecção específica (sempre serão aplicáveis contudo os preceitos gerais relativos ao exercício de direitos sociais – vg art. 83.º (culpa *in eligendo*) e 58.º n.º 1 al. b) do CSC e os que têm como finalidade principal a tutela do interesse dos credores sociais – arts. 21.º n.º 2 e 25.º a 5.º do CSC, o que pode ser insuficiente face à similaridade de riscos de instrumentalização a um interesse empresarial externo com a situação das sociedades em relação de grupo). Assim, o modelo consagrado assenta no pressuposto de que apenas nas sociedades em relação de grupo existe uma perda de autonomia e vontade próprias, deixando de fora o caso das sociedades em relação de domínio (mesmo que exista uma participação maioritária significativa) e outras situações de controlo não reconduzíveis ao regime das sociedades coligadas (quando o accionista controlador seja um outro ente que não esteja previsto no art. 481.º) relativamente às quais se entendeu não apresentarem perigos bastantes que justificassem a aplicação do disposto nos arts.º. 501.º a 504.º. No entanto, para os credores sociais, os efeitos do controlo podem estar associados a um maior risco de insolvência da sociedade dominada, por força de uma política comercial inserida materialmente numa estratégia de grupo no seu conjunto, como bem refere TERESA ANSELMO VAZ, cit., 346, e de uma subcapitalização propositada da sociedade controlada

confinar a temática dos grupos de empresas às empresas societárias previstas no CSC e não atentar na emergência crescente de formas de cooperação empresarial de nível horizontal que proliferam a um ritmo vertiginoso e que do ponto de vista material podem defraudar a tutela juslaboral. É que na actualidade "ressalta mais o efeito económico do conjunto dos factores envolvidos num processo produtivo do que a forma jurídica de organização do capital"[130]. Na verdade, o facto de o grupo poder ser conceituável como uma empresa[131] numa perspectiva económica, pareceria obrigar ao seu tratamento jurídico em conformidade, sob pena de ineficácia jurídica de muitas das normas que entretecem o ordenamento jurídico. Só assim se conseguiria obviar a esta "perigosa discrepância entre norma e realidade, entre direito e facto"[132]. Importa contudo evitar

---

através do encorajamento da orientação dos respectivos negócios para a prática de actividades relativamente às quais esta não dispõe do capital necessário. Neste quadro, as disposições gerais de carácter imperativo, que procuram salvaguardar a intangibilidade do capital social acabam por ficar esvaziadas de conteúdo útil. Ainda com referência a este aspecto não deixa de ser criticável que quando uma sociedade atinja 90% do capital noutra sociedade e tenha de proceder à aquisição das participações dos restantes sócios e *ipso facto* passar a ter o domínio total (art. 490.º), não fique sujeita ao regime dos arts. 501.º a 504.º em virtude de ainda não se encontrar em relação de grupo. Assim, procrastinando-se o período em que a sociedade já titular de mais de 90% do capital social da dependente ainda não tenha adquirido as restantes acções da sociedade dependente, o CSC não a abrange pelas normas específicas da relação de grupo.

[130] MARIA MANUELA LEITÃO MARQUES, *Subcontratação e Autonomia Empresarial. O Caso Português*, Coimbra, 1989, 52.

[131] "Empresa *policorporativa*", "Empresa de *segundo nível*", "Empresa *multisubjectiva*", "Empresa *Multissocietária*", "Empresa *Multicelular*". JOAQUIM AGUIAR em "*Análise do conceito de grupo económico*", *Análise Social*, n.º 30-31, vol. VIII, 1970, p. 388, definia grupo económico "*como todo o conjunto relativamente poderoso de empresas interligadas pelo capital e/ou pelo poder de decisão de dirigentes comuns, sempre que os vínculos existentes entre as mesmas sejam mais fortes do que aqueles porventura mantidos com outros grupos ou empresas isoladas*", enfocando adiante a unidade actuante que imana à noção defendida.

[132] GIUSEPPE MELIADÓ, cit., 82 (referindo-se à necessidade de colmatação da antinomia entre o esquema legal e a realidade, ENGRÁCIA ANTUNES, *Grupos de sociedades*, cit., 77). A posição de que os grupos são conceituáveis como verdadeiras empresas, apesar da dissociação entre o conceito de personalidade jurídica e de unicidade empresarial em que se escora esta construção, esbarra no facto de cada uma das sociedades que compõem o grupo terem estruturas específicas, interesses particulares delimitáveis e aparecerem como empresas diferenciadas face às pessoas *externas* – sócios minoritários e credores, conforme assinala COUTINHO DE ABREU, *Grupos de sociedades e direito do trabalho*, cit., 133.

um exacerbamento da importância da vertente económica no objecto do Direito do Trabalho[133] e atalhar a uma total "factização" que, a acontecer, desvirtuaria por completo a sua função racional e remetê-lo-ia para uma posição passiva, destruindo a sua principiologia própria e implodindo a sua matriz científica[134]. A economia fornece o dado do problema, condiciona a solução, mas é ela mesmo um condicionante condicionado, pois o critério de solução está para além dela[135]. A economia é fecunda em abstracções, operando sob hipóteses[136]. Contudo, pouco auxilia no caso concreto. O Direito tem um *logos* próprio e não pode receber acriticamente os modelos económicos, porquanto o mercado não é um *locus naturalis* mas antes um *locus artificialis*[137], o mesmo é dizer um sistema de relações regulado pelo Direito[138]. A personalização do grupo, baseada na sua empresarialização, tendente ao apuramento de um centro material de imputação, encontra por isso vários escolhos[139]. Para além de não ser

---

[133] Afastando qualquer posição seguidista de uma "*teoria do Direito adequado ao mercado*" (*marktrationales Recht*) e rejeitando a aplicação da cartilha das escolas de Análise Económica do Direito que encontraram em COASE (e na *Chicago School of Economics*) o seu principal artífice. Os critérios autoreguladores baseados em métodos analíticos de eficiência económica cujo princípio nuclear é *racionalizar* e o modelo regulativo é *economizar* encaram a empresa numa óptica de centro de estabelecimento de interesses entre os seus proprietários e os demais agentes económicos partindo de um suporte explicativo que nos parece inaceitável: a valoração do trabalhador como um operador do mercado, como um agente dos mecanismos de autoregulação colectiva da gestão das formas de actividade económica que opera de forma determinista.

[134] Tendo presente que o Direito do trabalho consitui "*um conjunto de normas e de princípios relacionados com o fenómeno do trabalho subordinado e agrupados em função duma Ciência juslaboral geográfica e historicamente determinada*" cfr. MENEZES CORDEIRO, *Direito do Trabalho*, cit., 28. Num plano mais geral, o significado de "dever ser" não pode ser traduzido na linguagem que se refere ao domínio dos factos. Cfr. LARENZ, *Metodologia da Ciência do Direito (tradução de José Lamego)*, 3.ª edição, Fundação Calouste Gulbenkian, 1997, 275.

[135] ANTÓNIO PINTO MONTEIRO, *Sumários de Introdução ao Estudo do Direito*, 1977-1978, Universidade de coimbra, 1978, 45

[136] MENEZES CORDEIRO, "A Boa Fé nos finais do século XX", ROA, Ano 56, 1996, 905.

[137] Na sugestiva expressão de MONEREO PEREZ, J., *Teoria...*, cit., 120.

[138] VITAL MOREIRA, Economia e Direito, separata da *Revista de Direito e Estudos Sociais*, XIX, 73, referindo que "...o direito não é um *reflexo* da economia; a economia não é a aplicação do direito (...) Direito e economia são dois sistemas diversos dotados de estruturas específicas".

[139] ABEL FERREIRA,*Grupos de empresas e direito do trabalho*, cit., 132, diz que a essência dos problemas suscitados pelo grupo reside na ruptura entre as perspectivas

unívoca a sua conceituação como empresa[140], o processo rejeitado sobrepujaria de forma inapelável o seu tratamento normativo entre nós[141]. É que, conforme assinala ENGRÁCIA ANTUNES[142], " *o grupo, conquanto constitua uma unidade de acção e decisão económica, não é tratado como um verdadeiro centro de imputação jurídica. Isto significa que, ao passo que no plano fáctico a empresa de grupo actua como um sujeito de acção económica, no plano jurídico tudo o que existe são apenas as diversas sociedades individuais que o compõem, não sendo aquela reconhecida em si mesma como sujeito de direito*". O facto de quase todas as normas jurídicas serem talhadas para um ente com personalidade jurídica não quadra com a estrutura policêntrica da empresa (no plano económico) do grupo, dificultando a tarefa de identificação do centro de imputação material de acção[143]. Trata-se de superar a contradição intrínseca entre unidade

---

jurídica e económica mas rejeita com veemência qualquer concepção unitária do grupo para efeitos da sua determinação como empregador. Existe uma irredutível autonomia jurídica que não pode simplesmente ser destruída por uma análise estritamente económica e que afasta a celebração de um contrato de trabalho com o grupo *"qua tale"*. Quando muito, e face à materialidade da situação, confirmando a impossibilidade de uma definição operativa da realidade grupos de empresas e avançando na questão da determinação do empregador, poderão ser consideradas solidariamente responsáveis as empresas componentes do grupo se sobre o trabalhador tiverem exercido os poderes de direcção que o permita caracterizar como seu subordinado e forem objectivamente beneficiárias da sua prestação.

[140] COUTINHO DE ABREU, *Grupo de Sociedades e Direito do Trabalho*, cit, p. 132. Também, ABEL FERREIRA, *Grupos de empresas e direito do trabalho*, cit, 162, acentua as dificuldades de englobamento *"numa única unidade as diferentes políticas (comercial, financeira, institucional, etc.) das diferentes empresas"* e considera inultrapassável o óbice à empresarialização unificada que constitui a autonomia jurídica de cada uma das empresas e que em última instância conduziria a um sobrepujamento da estruturação jurídica que o ordenamento global oferece por uma análise meramente económica. Conclui neste sentido pelo formalismo da construção unitária, dada a inaceitabilidade da atribuição do poder patronal a alguém que nunca o exerceu, nem pretendeu exercer, apenas porque está integrado em algo, que do ponto de vista económico, é unitário. Também RAÚL VENTURA acentua que as sociedades comerciais são reguladas segundo um modelo de *"sociedade autónoma"* que exercem *"independentemente a sua actividade empresarial, usando a sua própria vontade e o seu próprio interesse"* (*"Grupos de sociedade. Uma introdução comparativa a propósito de um Projecto Preliminar de Directiva da CEE"*, in ROA, ano 41, vol. II, 1981, 34).

[141] *In casu*, o Código das Sociedades Comerciais. Na Alemanha rege a AKTG, no Brasil a Lei n.º 6404 sobre Sociedades Anónimas de 1976.

[142] *Grupos de Sociedades,* cit, 152.

[143] O problema suscita-se quando as condutas, apesar de provenientes da

económica e pluralidade jurídica[144], devendo partir-se sempre do pressuposto de que juridicamente, e para os devidos efeitos, se trata de entidades juridicamente autónomas, com personalidade jurídica própria e com interesses demarcadamente particulares. O próprio reconhecimento de uma base económica unificante no seio do grupo não apaga *de per si* a autonomia e a independência jurídica de cada uma das empresas que o compõem, devendo entender-se como empregador, face à impossibilidade de enquadramento em figuras com recorte especial (*vg* cedência ocasional de trabalhadores) que a entidade empregadora é aquela que exerce o poder direcção e que beneficia da prestação material exercida pelo trabalhador. É ainda uma decorrência da necessária destrinça entre empresa e empregador.

Por outro lado, qualquer tentame de construção unitária, baseado numa indagação da natureza das relações interempresariais existentes, acaba por desfocar o objecto central da análise que o intérprete prossegue: a relação *empresa-trabalhador*[145].

De outra parte, conforme se viu, não cabe estabelecer qualquer diferenciação entre as diversas formas de cooperação interempresarial não reconductíveis à tipologia[146] prevista no CSC, salvo equiparação legal

---

sociedade-mãe, são jurídico-formalmente imputadas à sociedade do grupo que *de facto* as praticou.

[144] Cfr. REYES MARTINEZ BARROSO, "Análisys jurídico-laboral de los grupos de empresas", REDT, n.º 62, 1993.

[145] Como acentua GARCÍA BLASCO, " *(u)n enfoque desde el derecho del Trabajo debe lograr, principalmente, la averiguación de la parte com la quien se contrata y frente a la que, ante determinadas situaciones, puede reclamarse*". Cfr. "Movilidad funcional y geográfica de los trabajadores en los Grupos de empresa" in VVAA: *Aspectos laborales de los grupos de empresa*, Madrid, CGPJ, 1994 (org. CAMPS RUIZ).

[146] Art. 481.º CSC. A aplicação da categorização prevista neste diploma apenas abrangeria as sociedades por quotas, as sociedades anónimas e as sociedades em comandita por acções e excluiria um conjunto vastíssimo de formas de cooperação interempresarial institucionalizadas, materialmente caracterizáveis como empresas, que concitassem tratamento similar e se mostrassem aptas à consecução de resultados funcionalmente sucedâneos (vg EIRL, cooperativas, associações, fundações, empresário em nome individual, etc). Acresce que, conforme sublinha com pertinência ENGRÁCIA ANTUNES, para os estritos efeitos do CSC apenas relevam as situações de coligação que envolvem exclusivamente sociedades com sede em Portugal, deixando-se de fora os casos em que se verifique uma coligação entre uma sociedade portuguesa e uma empresa multinacional (*Os Grupos de sociedades*, cit, 240ss). Agravar-se-ia, no quadro do tratamento jus-laboral, a ideia de discriminação entre o tratamento concedido às empresas com sede efectiva em Portugal e às empresas com sede no estrangeiro, bastando pensar-se numa situação de

expressa em sentido contrário[147], quando estas se mostrem aptas a produzir resultados semelhantes e neste sentido com susceptibilidade de afectação dos direitos dos trabalhadores por via da respectiva sujeição a um

domínio sobre uma empresa com sede efectiva em território nacional exercido por uma empresa com sede efectiva no exterior. Ao nível dos propósitos imanentes à normação laboral não deixaria de chocar à consciência jurídica que neste caso a empresa dominante, podendo dar instruções desvantajosas (e estando os trabalhadores apenas protegidos pelas garantias patrimoniais da empresa a que estão vinculados) que os trabalhadores ficassem absolutamente desprotegidos perante instruções desvantajosas emanadas da Sociedade com sede efectiva em território não nacional (art. 503.º n.º 2). Por outro lado,a possibilidade de cessação do contrato de subordinação exime a sociedade directora de quaisquer responsabilidades por perdas que a sociedade subordinada venha a registar. Em último lugar, conforme sublinha COUTINHO DE ABREU em *Grupos de Sociedades*, cit, 130-149, não só podem existir empresas de revestimento não societário em relação de grupo, como também não se devem esquecer os grupos constituídos à margem dos cânones estabelecidos no CSC, os chamados *"grupos de facto"* (todos aqueles em que o poder de direcção detido pela sociedade-mãe sobre as suas filhas têm a sua origem num outro contrato instrumento – participações maioritárias, acordos parassociais, contratos interempresariais, uniões pessoais, relações económico-fácticas de dependência) cujo elemento essencial se traduz no exercício de uma direcção unitária sem que seja aplicável, ao contrário da regulação prevista nos ordenamentos alemão e brasileiro, o regime jurídico previsto no art. 500.º e ss apenas estabelecido para os "grupos de direito".Cfr. *Os direitos dos sócios da sociedade-mãe na formação e direcção dos grupos societários*, UCP editora, Porto, 1994, 68 ss e 145-147.

[147] Cfr. MONEREO PEREZ, J., *Teoria...*, cit., 94. Entre nós veja-se o art. 2.º da Lei n.º 30-G/2000, DR – I Série A, n.º 299, 29-12-2000 (no seguimento aliás do art. 40.º da Lei n.º 3-B/2000 de 4 de Abril), relativa ao IRS, em que se dispõe que *"para efeitos deste imposto, considera-se entidade patronal toda aquela que pague ou coloque à disposição remunerações que constituam rendimentos de trabalho dependente nos termos deste ar-tigo, sendo a ela equiparada qualquer outra entidade que com ela esteja em relação de domínio ou de grupo, independentemente da respectiva localização geográfica"*. Ou seja, exclusivamente para efeitos de tributação, o legislador tomou consciência (e não num a perspectiva de reforço da tutela do trabalhador e dos restantes credores sociais mas apenas com o fito de tributação dos rendimentos na sua totalidade) de que qualquer relação de domínio, independentemente do revestimento societário das empresas envolvidas, devia ser tratado neste conspecto como única entidade patronal e não considerou relevante, ao contrário do CSC, a localização geográfica, se for o caso, da sede efectiva da entidade dominante. No entanto, uma vez mais, fica sem se saber qual a noção de domínio empregue: o diploma não estabelece qualquer definição nem tão pouco um quadro de critérios que permita aferir da sua verificação (o art. 57.º n.º 4 al/e refere-se a entidades ligadas por contrato de subordinação, de grupo paritário ou de <u>outro efeito equivalente</u>), criando-se até neste domínio uma insegurança potencialmente colidente com o princípio da legalidade ao desenhar-se uma margem de discricionariedade administrativa qunto à dilucidação deste *elemento essencial*.

interesse empresarial extrínseco[148]. Podem existir situações de controlo de sociedades por outras sociedades ou por outros entes, não reconduzíveis à tipologia das sociedades em relação de grupo, com inegáveis riscos de instrumentalização que podem acarretar um desvio da função ou do fim da sociedade controlada, postergando a sua aptidão para o desenvolvimento de actividades em proveito próprio e prejudicando a posição da sociedade, dos credores sociais (*maxime* trabalhadores) e dos sócios não controladores[149]. O critério de referência, neste particular domínio, tem de repousar na tutela da posição dos trabalhadores em conjugação com o delineamento de um quadro de aferição da funcionalidade quanto ao exercício de determinados direitos e na necessidade de busca ao nível do ordenamento de soluções ou institutos materialmente adequados (independentemente do formalismo societário em questão) que logrem reparar situações de injustiça que, enquanto tal, repugnam à consciência jurídica, desvirtuam a estrutura finalística do direito do trabalho e actuam "para além dos princípios básicos do sistema"[150]. A eficácia na aplicação do

---

[148] Pois então a necessidade de supressão da antinomia entre o esquema legal (*gesetztypus*) e o *tipo* real (*lebenstypus*) manifesta-se com igual acuidade.Opinando que o ponto de vista do juslaboralista não tem necessariamente de coincidir com o do comercialista, dados os diferentes critérios que condicionam estes dois ramos, podendo o grupo ser juridicamente personalizável, veja-se MICHEL JEANTIN – *Droit des Societés*, Paris, 1995, 397.

[149] MARIA AUGUSTA FRANÇA, *A estrutura das sociedades anónimas em relação de grupo*, AAFDL, Lisboa, 1990, 9. Trata-se aliás de um fenómeno imposto pela transição de um modelo de economia industrial baseado numa organização de produção verticalmente integrada para uma economia *post-industrial* em que os empresários denotam particular apetência para o desenvolvimento de formas de produção horizontal ou verticalmente desintegradas, como acontece com a subcontratação.

[150] Até porque a estruturação da realidade grupos de empresas, no plano dos problemas emergíveis no âmbito das prestações materiais multilocalizadas, é extremamente variável. Se na Alemanha, pelo menos no que respeita ao chamado Direito Societário existe a *AKTG* de 1965 e entre nós o CSC de 1987 (no Brasil rege a Lei n.º 6404 sobre Sociedades Anónimas de 1976) em França ou Itália (à semelhança de resto do que sucede em Espanha) a realidade é fragmentária, não existindo um diploma padrão, uniforme, neste domínio (em Espanha, por exemplo, o art. 42.1 e 2 do *Código de comercio* não coincide com o disposto no art. 4 da *Ley* 24/1988 do *Mercado de Valores* que aponta, recorrendo à técnica da presunção, para a verificação de uma "unidade de decisão"). Cfr. F. WOOLDBRIDGE, "Aspects of the Regulation of Groups of Companies in European Law, DRURY e XUEREB (eds.), *European Company Laws*, Aldershot, Darthmouth, 1991, 103ss e ROJO, A. "Los Grupos de sociedades en el Derecho español", RDM 1996, 457ss (*maxime* 470).

direito do trabalho não pode ficar em absoluto na dependência da vontade das partes (que é o que sucede quanto ao regime aplicável aos grupos no CSC[151]), ficando o intérprete totalmente apegado à tipologia comercialísticamente estabelecida. Existe uma exigência de fazer prevalecer a realidade jurídica objectiva sobre a aparência, através de uma valoração dos interesses em conflito, que prescinda da composição negocial adop-tada entre as partes e que tenha como principal ponto de referência a realidade efectiva das relações estabelecidas e a axiologia do ordenamento. O economismo é uma atitude metodologicamente errada, dado constituir um *a priori* redutivo. Por isso, em situações cuja flagrância ou intensidade da sua verificação ofendam clamorosamente a justiça ou violem o sentimento de justiça dominante na comunidade social, com base em critérios

---

[151] Cfr. ENGRÁCIA ANTUNES, *Os Grupos de Sociedades*, 233. No entanto, o STJ, muito recentemente, em Acórdão de 3-5-2000 (DINIZ NUNES), entendeu que a responsabilização em termos laborais de uma sociedade com a qual não foi firmado contrato de trabalho não é possível por esta não se encontrar em "*relação de domínio (total ou parcial) ou de subordinação, própria do enquadramento legalmente definido como grupo de sociedades*", estando em apreciação um "*grupo de facto*"(existiam duas relações de facto entre duas sociedades que passava sobretudo por um controlo económico). O aresto suscita, porém, algumas reservas. Em primeiro lugar, abstraindo da factualidade concreta que aí se analisava, não se vislumbra o alcance da equiparação entre as relações de domínio parcial com as de domínio total e de subordinação, relativamente às quais o CSC estabelece um regime inteiramente diferenciado. A premissa, em que assenta a fundamentação expendida, encontra-se desde logo inquinada. Em segundo lugar, adopta-se a noção de grupos de sociedades presente no CSC, desatendendo-se à realidade dos *grupos de empresas* e, à luz do enquadramento apresentado, abrindo-se as portas para o aparecimento de situações fraudatórias, com afectação de direitos dos trabalhadores, sem que a estrutura empresarial erigida seja reconduzível à tipologia do CSC (padecendo do mesmo *vício*, ainda mais recentemente, pode ainda ler-se no Sumário do Ac. STJ de 6-4-2000 – Vida Judiciária, n.º 40, Outubro de 2000, 58 – que "*Na problemática jurídico-laboral dos grupos societários deverá, em princípio, valer a lógica da personalidade e autonomia jurídica e patrimonial, isto é, do empregador formalmente titular da relação de trabalho. Assim, só excepcionalmente, nas situações em que a relação de subordinação entre sociedades exista validamente, ou em que a interferência e dependência seja particularmente intensa e notória, se justifica a desconsideração da individualização jurídica para identificar o empregador real e responsabilizá-lo pelos acidentes da relação laboral*"). Por último, ponto axial de qualquer análise neste domínio, independentemente de qualquer relação societária ou comercial entre as empresas envolvidas, o trabalhador deve ser considerado detentor de um vínculo laboral com uma entidade sempre que esta conforme a sua actividade e seja beneficiária da sua prestação (foi aliás a doutrina expendida no Ac. de 2-12-1992 (SOUSA MACEDO) dimanado do mesmo Tribunal)".

definidos em conformidade com a teleologia do sistema, deve superar-se a personalidade juridicamente distinta de cada pessoa colectiva e proceder a uma assimilação do grupo ou do conjunto de empresas manietadas por um interesse empresarial externo a uma única empresa[152] para a aplicação de

---

[152] O que não significa uma assimilação plena do paradigma empresarial ao grupo para efeitos da sua "patronalização" tendo ainda presente a distinção empregador/empresário. Em manifesta discordância com as teorias unitárias quanto à determinação do empregador entendemos que o grupo (ou todas as empresas que o componham) não pode ser contraparte no contrato de trabalho, abrindo-se precipitadamente interstícios entre a independência de que as empresas gozam no normal estabelecimento das suas relações sociais e comerciais com terceiros e o tratamento superlativo que mereceriam no plano juslaboral apenas porque prosseguem uma estratégia comum ou potenciam sinergias através de uma utilização conjunta de meios técnicos e materiais. Rejeita-se assim designadamente a teoria da *"unité économique et sociale"* de largo acolhimento doutrinário e jurisprudencial em França e em Espanha e que mereceu entre nós a adesão recente de MARIA IRENE GOMES ("Grupos de empresas e direito do trabalho", QL, ano V, 1998, 191) na sequência de BERNARDO XAVIER e de FURTADO MARTINS em parecer intitulado "Cessão de posição contratual. Relevância dos grupos económicos.Regras de contagem da antiguidade", RDES, ano XXXVI (IX da 2.ª série), 4, 1994, 426 e 427. A existência de unidade económica e social, construída jurisprudencialmente em França, é eliciável a partir de indícios vários. A elaboração de contas consolidadas, o exercício de gestão por administradores coincidentes e a amplitude de trocas económicas e financeiras ajudam a preencher a verificação do conceito, conforme notam ENGRÁCIA ANTUNES, ob. Cit. pp. 24 e ss e MARIA REDINHA, *A Relação Laboral Fragmentada..*, cit., 152. É que em França a noção de grupo também não tem constituição definida a nível juslaboral, sendo uma noção "de pure fait". Neste quadro ANTOINE MAZEAUD, em *Droit du Travail*, Montchrestien, Paris, 1998, 53, delimita o conceito a partir de dois eixos: existência de uma unidade de direcção e verificação de um interesse comum. Tipologicamente MAZEAUD parte a unidade verificada em dois vectores – o económico e o social – apontando um conjunto de critérios para satisfação do seu preenchimento. Assim, o conceito de unidade económica é construído a partir da existência de um poder concentrado nas mesmas mãos e de uma afinidade de objecto prosseguido, servindo-se de indícios como a complementaridade de serviços, comunhão de sistemas informáticos ou financeiros ou identidade de fontes de financiamento e de membros nos conselhos de administração. A unidade social, dentro do quadro esboçado, preenche-se com a verificação de formas gestionárias aproximadas, de "promiscuidade" de pessoal, de identidade de regulamentos internos e grelhas salariais, de seme-lhanças ao nível dos tipos contratuais laborais firmados nas diversas empresas e na comunhão de *locus laboris*. Por outro lado, em Espanha, a unidade social é complementada pelo conceito de "aparência externa". Conforme notam CAMPS RUIZ, em "Tratamiento Laboral de los grupos de sociedades", AL, n.º 34, 1990, 441 e IRUZUBIETA FERNÁNDEZ em *El abuso del derecho y el fraude de ley en el Derecho del Trabajo*, Colex, Madrid, 1989, 255, este elemento é detectável a partir de indícios vários (*maxime*, mesmeidade do local

de trabalho e de órgãos dirigentes) havendo jurisprudência reiterada no sentido da imputação da qualidade de empresário a todo o grupo mediante a técnica de extensão do âmbito de responsabilidade a todos os empresários que o compõem – STCT de 15 de Outubro de 1982. Segundo o Supremo Espanhol, neste aresto, a noção de empresa *"estende--se às situações de direito em que várias empresas aparecem externamente actuando como um grupo ao responder a uma mesma direcção organizativa (...) criando uma aparência externa de unidade que incrementa a confiança a terceiros"*. Esta fundamentação assenta no princípio de que quem cria uma aparência verosímil está obrigado, face a todos os que de boa fé aceitam essa aparência como realidade, a criar bases de segurança jurídica (em bom rigor esta doutrina abrange sempre o *franchising*!) – cfr HERRERA DUQUE, Mª, *Los Grupos de Empresas en el Ordenamento Jurídico Español*, editorial CISS, Valencia, 2000, 19 ss. A autora dá também nota da verificação dos factores que permitem a responsabilização solidária do grupo (*polycorporatist network*) como garante do cumprimento das obrigações laborais. Tal acontece quando haja confusão patrimonial, aparência externa unitária, direcção unitária ou fraude à lei, através da constituição de em presas aparentes sem substracto real, como forma de iludir a aplicação de normas laborais (em sentido absolutamente idêntico, veja-se também JESUS MARTINEZ GIRON, *El empresario aparente*, Estudos de Derecho Laboral, Civitas, Madrid, 1992, 48-49). Neste contexto, o *Codigo de Trabajo* do Panamá, de 1971, determina *"expressis verbis"* no art. 96.º que as empresas que laborarem ou funcionarem com unidade económica ou no mesmo local e utilizarem indistinta ou simultaneamente os serviços de um trabalhador são consideradas um único empregador, respondendo solidariamente por todas as obrigações derivadas da relação de trabalho. Tratando-se uma presunção inilidível, apresenta o grande inconveniente de ser uma formulação rígida relativamente a uma matéria que deve ser analisada de forma concreta e casuística, sem prejuízo da construção de um conjunto de critérios gerais de solução que permita responsabilizar as pessoas colectivas envolvidas. Trata-se aliás de uma solução que encontrou voga em alguns países sul americanos (por exemplo Venezuela e Argentina), sendo que no Brasil o grupo apesar de não ter personalidade jurídica, surge como um centro económico apto a produzir efeitos jurídicos, determinando o art. 2.º da Consolidação das Leis do Trabalho que *" sempre que uma ou mais empresas, tendo, embora, cada uma delas personalidade jurídica própria, estiverem sob a direcção, controle ou administração de outra, constituindo grupo industrial, comercial ou de qualquer outra actividade económica, serão, para os efeitos da relação de emprego, solidariamente responsáveis a empresa principal e cada uma das subordinadas"*. Cfr. OCTAVIO BUENO MAGANO, *Os grupos de empresas...*, 233ss. A fórmula linguística da unidade económica e social, de escassa ou nenhuma tradição entre nós, merece críticas ao abranger com grande plasticidade um conjunto diferenciado de situações, que podem não merecer tratamento igualitário, apenas com base num objectivo de construção demasiadamente concretista: a protecção do trabalhador- e como corolário de um pré entendimento que carece de fundamentação legal e material bastantes. Acresce que, conforme acentua ABEL FERREIRA, partindo da distinção entre empresa/empregador, a asserção de que o con-

determinadas normas jurídicas[153]. Situações *concretas* em que exista um manifesto excesso dos limites impostos pela boa fé, pelos bons costumes

---

junto de empresas constituem uma única empresa não significa necessariamente a sua patronalização (caracterização como única entidade empregadora) não sendo legítimo este salto metodológico que, em última instância, "representaria o vergar das estruturas jurídicas sobre o peso de uma instrumentalização económica" (*Grupos de empresas*, cit., 161). Não faz sentido um quadro formal que considere com rigidez que um trabalhador, apenas por estar vinculado a uma empresa que pertence a um grupo, deve ser considerado um trabalhador do grupo. De outra forma, seriam soterrados os critérios gerais estabelecidos para a determinação da relação laboral ao considerar-se o trabalhador vinculado a uma pessoa colectiva diferente daquela com quem celebrou um contrato de trabalho, sem que esta alguma vez tenha exercido qualquer poder de direcção ou sido beneficiária directa da sua prestação e fosse ficcionada a sua participação no contrato de trabalho apenas porque pertence a um grupo. Neste quadro, incorrer-se-ia no principal óbice apontado às construções unitárias: uma construção artificiosa em absoluto incompaginável com os critérios gerais de direito laboral caracterizadores da noção de "*subordinação jurídica*".

[153] Tendo presente que, conforme define MENEZES CORDEIRO, é pessoa laboral "o centro de imputação de normas juslaborais" (*Manual de Direito do Trabalho*, cit, 106). Por isso qualquer derrogação ao princípio da separação ("*Trennungsprinzip*") deve ser legitimada por uma especial desconformidade com o ordenamento jurídico e através do recurso a operadores jurídicos como, nomeadamente, a "interpretação teleológica de disposições legais e contratuais e o abuso de direito" (art. 334.º do CC- apoiados por uma concepção substancialista da personalidade colectiva não absolutizadora do "princípio da separação"), conforme assinala COUTINHO DE ABREU em *Da empresarialidade*, cit., 210. Trata-se de fornecer uma solução materialmente adequada à tensão conflituante entre as perspectivas jurídica e económica, desformalizando a estruturação jurídica apresentada e, com base numa valoração substancial da empresa detentora do poder económico, encontrar o verdadeiro centro de processamento das relações laborais, mesmo que formalmente exercido por outra entidade, tendo presente o influxo do poder económico no exercício de uma posição jurídica que só abstractamente é exercido pela parte outorgante no contrato de trabalho com a alteração verificada no quadro de exercícios dos direitos dos trabalhadores. É no entanto preciso que, face à configuração concreta da situação, o intérprete constate a necessidade impreterível de reprimir um exercício abusivo ou disfuncional de um direito e procure alcançar a "materialidade subjacente". Esta indagação far-se-á não apenas no momento da cessação do contrato de trabalho mas também considerando as ulteriores alterações na estrutura e organização do grupo, nunca se mostrando cabida, sem mais, a transformação do conjunto de entidades juridicamente autónomas e independentes num novo sujeito de direito. Para o Direito do Trabalho torna-se necessário identificar com rigor o credor da prestação do trabalho, como centro de referência dos direitos e deveres emergentes da respectiva posição contratual. Esta referenciação não pode apegar-se a uma ideia formal (assente na posição de outorgante do contrato de trabalho), devendo antes ter em consideração a realidade económica à qual o trabalhador se encontra ligado. BERNARDO

ou pelo fim económico social desse direito e o aplicador de direito sinta necessidade de obtemperar às consequências perniciosas associadas a uma aplicação apegadamente formalista[154]. Encontra-se então fundamentadamente legitimado o recurso ao "levantamento da personalidade jurídica"[155] (*"Die Durchgriffshaftung"*), imputando-se a conduta ao seu autor

---

XAVIER, (*Curso*..,313), admite claramente a desconsideração em situações em que o grupo apresente características tais que permitam detectar a efectiva presença de uma especial "unidade", havendo então que sair da "fisiologia dos grupos" para a "patologia dos grupos". É o caso da prossecução de objectivos económicos uniformes, de utilização de meios comuns (dirigentes comuns, laboração no mesmo espaço físico,, serviços e meios de produção semelhantes), em que a confusão entre as entidades envolvidas seja uma realidade. Ou seja, o autor adopta uma posição não inteiramente consentânea com o entendimento que perfilhamos ao permitir a desconsideração com base numa construção próxima da teoria da *unidade económica e social* e *da aparência externa* que em bom rigor não consegue fornecer base explicativa inteiramente adequada para a consequência que constitui a patronalização de uma entidade absolutamente extrínseca ao vínculo laboral, que nunca exerceu qualquer poder de determinação sobre o trabalhador nem tão pouco sabe que ele existe. ABEL FERREIRA, *Grupos de empresas e direito do trabalho*, cit, 170, após uma análise metodológica exaustiva das diferentes teorias que procuram encontrar uma base explicativa para o enquadramento de situações com algum hibridismo contratual relativamente ao apuramento efectivo da entidade patronal e consequente responsabilização, conclui pela aplicação do levantamento da personalidade colectiva (na senda aliás de MENEZES CORDEIRO, OLIVEIRA ASCENSÃO ou ROMANO MARTINEZ) apenas em casos extremos e na falta de outro instituto que permita oferecer resposta cabal ao problema colocado, posição que também merece o nosso acolhimento. Assim sendo, apenas em situações patológicas, que no limite representam uma forma de incumprimento das obrigações derivadas do contrato de trabalho e consubstanciam situações de abuso especialmente intensas, se afigura lícito o recurso "ao levantamento do véu". Não será perante uma qualquer instrução desvantajosa dada pela empresa dominante e que se mostre potencialmente susceptível de afectação dos trabalhadores que irrealisticamente fará sentido superar a personalidade jurídica da empresa a que estão, pelo menos do ponto de vista formal, juridicamente vinculados. É que estes trabalhadores não poderão receber tratamento de privilégioface a outros trabalhadores que têm uma relação juslaboral directa com a empresa dominante e em que, no respectivo âmbito, a empresa (dominante) adopta medidas semelhantes.

[154] P. BEHRENS, "Der Durchgriff über die Grenze", *Rabels Z*. 1982, 308ss.

[155] Na doutrina nacional, sem pretensões de exaustividade, MENEZES CORDEIRO, *O levantamento da personalidade colectiva no direito civil e comercial*, Almedina, Coimbra, 2000; OLIVEIRA ASCENSÃO, *Direito Comercial IV, Sociedades Comerciais*, Lisboa, 1993, 57ss; IDEM, "Estabelecimento comercial e estabelecimento individual de responsabilidade limitada", *Novas Perspectivas de Direito Comercial*, Almedina, Coimbra, 1988, 37-38; PEDRO CORDEIRO, *A Desconsideração da Personalidade Jurídica das Socie-dades Comerciais*, AAFDL, Lisboa, 1994; COUTINHO DE ABREU, *Da empresarialidade*, cit., 205;

material (responsabilizando-o em conformidade) e fornecendo-se resposta à irrefragável relevância da organização empresarial em grupo na modelação das relações laborais, mantendo indemnes as coordenadas básicas em que se estriba o sistema jus-laboral.

IDEM; "Personalité Morale, Subjectivité Juridique et Enterprise", RIDE, n.º 2, 1996, 171--177 e ss; TERESA ANSELMO VAZ, "A responsabilidade do accionista controlador", cit., 384ss. Trata-se de uma tendência crescente para a redefinição nos mais diversos ordenamentos do conceito clássico de pessoa colectiva, para que em face da factualidade concreta se responsabilize quem actua por detrás dela. O exemplo acabado do recurso à figura, no domínio dos grupos de empresas, reconduz-se à hipótese em que a empresa dominante sacrifica desproporcionadamente o interesse da empresa subordinada e afecta neste sentido a posição dos trabalhadores, que vêem cessar os respectivos contratos de trabalho e são colocados numa situação de desemprego. Importa no entanto não banalizar o recurso ao instituto: só em certos casos e para certos efeitos, com base nos contornos materiais da situação concreta, e numa ponderação das consequências advenientes da sua aplicação, tendo em conta os valores pretendidos pelo ordenamento, é fundamentado (e neste quadro imposto) o levantamento da personalidade jurídica. A "desconsideração" funcionará assim como uma consequência do acto abusivo de controlo materialmente colidente com a tutela da posição do trabalhador que formalmente pertence a uma outra entidade. Neste contexto, a técnica jurídica para a imputação da condição de empregador em Espanha é concretizável através de duas formas: *primo*, nos grupos em que exista uma relação de subordinação (e haja manipulação abusiva) imputa-se a qualidade de empregador à empresa dominante, ou se for o caso, às pessoas que estão atrás da sociedade, conforme assinala MONEREO PEREZ, J., "Aspectos Laborales de los grupos de empresas", REDT, n.º 21, 1985, p. 89, (a propósito do "Grupo Mundo" em que se responsabilizaram juridicamente todas as empresas do grupo solidariamente com o editor-proprietário); *secundo*, quer no que toca a relações de grupo de coordenação, quer de subordinação, atribui-se a condição de empresário ao grupo quando se verifica objectivamente uma comunhão de exploração e de objectivos económicos que consubstancie uma direcção unitária e uma estratégia global comum que justifique a solidariedade entre as empresas vinculadas. O trabalhador fica assim, no quadro desta segunda forma de imputação e na sequência da requalificação contratual exponencialmente alargada, (mesmo que contra a sua *voluntas*), adstrito a uma miríade de deveres perante todas as entidades do grupo, despersonalizando-se ainda mais a relação de trabalho existente e sujeitando-se às instruções (com o correlativo dever de obediência) de todas as entidades que ficcionadamente foram consideradas suas entidades patronais sem que todas as partes deste *novo* contrato de trabalho o desejassem! Consideramos assim (quando se justifique em função da especial gravidade da situação concreta e dentro do quadro que traçámos seja exigível a tutela do trabalhador), que a responsabilização deve operar em relação à empresa líder do grupo, em relação à empresa que detêm o domínio fáctico da situação e cuja actuação concitou um juízo de desvalor do ordenamento jurídico, mas só quando a empresa *manietada* tenha sido extinta. Em sentido diferente, ABEL FERREIRA, *Grupos de Empresas e Direito do Trabalho*, cit., 167.

CAPÍTULO III

DELIMITAÇÃO CONCEPTUAL DA CEDÊNCIA OCASIONAL DE TRABALHADORES

1. Conceito

A cedência de trabalhadores é definível como "o contrato através do qual uma empresa cede provisoriamente a uma outra, *usualmente integrada no mesmo sector de actividade económica*, um ou mais trabalhadores, conservando, no entanto, o vínculo jurídico-laboral que com eles mantem e, por conseguinte, a qualidade de empregador".[156] O conceito é construído a partir do princípio geral da proibição da figura – art. 26.º n.º 1 e da remissão operada pelo art. 29.º para os arts. 13.º, 20.º e 21.º. Como aspecto determinante, saliente-se o facto de a operação de cedência se apresentar matricialmente com um carácter necessariamente não lucrativo. A não ser assim, a empresa cedente tornar-se-ia uma Empresa de Trabalho Temporário não autorizada.[157]

---

[156] MARIA REDINHA, "Da cedência ocasional de trabalhadores", QL, 1994, 1, 16. Discordamos da inserção na respectiva definição conceptual do elemento tendencial que constitui a *integração no mesmo sector de actividade*. Trata-se de um elemento contingente, desprovido de rigor conceptual, que se aparta da necessária objectividade quanto à definição da figura. Por outro lado, o facto de a figura da cedência operar tendencialmente no seio de grupos de empresas, com actividades diferenciadas que são desenvolvidas dentro de um lógica de complementaridade empresarial, demonstra que a heterogeneidade das diferentes empresas que integram esta realidade, quase sempre exorbita de uma estrita aplicação *monosectorial*. Quanto a formas de cedência *específicas*, não tratamos nesta sede do regime específico de cedência temporária de trabalhadores no âmbito do trabalho portuário. A matéria consta do DL n.º 280/93 de 13 de Agosto (DR 189/93 Série-A de 13-8-93) e apresenta similitudes evidentes com o "trabalho temporário". No sector portuário, o trabalhador é recrutado por uma entidade distinta daquela que constitui a beneficiária directa da prestação laboral, cabendo às empresas de trabalho portuário (licenciadas para o efeito, através de confirmação trienal, pelo Instituto de Trabalho Portuário) a cedência temporária de trabalhadores para as tarefas de movimentação de cargas. Quanto à direcção e conformação técnicas da actividade do trabalhador, estas competem às empresas de estiva, nos termos do Decreto Regulamentar n.º 2/94 de 28 de Janeiro (DR 23/94 Série I-B, 28-1-1994, pp 452 a 455).

[157] Cfr. O art. 2.º al. e), e art. 3.º da LTT que estabelecem a remuneração da empresa de trabalho temporário por parte do utilizador.

Avulta, como aspecto essencial e simultaneamente excepcional, uma divisão das funções prototípicas do empregador, entre cedente e utilizador, sendo o primeiro o verdadeiro titular da relação laboral[158]. Correlativamente, o trabalhador encontra-se adstrito à obediência de determinados deveres perante Cedente e Cessionário, existindo, neste sentido, um desdobramento funcional da sua posição obrigacional tradicional. O poder de direcção da prestação laboral é subtraído ao empregador durante o período da cedência, não obstante a manutenção do aludido vínculo[159].

---

[158] A cedência, neste retrato, apresenta grandes similitudes com a figura dos *agrupamentos de empregadores* criada em França pela Lei n.º 85.722 de 25 de Julho de 1985, cujo aparecimento se ficou a dever a objectivos muito próximos daqueles que inspiraram o legislador nacional quanto ao desenho da figura. Na realidade, os agrupamentos (que constituem associações) podem ser integrados por pequenas empresas (pelo menos duas, não existindo limite máximo) que não possuam mais de trezentos empregados (alargamento registado com a Lei 93.1313 de 20 de Dezembro de 1993 face à impraticabilidade do limite de 10 de trabalhadores imposto na Lei 85.722) e que estejam abrangidos pela mesma convenção colectiva. O agrupamento é qualificável como cedente (é verdadeiramente a entidade patronal, incumbindo-lhe o exercício do poder disciplinar e o pagamento da retribuição), não podendo ter fim lucrativo (art. 127.1 al. 2 do *Code du Travail* e Lei n.º 85.722), prestando o trabalhador de forma rotativa o seu trabalho a todas as empresas que constituem a associação, competindo aos cessionários a disciplina técnica do exercício da actividade laboralmente acordada (aplica-se um regime similar ao do art. 20.º LTT). O contrato de trabalho com o agrupamento, de duração indeterminada, é formali-zado por escrito, devendo indicar os potenciais cessionários e o respectivo local da prestação laboral, bem como as respectivas condições em que a prestação deverá ser efectuada (vg tarefas e remuneração), sendo, como entre nós, a responsabilidade pelas condições respeitantes a higiene, segurança e saúde no trabalho atribuída à cessionária (ou noutra perspectiva utilizadora). Como peculiariedades, anote-se o facto de todas as empresas serem responsáveis pelo pagamento dos encargos sociais e dos créditos laborais em caso de inadimplência do agrupamento "qua tale"(que é uma associação com personalidade jurídica) e de poderem existir tantas deambulações quantas as partes desejarem, estando, na ausência de disposição contratual em sentido contrário, a associação adstrita a pagar apenas o tempo de ocupação efectiva. Cfr. BERNARD TEYSSIÉ, "Les groupements d`employers", DS, 1986, n.º 2, Fevereiro, 85 ss. e mais actualizadamente ANTOINE MAZEAUD, *Droit du Travail*, cit., 298 e 290. Entre nós, JORGE LEITE, "Direito do Trabalho na crise", *Temas de direito do trabalho*, cit, 37.

[159] Em sentido contrário, Ac. da Rel. Porto de 15/12/80, CJ, n.º 5, 1980, p. 167. No aresto analisou-se a conservação da qualidade de entidade patronal por parte de uma empresa que havia contratado um trabalhador e que o cedeu a uma empresa do mesmo grupo para trabalhar no estrangeiro. Aí se pode ler que a conservação da qualidade patronal só procederia se a dita empresa houvesse mantido o poder de direcção e autoridade sobre o aludido trabalhador.

O beneficiário directo da prestação laboral não é a entidade patronal. Este despojamento decorre da inserção do trabalhador na estrutura produtiva da cessionária e constitui uma exigência intrínseca da natureza das funções exercidas[160]. Atenta a não posição creditícia da prestação laboral própria da entidade empregadora por parte do cedente e a perda do respectivo poder conformativo, a figura assume neste sentido um recorte que excepciona o arquétipo tradicional da relação laboral ou do trabalho típico[161].

---

[160] Veja-se o preâmbulo do projecto de Decreto-Lei que consubstanciava o regime do trabalho temporário e da cedência ocasional de trabalhadores publicado na Separata 2 do BTE de 31 de Julho de 1989.

[161] A locução «*trabalho típico*» abrange contudo no plano conceitual autênticos contratos típicos, ainda que com configuração "*a se*", como o contrato a termo ou o contrato de trabalho temporário. Sobre as limitações conceituais da definição, cfr. ROBERTO PESSI, «Rapporti di Lavoro atipici tra Autonomia e Subordinazione nella Prospettiva dell' Integrazione Europea», RIDL, 1992, I, p.135 ss, para quem a tipicidade surge identificada com a existência de um padrão mínimo de protecção caracterizador da relação de trabalho subordinada, e nesse contexto, de difícil definição. Neste quadro surgem também outras variantes contratuais de contornos pouco definidos mas reconduzíveis ao contrato de trabalho subordinado: o teletrabalho (designadamente o prestado no domicílio do trabalhador, cuja regulamentação se anuncia na Lei das Grandes Opções do Plano para o ano de 2001); o trabalho a tempo parcial; os contratos de solidariedade e os contratos emprego-formação; o *labour pool* e o *labour on call* (*"Kapazitättsorienttierte variable Arbeitzeit"*, sugestivamente designado por "trabalho ao assobio") que assentam na constituição de grupos de trabalhadores de reserva (paralelizando historicamente com o "exército de mão de obra de reserva" decorrente do fenómeno do êxodo rural e da concentração urbana emergentes da revolução industrial) que se encontram à disposição de diversos empregadores ou também os contratos de intervenção ("astreintes") que implicam do trabalhador uma disponibilidade permanente para acorrer às necessidades de serviço.cfr. B. ACAR/ C. BÉLIER, "Astreintes et temps de travail", DS, 1990, pp. 502-514. Esta última modalidade tem no entanto concitado posições quanto à sua admissibilidade assaz divergentes, havendo (fundadas) dúvidas sobre esta forma de contratação que espraia o local de actividade produtiva à vida pessoal e familiar atento o estado "potencial de atenção" a que o trabalhador se encontra sujeito com carácter de permanência, situação agudizada, em determinados casos, com o cerceamento da sua liberdade ambulatória através de sinal telemático relativamente a um determinado raio de incidência. Ou seja, estiola-se por completo a tradicional bipartição entre tempo de trabalho e tempo de descanso que exornava a fisionomia dos modelos taylorista e fordista de produção e pontualiza-se em absoluto a organização do trabalho, heterogeneizando-se desta forma os tempos de trabalho e as prestações materiais exercíveis em função da disponibilidade pessoal dos trabalhadores contratados. Sobre a relação entre o trabalho intermitente e o trabalho a tempo parcial, manifestando-se, entre nós, contra a introdução camuflada da figura no quadro da Lei n.º 103/99, vd JÚLIO GOMES, "Trabalho a Tempo Parcial" in VVAA: *III Congresso Nacional de Direito do Trabalho*, Coimbra, 2001, 77.

2. Modalidades de cedência

No quadro do tema que nos propomos tratar, importa atender especificamente às hipóteses legais previstas na al. b) do art. 26 e no art. 27.º[162].

---

[162] ROMANO MARTINEZ, "Cedência ocasional de trabalhadores – quadro jurídico", ROA,III, Ano 59, Dezembro 1999, p. 865, considera que a hipótese prevista na **al. a)** do **art. 26.º** não constitui verdadeiramente uma situação de cedência, já que os trabalhadores não vão prestar a sua actividade para outra empresa, sob a direcção desta. Será tendencialmente desta forma que a deslocação se processará havendo uma subordinação do trabalhador à entidade de acolhimento que não tem no entanto um conteúdo laboral. Contudo é também frequente na prática a deslocação de trabalhadores (designadamente) no quadro de contratos de *franchising,* para treino e aperfeiçoamento em estabelecimentos detidos pelo franqueador. Nestes casos, os trabalhadores exercem a sua prestação de forma normal, sob a direcção dos responsáveis da franqueadora durante determinado período. Findo este, os trabalhadores regressam à franqueada onde se integram em definitivo e onde muitas vezes nem chegaram de facto a iniciar a sua prestação material. Também em situações de formação profissional, em que os trabalhadores são temporariamente integrados, pode haver cedência *"proprio sensu"* se a actividade laborativa (inserida num contexto de aperfeiçoamento) for conformada pela entidade *"ad quem"* e couber a esta o exercício dos poderes regulamentares e de direcção. A situação é vulgar relativamente ao sector do artesanato, tendo as práticas de *"secondment"* (integração de colaboradores em organizações hospedeiras para efeitos de aprendizagem e aperfeiçoamento) larga disseminação noutros países. cfr. BAINS, R./GILES, V., *New york Practices*, Digital, London, 1989, pp. 30-32 e SOREN KRISTENSEN, "La movilidad como proceso formativo", *Revista Europea Formación Professional*, CEDEFOP, n.º16, 1999, pp. 27-33. Entre nós, sobre o respectivo enquadramento legal, veja-se o Decreto-Lei n.º 401/91, de 16 de Outubro, em que a formação profissional pode ser inserida no sistema educativo ou no mercado de emprego (art. 1.º), pode organizar-se em cursos ou acções (art. 6.º), pode ser inicial ou contínua (art. 3.º), pode ser realizada por empresas (art. 11.º) e a sua componente pode assumir a forma de práticas reais em contexto de trabalho (art. 16.º n.º 2). No Decreto-Lei n.º 405/91, de 16 de Outubro, estabelece-se o regime jurídico da formação profissional inserida no mercado de emprego, entendendo-se como tal a que é destinada especificamente a activos empregados, por conta própria ou conta de outrém, e desempregados...". Neste contexto, merece destaque o Ac. Rel. Porto de 3-6-96, CJ, Tomo III, 256ss, que considerou que a formação profissional subsidiada a 100% pelo IEFP, atenta a incompatibilidade material entre a

A primeira hipótese refere-se à possibilidade de ceder trabalhadores, quadros técnicos, que exerçam cargos de enquadramento ou de complexidade técnica, em empresas entre si associadas ou pertencentes a um mesmo agrupamento de empresas; a segunda prevê a cedência de outros trabalhadores no quadro da colaboração entre empresas jurídica ou financeiramente associadas ou economicamente interdependentes. Permitiu-se, assim, com força legal, ainda que timidamente, a necessidade de as empresas societárias recorrerem a instrumentos de controlo e de cooperação inter-empresarial em busca de uma optimização dos recursos (humanos) de que dispõem.

---

acção de formação e prestação laboral normal, opera uma suspensão do contrato de trabalho, que impede o trabalhador de rescindir o contrato de trabalho por falta de pagamento do subsídio de formação profissional, nos termos da "Lei dos salários em atraso", atendendo a que o encargo impende sobre o IEFP. Acerca dos pressupostos da cedência para efeitos de formação, *vide* CÉLIA REIS, *Cedência de Trabalhadores,* Almedina, Coimbra, 2000, 29-35. Quanto à **al. c)** do **art. 26.º** cumpre salientar que apesar do carácter aparentemente deslegalizador do preceito, sempre haverá que respeitar as normas legais imperativas, *ex vi* do art. 6.º al. b) LRCT.

SECÇÃO I
CEDÊNCIA DE QUADROS TÉCNICOS

1. Quadro Subjectivo -Empresas entre si Associadas ou pertencentes a um mesmo Agrupamento de Empresas

A peremptoriedade com que o legislador exprime a proibição do n.º 1 do art. 26.º contrasta com a abertura conceitual observável nos números seguintes[163].

A alínea b) do art. 26.º é o exemplo acabado de falta de balizas que forneçam ao intérprete os contornos necessários a uma delimitação do âmbito de aplicação da norma[164]. A terminologia empregue aparta-se da classificação societária empregue no Direito Comercial. Avulta aqui, uma vez mais, a fisionomia própria do Direito do Trabalho[165] e a verificação

---

[163] ROMANO MARTINEZ salienta justamente *"a imprecisão legal"* assinalada *"que constitui fonte de incerteza na aplicação deste diploma"* – "Cedência ocasional de trabalhadores – quadro jurídico", cit, 865. Ainda, CÉLIA REIS, *Cedência de Trabalhadores*, cit., 73.

[164] Conforme assinala COUTINHO DE ABREU- *Grupos de Sociedades de Direito do Trabalho*, cit, p. 139. Na realidade, tendo o CSC em 1986 procedido a uma regulação sistemática das "sociedades coligadas" não se compreende que em 1989 o "legislador laboral" tenha optado por uma terminologia pouco unívoca e absolutamente desfazada do "diploma-padrão" neste domínio. A vagueza assinalada, não obstante as duas alterações legislativas entretanto verificadas, subsiste teimosamente e não mereceu qualquer acerto. Não deixa de ser curioso que todos os projectos de lei, apresentados ao longo destes anos e com incidência directa no regime da cedência de trabalhadores, tenham passado ao lado deste *problema*.

[165] Conforme refere MÁRIO PINTO, *Direito do Trabalho – Introdução e Relações Colectivas de Trabalho*, UCP, Lisboa, 1996, 99, no âmbito de uma abordagem interdisciplinar, cumpre ter sempre presente o propósito científico do direito do trabalho, devendo o juslaboralista, relativamente aos conjuntos de normas que entretecem os diferentes

de que a realidade *grupos de empresas* não é redutível às figuras de coligação previstas no Código das Sociedades Comerciais.

Tendo optado por não categorizar societariamente as empresas, relativamente às quais se permite a cedência[166], quer-se crer que com tal opção se procurou não excluir organizações empresariais de revestimento não societário que apresentem as mesmas razões justificativas das primeiras.

Indubitável parece ser a contemplação, no quadro da locução "pertencentes a um mesmo agrupamento de empresas", das Sociedades em relação de Grupo [167] e das Sociedades Coligadas[168].

No âmbito funcional de um grupo de sociedades, a sua organização e planificação estratégicas são desenvolvidas unitariamente e a gestão do factor de produção trabalho tende a ser feita de forma conjunta. É o reconhecimento desta realidade que leva à consagração da cedência e à facilitação da sua concretização no quadro de uma gestão flexível e competitiva. É também por isso que a figura é permitida em relação a "empresas entre si associadas". O escopo subjacente é semelhante. Trata-se de situações funcionalmente agregadas com influência na gestão da empresa *"qua tale"*. Os Agrupamentos Complementares de Empresas[169] e os Agrupa-

---

ramos de direito, tomá-los sempre que necessário para o seu estudo sem que com tal se pretenda prejudicar o necessário cultivo específico de cada uma dessas disciplinas. Importa, acima de tudo, recolher a respectiva aportação técnica, compreendê-la correctamente e apurar da sua validação operativa de acordo com o fundo axiológico juslaboral. Pronunciando-se a favor da não autonomia dogmática do Direito do Trabalho, após uma análise profunda, MENEZES CORDEIRO, "Da situação jurídica laboral: perspectivas dogmáticas do Direito do Trabalho", ROA I, 1982, 148, referindo, em resumo, que o "Direito do Trabalho Individual reintegra a grande família da dogmática privada".

[166] A opção legal poderia ter recaído sobre a categoria de Sociedades em relação de grupo – art. 483.º a 508.º do CSC – ou, mais abrangentemente, na categoria de Sociedades Coligadas – art. 482.º CSC.

[167] Art. 486.º CSC. Identificando o "agrupamento de empresas" com os "grupos de sociedades", vd. DIOGO LEITE DE CAMPOS, in "Agrupamento de empresas", *POLIS, Enciclopédia Verbo da Sociedade e do Estado*, Vol I, p. 203.

[168] Art. 482.º als. a), b) e c) CSC

[169] Cfr. RAÚL VENTURA, "Sociedades complementares", RFDUL, XXVI, XXIV, 1972, 1ss e "Primeiras Notas Sobre o Contrato de Consórcio", ROA, 41, 1981, 624ss; RUI PINTO DUARTE, *Dos Agrupamentos Complementares de Empresas*, 1980. A regulamentação da figura encontra-se na Lei n.º 4/73, de 4 de Junho, no Decreto-Lei n.º 430/73, de 25 de Agosto, e no Decreto-Lei n.º 181/87, de 21 de Abril, inspirando-se o legislador nacional no *groupement d'interêt économique* (GIE) introduzido pela Ordonnance n.º 67--821, de 23.9. São designados como *"agrupamentos complementares de empresas"* as enti-

mentos Europeus de Interesse Económico[170] consubstanciam formas legalmente desenvolvidas desta associação, atentos os objectivos genéti-

---

dades constituídas por pessoas singulares ou colectivas e sociedades que decidam agrupar--se, sem embargo da respectiva personalidade jurídica, com a finalidade de melhoramento das condições ou do resultado das suas actividades económicas – n.ᵒˢ 1 e 2 da Base I da Lei n.º 4/73. É exigida escritura pública para a sua constituição- não bastando a mera forma escrita como acontece por exemplo com as *joint ventures* – estando a figura equiparada a uma sociedade comercial para fins de registo. Por seu turno, o art. 20.º do Decreto-Lei n.º 430/73 manda aplicar, em caso de ausência ou insuficiência de regulamentação, o regime aplicável às sociedades em nome colectivo, parecendo encarar a figura como uma estrutura jurídica de carácter tendencialmente firme e de vocação relativamente duradoura. A figura demarca-se claramente do conceito de grupos de sociedades: não só por poder constituir-se com base em quaisquer formas de organização empresarial e não apenas por sociedades, como também por ter personalidade jurídica – art. 4.º do Decreto-Lei n.º 430/73 e base IV – algo que manifestamente não se verifica quanto ao grupo de sociedades. O lucro aparece como fim acessório (art. 1.º do Decreto-Lei) e não como fim principal (base II-1). O ACE pode, enquanto tal, celebrar contratos de trabalho, sem prejuízo da manutenção da individualidade jurídica das empresas participantes que continuam a manter os seus quadros próprios de pessoal. Está no entanto criada uma ambiência propícia à mobilidade e circulação dos trabalhadores no quadro da estrutura que enforma o ACE tendo em vista a consecução dos objectivos que presidem à sua constituição.

[170] A figura encontra-se desenhada no Regulamento CEE n.º 2137/85 do Conselho de 25 de Julho publicado no JOCE n.º L 199, de 31 de Julho de 1985, sendo que no direito nacional, vigoram também os Decretos-Leis n.º 148/90, de 9 de Maio, e n.º 1/91, de 5 de Janeiro. Os AEIE têm uma dimensão europeia: está em causa uma associação de empresas cujas administrações centrais se situam no território da União Europeia e que mantêm a sua independência jurídica e económica. Os lucros, a verificarem-se, são também sempre imputados aos membros do Agrupamento e não a este. Ao nível do direito do trabalho, cumpre destacar que a personalidade jurídica de um AEIE com sede em Portugal é adquirida com a inscrição definitiva da respectiva constituição no registo comercial nos termos do art. 1.º do Decreto-Lei n.º 148/90 (também arts 1.º-2 e 6.º do Regulamento e 7.º, 25.º e 39.º do Código de Registo Comercial), podendo desta forma o agrupamento celebrar livremente contratos de trabalho até 500 assalariados e constituir-se como entidade empregadora – artigos. 1.º n.º 2 e 3.º n.º 2 c). Este limite pode ser ultrapassado e o AEIE pode também ser detentor, de forma directa ou indirecta, de parte ou acções dos seus membros, quando tal se afigure necessário para alcançar o objectivo da sua constituição e seja realizada por conta dos seus membros. Se o AEIE tiver por objecto a prática de actos de comércio será considerado comerciante para todos os seus efeitos – art. 3.º do Decreto-Lei n.º 148/90 de 9 de Maio. Como curiosidade assinale-se a margem latitudinária conferida pelo Regulamento aos direitos nacionais dos Estados Membros quanto à regulação de matérias atinentes aos domínios do direito da concorrência, propriedade, fiscal e laboral entre outros, ao remeter para legislação nacional a normação.

cos da sua constituição: melhoria das actividades económicas e potenciação de sinergias. Ambos têm personalidade jurídica.

Subsumíveis à previsão da al. b) do n.º 2 do art. 26, são ainda as relações consorciais[171], bem como as relações desenvolvidas no

---

[171] Sobre o assunto cfr. RAÚL VENTURA "Primeiras notas sobre o contrato de consórcio", ROA, 1981, III; AMORIM PEREIRA "O contrato de ´joint venture` ", ROA, 1988; LUÍS DE LIMA PINHEIRO, *Joint Venture, Contrato de Empreendimento Comum em Direito Internacional Privado*, Cosmos, Lisboa, 1998. A expressão *joint* venture é também designada entre nós por empresa comum e, em alguns casos, por consórcio. Numa concepção ampla, ela é a entidade económica constituída conjuntamente por duas ou mais empresas económica e juridicamente independentes, que exerce as funções de uma empresa. Esta concepção deixa em aberto a questão do revestimento jurídico dessa entidade: pode tratar-se de uma tomada de participação e controlo de uma empresa já constituída, da constituição de uma nova pessoa jurídica controlada em comum pelas empresas participantes na *joint venture,* ou apenas de uma mera contratualiza*ção atípica entre duas empresas* ou mais empresas. Cura-se, neste sentido, de uma definição que atenta sobretudo na natureza económica da operação e não tanto na forma jurídica utilizada. Numa concepção mais restritiva, só existe *joint venture* quando é constituída uma nova pessoa jurídica, autónoma e independente dos seus fundadores. Esta definição propicia maior segurança jurídica, designadamente ao nível das relações com terceiros, mas nem sempre apresenta a ductilidade suficiente para se adaptar à complexidade da vida económica, vd. A. JACQUEMIN e B. REMICHE, *Coopération entre entreprises, entreprises conjointes, stratégies industrielles et pouvoirs publics*, Bruxelas, De Boeck Wesmael, 1988, pg. 10. É também commumente estabelecida uma distinção entre empresas comuns não societárias (*unincorporated joint venture), sempre que haja somente um* negócio entre duas ou mais entidades para o desempenho de uma actividade comum, e societárias (*incorporated joint venture*), quando se cria uma nova sociedade para esse efeito. Entre nós, a matéria encontra-se regulada no Decreto-Lei n.º 231/81, de 28 de Julho, tendo o legislador adoptado uma concepção de empresa comum não societária (*unincorporated joint venture*) o que não significa que esteja excluída a possibilidade de criação de *incorporated joint ventures*, as quais se constituirão sob a forma de sociedades comerciais (a forma mais frequente tem sido a de sociedade por quotas). Nos termos do art. 1.º do diploma, entende-se como consórcio o contrato celebrado entre duas ou mais pessoas, singulares ou colectivas (independentemente do revestimento empresarial) que exercendo uma actividade económica, se obrigam a desenvolver entre si uma determinada actividade ou a efectuar uma certa contribuição, de forma concertada, com o fim de prosseguir um dos objectivos referidos no art. 2.º – "realização de actos, materiais ou jurídicos, preparatórios quer de um determinado empreendimento, quer de uma actividade contínua; execução de determinado empreendimento, fornecimento de bens (...) produzidos por cada um dos membros do consórcio; pesquisa ou exploração de recursos naturais; produção de bens que possam ser repartidos, em espécie, entre os membros do consórcio. O contrato está sujeito a forma escrita, apenas se exigindo escritura pública quando houver transmissão de bens imóveis entre os

âmbito de Associações em Participação[172] e os contratos de *franchising*[173], atentas as potencialidades expansivas oferecidas pela locução

sócios – art. 3.º, n.º 1.O consórcio pode ser interno ou externo conforme os seus membros invoquem a qualidade consorcial para a prática dos seus actos perante terceiros ou o não façam – a questão não é de somenos importância, porquanto, segundo se decidiu no Acórdão STJ de 22-05-96 (VICTOR DEVESA), CJ, Tomo II, 1996, 262, a obrigação de indemnizar terceiros por facto constitutivo de responsabilidade civil é restrita ao membro do consórcio actuante, caso não tenha sido invocado o nome do consórcio. Trata-se ainda de uma consequência de ao consórcio não ser atribuída personalidade jurídica. Este facto faz com que não possa assumir as vestes de entidade empregadora, não obstante o legislador haver reconhecido que a proximidade funcional entre os seus membros conduz a formas flexibilizadas de gestão que se mostram indutoras de alterações na situação jurídica dos trabalhadores. Como se afirma no preâmbulo, procurou-se, sobretudo, assegurar a «simplicidade e a maleabilidade», atendendo a que «os propósitos práticos dos interessados e a própria natureza das relações que entre si estabelecem para certos fins afastam os seus negócios, muitas das vezes, dos tipos tradicionais, onde só um aberrante conservadorismo jurídico pode teimar em encerrá-los». Por isso se constituiu o consórcio como um dos ambientes propícios ao aparecimento da figura da cedência.

[172] Note-se que o alcance das críticas tecíveis ao regime da cedência com base na sua dimensão restritiva fica estiolado na medida em que a vulgarização deste tipo de contratos faz com que a cedência só não opere se as empresas não quiserem.

[173] Cfr. MENEZES CORDEIRO, "Do contrato de franquia («Franchising») – Autonomia privada versus Tipicidade negocial", ROA, ano 48,Lisboa, Abril 1998; MANUEL PEREIRA BARROCAS, "O contrato de Franchising", pág. 127; CARLOS OLAVO, " O contrato de franchising", in VVAA: *Novas Perspectivas do Direito Comercial*, Coimbra: Almedina, 1988, p. 159 ss; ROMANO MARTINEZ, *Contratos em Especial*,1.º Edição, UCP, Lisboa, 1995, pg. 148; Este tipo contratual não tendo no direito português qualquer regulamentação específica, tem no entanto de respeitar determinadas *reg*ras imperativas, como é o caso do Regulamento (CEE) n.º 4087/88, existindo ainda um Código Europeu de Deontologia da Franquia, que tem como preocupações evitar um comprometimento prematuro e pouco esclarecido e uma limitação excessiva à liberdade do franqueado (com interesse, ainda, o "Guide to International Master Franchise Arrangements" elaborado por iniciativa do Unidroit – *International Institute for the unification of private law* – disponível em http:/www.unidroit.org./english/franchising/main.htm). A franquia constitui, *brevitatis causa*, um método de colaboração tendo em vista a exploração de marcas, patentes, nomes comerciais, métodos de produção, assentando num sistema de comercialização de bens e /ou serviços / tecnologia que configura uma colaboração íntima e continuada entre empresas juridicamente separadas e independentes, o franqueador e os seus franqueados, mediante o qual o primeiro assegura aos segundos o direito e lhes impõe a obrigação de dirigir um negócio de acordo com o entendimento do franqueador. No contrato são inseridas condições e regras que integram uma concepção global de gerir o negócio em questão, a que deve obedecer a utilização pelo franqueado dos direitos e conhecimentos transmitidos, assim como os modos de controlo e de assistência do franqueador no decorrer da

execução do contrato. cfr. SANTONI, *"Franchising e condizioni generalli di contrato"*, in *Diritto Privato*, 1996, COUTINHO DE ABREU, *Da empresarialidade – As empresas no direito*, cit., 63ss. Poder-se-ia considerar que a detenção do poder de controle e de fiscalização exercidos pelo franqueador seria elemento demasiadamente lábil para quadrar com a lógica de proximidade que enforma a cedência. A sua aproximação ao contrato de empreitada levaria a que também este tipo contratual apresentasse potencialidades bastantes para que a cedência se operasse no respectivo quadro ou então para que se operasse a exclusão de ambos do regime operativo previsto no art. 27.º LTT (sobre a empreitada, por todos, ROMANO MARTINEZ, *Direito das obrigações, contratos*, Almedina, Coimbra, 2000, 290ss e, com muito interesse, o Ac. STJ de 13-10-98 (ALMEIDA DEVEZA), BTE, 2.º série, n.ºs 7-8-9/99, 1054-1058, onde se analisa a responsabilidade pelo pagamento das pensões e indemnizações devidas por acidente de trabalho no quadro de um contrato de subempreitada, partindo-se do pressuposto de que a cedência de trabalhadores ao empreiteiro era perfeitamente lícita). No entanto, do contrato de franquia emerge uma interpenetração bastante mais acentuada entre franqueador e franqueado, assente nos condicionalismos a que se sujeita o franqueado acerca da forma de produzir e/ou distribuir e, principalmente, no facto de o franqueado ter, aos olhos de terceiros, a mesma imagem do franqueador. Este aspecto parece-nos decisivo. Por isso se fala num efeito de despersonalização e de diluição de imagem do franqueado, o qual, sem embargo da sua autonomia jurídica e financeira, se encontra numa situação de dependência económica do franqueador. Note-se que a padronização actuacional dos estabelecimentos franqueados obriga à uniformidade da aparência, do funcionamento, do atendimento, e para além de o mobiliário, o arranjo, a decoração e o material comercial deverem correspondência aos modelos pré-estabelecidos, também a localização dos estabelecimentos não pode ser alterada sem o consentimento do franqueador. Cobram-se taxas de filiação ao franqueado, exigem-se geralmente cauções e percentuais sobre o volume de vendas realizado, sujeitam-se as vendas dos produtos à aprovação do franqueador e estabelece-se a participação do franqueado nas despesas relacionadas com o *merchandising* e publicidade relativos à marca explorada. Ademais, é frequente a necessidade de o franqueado ter de respeitar um número mínimo de horas de funcionamento dos seus estabelecimentos, bem como assim determinado horário de abertura e de encerramento. Na prática, quase sempre o pessoal do franqueado é obrigado a frequentar cursos de formação organizados pelo franqueador. Estes são, aliás, juridicamente enquadrados na al. a) do art. 26.º que constitui justamente uma das modalidades de cedência previstas na LTT. Também em fases vestibulares de exercício de actividades franqueadas é frequente o acompanhamento de pessoal especializado das franqueadoras, que se integra na estrutura funcional, para que a actividade se sedimente e adquira projecção na concreta zona onde é exercida. Neste sentido, também uma visão praxeológica do fenómeno conduz à admissibilidade da figura no quadro do contrato de franquia, sendo que a estratégia de desenvolvimento que subjaz à utilização da franquia quadra de forma plena com os objectivos enformantes do regime da cedência. Para uma análise das potencia-

legal "empresas entre si associadas" e a noção institucional subjacente que apresenta uma teleologia comum às relações de grupo[174].

---

lidades da franquia, no quadro do Regulamento n.º 4087/CEE, mas enquanto expediente assente na manifestação da vontade das partes que permite a consecução de estratégias de desenvolvimento, vd JEAN MARIE LELOUP, *La franchise: droit et pratique*, Paris, 1991. No sentido da admissibilidade da cedência quanto ao *franchising,* sem contudo fundamentar, COUTINHO DE ABREU, "Grupos de Sociedades e Direito do Trabalho", cit., p. 141 e MARIA REDINHA, *A relação...,* cit., nota 373, 159-160. Em sentido diverso, CÉLIA REIS, *Cedência de Trabalhadores,* cit., 47.

[174] ABEL FERREIRA, *Grupos de empresas e direito do trabalho,* p. 211, defendendo a possibilidade de a cedência operar *"no quadro de relações empresariais não fundadas em instrumentos jurídicos de natureza societária".* Trata-se ainda de uma interpretação acomodada à lógica de cooperação empresarial institucionalizada, que parece envolver o regime da cedência, mas que pode contudo encontrar alguns escolhos na específica legitimidade da figura que faz pressupor um quadro de relações particularmente estreito, designadamente no art. 30.º, ao permitir-se o direito de opção pelo trabalhador no quadro de pessoal da cessionária. É um risco que as empresas correm e de que devem estar cientes aquando da materialização da operação.

2 Conceito de Quadros Técnicos

Os trabalhadores cedidos têm de ser quadros técnicos[175]. É este o segundo elemento previsional da al. b) do n.º 2 do art. 26.º. A alusão legislativa não é nova, mas a sua largueza definitória mostra-se ampla[176]. Só em função do caso concreto será possível fazer uso da especialidade laboratória que parece enformá-lo. Parece, no entanto, inquestionável que sempre terão de ser trabalhadores com um determinado grau de especialização e que reúnam um conjunto de características específicas em relação à generalidade dos trabalhadores[177], apresentando-se como recursos humanos com níveis de qualificação intermédia[178].

---

[175] BERNARDO XAVIER (*Curso de Direito do Trabalho*, cit, 132) salienta, justamente, como vantagens da mobilidade interempresarial a facultação às sociedades dos especialistas necessários ao desenvolvimento de novas actividades.

[176] Existem, na realidade, inúmeros diplomas que recorrem ao conceito para efeitos de aplicação de um determinado regime. A título exemplificativo, o Decreto-Lei n.º 875/76, de 29 de Dezembro, os Despachos Normativos n.º 181/92, de 30 de Setembro e n.º 556/94, de 29 de Julho, o Decreto-Lei n.º 81/98, de 2 de Abril, o Decreto-Lei n.º 236/99 de 25 de Junho (art. 236.º n.º 4), o Decreto-Lei n.º 241/99, de 15 de Outubro de 1999.

[177] O que não significa circunscrever a referência conceitual da expressão quadro técnico ao exercício de funções de elevada responsabilidade ou de direcção. Trata-se, isso sim, de funções com especial complexidade que envolvem a reunião de determinados predicados pelo trabalhador que as vai exercer, tendo em atenção um conjunto determinado de aptidões, exigências e responsabilidades. Neste contexto, também um dirigente (independentemente das suas qualificações literárias) ou um técnico de informática, verificadas determinadas circunstâncias e uma autonomia técnica alargada, poderão ser considerados quadros técnicos. É a respectiva especialização funcional e o particular conhecimento sobre um conjunto de processos que permitem a sua qualificação como tal. Não sendo necessária formação superior, torna-se necessária uma formação intermédia especializada. Veja-se neste sentido a *Classificação Nacional de Profissões*, versão 1994, IEFP, Ministério do Emprego e da Segurança Social, 1994, 13ss, onde directores de empresas (directores gerais, directores de produção, exploração e similares e outras funções de chefia

e consultadoria) são considerados quadros superiores. No sentido de os quadros técnicos serem caracterizados pela sua "formação superior", defendendo também a anterior clivagem entre empregados e assalariados, mas reconhecendo alguma dificuldade prática na respectiva delimitação, MENEZES CORDEIRO, *Manual de direito do trabalho*, cit., 110 e CÉLIA REIS; *Cedência de Trabalhadores*, cit., 47-49.

[178] Assim, a definição presente no Anexo (ponto 20) à Lei que aprova as "*Opções Estratégicas para o desenvolvimento do País no Período 1994-1999*" – Lei n.º 225/93 de 24 de Setembro de 1994.

3. Funções de enquadramento ou técnicas de elevado grau

Este requisito, de natureza funcional, pouco acrescenta ao que se disse sobre a noção de "quadros técnicos". Com efeito, o exercício de funções com tais contornos ineriria à classificação antes referida[179]. Para as funções de enquadramento ou de técnicas de elevado grau, torna-se necessário o preenchimento de um conjunto de aptidões específicas. Por isso, só a partir de uma análise funcional, se torna possível recortar o requisito subjectivo apontado. O elemento funcional caracterizar-se-á a partir da posição que o trabalhador/quadro técnico vai ocupar na empresa cessionária (*Entleiher*). É ainda o recurso a uma análise categorial[180] que sustentará esse caminho[181].

---

[179] Agudizando a dificuldade de distinção entre quadros técnicos (trabalhadores que exercem cargos de complexidade técnica, elevado grau de responsabilidade ou funções de confiança) e quadros superiores, veja-se a Lei n.º 49/99, de 22 de Junho, que, no art. 35.º, alude à "preparação de quadros técnicos superiores" – sendo que na LCCT, o regime atinente ao alongamento do período experimental prevista no art. 55.º é claramente diferente: 180 dias para os primeiros e 240 dias para os segundos (a Resolução do Conselho de Ministros n.º 63/94, de 5 de Agosto de 1994, estabelece, por exemplo, uma distinção entre quadros *médios* – bacharéis ou equiparados-e quadros *superiores* – licenciados. Já o Decreto-Lei n.º 54/2000 parece aludir no preâmbulo, de forma indistinta, a quadros superiores e a quadros técnicos e dirigentes).

[180] Na definição de NUNES DE CARVALHO, *Das Carreiras Profissionais no Direito do Trabalho,* FDUCP (dissertação inédita), 78, a categoria constitui *"uma fórmula significante que descreve o conjunto de funções a que o trabalhador se obrigou"*. A categoria, sendo uma actividade produtiva prototípica, pode ser utilizada para resumir o conteúdo da relação de trabalho, sendo através da sua definição que muita da regulação prevista em IRC se aplica à relação individual de trabalho, possuindo um papel de agrupamento de funções homogéneas, que funciona como critério uniformizador de tratamento, e constitui, neste sentido, um instrumento aplicatório do princípio da igualdade. Cfr. LUÍS MONTEIRO, "Da vontade contratual na configuração da prestação de trabalho", RDES, ano XXXII, 303. Simultaneamente, a categoria funciona como meio de protecção do trabalhador, permitindo o apuramento do (não) benefício do tratamento normativo previsto para as funções que exerce. Por isso, a cedência só poderá operar no quadro dos arts. 21.º

al. d) e 23.º da LCT, não podendo constituir uma forma de mobilidade vertical descendente, que enquanto tal, defraudaria o âmbito operativo do preceito. Qualquer tentativa neste sentido, para além de não poder prescindir do acordo do trabalhador – desde logo elemento genético da cedência- terá de observar a necessidade de autorização da IGT prevista no art. 23.º. Este é aliás o sentido da norma do art. 23.º, onde a categoria se desenha como reflexo da posição do trabalhador no seio da empresa, protegendo-o de eventuais inversões do sentido normal da posição do trabalhador na empresa.Veja-se o Ac. STJ, de 02-07-1997 (LOUREIRO PIPA) em que se afirma que a alteração da categoria por configurar uma modificação do objecto do contrato de trabalho, só é possível mediante aceitação do trabalhador no quadro do art. 23.º. Neste sentido, parece irrazoável restringir a razão da tutela legal do trabalhador cedido apenas à protecção do salário, atendendo à clara distinção que o art. 21.º da LCT, nas als. a) e c), estabelece quanto às duas situações. Também, quanto ao elemento retributivo, assinale-se neste contexto, a aplicação da al. c) do art. 21.º, não podendo existir qualquer diminuição do seu âmbito, *ex vi* "princípio da irredutibilidade". Se na empresa "ad quem" (cessionária) vigorar um escalão retributivo mais elevado para o exercício das funções destinadas ao trabalhador "cedido", será este que lhe deverá ser aplicado – à luz do tratamento igualitário que lhe é devido – sem prejuízo de, com o retorno, o trabalhador voltar a auferir a retribuição que recebia antes da respectiva cedência. Por isso beneficiará também das eventuais melhorias remuneratórias entretanto havidas quanto à categoria em que se insere. Sobre a intangibilidade da "categoria--função", vd Ac. STJ de 18-03-1998 (ALMEIDA DEVESA), onde se estabelece um conjunto de princípios que terão de ser observados na categoria função. A saber: *"efectividade – na categoria função importam as funções substancialmente pré figuradas e não as designações exteriores; irreversibilidade – alcançada determinada categoria (categoria estatuto) o trabalhador não pode dela ser retirado ou despromovido, já que a categoria é objecto de protecção legal e convencional, pelo que, atribuída ao trabalhador, deve a entidade patronal colocar o trabalhador a desempenhar as tarefas inerentes a essa categoria; reconhecimento – através da classificação efectuada a categoria estatuto deve corresponder à categoria função, assentando aquela nas funções efectivamente desempenhadas."* No quadro da cedência o desempenho efectivo de uma actividade na cessionária a que corresponda uma categoria não poderá contudo ser julgada irreversível atendendo à transitoriedade da inserção na respectiva estrutura produtiva. Existe contudo uma proibição subjacente de modalização vertical descendente, devendo o trabalhador cedido desempenhar funções na cessionária, correspondentes à categoria que possuía na empresa cedente, tendo presente um princípio (tal como aliás em relação à retribuição a auferir) de não retrocesso. Sobre a necessária correspondência de categoria, cfr. Ac. Rel. Coimbra de 27/2/1997, CJ, tomo I, p. 75.

[181] Sobre as relações entre a categoria e o cargo no regime do funcionalismo público, JOÃO ALFAIA, *Conceitos fundamentais do regime do funcionalismo público*, Almedina, Coimbra, 52ss.

SECÇÃO II
CEDÊNCIA DE TRABALHADORES

1. Quadro Subjectivo – Empresas jurídica ou financeiramente associadas ou economicamente interdependentes. – al. b) do art. 27.º

A al b) do art. 27.º, *" a latere "* da existência de um contrato de trabalho sem termo e do acordo por escrito que consubstancie a anuência do trabalhador, estabelece, ainda como condição de licitude da cedência, a sua verificação no quadro da colaboração entre empresas jurídica ou financeiramente associadas ou economicamente interdependentes. É patente a imbricação com a al. b) do art. 26.º e a dificuldade na concretização da sua previsão. O ambiente de grupo surge como aspecto comum a ambas as modalidades de Cedência.

A al. b) do art. 27.º, no entanto, para além da sua incircunscrição aos quadros técnicos apresenta ainda um *"plus":* permite com maior largueza a verificação da cedência, bastando para o efeito uma mera associação ou interdependência económica. Trata-se de uma proposição mais fluida e abrangente pela acentuação da componente económica nas relações de empresa. Os conceitos terão de ser objecto de uma leitura à luz de estratégias empresariais de coordenação de comportamentos, de situações operacionais entre empresas que, sem desfigurarem grandemente as estruturas destas e do mercado, impliquem uma conjugação de esforços e de meios das entidades envolvidas[182].

A complexidade crescente dos produtos (que postulam um *Know--How* diversificado), a investigação de novos produtos ou processos de fabrico (que implicam avultados investimentos, que justificam uma repar-

---

[182] Cfr. A comunicação da Comissão 93/C 43/02 de 16 de Fevereiro de 1993 publicada no Jornal Oficial da Comunidades Europeias, n.º C 43 de 16 de Fevereiro de 1993.

tição do risco) têm contribuído para o aparecimento prolixo de tais formas de concentração[183].

A cooperação assumirá, tendencialmente, configuração contratualizada, havendo que distinguir neste campo o estádio funcional que constitui a sua base de incidência. Num momento inicial do processo produtivo confrontamo-nos com os contratos de transferência de tecnologias[184] ou com contratos de investigação e de desenvolvimento; no interior do processo produtivo encontramos a subcontratação industrial e o *partenariat* [185]. Na fase de distribuição, é prática corrente a celebração de contratos de distribuição[186] exclusiva ou selectiva[187].

---

[183] Cfr. A. ALIPIETZ e D. LEBORGNE, *L Aprés fordisme et son espacé*, Paris, CEPREMAP, 1988, 23.

[184] Os contratos de transferência de tecnologia não encontram no ordenamento jurídico português regulação especificada. Com a revogação em 1986 do Código de Investimentos Estrangeiros (publicado em 1977), que continha um capítulo justamente epigrafado "*Das transferências de tecnologia*" e em que a celebração deste *tipo* contratual carecia de autorização especial do *Instituto de Investimento Estrangeiro* que efectuava o controlo da aplicação da proibição de uma série de cláusulas (*maxime* transparência do negócio e respeito pelos preços do mercado internacional), a matéria reconduz-se na actualidade à legislação sobre operações de invisíveis (Decreto-Lei n.º 176/91) e à legislação sobre concorrência. As transferências de tecnologia conhecem cambiantes e matizes diferentes podendo, no entanto, ser agrupadas em quatro grandes modalidades, a saber: o *investimento estrangeiro* (envolvendo a construção de estabelecimentos e equipamentos industriais); a *venda de bens de capital* (tecnologia incorporada no capital); *o trabalho humano qualificado* (designadamente a assistência e formação técnicas específicas); *a informação, de natureza técnica ou comercial (saber fazer)*.

[185] O *partenariat* emerge como uma forma de subcontratação. Neste tipo de contratos, as empresas são seleccionadas para a parceria através de rigorosos estudos sobre a sua fiabilidade no domínio técnico, as suas capacidades de gestão, inovação e de internacionalização. São relações contratualizadas que obedecem a uma certa formalização e a uma concertação relativamente vincadas entre as empresas outorgantes, razão pela qual o *partenariat* é geralmente reservado a um número reduzido de empresas, que estabelecem por seu turno relações de subcontratação com pequenos subcontratados. Configuram-se, assim, relações de tipo piramidal, quase sempre de base tecnológica. A grande especificidade do *partenariat,* face à subcontratação tradicional, reside justamente na maior autonomia de que os parceiros gozam, que lhes confere grande margem de autonomia em relação à concepção de produtos, não tendo tarefas de carácter estritamente intermédio, de mera produção de peças.

[186] A distribuição é neste caso enfocada sob a perspectiva do produtor que pretende colocar os seus bens ou serviços no mercado. Este tipo de acordos é cada vez mais frequente no quadro de sistemas de organização da distribuição em que se realizam sucessivamente acordos entre um mesmo fornecedor e vários distribuidores, atento o crescente

Todos estes contratos são enquadráveis no âmbito previsional da al. b) do art. 27.º, não sendo também de excluir os comportamentos concludentes[188] que configurem objectivamente uma relação de concertação financeira ou de interdependência e apresentem uma configuração com uma projecção exterior de contornos relativamente institucionais (*facta concludentia*). A delimitação deste círculo de situações mostra-se por isso difícil. Haverá que atender *"in concreto"* ao fito inerente a tais práticas e confrontá-las com o instituto da fraude à lei. Não que se tenha qualquer repugnância pelo instituto de cedência e se pretenda circunscrever a sua verificação com base no quadro relacional assinalado. Antes pelo contrário. Não se enjeita que *"de jure condendo"* a cedência se torne possível no quadro de relações interempresariais sem que exista qualquer base jurídica ou económica unificante. A perfilhação de entendimento diferente é que desconsideraria por inteiro a intenção subjacente à al. b) do art. 27.º e os propósitos algo restritivos manifestados pelo legislador quanto ao desenho e aplicação da figura.[189]

---

alargamento do mercado comercial, levantando-se recorrentemente a questão do desvirtuamento do direito da concorrência. O facto de o fornecedor impor aos distribuidores exigências e restrições pesadíssimas coloca delicados problemas neste domínio (cfr. TARONDEAU e D. XARDEL, *La Distribuiton*, Paris, PUF, 1992).

[187] É difícil exaurir enumeradamente este tipo de relações contratuais. Existem ainda outras formas de cooperação tipificadas, para além das que se referem. Entre outras, é o caso dos contratos de *"original equipment manufacturing"* (uma simbiose entre a subcontratação exclusiva e o fornecimento); o *"piggy back"* (contrato através do qual uma empresa permite a outra a utilização dos seus serviços de exportação) e o *"spin-off"* (estímulo por uma empresa à criação de novas empresas pelos seus próprios quadros).

[188] Num outro plano, sobre os comportamentos concludentes em sede de Direito do Trabalho, veja-se MENEZES CORDEIRO, *Manual*,cit., 589, referindo que *"estes traduzem actuações que permitem aferir a aplicação de determinado regime negocial, independentemente da presença de declarações negociais, expressas ou tácitas"*. No caso presente, a configuração relacional de carácter estreito entre as empresas imporá sempre, como em todas as outras situações, a manifestação de vontade do trabalhador em ser cedido e a observância das formalidades impostas pelo art. 28.º LTTT.

[189] A condição de licitude que constitui a al. b) do art. 27.º é dispensada quando a empresa cedente seja de trabalho temporário, conforme estatui o n.º 2 do mesmo preceito. Sem querermos entrar na complexa e profunda disciplina do trabalho temporário, que exorbita do âmbito científico do presente trabalho, sempre diríamos considerar esta ressalva aparentemente um paralogismo. A empresa de trabalho temporário contém uma disciplina própria, que atende à sua fisionomia e natureza, e que se encontra desenhada com alguma minúcia no mesmo diploma. A grande inovação, porventura involuntária, foi alargada com a possibilidade introduzida pela Lei 146/99 de a ETT contratar trabalhadores

vinculados por tempo indeterminado – art. 17.º – similarmente ao art. 10.º n.º 1 do normativo espanhol (*Ley* n.º14/1994) ou da AÜG, de 7-7-72, onde se admite a existência de contratos por tempo indefinido com as empresas de trabalho temporário. Desta forma, o conteúdo útil da ressalva residirá na possibilidade de a ETT ceder gratuita e ocasionalmente trabalhadores com quem tenha contrato de trabalho sem termo a outras entidades com quem não tenha qualquer base jurídico-económica unificante! O legislador, ao estabelecer as menções a observar na cedência temporária de trabalhadores com vínculo sem termo à ETT- n.º 2 do art. 17.º, agiu tendo como referência o estrito âmbito do trabalho temporário, apartando conceitualmente esta situação da cedência temporária *"proprio sensu"* prevista no art. 27.º. Por isso, em simultâneo com a cedência de trabalhadores temporários às empresas utilizadoras, a ETT tem a possibilidade acrescida de ceder gratuita, temporária e ocasionalmente trabalhadores seus a entidades absolutamente alheias, com quem não possua qualquer laço "de dependência económica" ou tenha qualquer relação jurídica que constitua pressuposto de licitude da cedência nos termos gerais. Neste contexto, a excepção do art. 27.º n.º 2 constitui um *"tertium genus"* que desvirtua os pressupostos legitimadores que conduziram o legislador aos desenhos da cedência e do trabalho temporário: na primeira pretendeu-se *"facilitar as formas de cooperação empresarial entre entidades com afinidades de cunho jurídico ou económico"*, sendo que no trabalho temporário, para além dos apertados condicionalismos que traçam a disciplina da figura, procurou-se que a *cedência* se processasse por via de um contrato de utilização, no quadro das situações tipificadas no art. 9. O facto de a cedência ocasional, nos termos do art. 27.º n.º2, poder ocorrer, por um lado fora dos casos que o art. 9.º estatui para o contrato de utilização, por outro lado com empresas absolutamente desconhecidas para a ETT, pode vir a potenciar situações de trabalho temporário obreptício (face à incompletude do regime previsto), dadas as especiais características das ETT (designadamente a sua "vocação actuacional") e a ausência de qualquer pressuposto relacional com as empresas cessionárias – ainda Célia Reis, *Cedência de Trabalhadores,* cit., 76ss. Acresce que, conforme nota Maria Regina Redinha ("Trabalho Temporário: apontamento sobre a reforma do seu jurídico" *in* VVAA: *Estudos do Instituto de Direito do Trabalho*, Faculdade de Direito de Lisboa, 2001, 446) com a revisão de 1999 que procedeu a um alargamento delimitativo do objecto das ETT, existem sérios riscos de aproximação prática das ETT a agências de colocação de pessoal e a sociedades de gestão de pessoal...

SECÇÃO III
REQUISITOS COMUNS A TODAS AS MODALIDADES DE CEDÊNCIA

1. Consentimento do trabalhador

O consentimento do trabalhador constitui uma exigência intrínseca de qualquer modalidade de cedência. Este aspecto revela-se fundamental: a cedência não poderá constituir um meio específico de mobilidade vertical descendente[190], parecendo, até, que, no domínio da al b) do art. 26.º, a alusão a técnicas de elevado grau acaba por constituir uma redundância

---

[190] Nota 164. A mobilidade será sempre analisada com base numa ideia de "equivalência" profissional ou categorial (na terminologia empregue pelo legislador espanhol na Lei 11/94, de 19 de Maio), buscando-se a partir de um mínimo denominador comum de conhecimentos técnicos e capacidade práticas postulados pelas funções a exercer na empresa cessionária. Por isso, as *novas* funções, mesmo que objectivamente equivalentes, devem enquadrar-se no desenvolvimento lógico do aumento da capacidade profissional do trabalhador, caso contrário, apresentar-se-ia como uma ruptura no património profissional do trabalhador, operada extrinsecamente à sua vontade. A sua vontade é neste sentido fundamental, sendo que o art. 23.º permite a despromoção categorial desde que o trabalhador manifeste vontade nesse sentido e apresente um "interesse sério" (pode ter interesse em desempenhar, por razões pessoais ou profissionais, um conjunto de funções a que corresponda um grau de exigibilidade menor). Neste quadro e *a fortiori* (se o art. 23.º, preenchidos os respectivos requisitos permite uma modificação definitiva da categoria, ter-se-á que admitir a sua aplicação temporária com a cedência que enquanto tal exorbita do quadro de aplicação do art. 22.º), parece possível uma alteração temporária da categoria profissional que decorra da sua inserção na cessionária, contanto que esteja sempre salvaguardada a sua livre manifestação de vontade a tal propósito. Inclusivamente, também, face a situações de promoção que impliquem uma mudança de categoria e de funções, constitui entendimento quase pacífico que estas só lograrão efectivar-se *ex consensu*. Cfr. RAUL VENTURA, *Teoria da Relação Jurídica de Trabalho. Estudo de Direito Privado*, Porto, 1944, 255.

face à locução " quadros técnicos"[191]. As dúvidas colocam-se relativamente à desnecessidade de consentimento dos quadros técnicos quanto à sua cedência[192]. No que toca aos demais trabalhadores, existe uma "*com-*

---

[191] Tratando-se de um contrato de trabalho, tem plena aplicação o art. 406.º do Código Civil: o acordo deve ser cumprido na íntegra, sendo que o clausulado apenas pode ser modificado por novo encontro de vontades. As instruções, dadas pela entidade patronal no sentido de alterar o acordo inicial, são sempre propostas contratuais, submetidas e condicionadas à aceitação do outro contraente. Discordamos por isso de posições tributárias da existência de alterações unilaterais, para as quais o trabalhador, em caso de aceitação tácita, determinaria o prosseguimento do contrato mas modificado, sendo que a não aceitação daria lugar à resolução do mesmo. Importaria, neste caso, distinguir, segundo SAVATIER, "Modification unilatérale du contrat de travail et respect des engagements contractuels", DS, 1988, n.º 2, pp 135 ss., para efeitos de determinação da responsabilidade da decisão, se são atingidas cláusulas essenciais do contrato, ou seja, aquelas em que o trabalhador fundamentou a decisão de celebrar um vínculo laboral ou se apenas são tocados aspectos menores e acessórios da contratualização firmada pelas partes. No primeiro caso, na hipótese de recusa de aceitação pelo trabalhador, estar-se-ia perante um verdadeiro despedimento ilícito, com todas as consequências advenientes; na segunda situação descrita, o despedimento não daria lugar a indemnização. Esta posição é juridicamente escorada no art. L. 122.º n.º 4 do *Code du Travail*, que permite ao empregador a denúncia do contrato, entendendo-se *a fortiori* que também a modificação será possível. Entre nós, por expressa imposição constitucional, estão proibidos os despedimentos sem justa causa, razão pela qual, o empregador não pode " *motu proprio*", prescindir dos serviços do trabalhador sem que este dê azo a tal procedimento. Por exemplo, FURTADO MARTINS, *Cessação do contrato de trabalho*, Principia, Cascais, 1999, 74ss. Por isso, para além de se afigurar criticável que qualquer modificação sobre um contrato- figura cuja génese é consensual- possa ter um revestimento impositivo, apareceriam também postergadas as preocupações legais atinentes, por exemplo, à irredutibilidade da retribuição – art. 21.º n.º 1 al. c) e à manutenção da categoria – art. 23.º, onde avulta a autorização da IGT para a admissibilidade da alteração. Importa ainda neste quadro precisar a destrinça entre o que constitui uma modificação e uma novação objectiva, não bastando para o preenchimento tipológico da figura da novação um silêncio do trabalhador, ainda que associado a uma prestação de conteúdo diferente. Neste sentido, o *"animus donandi"* que exprima a vontade das partes deve ser expressamente declarado – art. 837.º CCiv., havendo também que confrontá-lo com o art. 21.º b) LCT e indagar do seu carácter *"fraudem legis"*. Acresce que, conforme salienta a doutrina, a atribuição de relevância negocial ao comportamento do trabalhador com base na sua adesão à proposta da entidade empregadora no sentido da modificação do contrato de trabalho não é susceptível de enquadramento na teoria dos comportamentos concludentes pois que esta apenas serve para determinar se existe ou não contrato. Existindo já um contrato de trabalho o poblema deixa pois de se colocar.

[192] No sentido da imprescindibilidade do consentimento do trabalhador/quadro técnico, ROMANO MARTINEZ, *Direito do Trabalho*, cit, 123, MARIA REDINHA, "Da Cedência Ocasional de Trabalhadores", QL, I (1994), n.º 1, 16-23 e MONTEIRO FERNANDES, *Direito*

munis oppinio", em face do art. 28.º, de que a vontade do trabalhador cedido é um elemento característico da figura da cedência. Parece contudo inacolhível a sustentação da desnecessidade do consentimento do trabalhador/quadro técnico. Não se compreenderia o porquê da consagração de um regime tão desprotectivo de quadros técnicos, ainda para mais numa época em que o conceito se encontra amplamente disseminado. Não que se encare o regime da cedência ocasional com qualquer desconfiança. Mas, de outra forma, abrir-se-iam as portas para o afastamento *"ad nutum"* de um quadro incómodo a pretexto de um exercício de funções de enquadramento ou técnicas de elevado grau noutra empresa e circurtar-se-iam as preocupações legais relativas à estabilidade laboral do ponto de vista subjectivo[193], desfigurando-se o carácter *"intuitu personae"* que enforma a relação laboral[194]. Chegar-se-ia ao ponto de poder existir um aumento do tempo de trabalho (*rectius,* do período normal de trabalho)[195],

---

do Trabalho, 11.ª edição, Almedina, Coimbra, 1999, 162, inflectindo a opinião expendida em *Direito do Trabalho*, 10.ª edição, Almedina, Coimbra, 152. Em sentido contrário, abordando a questão no âmbito da mobilidade e das alterações unilaterais ao projecto contratual inicial, considerando desnecessária a anuência do trabalhador cfr. ABEL FERREIRA, *Grupos de Empresas e Direito do Trabalho*, cit., 209; COUTINHO DE ABREU, "Grupos de sociedades e Direito do Trabalho", *cit.,* 19, nota 4; MARIA IRENE GOMES, "Grupos de empresas e direito do trabalho", QL, ano V, 1998, 181 e CÉLIA REIS, *Cedência de Trabalhadores*, cit., 84ss.

[193] Em sentido diferente, MENEZES CORDEIRO, *Manual de Direito do Trabalho*, cit., 681, que admite, no âmbito do *ius variandi* geográfico, não só a mobilização geográfica do trabalhador no quadro do art. 22.º LCT como também a sua colocação em empresa diferente.

[194] Desde logo, o poder de conformação material da prestação laboral seria determinado por uma entidade alheia ao contrato de trabalho celebrado, despersonalizando-se em absoluto o laço fiduciário entre as partes.

[195] Sendo o período normal de trabalho o número de horas diárias e semanais que o trabalhador se encontra contratualmente obrigado a prestar (art. 45.º LCT), e sendo este referencial estabelecido por contrato individual de trabalho ou mediante o uso ou prática da empresa, poder-se-ia assistir a um aumento, pelo menos na última situação descrita, do número de horas diárias ou semanais que o trabalhador teria de cumprir ao serviço da cessionária, por força da prática que nesta vigorasse. É que o art. 20.º estabelece a sujeição do trabalhador ao regime de trabalho aplicável na cessionária no que respeita à duração de trabalho. Também o horário de normal de trabalho sofreria ajustamentos por força da necessidade de contextualização do trabalhador na estrutura produ-tiva da empresa cessionária e de adaptação ao respectivo ritmo laboratório. Seria ainda uma decorrência da sujeição ao regime de trabalho aplicável à cessionária quanto ao *modo* da prestação laboral, atribuindo aliás a lei a competência exclusiva para a sua definição à cessionária –

nos termos do art. 20.º n.º 1, sem que o trabalhador nisso tivesse assentido. Através da cedência operada extrinsecamente à vontade do trabalhador/quadro técnico, seria ainda possível privá-lo de todos os subsídios e regalias contratuais e extra contratuais em vigor na empresa cedente, sem que lhe fosse facultado qualquer direito opcional. A mobilização do trabalhador, ainda que seja quadro técnico, para uma entidade exercente de um poder de conformação da sua prestação laboral, exorbita manifestamente do conteúdo do poder determinativo que foi contratualmente estabelecido pelas partes. Não são de facto despiciendas as implicações, ao nível da organização da sua vida pessoal e familiar, que uma alteração com esta monta provoca, nomeadamente no plano de organização da sua vida e de estruturação da actividade que se pretende desenvolver. Não se podem olvidar as repercussões jus-laborais da mobilização de um trabalhador para uma empresa com poucos trabalhadores, com escassa implantação no mercado ou com diferente fim e objecto. É que, também no estrito conspecto profissional, a cedência comporta alterações de vulto quanto à posição actual e futura do trabalhador no quadro organizativo da empresa[196] que é sua entidade patronal. O recebimento de ordens de uma entidade alheia e a verificação de uma plena inserção na sua estrutura produtiva, não parecem neste sentido possíveis sem que exista um acordo de vontades das partes outorgantes do contrato de trabalho[197].

---

n.º 4 do art. 20.º. Se a configuração do horário de trabalho não pode ser alterada unilateralmente pela entidade patronal quando "*se demonstre que só devido a certo horário o trabalhador firmou o contrato de trabalho com a empresa*" (Ac. STJ de 21-1-
-97 (ALMEIDA DEVEZA) em BTE, vol. 66, 2ª série, 4-5-6, 1999, 682-685), a garantia que o ordenamento confere ao trabalhador – art. 12.º n.º 3 al. b) da LDT- seria absolutamente sotoposta.

[196] Desde logo no que se refere às perspectivas de progressão de carreira.Também, aspectos relacionados, por exemplo, com a formação profissional (*maxime* frequência de programas de qualificação profissional promovidos pela *eventual cedente)*, ambiência de trabalho, condições de higiene e segurança no trabalho, desenvolvimento técnico e infraestruturas, abono para falhas (que não é incluído na retribuição para efeitos de periodicidade e irredutibilidade) ou gratificações extraordinárias que constituam uso da empresa cedente (art. 88.º e que não possam ser consideradas retribuição) constituem factores com relevância assinalável.

[197] Sem embargo da consideração de que a dinâmica do contrato de trabalho exige um "*continuum*" determinativo por parte do credor da prestação relativamente ao papel a exercer pelo trabalhador na *sua* estrutura produtiva, baseado no recurso a "actividades produtivas prototípicas" em que a forma de estabelecimento da prestação do trabalhador é parametrizada pela respectiva categoria contratual. Apenas com base numa solução de

Por outro lado, a cedência *"qua tale"*, enquanto figura próxima da cessão da posição contratual, apresenta-se *" in natura"* como um negócio matricialmente trilateral[198] que constitui como um *"subsequens"* relativamente a um outro (*in casu*, um contrato de trabalho). Admitir que tal se pudesse fazer à revelia do "cedido", constituiria um golpe profundo na fisionomia tradicional da figura e desconsideraria o regime da transferência do local de trabalho[199] – art. 24.º da LCT. Consubstanciaria, ainda, a

---

recurso, e em situações contadas, é que seria possível desconsiderar juridicamente a personalidade das empresas intervenientes na cedência, considerando que a locução "sua" abrangeria a estrutura empresarial subjacentemente comum às intervenientes. Esta posição é todavia insustentável: não só o grupo não tem personalidade jurídica (e a sua valoração material como empresa pode, conforme vimos, ser duvidosa) como também a aplicação da desconsideração mostrar-se-ia contrária à sua *ratio essendi* e à natureza sancionatória que justifica a sua "cominação" às empresas desconsideradas. Neste sentido, a desconsideração ser-lhes-ia favorável e traduzir-se-ia numa fórmula de mobilização interna, porventura com guarida no regime do *ius variandi*, sendo neste contexto descabido aludir à figura da cedência, cuja génese radica na diferenciação jurídico-subjectiva dos respectivos protagonistas.

[198] Segue-se a opinião defendida por MOTA PINTO, *Cessão da posição contratual*, Almedina, Coimbra, nota 2 à p. 193 quanto à natureza trilateral da cessão da posição contratual, perfilhando-se o entendimento de que o consentimento do contraente constitui um verdadeiro elemento constitutivo do contrato, e não apenas um requisito de eficácia. Em sentido idêntico, ANTUNES VARELA, *Das Obrigações em geral, Vol. II*, 7.º ed., Coimbra, 1999, 384 ss. Assim, a benefício da legitimação da cedência, também o consentimento do trabalhador não deve ser valorado como uma mera *conditio iuris* de eficácia de um contrato bilateral, mas antes como uma declaração de vontade que tem uma função constitutiva da base consensual que enforma a trilateralidade do negócio que caracteriza a figura.

[199] Neste cenário, contrariamente ao que se verifica do comum direito obrigacional (art. 722.º Código Civil), o lugar da prestação não é acessório, sendo mesmo um elemento substancial da prestação laboral a efectivar. No sentido da desnecessidade de acordo, cfr. COUTINHO DE ABREU, "Grupos de sociedades e Direito do Trabalho",cit., 138, nota 41, mas sugerindo a aplicação analógica do art. 24.º relativamente à cedência de quadros técnicos, obrigando a entidade patronal a custear sempre " *as despesas feitas pelo trabalhador directamente impostas pelo local da transferência* ". Neste quadro, poder-se-ia suscitar a questão da viabilidade de aplicação do art. 24.º da LCT ao caso de cedência de quadro técnico, independentemente do sentido da sua vontade. Assim, poderia haver impositivamente cedência, verificados os condicionalismos exigidos pelo art. 24.º. A situação da cedência não parece porém reconduzível ao art. 24.º da LCT, já que este pressuporá a integralidade da manutenção do vínculo com a mesma entidade patronal (aliás, o preceito não foi manifestamente pensado para situações deambulatórias entre sociedades de um grupo, sendo em 1969 praticamente inexistentes preceitos legais relativos a grupos de sociedades) e o Decreto-Lei n.º 58/89 recorta-se como uma lei especial que neste

coisificação plena do trabalhador, que seria, para estes efeitos, assimilável a um qualquer objecto ou a um mero direito patrimonial livremente disponível[200], postergando a quididade da força de trabalho. O trabalhador

---

sentido derroga o regime geral (*lex specialis derogat legi generali* ou *generalibus specialia derogat*), não parecendo possível recorrer à aplicação analógica do art. 24.º da LCT porque, na construção defendida, o assentimento do trabalhador constitui elemento intrínseco que tem acolhimento no regime vigente e não "*existe um caso que a lei não preveja*" – art. 10.º CC. Não havendo mudança total ou parcial de estabelecimento na situação a que nos reportamos, só com base na não causação de prejuízo sério ao trabalhador, seria possível (mesmo à luz de uma aplicação analógica do art. 24.º que cremos no mínimo duvidosa) efectuar a cedência. Ora, comportando a cedência, as mais das vezes, um afastamento do trabalhador dos seus centros de interesse pessoal e profissional, dificultando a sua formação profissional e obrigando a um enquadramento profissional num outro meio, o conceito de "*prejuízo sério*" tem-se por verificado. Ademais, existirá uma grande aproximação prática entre este regime e a posição que se sustenta relativamente à necessidade de acordo do trabalhador: a jurisprudência superior recente é quase unânime na consideração de que compete à entidade patronal alegar e provar que da mudança não resulta *prejuízo sério* para o trabalhador, pelo que muito dificilmente a cedência seria admitida caso inexistisse acordo do trabalhador. Por ex., vd Acs. STJ de 17-12-97 (ALMEIDA DEVESA) e de 24-03-1999 (PADRÃO GONÇALVES).

[200] Se o trabalho temporário constitui uma realidade inelutável dos tempos actuais, jamais poderá ser encarado numa perspectiva estritamente de *marchandage*. A entidade patronal é a titular originária da força de trabalho, sendo a sua disposição um atributo matricial da personalidade do trabalhador É que a flexibilização, com todas virtualidades que apresenta no quadro de uma economia cada vez mais global e competitiva, constitui uma decorrência de um princípio civilizacional segundo o qual o trabalho se manifesta como expressão da dignificação e valorização do Homem, sendo a translatividade da força de trabalho tributária de um liberalismo individual que não encontra na actualidade fundamentação. O trabalho não é uma mercadoria. Também a Declaração de 1919, que constitui a OIT, proclama solenemente o princípio ético-jurídico de que "*o trabalho não é uma mercadoria*", relevando o carácter pessoal da prestação do trabalhador – "*Le travail ne doit pas être considéré simplement comme une marchandise, ou un article de commerce*" segundo se estabelece no art. 41.º da Declaração.

Assim, no que tange à pessoa do trabalhador, é a própria Constituição da República Portuguesa que dispõe expressamente, no art. 47.º, que "*todos têm o direito de escolher livremente a profissão ou o género de trabalho*", daí resultando uma clara e inevitável proibição de qualquer prática de trabalho forçado, princípio também eliciável, com clareza, do art. 4.º da Convenção Europeia dos Direitos do Homem. Noutro plano, de essência marcadamente histórica e ideológica, constituindo uma das magnas questões do Direito do Trabalho, avulta a identificação do objecto da prestação do trabalho no âmbito da actividade prestatória típica do contrato de trabalho sendo divisáveis duas grandes linhas de pensamento: uma visão de matriz romanista que assenta a concepção do trabalho num plano mais objectivado, tratando a *locação de serviços* no quadro geral do instituto

(no caso *quadro técnico*) não é um mero instrumento ou prestador passivo de *energia laborativa*[201] de que o empregador possa dispor alvedricamente – *nemo plus juris in alium transferre potest quam ipse habet*.

A título de exemplo, o facto de um quadro técnico ser mobilizado contra a sua vontade, no quadro de uma relação de grupo e de um vínculo firmado com a empresa A, para exercer a sua prestação durante dois meses na empresa B e depois outros três meses na empresa C, e, após este período, ocorrer uma revogação da entidade cedente durante o período experimental[202] perfeitamente lícita no quadro da legislação laboral vigente,

---

da locação; e uma perspectiva de feição e tradição germânicas que adopta uma concepção escorada numa relação pessoal de serviço, que atenta nos laços de pertença a uma comunidade, humanizando o respectivo âmbito prestacional (ideias que aparecem na obra de GIERKE – *Die wurzeln des Dientsvertrages* – e que foram secundadas por POTTHOFF, NIKISCH e SIEBERT, proceres da teoria da incorporação). Neste quadro, conforme sublinha LUIGI MENGONI (L´enciclica «Laborem exercens» e la cultura industriale", *DRLI*, n.º 6, ano IV, 1982, 599), a Encíclica *Laborem Exercens* de 1981, recusa *expressis verbis* o tratamento do trabalhador como uma coisa ou meio de produção, sublinhando de forma muito particular a dignidade profissional do trabalhador e procurando entravar o liberalismo infrene, destituído de limites humanistas, que o macro fenómeno da globalização pode potenciar – "*o trabalho traz a marca particular do homem e da humanidade, a marca de uma pessoa que actua numa comunidade de pessoas*" (Laborem Exercens, preâmbulo). Ainda sobre a Encíclica, enfocando a necessidade de se adoptar uma concepção de empresa humanista que "*afaste a actual falácia economicista*" veja-se GONZALO DIÉGUEZ, "Nueva función del trabajo en el orden de la em-presa", REDT, 62, Civitas, 1993,854; e para um bosquejo histórico sobre a doutrina social da Igreja e a sua particular relação com o Direito do Trabalho, consulte-se *A Organização Internacional do Trabalho e a Encíclica Social de João Paulo II Centesimus Annus,* Comemoração do centésimo aniversário da RERUM NOVARUM (1891-1991), Vol. I, Documentos reunidos por LOUIS CHRISTIAENS, CES, 1994, Lisboa.

[201] A expressão é de BERNARDO XAVIER, *Curso*, 87. Quando o trabalhador se vincula laboralmente, coloca à disposição da entidade patronal a sua personalidade física ou intelectual, ou seja a sua pessoa, não podendo sem mais ser destacável da sua origem. Existe assim uma dimensão de pessoalidade que pontua todo o cumprimento do contrato. Como afirma EMMANUEL DOCKÈS, "La détermination de l´object des obligations nées du contrat de travail", DS, n.º 2, 1997, 142, a flexibilização do trabalho encontra os seus limites onde começa a dignidade humana, referindo MONTEIRO FERNANDES, *Direito do Trabalho*, cit, 226, que o trabalho constitui uma emanação da personalidade do trabalhador, tendo que existir sempre, no plano prestacional, uma vontade do alienante da prestação (trabalhador). A velha máxima "*law of master and servant*",como bem nota HUMPHREY FORREST, não é mais do que uma reminiscência histórica ("I valori politici della legislazione inglese sul rapporto individuale di lavoro", *DRLI*, n.º 1, ano IV, 1982, 55).

[202] Art. 55.º n.º 2 al. c) da LCCT. Seria aliás claro, na ausência de vontade do

não deixaria de repugnar à consciência jurídica[203]. O argumento literal não afasta à posição que defendemos. Pelo contrário. A adição recente do n.º 3 ao art. 28.º – determinação aplicável a todas as modalidades de cedência – aponta para a aplicação *"in genere"* do preceito e *"ipso jure"* para a necessidade de consentimento em relação a todas as modalidades de cedência previstas, indistinguindo neste tocante o alcance do art. 26.º e do art. 27.º[204].

---

trabalhador/quadro técnico, o desvirtuamento da *ratio* do período experimental, que visa justamente *"proporcionar um suficiente período de experiência adequado às exigências da função e às características do **posto de trabalho**,contribuindo para a salvaguarda da competitividade da **empresa** e da realização profissional do trabalhador"*. O Acordo Económico e Social de 1990 refere ainda que o alargamento do período experimental verificado pretendeu *"contribuir para desincentivar o recurso à contratação a termo, à utilização de trabalho temporário e à adopção de trabalho independente ou autónomo, quando se sobreponha a preocupação de assegurar uma experiência suficiente para adequação às exigências da função e características do posto de trabalho"*. Cfr. *Os Acordos de Concertação Social em Portugal* (II textos), Lisboa, 1993, 99ss. Sobre o período experimental em geral, BERNARDO XAVIER, *Curso*, cit., 419, ROMANO MARTINEZ, *Direito do Trabalho*, vol. II, 2.ª ed., cit., 130-133; MONTEIRO FERNANDES, *Direito do Trabalho*, cit., 01-307; MENEZES CORDEIRO, *Manual*, cit., 577.

[203] Sentimento tanto mais intenso quanta a latitude da dispersão geográfica das sociedades integrantes do grupo. Deve aliás neste quadro salientar-se que a duração alongada do período experimental prevista na legislação laboral (não obstante a possibilidade do seu afastamento ou redução acordada que a prática demonstra escassa) convola as mais das vezes a instituição do regime experimental num mecanismo alternativo à celebração de contratos a termo Acresce a aplicação da doutrina expendida no Ac. Rel. Coimbra de 20-1-2000 (CJ, I, 2000, 66ss) que sufragou o desconto para efeitos de contagem do período experimental, dos dias de férias, de descanso e equiparados...

[204] Presume-se face ao preceito que o legislador *"soube exprimir o seu pensamento em termos adequados"* – art. 9.º n.º 3 do Código Civil. Neste sentido, caso não exista a *declaração de concordância do trabalhador* exarada documentalmente nos termos do art. 28.º, e havendo, da parte da cedente, uma conformação da actividade material a prestar pelo trabalhador, este, teria que se considerar vinculado jurídico-laboralmente à entidade (pretensamente) cedente, que assumiria decorrentemente as vestes de verdadeira entidade empregadora. O art. 30.º vem no entanto facultar ao trabalhador a opção quanto à integração em qualquer uma das empresas, verificada a situação de irregularidade do documento que titula a cedência, mostrando-se neste tocante particularmente garantístico. Poder-se-ia contudo pensar que o trabalhador actuaria de má fé se aceitasse a sua *deslocação* para a cedente e logo depois surgisse a invocar a ilicitude da mesma, aparecendo a exercer o direito de opção que o art. 30.º lhe confere. É que ele podia ter recusado de imediato a sua integração noutra entidade ao abrigo do art. 20.º n.º 1 al c) e n.º 2 da LCT, atendendo à violação de uma garantia que visa tutelar a sua posição (*Leistungsverweigerungsrecht*). No entanto, o normativo em questão – o art. 28.º – parece sobrelevar a vontade das partes envolvidas, mesmo que o trabalhador deseje ser "cedido" nos termos

É esta a opção mais assisada, sem prejuízo do reconhecimento de que o legislador a nível laboral infundiu determinadas especialidades ao grupo de empresas enquanto projecto englobador. Fê-lo todavia com respeito pelos princípios gerais do Direito do Trabalho[205] porque *"o ordenamento jurídico protege a continuidade e estabilidade das relações laborais nos moldes conhecidos"*[206]. Por isso a necessária diferença entre o art. 26.º al. b) e o art. 27.º não pode radicar na desnecessidade de consentimento do trabalhador. Aliás, a consideração de que a cedência em ambiente de grupo se concretizaria à sua margem, traria a dificuldade adicional de poder não existir clausuladamente um prazo certo e delimitativo para o "destacamento"[207]. Havendo na cedência uma radical modificação

---

da LTT e ainda que não tenha manifestado a sua vontade nos termos legalmente definidos. Embora não totalmente indiferente a pressões de ordem pública dirigidas ao interesse geral, a norma imperativa em causa tem, como se notará, um primacial escopo de protecção do contraente sociologicamente mais débil. São razões de solenidade, reflexão e de prova que o impõem. Ademais, a irregularidade apontada, sem prejuízo da contra ordenação aplicável nos termos do art. 31.º, pode sempre apresentar-se ineficaz neste tocante, bastando que o trabalhador não actue o direito que a lei lhe confere. A garantia desenhada no art. 30.º é pois ineliminável, podendo o trabalhador efectivá-la ou não. A propósito de questão relativamente similar vd. o (inédito) Acórdão STJ de 11-05-00 (BORDALO LEMA), onde se considerou que, a aplicação do n.º 3 do art. 42.º LCCT não se encontra na disponibilidade das partes, ainda que estas desejem a efectiva celebração de um contrato a termo. Por isso, de forma alguma, pode ser considerado abuso de direito, a alegação da nulidade do contrato a termo com base na falta de concretização da respectiva motivação no documento que o formaliza – *nullum esse contractum...quod non habeat in se conventionem* (ULPIANUS, D. 2.14.1.3). O abuso de direito não pode servir para convalidar um negócio que a lei à partida declara desprovido da eficácia que lhe é ínsita. Ainda sobre a questão de saber se representa um acto abusivo a alegação de nulidade por vício de forma, FURTADO MARTINS, "Anotação ao Acórdão da Relação do Porto de 21 de Setembro de 1992", RDES, 2.ª série, 1992, n.º 4.

[205] A autonomia do Direito do Trabalho, fundada numa origem histórica, apresenta uma matriz principiológica própria, que sem conduzir a um acentuado afastamento dos princípios gerais, pode em alguns casos exigir uma adaptação ou mesmo consagração de soluções opostas. Sobre esta questão vd. MÁRIO PINTO, *Direito do Trabalho –Introdução e Relações Colectivas de Trabalho*,UCP, Lisboa,1996, p.126; MENEZES CORDEIRO, *Manual de Direito do Trabalho*, cit., pp 120 ss. e 268 ss.;RAÚL VENTURA, *Teoria da Relação Jurídica de Trabalho*, cit., 158 ss.; BERNARDO XAVIER, *Curso de Direito do Trabalho*, cit., 86 ss.

[206] BERNARDO XAVIER, "A mobilidade funcional e a nova redacção do art. 22.º da LCT", RDES, Janeiro-Setembro, 1997, 52 e "Direito do trabalho" in VVAA *Instituições de Direito, IIVolume, Enciclopédia Jurídica*, Almedina, Coimbra, 2000, 367, enfocando--se o trabalho como *"expressão da personalidade humana"*, como causa eficiente de produção e criação de utilidades indispensáveis à manutenção da paz social.

[207] Preocupação claramente identificada no projecto de lei n.º 542/VII do Partido

de conteúdo da relação laboral com claras refracções projectadas na mudança de local de trabalho, passando o trabalhador a estar inserido numa outra estrutura produtiva sob autoridade e direcção de um empregador diferente, e exercendo a sua prestação de *modo*[208] diferente, entendemos a sua decla-ração de vontade como um elemento genético--constitutivo da necessária trilateralidade que enforma a figura, sob pena de suceder – recorrendo à citação da célebre frase de RIVERO – "*que o trabalhador coloque à disposição do empregador não a sua força de trabalho, mas a sua pessoa*". A possibilidade de uma cedência giratória, sem mais, feita contra a vontade do trabalhador e à revelia do programa contratualmente estabelecido, contenderia com os pressupostos em que assenta a nossa legislação laboral[209]. O resultado é possível, conforme se verá adiante, não no âmbito da figura de cedência, mas sim através de outros instrumentos contratuais que o ordenamento faculta e sempre no quadro de um mecanismo de salvaguarda da expressão de vontade do trabalhador, assente numa tutela equilibrada dos interesses em presença – *pacta sunt servanda*.

Comunista Português, onde se defendia a necessidade de estabelecimento de um prazo máximo de cinco anos – art. 3.º n.º 4.

[208] A expressão consta do art. 20.º n.º 1, onde se sujeita o trabalhador ao regime de trabalho aplicável ao cessionário não só em relação ao modo de prestar o seu trabalho, como também em relação ao lugar, à duração do trabalho e à suspensão da respectiva prestação. Naturalmente, também a sujeição ao regime e condições de higiene, segurança e medicina no trabalho e o acesso aos equipamentos sociais, constituem decorrências legais (e práticas) da sua inserção na estrutura produtiva do cessionário.

[209] BERNARDO XAVIER, "Flexibilidade e Mobilidade", cit., 108 refere enfatizadamente a necessidade de o vínculo laboral dever ser estável, considerando que "*a segurança possível no emprego parece incompatível com a inalterabilidade das condições de trabalho: mudar o trabalho tornou-se uma espécie de preço da segurança no emprego*" e referindo mais adiante que ambos os contraentes devem prever mudanças mais ou menos radicais naquilo que será amanhã requerido. Por outro lado, numa perspectiva de *task significance* (significado da tarefa), enquanto elemento primacial de um modelo organizativo de trabalho moderno em que se atribui ao trabalhador um papel de significância (num plano de *motivating potencial score*), o envio do trabalhador contraria as premissas em que se escoram os novos modelos de organização e exorbita da lógica de flexibilidade que os enforma. Cfr. CLÁUDIO TEIXEIRA, *Organização do trabalho e factor humano*, cit., 59.

2. Modelo de informação

O consentimento, conforme se explicou, assume-se como um elemento *ex rerum natura* de todas as modalidades de cedência. Sem ele, a cedência, enquanto negócio matricialmente trilateral, não existe. O art. 28.º é lapidar quanto à exigência de redução a forma escrita – formalidade *ad substantiam*- do acordo de cedência[210], determinando em simultâneo o seu conteúdo ao estabelecer as menções que este tem de incluir. Esta obrigação é por um lado uma forma de facilitar a actuação da IGT quanto à licitude da operação verificada, a quem compete a respectiva fiscalização nos termos do art. 33.º, garantindo a facilitação da prova dos factos, e por outro lado, um expediente que visa assegurar a livre manifestação de vontade do trabalhador e o *modelo de informação*[211] que lhe deverá ser fornecido em

---

[210] O PCP, no projecto de lei supra referenciado, pretendia que o documento que titulasse a cedência tivesse assinaturas notarialmente reconhecidas. Tratava-se no fundo de instituir um mecanismo de salvaguarda da vontade do trabalhador semelhante ao que foi introduzido no n.º 4 do art. 1.º da Lei 38/96. Considerou-se que a solução aventada não possuía *"qualquer conteúdo útil"* (na expressão utilizada pelo deputado VÍTOR MOURA na Reunião Plenária do Parlamento de 24 de Setembro de 1998 condensada na I Série, n.º 5 de 25 de Setembro do Diário da Assembleia da República) – até porque a consagração de um regime tão exigente quanto à forma para a cessação do contrato de trabalho, para além de desvincular o trabalhador daquela entidade patronal (o que não ocorre com a cedência) ficou no essencial a dever-se a um problema específico que assentava na efectiva veracidade da data do acordo de cessão, pois conforme se dá nota no Diário da Assembleia da República de 5 de Julho de 1996, I Série, n.º 92, era frequente em matéria de incentivos estatais à contratação sem termo, a condição imposta pelos subvencionados de que os contratados assinassem um acordo de rescisão com a data em branco contemporaneamente à celebração do contrato de trabalho com vínculo *"duradouro"*.

[211] A utilização da expressão *modelo de informação* tem neste contexto um significado especial*: a liberdade de decisão tem de ser enriquecida com o acréscimo de conhecimentos para o acordo.* A deslocação do trabalhador para uma estrutura produtiva absolutamente diferente impõe que lhe sejam asseguradas condições para o exercício da liberdade. O trabalhador ponderará todos os aspectos com projecção na sua vida pessoal e familiar e face às condições propiciadas com a cedência, expressará ou não o seu acordo à operação. Neste sentido, o acordo deve conter um conjunto de menções imprescindíveis,

destacando-se pela sua especial importância a necessidade de aposição de uma cláusula de delimitação temporal e as funções que irão ser executadas, acompanhadas, conforme se notará, da indicação do concreto motivo que justificou o recurso à figura. Estes elementos não são meros *accidentalia negotii*. Não concordamos neste sentido com a posição sufragada pelo STJ, no Acórdão de 11 de Novembro de 1997 (COUTO MENDONÇA), ao entender desnecessário o exaramento no acordo de cedência do seu objecto e duração, argumentando que a lei apenas "*sanciona os negócios jurídicos de objecto indeterminável, e não, os de objecto indeterminado*". Para além da patente desconsideração pela letra e espírito do art. 28.º n.º 1, não se valora com devida precisão o facto de o termo não ser um mero aditivo a justapor no figurino negocial em questão. Como refere MENEZES CORDEIRO, *Manual*, cit., 599, "*toda a vontade negocial está marcada pelo termo ou é condicional, de tal forma que a invalidade do termo ou da condição envolve a invalidade de todo o negócio. As normas que determinam outras soluções são objecto de crítica e devem ser sempre restringidas, na medida do possível*". No Ac. Rel. Évora de 9-11-99,CJ, tomo V, 292ss, relativamente a uma cedência de trabalhadores no âmbito do trabalho temporário, pode ler-se com expressividade que " *os contratos entre essas empresas e os trabalhadores temporários têm de ser escritos, com indicação das datas dos seus inícios e dos seus termos e devem conter o motivo (ou motivos) que justificam a sua celebração*". Entendemos, quanto ao momento da expressão do consentimento, que este terá de ser ulterior aos elementos documentalmente referenciados que o n.º 1 do art. 28.º LTTT exige. Esta posição não prejudica no entanto a admissibilidade de um acordo de cedência acoplado "*ab initio*" a um contrato de trabalho, contanto que legitimados os pressupostos em que assenta a figura, tendo em consideração designadamente a necessidade de uma concreta identificação do cessionário. Só assim se garante a observância do disposto no art. 28.º e a posterioridade do consentimento a expressar pelo trabalhador. A teleologia do n.º 1 do art. 28.º exige que o trabalhador conheça razoavelmente a empresa na qual vai laborar, bem como as funções que vai executar. Será, aliás, com base nos especiais motivos que determinam a operação de cedência que fará sentido a delimitação temporal a que o preceito alude, designadamente em situações de duração incerta. Haverá neste sentido um acordo de cedência com termo ou condição suspensivos (coloca-se na dependência de um acontecimento futuro, certo ou incerto, a existência ou a exercitabilidade dos efeitos do acordo de cedência de modo a que só surjam ou se tornem exercitáveis a partir de um dado momento), associado ao contrato de trabalho, bastando como refere ROMANO MARTINEZ, *Direito do Trabalho, II volume, Contrato de Trabalho*, 2.º Tomo, 3.ª Edição, Lisboa, 1999, p. 123, "juntar cópia do contrato para dar cumprimento ao disposto no art. 28.º n.º 2 LTT". A admissibilidade da figura nesta fase decorre do facto de não existirem quaisquer objecções de natureza prática e legal a esta união de contratos. Seria de facto inconsequente rejeitar esta posição e admitir, por exemplo, que, duas semanas após a contratação, o trabalhador, também e sempre com a sua concordância, fosse cedido a outra entidade. O aparente desequilíbrio, em que se encontra no momento da formação do contrato, encontra tutela no regime geral dos vícios da vontade. Ademais, fazendo-se prova, por exemplo de uma situação de usura, apenas o acordo de cedência seria anulado, mantendo-se incólume o contrato de trabalho. Neste sentido, também será de admitir um afastamento expresso

ordem ao seu pleno esclarecimento[212]. O trabalhador terá de manifestar a sua vontade de forma expressa, livre e esclarecida. Expressa porque a lei exige que o documento, que titula a cedência, contenha a declaração de concordância do trabalhador (n.º 2 do art. 20.º) com os elementos insertos no contrato da cedência (n.º 1 do art. 28.º). Livre, porque o trabalhador não se pode encontar coagido sob qualquer forma aquando da expressão da concordância. Esclarecida, porque o trabalhador terá de conhecer os efeitos decorrentes da celebração do contrato de cedência (atente-se neste domínio na importância do conhecimento da retribuição a auferir. *Ex vi* do art. 21.º LCT, aplicar-se-á a retribuição mais elevada[213], sendo que esta

---

no contrato de trabalho da possibilidade de o trabalhador vir a ser futuramente cedido. Esta cláusula será contudo inefectiva: é que a cedência só será possível se o trabalhador der o seu consentimento nos termos já descritos, encontrando-se na sua plena disponibilidade a manifestação dessa vontade. Acresce que, havendo consentimento do trabalhador em ser cedido, mesmo que existindo cláusula contratual proscritiva dessa operação, a plena consonância de vontade entre as partes opera uma revogação (ou, conforme as circunstâncias, uma "derrogação") a essa proibição.

[212] MENEZES CORDEIRO, *Manual...*, cit., p. 587, associa a derrogação ao princípio geral da liberdade de forma para determinadas situações " *a um vector juslaboral que implica a forma escrita para estabelecer situações que enfraqueçam a posição dos trabalhadores*".

[213] Encontra pleno cabimento, neste domínio, o princípio da paridade de tratamento retributivo – al. a) do art. 59.º da CRP. *Vide*, por todos, JÚLIO GOMES, "Algumas reflexões sobre o ónus da prova em matéria de paridade de tratamento retributivo (" A trabalho igual salário igual")", in VVAA: *I Congresso Nacional de Direito do Trabalho--Memórias*, cit., 313 ss. A lógica de prevalência da retribuição mais elevada encontra acolhimento no art. 21.º da LTT em conjugação com o art. 21.º da LCT. Sobre os problemas colocados pela disposição normativa do "regime do trabalho temporário", cfr. P. FURTADO MARTINS, RDES, ano XXXVII, Janeiro-Setembro-1995, n.º 1-2-3, pp. 251 e ss., entendendo que a ressalva de retribuição mais elevada consagrada em instrumento de regulamentação colectiva de trabalho aplicável à empresa de trabalho temporário (e também à cedente por remissão do art. 29.º) nem sempre será de aplicar à letra. A disposição terá de ser interpretada *"cum grano salis"*, importando separar os problemas da delimitação do âmbito de aplicação pessoal das convenções colectivas de trabalho e aqueles que se conectam com a igualdade de tratamento entre trabalhadores cedidos e os restantes trabalhadores da cessionária. Assim, a disposição apenas será aplicada aos trabalhadores cedidos quando o IRCT cobrir todos os trabalhadores da cessionária, algo que até será verificável com grande probabilidade (atendendo à tendência dos empregadores para aplicarem a todos os trabalhadores, mesmo não filiados nas associações sindicais outorgantes, a convenção colectiva que eles próprios ou as associações patronais celebraram; ao que acresce também a frequência da extensão obrigatória das convenções colectivas através da emissão de portarias de extensão). Neste quadro, não será de aplicar o tratamento retributivo mais elevado consagrado em IRCT em vigor na empresa cessionária quando este não for aplicável

deverá ser apreciada no quadro da fórmula prevista no art. 28.º da LFFF, atendendo ao facto de o trabalhador na execução da sua prestação laboral ter de observar a duração de trabalho da cessionária a que vinculou com o acordo de cedência, sendo porventura superior à da cedente). Vale naturalmente neste domínio o regime geral das faltas e vícios da vontade – *In totum omnia, quae animi destinatione agenda sunt, non nisi vera et certa scientia perfici possunt*[214]. Afasta-se é qualquer pretensão de centrar na necessidade de acordo a diferenciação dogmática entre a cedência prevista no art. 26.º al. b) e a do art. 27.º al. c). Não existe, conforme se verá, qualquer justaposição plena dos dois preceitos que conduza à elisão da al. b) do art. 26.º e à consideração de fórmulas legais *tautológicas*.

---

a todos os seus trabalhadores, caso em que a situação dos trabalhadores cedidos será equiparável à dos restantes trabalhadores da cessionária que executam funções similares às suas e que estejam fora do âmbito operativo da convenção. Veja-se, ainda, acerca da relação entre convenções colectivas e o princípio da igualdade, F. RIBEIRO LOPES, "A Contratação Colectiva", *I Congresso Nacional de Direito do Trabalho – Memórias*, cit., 63, considerando que o auferimento da mesma retribuição por trabalhadores não abrangidos pela convenção, ainda que efectuem trabalho igual em quantidade, natureza e qualidade, embora desobrigados dos regimes que a justificam, configura uma quebra do equilíbrio contratual, em prejuízo das empresas que suportam salários para compensar regimes que lhes é vedado praticar em relação a esses trabalhadores, avultando ainda uma situação de desigualdade substancial dos trabalhadores abrangidos pela convenção que auferem a mesma remuneração mas que estão sujeitos a um regime de prestação de trabalho mais oneroso. Aliás a invocação do princípio da igualdade para efeitos de nivelação paritária do tratamento retributivo não só não se aplica quando dois grupos de trabalhadores que pertencem a empresas distintas realizam a mesma tarefa no mesmo centro de trabalho como também não se poderá olvidar que o princípio da autonomia colectiva implica uma primeira limitação, global e genérica, do princípio da igualdade, na medida em que se louva no facto existirem regulações diferentes estabelecidas em razão da empresa, de um sector ou de qualquer outro âmbito territorial e funcional apropriado ou legítimo para a negociação das condições de trabalho (conforme se pode ler na STCO 177/1988, de 10 de Outubro *in* BOE de 5 de Novembro). É que, em boa verdade, o quadro comparativo estabelecível assenta numa premissa errónea – os trabalhadores não estão vinculados labo-ralmente à mesma empresa, estando-se assim a cotejar o tratamento retributivo de traba-lhadores com entidades patronais distintas e vínculos laborais dissemelhantes.

[214] PAPIANUS *Libro vicensimo quarto quaestionum*. D. 50. 17. 76.

3. Necessidade de motivação do acordo de cedência

O carácter temporal surge como elemento intrínseco do carácter ocasional da Cedência[215]. O legislador foi claro na necessidade do seu balizamento temporal- art. 28.º, n.º 1[216]. Diferentemente do que se verifica em relação ao trabalho temporário ou ao contrato a termo, fê-lo com recurso a um conceito vago ou indeterminado, um pouco à semelhança do que acontece com o *ius variandi* – art. 22, n.os 7 e 8 da LCT[217]. O regime não estabelece, ainda que indirectamente, qualquer critério para a determinação do período de cedência. A jurisprudência, uma vez mais, não tem contribuído para a objectivação da sua significância[218]. Neste domínio, importa realçar a possibilidade de o contrato de cedência não ter de fixar datadamente o seu *terminus,* podendo fundar-se numa necessidade da cessionária cujo prazo não esteja delimitado. Se a similitude com o regime dos contratos de trabalho a termo é manifesta, tal não significa a sujeição do acordo de cedência por completo ao respectivo regime. Teleologicamente, não existem motivos de refreamento de precarização de postos de trabalho permanentes, como sucede tendencialmente no trabalho temporário[219], e o legislador afastou com clareza a aplicação de um elenco

---

[215] Por exemplo, Ac. do STJ de 24 de Janeiro de 1990 in ADSTA, n.º 347, 1990, pg. 1435.

[216] Estabele o n.º 1 do art. 28.º que " A cedência ocasional de um trabalhador é titulada por documento assinado pelo cedente e cessionário, identificando o trabalhador cedido *temporariamente*, a função a executar, a *data de início da cedência e a duração desta,* certa ou incerta."

[217] A bibliografia relativa ao *ius variandi* é infindável. Cfr., por todos, CATARINA CARVALHO, "Ius Variandi e Relações Individuais de Trabalho", in VVAA: JURIS *ET DE JURE*, UCP, Porto, 1998, 1031-1063, onde se pode também encontrar bibliografia com alguma actualidade.

[218] O Supremo refere com ênfase o *"poder da entidade patronal ceder temporariamente a sua mão de obra"* sem contudo aventar qualquer quadro delimitativo ou enunciar quaisquer critérios para que tal aconteça (ADSTA, n.º 347, 1990, 1435).

[219] MARIA REDINHA, *A relação laboral fragmentada,* cit., 220. A razão apontada perde contudo algum impacto com a possibilidade aberta, com o novo art. 17.º, de

legal de causas justificativas para a fundamentação da cedência[220]. O intérprete carece neste tocante de pontos seguros de análise que permitam a valoração do cumprimento da figura. A motivação do contrato mostra-se essencial nas situações em que não exista justificação que permita sindicar a duração do tempo das necessidades do cessionário e em que o trabalhador manifeste vontade de "reintegração" na empresa *"a quo"* (cedente). Se a cedência estiver, a título de exemplo, determinada por um período de três anos, ainda que verificada a cessação das necessidades justificativas subjacentes ao contrato, estamos em crer que similarmente ao regime da contratação a termo, o trabalhador terá de cumprir o prazo estabelecido, sem prejuízo do recurso aos mecanismos do *"ius variandi"*[221] por parte da entidade cessionária, a quem, nos termos descritos, compete a conformação da sua prestação material e o exercício do poder de direcção[222].

---

contratação de trabalhadores por tempo indeterminado, para cedência a utilizadores no quadro dos condicionalismos deste preceito.

[220] O PCP, no Projecto de Lei n.º 542/VII (art.3.º n.º 3) pretendia estabelecer como causa justificativa da cedência, *"o acréscimo, temporário e excepcional, de actividade na empresa cessionária"*, acrescentando esta "condição" às que constam na actual redacção do art. 27.º.

[221] Também assim acontece no quadro de um contrato de trabalho a termo. Com efeito, entendemos possível o recurso ao *ius variandi* em relação a um contrato com um prazo de, por exemplo, 2 anos. Veja-se o Acórdão do Supremo Tribunal de Justiça, de 14-01-1998, processo n.º 75/97 – 4.ª Secção (COUTO MENDONÇA) em que se entendeu que *"Na contratação de uma trabalhadora a termo incerto para substituição temporária de um trabalhador na situação de baixa por acidente de trabalho, não se encontra a entidade patronal impedida de encarregar aquela de prestar alguns serviços não compreendidos nos termos do contrato, ao abrigo da faculdade prevista no artigo 22.º da LCT"*. Em Espanha, por ex, veja-se a recente decisão do Supremo Tribunal de 12 de Maio de 2000 (Ar., ref. 450/39) que, em face do art. 39.º ET – *"movilidad funcional"*– perfilhou o entendimento de que ao abrigo do *"início de laboração de uma empresa ou estabelecimento"*, que constitui um dos fundamentos legais para a contratação a prazo (*"contrato de lanzaniamento de nueva actividad"*), não está a empresa contratante impedida que o trabalhador vá elaborar produtos para um estabelecimento inicialmente distinto e, sem desvirtuamento do contrato, exerça outras actividades entre categorias profissionais equivalentes".

[222] MÁRIO PINTO/FURTADO MARTINS/NUNES DE CARVALHO, *Comentário às leis do trabalho*, Vol. I, Lex, Lisboa, 1994, 115. Os autores consideram que o *"ius variandi, longe de representar um desvio à contratualidade do vínculo laboral, constitui uma consequência dessa mesma contratualidade"*. A admissibilidade da figura no âmbito da cedência ocasional de trabalhadores recorta-se como uma concretização prática da sujeição do trabalhador ao regime de trabalho aplicável ao *utilizador* quanto ao *modo* da prestação de trabalho. Não existindo qualquer desvirtuamento, no quadro dos princípios da boa fé e da mútua colaboração, do programa contratual vasado no acordo de cedência, o trabalhador,

A motivação valerá neste sentido para o recurso à cedência com aposição de termo incerto, para satisfação de necessidades ocasionais da cessionária

---

por estar inserido na empresa cessionária, não pode ficar impermeabilizado ao funcionamento do *ius variandi*. O princípio da boa fé postula que cada um dos contraentes ajuste o seu comportamento debitório de molde a permitir que a outra parte logre alcançar a finalidade a cujo fim se destina a prestação. A energia laborativa do trabalhador é dirigida pela cessionária segundo as necessidades da empresa em que o trabalhador voluntariamente se incorporou. Deste modo, se este estivesse a laborar perante a entidade cedente, esta disporia dessa faculdade, mecanismo que parece extensível à entidade de acolhimento por força da fisionomia do acordo de cedência e da "delegação" do poder de direcção e de conformação da actividade a prestar que com este foi operada (sobre a inclusão do *ius variandi* no poder de direcção, por exemplo, MONTOYA MELGAR, *Derecho del Trabajo*, Tecnos, Madrid, 1981, 327). Por outro lado, os direitos do trabalhador encontram-se sempre salvaguardados: o *ius variandi* não pode ser valorado como um expediente diminutivo da posição do trabalhador, atentas as cautelas legais e os estritos limites colocados na respectiva efectivação e afastado que se encontra o arbítrio na sua determinação. Trata-se do reconhecimento da instrumentalidade do acordo de cedência relativamente às finalidades da organização a que se destina tendo em consideração a ideia de colaboração que preside a qualquer contrato (os princípios da lealdade e da boa fé parametrizam sempre as relações reciprocamente estabelecidas entre o trabalhador e empresário directamente beneficiado pela sua prestação razão pela qual este não poderá ditar ordens inadequadas ou atentatórias da dignidade e profissionalidade do trabalhador – *uti, non abuti*). De outra parte, o instituto pode ser sempre afastado, quer no contrato de trabalho, quer no acordo de cedência. Assim, se *o ius variandi* tiver sido afastado no contrato de trabalho celebrado entre o trabalhador e a entidade cedente, a cessionária não pode socorrer-se das suas virtualidades práticas, já que o contrato de trabalho funcionará como contrato parâmetro da objectivação do acordo de cedência e o trabalhador não pode ficar em pior situação do que aquela em que se encontraria se tivesse a executar a sua prestação perante a respectiva entidade patronal – *acessorium sequitur principale* ou, noutra perspectiva, *Nemo plus iuris ad alium transferre potest, quam ipse haberet (ULPIANO, Dig. 50.17.54)*. Neste sentido, fruindo o trabalhador de todas as regalias vigentes na empresa cessionária, sendo a retribuição auferida na entidade cedente intangível e estando no quadro do contrato de trabalho possibilitado o recurso ao instituto, não existem motivos justificados que impeçam o funcionamento das suas virtualidades, salvaguardadas que estão a sua dignidade e profissionalidade dentro do respectivo âmbito operativo. De outra forma, colocados em causa estes valores, o trabalhador pode recusar-se legitimamente a executar *"os serviços não compreendidos no contrato"*. Ademais, para além das faculdades de afastamento do funcionamento da figura mediante a inserção de uma cláusula no acordo de cedência, a inadmissibilidade quanto à sua aplicação sem que existisse qualquer previsão contratual nesse sentido configuraria uma situação de privilégio do trabalhador cedido face aos demais trabalhadores da empresa cessionária desprovida de fundamento material bastante e que associaria ao acordo de cedência uma lógica de inviabilidade gestionária por parte da empresa que o acolheu, que ficaria neste contexto impedida de desenvolver uma política de organização racional da respectiva estrutura produtiva. O legislador atribui o poder de direcção à entidade cessionária reconhecendo a importância dos interesses da organização em

e revela-se fundamental em situações em que o trabalhador manifeste vontade de se *desvincular* do acordo de cedência com fundamento na sua caducidade[223]. Nestes casos, a despeito de não existirem por inteiro as preocupações legislativas que subjazem ao regime do contrato de trabalho a termo, são ainda razões de transparência e de facilitação de sindicabilidade da manutenção da licitude da cedência que justificam a aplicação parcial do regime previsto na Lei de Cessação do Contrato de Trabalho. Como acentua CANARIS[224], a complementação da lei pode derivar dos prin-cípios gerais do sistema, expressos ou não na norma. Será a partir da fundamentação que se irá proceder à indagação das necessidades que justificaram o momento da cedência e reforçar o combate a situações fraudatórias. A estreiteza na formulação do art. 28.º aporta o desenho operativo da cedência a um plano insatisfatório no seio do sistema laboral (*eine unbefriedigende Unvollständigkeit innerhalb des Rechtsganzen*), tornando-se indispensável um complemento. Na verdade, "no plano das próprias normas podem verificar-se lacunas quando uma norma legal não pode ser aplicada sem que acresça uma nova determinação que a lei não contém"[225]. O argumento *a coherentia* é fundamental. Aplicamos, por isso, analogicamente, a necessidade de indicação do concreto motivo justificativo estabelecido para o contrato de trabalho a termo, previsto no art. 42.º, com interpretação dada pelo art. 3.º da Lei 38/96 de 31 de Agosto[226].

---

que o trabalhador se integra, passando este a ser, ainda que de forma (tendencialmente) temporária, mais um elemento daquela organização. Cfr. OLMO GASCÓN, "Alteración sustancial del contrato laboral en el trabajo desarrolado através de empresas de trabajo temporal", AL, n.º 46, 1996, 883.

[223] A ocorrência do facto constitutivo da cedência origina a sua caducidade, devendo, *a simile* do art. 50.º LCCT, a entidade cessionária avisar antecipadamente o trabalhador da desintegração na sua estrutura produtiva e do seu regresso à cedente. O mesmo procedimento deve, segundo cremos, ser adoptado em relação à cedente.

[224] *De la maniére de constatere de combler les lacunes de la loi en droit allemand*, in *Le probléme des lacunes en droit*, Bruxelles, 1968, 171.

[225] BAPTISTA MACHADO, *Introdução ao Direito e ao Discurso Legitimador*, cit., 195.

[226] A argumentação de que a fundamentação do acordo de cedência se revelaria despicienda na medida em que a figura exige o acordo do trabalhador, mostra-se demasiado ousada. Trata-se de um *argumentum* relativamente lábil. Seguindo-se este raciocínio, também a contratação a termo e respectiva renovação dispensariam aquilo que entendemos constituir uma exigência intrínseca da função que acompanha a cedência e da facilitação do controlo sua conformidade legal. Aliás, mesmo na ausência de uma disposição tão expressiva como a do art. 3.º da Lei 38/96, já a jurisprudência, face à teleologia do regime da contratação a termo, tinha vindo a exigir a necessidade de indicação do concreto mo-

Constitui um passo fundamental para o combate a abusos potencialmente apetecíveis neste domínio e um complemento analítico importante do laconismo do art. 28.º. Não obstante a ausência de tipificação dos motivos justificativos da celebração do acordo de cedência, é patente a necessidade de fixação do limite da sua duração e de adequação deste instrumento negocial às situações concretas nele enquadradas, designadamente ao seu carácter temporário[227]. É uma recondução do contrato a um parâmetro valorativo que o justifique. Existe uma lacuna imprópria[228] (*unechte Lüchen*) que justifica uma intervenção complementadora (*supplendi causa*) de molde a superar a relação de meio a fim entre as normas que não se verifica mas que se deveria verificar-se[229]. São visíveis as virtualidades imanentes à cedência quanto às possibilidades que oferece às entidades patronais de contornar o espartilho caracterizador do regime da contratação a termo, ao permitir, por exemplo, a mobilização de trabalhadores para fazer face a um acréscimo sazonal de actividades de uma empresa

---

tivo justificativo para a celebração e renovação dos contratos a termo. Por isso a ausência de estipulação legal expressa neste sentido quanto à cedência não pode condicionar o quadro de raciocínio do intérprete, devedo-se permitir-se o direito de opção de integração do trabalhador na empresa cessionária quando não tenha existido de todo qualquer indicação do motivo justificativo que permitiu a operação de cedência. O contrato previsto no art. 28.º não é *res inter alios acta* e repercute-se de forma substancial na situação jurídico--laboral do trabalhador.

[227] MARIA REDINHA, *A relação laboral*, cit., 154, afirma que " a *causalidade da cedência é um imperativo de coerência*", sendo imprescindível para aferir da licitude da sua manutenção. Se o trabalhador manifestar "um interesse sério" por motivos conjunturais em exercer funções com menor grau de exigência durante um determinado período, importa obviar a que a "desqualificação" pretendida durante determinado período de tempo (tendo este factor sido determinante para a anuência do trabalhador à alteração da respectiva categoria) se prolongue de forma excessiva sem que se consiga encontrar base contratual para reverter a posição do trabalhador e não defraudar o art. 23.º LCT.

[228] Parcial (*Teillücken*).

[229] Como refere OLIVEIRA ASCENSÃO existe, desde logo no atendimento ao elemento sistemático de interpretação, um relacionamento analógico entre os diversos preceitos, independentemente do sistema próprio da fonte em causa, porquanto a "analogia, como categoria mental, é referível a toda a realidade". Neste contexto, avultam os lugares paralelos, "as normas respeitantes a institutos ou hipóteses de qualquer modo relacionados com a fonte que se pretende interpretar", cuja similitude finalística faz "presumir que o regime também é semelhante". Cfr. *O Direito. Introdução e Teoria Geral*, cit., 393. Nesta linha, BAPTISTA MACHADO, ao relevar também a essencialidade do recurso aos lugares paralelos, refere com inequivocidade que "se um problema de regulamentação jurídica fundamentalmente idêntico é tratado pelo legislador em diferentes lugares do sistema, sucede com frequência que num desses lugares a fórmula legislativa emerge mais clara e explícita". Cfr. *Introdução ao Direito e ao discurso Legitimador*, cit, 185.

pertencente ao mesmo grupo[230]. Não haverá neste contexto a necessidade de contratar mais trabalhadores nem o *risco* de o vínculo celebrado se firmar com carácter de definitividade por inobservância dos apertados condicionalismos da contratação a termo, arrostando as empresas com um aumento dos respectivos quadros[231]. Acresce que se trata de uma modalidade contratual mais expedita, atendendo à imediaticidade com que se obtém o pessoal especializado de que as empresas (cessionárias) carecem, sem que seja necessário enfrentar as demoras que o recrutamento de trabalhadores envolve, possibilitando ainda um abalançamento a certos investimentos materiais sem necessidade de suporte dos custos fixos que a permanência do trabalhador envolve[232]. Um procedimento formal facilitaria o recurso fraudulento à cedência de trabalhadores, sendo necessária uma contextualização, ainda que revestindo forma sumária, da causa justificativa que é invocada[233]. A formalização da motivação representa assim um imperativo de idoneidade substancial da operação efectuada, integrando-a num sistema de referência em que encontre bases de legitimidade, porquanto é de toda esta identidade e conexão de critérios que resulta a "unidade do sistema jurídico" cuja impostegabilidade o art. 9.º do Código Civil impõe a propósito da interpretação de cada preceito da lei.

---

[230] O *acréscimo temporário e excepcional de actividade de uma empresa* era justamente a única situação que no Projecto de Lei 542/VII do PCP viabilizaria a cedência, pretendendo-se deste modo restringir a função de alternatividade da figura em face de outras figuras, designadamente a contratação a termo. Semelhante restrição parecia contudo olvidar o interesse dos trabalhadores que desejam a mobilidade profissional e uma experiência empresarial diversificada sem perda de vínculo. A desconfiança com que a "flexibilidade" é encarada leva a que não se atente por vezes na necessidade de esta corresponder a opções do trabalhador; esta não tem, inexoravelmente, uma coloração unidireccional, podendo, pelo contrário, funcionar como uma plataforma de acesso ao mercado de trabalho, facultando até, em situações residuais, a colocação de trabalhadores apenas interessados em situações de trabalho não permanentes e a obtenção de formação e saber profissionais em áreas diferenciadas, permitindo-lhes no essencial um enriquecimento e um aumento das respectivas qualificações sócio-profissionais que de outra forma resultariam impossibilitados.

[231] Para além da desnecessidade de pagarem a compensação prevista no art. 46.º da LCCT.

[232] Designadamente quando a retribuição fica na totalidade a cargo da empresa cedente. Acresce a não aplicação da proibição de substituição de trabalhadores em greve – art. 6.º da Lei 65/77.

[233] Uma observação empírica do fenómeno mostra a inexorável tendência para que as situações de cedência tenham uma duração indeterminada, tendência que no domínio do trabalho temporário, face ao espartilho legal existente, tem sido objecto de *travão* jurisprudencial. Por exemplo, Ac Rel Évora de 9-11-1999 *in* CJ, Tomo V, 1999, 292ss.

4. Temporariedade

O art. 28.º erige, como elemento fundamental do acordo de cedência, a indicação da *"data de início da cedência e a duração desta, certa ou incerta"*. Não obstante a ausência de tipificação dos motivos justificativos da celebração do acordo de cedência, é patente a necessidade de fixação do limite da sua duração e de adequação deste instrumento negocial às situações concretas nele enquadradas, designadamente ao seu carácter temporário, conforme notámos a propósito da necessidade de contextualização do acordo. Neste quadro, apesar da estatuição legal de uma referência delimitativa quanto ao período de vigência da cedência, pareceria admissível a realização de tantas renovações quantas as partes desejassem, valendo livremente neste domínio a autonomia privada. É que, não existindo nesta sede motivos de combate à precariedade laboral que objectassem a esta possibilidade, só em situações terminais, com base numa ponderação dos interesses em jogo e numa valoração da factualidade concretamente verificada, se poderia determinar a ilicitude da cedência face às preocupações legais que determinam a sua transitoriedade. O critério é no entanto algo infixo e potenciaria situações de cedência sucessivas, muito próximas do regime de trabalho temporário[234]. Pense-se, por exemplo,

---

[234] Mesmo no quadro do regime do trabalho temporário, as renovações permitidas estão sujeitas a uma disciplina apertada – art. 9.º, proibindo-se inclusivamente a sucessão de trabalhadores temporários no mesmo posto de trabalho quando tiver sido atingida a duração máxima prevista neste preceito – n.º 9. Não estão no entanto proibidas as renovações, contanto que se mantenha a causa justificativa do contrato de utilização de trabalho temporário e não se exceda a sua duração máxima, havendo um conjunto de disposições especiais sobre outros tantos casos previstos no normativo. Esta regulação foi minuciada em 1999, defendendo MARIA REGINA REDINHA, *A Relação laboral fragmentada*, cit., 221 ss, face ao anterior texto legal, que o contrato de utilização (afora o anterior n.º 5) não podia ser objecto de renovação mesmo que não excedesse a duração máxima fixada na lei. Ainda segundo a autora, o facto de *"a ilimitada prorrogação da vigência deste vínculo pôr em causa o reduto marginal onde se manifestam as necessidades sociais e económicas preenchidas pelo trabalho temporário"* e a excepcionalidade da renovação identificada a

numa cedência que se prolonga há mais de 10 anos e em relação à qual tenham ocorrido cinco renovações. Parece evidente que a admissibilidade, sem mais, desta situação, convolaria potencialmente a transitoriedade da cedência numa tendencial definitividade que esbarra não só no seu figurino, como também na preocupação legal de que o trabalhador exerça a sua prestação laboral perante a sua entidade patronal[235]. É que a transitoriedade constitui indubitavelmente uma característica genética da cedência ocasional de trabalhadores. As preocupações presentes no art. 28.º quanto à datação da vigência do acordo de cedência, a excepcionalidade da fragmentação jurídica da relação laboral que empresta à figura um revestimento singular e a lógica de efemeridade que perpassa todo o diploma quanto ao exercício de uma actividade numa estrutura produtiva que não a da entidade patronal, constituem por isso circunstâncias que impõem a necessidade de procura de pontos de arrimo que visem tanto quanto possível erigir um quadro de objectivação mínimo quanto à renovabilidade do

---

partir da intervenção da IGT impunham a irrenovabilidade como princípio geral. Na Alemanha, a "cedência temporária" de trabalhadores (trabalho temporário) depois de uma regulamentação inicial, com a AÜG (*Arbeitnehmerüberlassungsgesetz*) de 1972, extremamente constrita (na sequência aliás da cedência de trabalhadores temporários verificada ao abrigo dos acordos colectivos em que intervieram a *Unternhehmensverband für Zeitarbeit e V.*, UZA, e a *Deutsche Angestelltengewerkschaft, DAG*) foi sendo progressivamente flexibilizada, tendo a BeschFG (*Beschäftigunggsförderungsgesetz*) em 1985 estendido o período de cedência máximo de 3 para 6 meses (já depois da regulamentação relativa à indústria de construção civil introduzida na *Arbeitsförderungsgesetz* em 1982), em 1994 alargado para 9 meses, e em 1 de Abril de 1997 possibilitada a cedência, com a reforma geral da AÜG, por um período superior a 12 meses. Por outro lado, facultou-se a indexação do contrato de trabalho a termo celebrado com a empresa cedente ao vínculo celebrado com a entidade utilizadora (cessionária), competindo àquela o pagamento da retribuição devida ao trabalhador. Esta progressiva facilitação legislativa no recurso ao trabalho temporário, segundo estatísticas reveladas pelo Serviço de Emprego Federal, conduziu a que, em 12 de Dezembro de 1997, existisse um acréscimo de 12, 7% no número de trabalhadores com contrato de trabalho temporário (tendo em conta um universo de 2870 empresas de trabalho temporário), estimando a *Bundesverband für Zeitarbeit* (Associação de Empresas de Trabalho Temporário que é membro da Conferação Alemã de Empregadores, a *Bundesvereinigung der Deutschen Arbeitgebererbände*) que existam na actualidade mais de 400 mil trabalhadores *temporários*, não obstante o diagnóstico *negro* feito pela *Deuscher gewerkschaftsbund* em relatório apresentado em finais de 1997, onde eram salientados de forma muito particular o fenómeno do *turn over* e da precariedade crescente dos trabalhadores, assim como os elevados réditos obtidos pelas ETT, muitas das vezes em percentagens acordadas com as empresas utilizadoras de montante bastante superior à retribuição atribuída ao trabalhador pela sua utilização.

[235] Assim o Ac. STJ de 24/10/90 (BMJ, n.º 401, 1990, p. 402), em que se alude à necessidade de a cedência ser transitória.

vínculo[236]. Isto é, sem prejuízo de uma valoração casuística da licitude da permanência da cedência, importa, sem rigidez excessiva, estabelecer critérios gerais de solução para a apreciação da transitoriedade da figura. A cedência temporária imposta no art. 28.º, atenta a excepcionalidade da sua estrutura e a regulamentação constrita que sobre ela incide, não pode ser objecto de banalização e passar a constituir um instrumento de gestão absolutamente vulgarizado, aplicado à revelia das preocupações legais manifestadas. A delimitação temporal da permanência da cedência é justificada na medida em que se torna necessário evitar que as tarefas temporárias desempenhadas pelo trabalhador na cessionária não se transformem em tarefas permanentes e a respectiva relação não seja assimilada a uma relação normal de trabalho[237]. A natureza definitiva da actividade do trabalhador perante outra entidade configuraria uma alteração do objecto do contrato sem acordo expresso do trabalhador. Se um dos fundamentos económicos da cedência consiste no afastamento do conjunto de custos de selecção e admissão, que a contratação laboral traz consigo e que não se mostram amortizáveis em situações de prestação de *curta duração*, importa obviar a uma tendencial e atractiva perenidade de que as empresas podem fazer uso neste domínio, desvirtuando não só a sua fundamentação económica como também atentando contra a sua funcionalidade jurídica. É que o desdobramento eternizado da qualidade empregatícia não é arrimável a quaisquer interesses que não possam ser preenchidos por via do estabelecimento de uma relação de trabalho bilateral com a empresa cessionária. Neste quadro, MARIA REDINHA[238] avança com um conjunto de critérios que procuram corresponder à necessidade intrínseca de delimitação temporal da figura. Assim, a prospecção das causas que subjazem ao recurso à cedência, a qualificação do trabalho prestado – como normal ou extraordinário[239] – e a posição do trabalhador na organização hierárquica e funcional da empresa cessionária, bem como o respectivo funciona-

---

[236] O citado projecto de lei do PCP estatuía um limite máximo de duração do acordo de cedência de 5 anos, apresentando no entanto uma contradição insanável: ao pretender instituir-se o *"acréscimo temporário e excepcional de actividade na empresa cessionária como única condição para a efectivação lícita da cedência"* – como congraçar o requisito com o estabelecimento do limite máximo de cinco anos para a duração da cedência? Haverá acréscimo temporário e excepcional de actividade de uma empresa durante cinco anos ininterruptamente computados?

[237] Esta é possível através de outros institutos gerais como seja a cessão da posição contratual ou a celebração de um novo contrato de trabalho.

[238] "Da cedência ocasional", cit., 22.

[239] Num quadro analítico das necessidades da cessionária.

mento, seriam factores que ajudariam o intérprete na tarefa de averiguação da licitude que o desenho da figura indubitavelmente impõe. Esta base de critérios de aferição da transitoriedade da cedência, avançada por REDINHA, é no entanto pouco segura, e conduz a que a figura apenas possa ser aplicada para fazer face a necessidades inesperadas ou pontuais da empresa cessionária, e não a necessidades estruturais e permanentes[240]. Seria neste caso patente uma similitude fisionómica com a contratação a termo, dadas as respectivas afinidades funcionais e a lógica de residualidade com que as figuras são encaradas face à prestação de trabalho tradicionalmente executada perante a respectiva entidade patronal no quadro de um contrato duradouro. Contudo, segundo cremos, a diferença fundamental entre as figuras, sem prejuízo do reconhecimento de uma funcionalidade sucedânea, repousa na possibilidade adicional de a cedência apresentar como objecto o exercício de funções na cessionária para acudir a necessidades permanentes ou estruturais com que esta se defronta[241], inserindo-se assim num quadro de maior plasticidade gestionária que quadra com a lógica de cooperação interempresarial que fundamenta o seu desenho, não parecendo possível tipificar as situações a que as partes podem arrimar o acordo de cedência[242]. A semelhança entre as figuras, não obstante a ausência de

---

[240] Tal como acontece aliás com a fisionomia global dos regimes da contratação a termo e do trabalho temporário. Contra, MENEZES CORDEIRO, *Manual...*, cit., p. 606, defendendo que a *"cessão é feita para satisfazer necessidades permanentes da cessionária"*.

[241] MENEZES CORDEIRO, *Manual...*, cit., 606.

[242] Determina o art. 41.º *"que a celebração do contrato de trabalho a termo só é admitida nos casos seguintes"*. Ora, conforme assinala KARL LARENZ, *Metodologia da ciência do direito*, cit., 554, a palavra "só" indica que existe uma restrição da consequência jurídica para aquela concreta previsão. Trata-se inequivocamente de uma enumeração taxativa, tendo o legislador consagrado um regime excepcional, justificando a sua opção no preâmbulo com "a necessidade de desenvolvimento do mercado de emprego" e referindo que "a amplitude da contratação a termo passa a restringir-se a situações rigorosamente tipificadas", havendo neste sentido uma *implicação intensiva* entre a hipótese e a estatuição. Sendo o art. 41.º da LCT caracterizável como *ius singulare*, não poderá ser objecto de aplicação analógica (ainda que o art. 11.º do CC permitisse a interpretação extensiva) e transposto sem mais para o regime da cedência ocasional, ainda que existam contornos semelhantes, porquanto a realidade *cedência* surge envolta num contexto valorativo diverso, ao pressupor a existência de vínculo laboral, não incidindo *qua tale* sobre a sua firmação. Isto, sem prejuízo da constatação de que os requisitos materiais da cláusula de termo resolutivo, bem como as condições justificativas da celebração do contrato de trabalho a termo, pela amplitude da sua enunciação, não configuram a precisão mencionada pelo legislador e mostram-se em alguns casos tautológicos, retirando alguma eficácia à exaustividade tipificativa colimada. Desta forma, no "acréscimo temporário

um elenco de situações materiais que justifiquem o recurso à cedência, é manifesta. Desde logo, o fornecimento de respostas aos problemas tendenciais de adaptação das empresas às flutuações do mercado. É, no entanto, no capítulo da delimitação temporal, e para efeitos de aplicação de regime, que ambos os expedientes contratuais apresentam preocupações mais próximas.

Cremos, neste sentido, que pode haver uma cedência a termo certo ou incerto para fazer face a necessidades pontuais, extraordinárias ou ocasionais da empresa cessionária, estando por esta via assegurada a temporariedade do recurso ao instituto, de acordo aliás com o figurino da contratação a termo. O problema colocar-se-á sobretudo nas situações de recurso à cedência inseridas numa lógica de satisfação de necessidades permanentes da empresa cessionária – que admitimos – mas em que é imperioso estabelecer um prazo de fixação da sua duração máxima. É, desde logo, discutível a possibilidade de fixação inicial de um prazo máximo inicial superior aos três anos que a LCCT, no art. 44.º n.º 2, impõe como limite geral de renovação para os contratos a termo certo. Segundo MENEZES CORDEIRO[243], apenas na hipótese de contrato não sujeito a renovação seria possível a ultrapassagem inicial dos três anos legalmente estabelecidos, o que significaria na prática a inviabilização geral de aposição de prazo superior àquele limite legal, dada a permissão decorrente do art. 46.º n.º 2 no sentido de que que todos os contratos a termo são passíveis de renovação. Cremos, no entanto, ser outra a inferência a retirar não só da letra mas também do espírito e inserção sistemática do preceito[244].

---

ou excepcional de actividade" podem ser abrangidas as "actividades sazonais" que, por natureza, consubstanciam um aumento cíclico, e nesta medida temporário de actividade – als. b) e c) do art. 41.º LCCT. Também o "desenvolvimento de projectos não inseridos na actividade corrente da entidade empregadora" (al. g)) constitui um afloramento da situação prevista na al. d) do mesmo preceito, definida como "execução de uma tarefa ocasional ou serviço precisamente definido e não duradouro". Acresce que, em bom rigor, estas duas situações estariam já cobertas pelo "acréscimo temporário ou excepcional da actividade da empresa" (al. b)) ao significarem uma exorbitância do regular funcionamento da empresa. Norteado por objectivos de combate à precariedade laboral e de restrição da celebração de contratos de trabalho a termo, o PCP, entre outras medidas, apresentou na Assembleia da República um projecto de lei que visava a eliminação da al. g) do art. 41.º (Diário da Assembleia da República, VIII Legislatura, 1.ª sessão legislativa, 2.ª Série-A, n.º 27, 30-3-2000).

[243] *Manual*, cit., 637.

[244] Por todos, PAULA CAMANHO, "Algumas Reflexões sobre o Regime Jurídico do Contrato de Trabalho a Termo" in VVAA: *Juris et de Jure*, ed. UCP, Porto, 1998, 980-981.

Em relação à situação prevista no art. 41.º al. e), o legislador, no n.º 3 do art. 44.º, estabeleceu inequivocamente a duração máxima inicial consentida, cabendo também questionar porque não o fez relativamente às demais situações. Por outro lado, estando a celebração do contrato arrimada às situações arroladas no art. 41.º (afora a al. h)), a duração determinada do vínculo está à partida assegurada pela sua própria causa legitimadora, concretizando-se a teleologia da norma e não se assegurando, com a rigidez temporal da duração do contrato, qualquer vantagem, quer para a empresa, quer para o trabalhador. Em relação à primeira, a "adequação às necessidades de mão de obra", que constitui a *ratio* da contratação a termo, seria em absoluto desvirtuada se o trabalhador, no decurso de um lançamento de um projecto que acompanha desde início, o abandonasse sem mais apenas porque se excedeu o prazo de duração máxima (pretensamente) estabelecido para a contratação a termo. Neste sentido, a limitação temporal aventada não contribui só por si para a transformação de um posto de trabalho transitório num posto de trabalho permanente, havendo antes a probabilidade de o preenchimento desse concreto posto ser feito por sucessivos trabalhadores com vínculos de curta duração, agravando-se, conforme nota MARIA REDINHA[245], o fenómeno da sobre-precarização do emprego, que é tanto mais intenso quanto o aumento das probabilidades de mudança de emprego (com a consequente vulnerabilização ao desemprego). Relativamente ao trabalhador, este encarará com alguma estabilidade o exercício da sua prestação laboral, sabendo que quanto mais tempo permanecer ao serviço daquela empresa, não só tem uma ocupação efectiva como também vê alargada a compensação pela caducidade do contrato, cuja variabilidade se determina em função do tempo de duração do contrato – art. 46.º n.º 3. Ademais, seria detectável uma contradição intrínseca no seio da contratação a termo. Se o contrato apresentasse, por exemplo, como motivação, o "*desenvolvimento de um projecto*", cuja duração previsível fosse de quatro anos, as partes não poderiam estabelecer um prazo de duração de quatro anos, mas poderiam celebrar um contrato de trabalho a termo incerto (art. 48.º) para fazer face à situação. No estrito quadro da contratação a termo, parece que, por igualdade de razão entre os regimes do termo certo e incerto, deverá ser permitido o estabelecimento de uma duração inicial superior a três anos, desde que afastadas situações arbitrárias, sendo a respectiva licitude analisada sempre a partir da motivação do contrato.

---

[245] *Da Relação Laboral*, cit, 14.

O problema, no âmbito do acordo de cedência de trabalhadores destinado a corresponder a necessidades estruturais da empresa cessionária, surge quando se procura submeter a respectiva vigência a um termo incerto materialmente assente numa situação duradoura. Não haveria neste domínio possibilidade alguma de temporalizar a deslocação do trabalhador para outra estrutura produtiva, atendendo à permanência da causa que justificou o acordo[246]. Assim sendo, a cedência, que não apresente uma justificação baseada em necessidades temporárias ou ocasionais da cessionária, só pode neste sentido ser acordada quando submetida a um termo certo. Isto é, em face do que precede, o limite de três anos, desenhado no art. 44.º n.º 2 da LCCT, será o único ponto de arrimo que permite concretizar a *"mens legis"* quanto à não eternização da cedência, permitindo em simultâneo combinar a lógica de cooperação interempresarial (sem demasiada rigidez quanto às necessidades da empresa cessionária), que subjaz ao regime da cedência ocasional com o estabelecimento de um quadro objectivo que propicie uma certa segurança quanto ao exercício continuado da prestação do trabalhador perante uma entidade com quem não tem qualquer vínculo laboral[247]. Os argumentos substanciais, relativamente à possibilidade de o contrato a termo certo exceder os três anos estatuídos no n.º 2 do art. 44.º não encontram base justificativa no domínio da cedência. Não só o fenómeno da sobreprecarização do emprego não paira sobre o trabalhador cedido (que se encontra já vinculado laboralmente à empresa cedente), como também não existe, nesta sequência, qualquer compensação pela caducidade do acordo de cedência, contrariamente ao que sucede na contratação a termo — art. 46.º n.º 3 LCCT. A paridade lógica entre o termo certo e incerto, tendo em vista a aplicação do mesmo regime sai também absolutamente frustrada com a inexistência uniformizada das situações que materialmente justificam a celebração do acordo de cedência. É que a estruturalidade das necessidades da cessionária que conduziram ao acordo não têm correspondência no elenco desenhado no art. 41.º LCCT. A possibilidade de o intérprete corrigir *praeter legem* a letra da lei complementando-a é actualmente consensual na doutrina. Constitui, aliás, uma imposição nos casos em que exista uma

---

[246] Em última análise, o que está aqui em causa é a adopção de uma *"praesumptio similitudinis"* como premissa metodológica na interpretação do regime da contratação a termo e da cedência temporária de trabalhadores.

[247] Trata-se da procura de um ponto de equilíbrio entre a necessidade de certeza e de segurança – acentuada na disciplina do direito do trabalho – e a necessária flexibilidade do sistema.

lacuna *oculta* ou *latente,* isto é, quando *"segundo a teleologia imanente, a regra legal carece de uma restrição que a lei não formula"*[248]. Haverá aí que complementar a lei, corrigir o seu texto deficiente por causa da sua universalidade (*correctio legis in quo deficit propter universalitatem*), concretizando o seu espírito de acordo com as circunstâncias da situação e com as exigências do sistema. Por isso, e tendo em atenção a motivação estabelecida no acordo que o art. 28.º exige, a cedência a termo certo, que destaque o trabalhador para o exercício de funções no quadro de necessidades permanentes da empresa de integração, não poderá exceder os três anos estabelecidos no art. 44 LCCT, e deverá observar o limite de renovações aí previsto[249]. Não são, por exemplo, permitidos acordos de cedência com prazo contratualizado de 10 anos. A redução opera porque se discerne uma falha na regulação *prima facie* plena e a situação descrita devia ter merecido um tratamento diferente e que é englobado na norma a reduzir. O regime da cedência sofre assim o influxo das disposições legais relativas aos contratos a termo certo, buscando-se a partir de um instituto afim (lugar paralelo) a consonância do seu regime com o espírito ou

---

[248] LARENZ, *Metodologia...*, cit, 54. As lacunas *ocultas* ou *latentes* apartam-se das lacunas patentes. " *Verifica-se um caso da segunda espécie sempre que a lei não contém qualquer regra que seja aplicável a certo caso, se bem que a mesma lei, segundo a sua própria teleologia imanente e a ser coerente consigo própria deveria conter tal regulamentação*", BAPTISTA MACHADO, *Introdução ao Direito e ao discurso Legitimador*, cit, 196. Por seu turno, OLIVEIRA ASCENSÃO, não admitindo a redução teleológica, alude à figura da "lacuna oculta", analisando as suas implicações no quadro da interpretação restritiva (*O Direito. Introdução e Teoria Geral*, cit., 424).

[249] Sem prejuízo do reconhecimento de que o preceito se encontra formulado num pressuposto material de verificação das situações elencadas no art. 41.º. Trata-se contudo de uma apropriação material deste concreto regime, que, abstraindo da concreteza dos respectivos pressupostos factuais, ganha um conteúdo próprio quando imergido na estrutura finalística da cedência ocasional. A ideia de inaplicabilidade da limitação de três anos de acordo com a interpretação defendida a propósito da sua específica impostação no quadro do regime da contratação a termo não deixa de ser sedutora, especialmente para quem considere o regime da cedência demasiadamente constritivo. A figura tem no entanto contornos muito específicos, havendo outros institutos que permitem dar correspondência prática à vontade das partes que procuram concretizar formas de mobilização laboral sucedâneas. A aplicação dos três anos e respectivo regime, de acordo com a elecubração de um prazo máximo para a cedência que corresponda a necessidades estruturais, assenta na sua essência, no primado da teleologia como canone hermenêutico e da valoração das conexões sistemáticas entre os regimes da contratação a termo e da cedência ocasional de trabalhadores, enquanto manifestações concretas das exigências de adaptação das empresas às flutuações do mercado e à necessária residualidade (e *ipso jure* transitoriedade) com que as figuras são encaradas face ao contrato de trabalho *tradicional*.

unidade do sistema jurídico[250], tendo em consideração as especificidades finalísticas determinantes do desenho operativo da cedência ocasional. O esquema da redução teleológica (*teleologische Reduktion*) não suscita na actualidade dúvidas científicas de base[251] e a figura "aparece asso-ciada intimamente à analogia, uma vez que a norma da aplicação analógica permite detectar a necessidade de redução e, em simultâneo, soluciona a lacuna oculta"[252].

Trata-se de uma adição ao art. 28.º de uma cláusula de excepção implícita (não escrita) designada na doutrina alemã por "*redução ou restrição teleológica*", construída a partir da "própria lógica interna do sistema jurídico que exige que casos semelhantes sejam tratados e regulamentados de forma semelhante"[253].

Aplica-se, assim, *generaliter*, o regime de três anos em termos de fixação de limites máximos para a manutenção dos pressupostos de vigência do acordo de cedência para satisfação de necessidades permanentes da empresa cessionária. A interpretação da temporariedade da cedência, projectada no respectivo regime, legitima o recurso aos princípios que estruturam a matriz da filosofia laboral presentes no Decreto Lei n.º 64-A/89 e

---

[250] BAPTISTA MACHADO, cit, 183.

[251] MENEZES CORDEIRO, "Contrato-Promessa – artigo 410.º n.º 3, do Código Civil – Abuso do Direito – Inalegabilidade Formal", ROA, Ano 58, Lisboa, Julho de 1998, 961.

[252] MENEZES CORDEIRO, *Da Boa Fé*, *cit.*, 791, nota 538. O texto não ignora a destrinça que é comummente estabelecida entre interpretação correctiva e redução teleológica. A doutrina germânica aborda a temática no quadro da "complementação ou desenvolução do Direito" (*Rechtsfortbildung*). Por exemplo, ENGISCH, *Introdução do Pensamento Jurídico*, 6.º ed., Lisboa, 335-342; CANARIS, *Pensamento sistemático e conceito de sistema na ciência do direito, cit.*, 212 ss e LARENZ, *Metodologia da ciência do direito*, cit., 556, enquadram a redução teleológica na interpretação restritiva, sem que haja um *tertium genus* denominável interpretação correctiva. Entre nós, autonomizando a interpretação correctiva da redução teleológica e da interpretação restritiva, OLIVEIRA ASCENSÃO, *O Direito. Introdução e teoria geral*, cit., 409-412, MENEZES CORDEIRO, *Da Boa Fé*, cit., 790 e CASTANHEIRA NEVES, *Metodologia Jurídica. Problemas Fundamentais*, BFDUC, STVDIA IURIDICA, Coimbra, 1993, 187.

[253] CASTANHEIRA NEVES, *Metodologia Jurídica. Problemas Fundamentais, cit.*, 254. Na verdade, é raro que a regra formulada em abstracto possa compreender adequadamente todos os casos que formalmente cobre (CANARIS, *cit,* 172 e LARENZ, *cit.*, 555 e ss). Haverá situações em que a sua extensão formal (*lex scripta*) excede o que seria ditada pela sua *ratio*, havendo aí que reduzir o seu domínio de aplicação, cabendo ao intérprete criar *a norma que o legislador tera criado se tivesse previsto o caso*. Contra a figura, JOSÉ DE OLIVEIRA ASCENSÃO, *O Direito – Introdução e Teoria Geral, Uma perspectiva Luso-Brasileira*, 7.º edição, Almedina, Coimbra, 1993.

358/89[254], no quadro de um princípio de interpretação unitária do direito do trabalho e da necessidade de estruturar operadores de concretização válidos para a aplicação do respectivo regime, tendo ainda em consideração uma perspectiva de integração das respectivas normas num sistema interno unitário de princípios, que permita atalhar a práticas desvirtuantes dos seus propósitos. Neste contexto, também a renovação estará sujeita aos requisitos formais da sua celebração – art. 28.º – sendo necessária a intervenção de todos os outorgantes iniciais.

A consideração de que não pode existir uma prorrogação ilimitada do acordo de cedência face à excepcionalidade e ao carácter temporariamente limitado da figura, conjugada com a limitação de três anos nas situações mencionadas, representa um imperativo metódico na análise da licitude da figura[255]. Podem, no entanto, existir duas renovações na cedência com termo certo para satisfação de necessidades permanentes e, nas demais situações, a duração da cedência valerá enquanto durar a necessidade transitória da cessionária, enquanto se mantiver o respectivo quadro justificativo.

---

[254] Respectivamente de 16 e de 17 de Outubro do mesmo ano (1989).
[255] Como refere MENEZES CORDEIRO, *Da Boa Fé*, cit., 791, nota 538, "pode associar-se a redução teleológica à aplicação de outras normas".

5. Ocasionalidade

Aparentemente, ocasionalidade e temporariedade seriam características semelhantes, indissociáveis, por natureza, da figura da cedência. A frequência com que são utilizadas indistintamente as expressões e a sinonímia que lhes é expressamente atribuída apontaria nesse sentido[256]. Se concordamos com o facto de serem ambos traços caracterizadores da cedência, cremos no entanto que é necessário distingui-los, atendendo à respectiva autonomia conceitual e aos âmbitos de aplicação dissemelhantes que cada um deles apresenta. Ambos visam limitar o recurso indiscriminado à cedência de trabalhadores. A temporariedade relaciona-se, conforme se apontou, com a necessidade de limitação do período em que o trabalhador é cedido. A ocasionalidade, por seu turno, refere-se ao carácter inabitual ou excepcional da cisão da posição empregadora, expelindo o recurso massivo e sistemático a esta prática.

Id est, ocasionalidade significará *acidentalidade* ou *excepcionalidade*[257]. Assim, situações de cedência ocasional policentrada, verificáveis em grandes grupos, em que o trabalhador, no quadro de acordos de cedência e por determinação da entidade patronal, deambula por todas as empresas do grupo ou em empresas com parcerias estabelecidas, podem levantar problemas de enquadramento jurídico[258]. Pense-se na criação de

---

[256] MARIA REDINHA, *A relação laboral fragmentada*, ob. cit., p.153, faz uma alusão a "cedência temporária ou ocasional", referindo na nota 362 que qualifica "*indistintamente a cedência como ocasional ou temporária*", sendo que para ROMANO MARTINEZ em *Direito do Trabalho*, cit., 118, "*esta estrutura triangular, em que um trabalhador de uma empresa trabalha para outra entidade sob as ordens desta última, só pode subsistir ocasionalmente, isto é, de modo temporário*".

[257] Assim inculca a definição apresentada por DIAS COIMBRA ("Grupo Societário em relação de domínio total e cedência ocasional de trabalhadores: atribuição de prestação salarial complementar", RDES, ano XXXII, 1990, 129) ao caracterizar a cedência como a operação em que o "trabalhador exerce actividade, predominantemente, na organização da cedente e só *acidentalmente* na unidade produtiva da utilizadora".

[258] Este fenómeno de intermitência de exercício de funções potencia o apareci-

uma empresa no seio de um grupo de empresas cuja finalidade consista na cedência de trabalhadores às demais empresas do grupo. Na realidade, a permanente cedência de trabalhadores a entidades terceiras, faz com que esta situação, pela sua específica configuração, se aproxime do regime de trabalho temporário, em que a empresa de trabalho temporário carece de autorização para o exercício da sua actividade – art. 4.º – e de alvará numerado para esse efeito – art. 7.º[259]. O aperto factual em que se permite a celebração de contratos de utilização de trabalho temporário – art. 9.º – seria com grande facilidade esvaziado no sentido em que na cedência não são estabelecidos condicionalismos com projecção semelhante. Ademais, haveria a vantagem de não existir qualquer proibição quanto à sucessão de trabalhadores no mesmo posto de trabalho[260]. Verificando-se neste contexto o carácter lucrativo da actividade exercida pela entidade patronal (atentando nos ganhos obtidos pelo *Grupo* -com a decorrente desnecessi-

---

mento de um grupo de trabalhadores que "*encaram com displicência o trabalho enquanto factor de integração social*", MARIA REDINHA, *A relação laboral fragmentada*, cit., 122.

[259] Note-se por exemplo que em Espanha a cedência de trabalhadores só é permitida no quadro da Lei do Trabalho Temporário – *Ley 14/1994 de 1 de Junho* (*Empresas de trabajo temporal*). Toda e qualquer outra forma de cessão deve considerar-se tráfico proibido implicando a responsabilidade solidária dos empresários cedente e cessionário. Em Itália *o "appalto di mano d´opera"* (afora o Trabalho temporário surgido apenas em 1997 com a Lei n.º 196/1997) encontra-se também vedado, estabelecendo o art. 1.º da Lei 1369/60 que "*se prohibe al empresario encargar en contrata o subcontrata, on en cualquier outra forma, incluso a sociedades cooperativas, la ejecución de meras prestaciones de trabajo mediante al empleo de mano de obra contratada y retribuida por el contratista o por el intermediario, sea cual sea la naturaleza de la obra o del servicio a que se refieren las prestaciones*".

[260] Neste sentido cabe também colocar a questão da aplicabilidade da proibição prevista no art. 9.º n.º 9 ou no art. 46.º n.º 4 da LCCT relativamente à sucessão de trabalhadores cedidos no mesmo posto de trabalho. Sendo a teleologia das normas evitar a rotação de contratados no mesmo ponto de trabalho, cumpre indagar da sua admissibilidade. Não cremos que em princípio haja qualquer restrição neste domínio. O legislador não só afastou a aplicação do preceito à cedência ocasional de trabalhadores, como também a existência de um contrato de trabalho sem termo (afora a situação excepcional relativa aos quadros técnicos) garante a estabilidade do vínculo laboral existente. Por outro lado, havendo vontade de um trabalhador em ser cedido a outra empresa, e havendo acordo de todos os agentes, independentemente de o posto de trabalho ter sido anteriormente ocupado por um colega seu, não existe motivo atendível para aplicar analogicamente a previsão do n.º 9 do art. 9.º (que, em princípio, por constringir a vontade das partes, e existir apenas em sectores específicos da contratação laboral por motivos ponderosos de combate à precaridade, parece ser *ius singulare*) cuja violação constitui contra-ordenação muito grave nos termos do art. 30.º n.º 3 do mesmo diploma (e cuja interpretação *in extenso* do princípio da legalidade desenhado no art. 29.º da CRP, ao nível da lei criminal, para o

dade de recorrer à celebração de contratos a termo – através da mobilização de trabalhadores para as empresas mais carecidas de pessoal[261]), e sendo a cedência de trabalhadores, enquanto transacção negocial, e independentemente de ser realizada no âmbito de relações grupais, um negócio que pressuporá tendencialmente contrapartidas a prestar ao cedente[262] (e também ao trabalhador), cuja patrimonialidade é evidentemente avaliável, sendo jurídico-economicamente definível como *lucro*[263], haverá um

---

domínio sancionatório contra-ordenacional, bloquearia a sua aplicação). Haverá contudo que ter em conta, *inter alia*, a aproximação prática à actividade de trabalho temporário.

[261] Não só por via do ajustamento das necessidades de mão de obra aos condicionalismos do mercado, como também pela "reserva operacional" que os recursos humanos representam enquanto instrumento expedito de ocorrer a uma inesperada de diminuição de efectivos ou de aumento esporádico de actividades, que pela marginalidade do volume de trabalho requerido não justificam a abertura de um novo posto de trabalho. Estabelece-se assim um sistema de drenagem da mão de obra excedentária para as empresas que necessitam de proceder a novas admissões.

[262] A nível fiscal, em sede de tributação de IVA, a cedência ocasional de trabalhadores e o trabalho temporário recebem contudo tratamento idêntico. De facto, atendendo à natureza bastante ampla do conceito de prestação de serviços previsto no art. 4.º do Código do IVA, todas as cedências de pessoal são qualificáveis, em princípio, como operações sujeitas a IVA. Subsumem-se desta forma todas as situações que apresentem *causa causans* uma colocação de pessoal à disposição de outrem, independentemente de tais operações de cedência serem ou não qualificadas juridicamente como "cedência de pessoal" e apesar de os seus trabalhadores manterem os seus vínculos laborais originários, à respectiva entidade patronal. Face à doutrina administrativa em matéria fiscal, o simples débito ao Estado, ou outra qualquer entidade pública ou organismo sem fins lucrativos, das importâncias correspondentes aos vencimentos de funcionários requisitados por esses organismos, cujo pagamento fora efectuado pela empresa a que pertence, deve considerar-se como um simples reembolso de despesas efectuadas, não existindo a prestação de qualquer serviço e por conseguinte não existindo sujeição a IVA. Nestes casos, segundo a interpretação fixada no Ofício-circulado 30019 de Abril de 2000 do SIVA da D.G.I. relativamente à Portaria n.º 5-A/2000 de Janeiro, não existe uma verdadeira prestação de serviços. Note-se que ao nível do Direito Administrativo o "destacamento" é traduzível no "exercício de funções, a título transitório, em serviço ou organismo diferente daquele a que pertence o trabalhador", sendo o pagamento da remuneração suportado pelo serviço de origem nos termos da definição constante do art. 27.º do Decreto-Lei 427/89 de 7 de Dezembro de 1998. Só existe prestação de serviços nas situações em que o pessoal passa a ficar funcionalmente integrado na organização da empresa que o vai utilizar no âmbito de um contrato de trabalho de direito privado ou em situações que por força de legislação especial aplicável a remuneração seja obrigatoriamente suportada pelo beneficiário da prestação laboral a exercer.

[263] Se considerarmos, sem pretensões de exaustividade, atendendo ao poliedrismo do conceito e à complexidade do seu tratamento, que a definição de lucro é recortável a partir da existência de vantagens e que estas são delimitáveis a partir de aumentos patri-

trabalho temporário paralelo, sem observância dos seus apertados condicionalismos[264]. Como refere ALAIN COTTA[265], "*o lucro está intimamente ligado à necessidade de fazer opções descentralizadas*", sendo que esta "externalização da energia laborativa ", ainda que de forma excepcional, constitui o *punctum saliens* da figura que analisamos. Por isso, à luz do regime desenhado no art. 26.º ss, o carácter pontual (ou *ocasional*) da cedência reveste-se da maior importância. Os trabalhadores não foram contratados com o fim de serem cedidos e findo o período de cedência têm de voltar a integrar a empresa cedente. A cedência ocasional não pode ser concebida como um modelo subalterno de provimento de postos de trabalho efémeros, e de certa sorte, marginais, sendo a entidade empregadora um centro interpositório de preenchimento pontual de necessidades de outras empresas. O apuramento de uma passagem fugaz pela entidade patronal, existindo sucessivas cedências, mesmo que com o acordo do trabalhador, a outras empresas do mesmo grupo ou com as quais existam relações economicamente interdependentes, deve ser considerado trabalho temporário camuflado e ilícito, responsabilizando-se em conformidade a cedente, no quadro do regime sancionatório previsto no art. 31.º n.º 2. É que a cedência, no quadro de uma estratégia de gestão óptima dos recur-

---

moniais obtidos como resultados de uma actividade empresarial, então a questão fica facilitada. A não inclusão da ideia de *intenção* na formulação aventada para a obtenção de um resultado justifica-se pelo facto de a qualquer actividade empresarial desenvolvida, inerir intrinsecamente determinada intenção. ROGÉRIO FERREIRA, "Lucro", Polis, *Enciclopédia da Sociedade e do Estado*, Vol. III, 1263, aponta como significado comum e corrente de lucro, não obstante os seus diversos significados, um ganho, um benefício, um interesse, uma *utilidade*. Já GUILHERME MOREIRA, no século passado, em *O lucro e a questão económica*, Imprensa da Universidade, Coimbra, 1891, 101, fazendo um excurso sobre a evolução do conceito pelas diferentes escolas e à luz de outras tantas teorias, ao abordar a "dynamica do lucro", relacionava-o com o custo de produção das mercadorias dando especial enfoque ao custo salarial como factor determinativo da sua quantificação, análise tanto mais importante quanto, na cedência, o cometimento da obrigação de pagamento da retribuição pode ser transferido para a empresa cessionária.

[264] Como acentua MICHEL DANTI-JUAN, "Le détachament d´une travailleur auprés d´une autre entreprise", DS, 1985, p. 835, ao fazer o cotejo entre o destacamento "*tout court*" ("*détachement*") e o trabalho temporário, salientando que este último, para além de visar o lucro, se apresenta também como actividade exclusiva da empresa "cedente". A condição degenerativa com que é encarado o trabalho temporário pode neste contexto encontrar correspondência no fenómeno da cedência, dado que, no sentido exposto, esta se apresenta como "um objecto de exploração lucrativa que deve o seu dinamismo à habilidade com que se imiscuiu na organização do trabalho a organização do capital". Cfr. MARIA REDINHA, "Empresas de Trabalho Temporário", cit., p. 141.

[265] *Dicionário de Economia*, Publicações Dom Quixote, Lisboa, 1991, p. 169.

sos humanos, surge sempre numa relação de alternatividade com a contratação a termo e com o trabalho temporário, não vindo contudo acompanhada de uma disciplina jurídica própria[266], visto que o legislador optou pela aplicação (subsidiária) do regime do trabalho temporário por força das preocupações legais no recorte excepcional da figura. O comprometimento da configuração de uma verdadeira carreira profissional subjacente à constante deambulação do trabalhador por várias empresas extrínsecas ao contrato de trabalho firmado também não pode ser menoscabado. Por isso, uma cedência sucessiva de um trabalhador perante outras tantas empresas deverá ser analisada no quadro de um princípio de boa fé e no âmbito de uma base criteriosa de diferenciação em face do trabalho temporário.

---

[266] O art. 29.º procede a uma remissão vaga e imprecisa para os art. 13.º, 20.º e 21.º. Fê-lo de forma desgarrada e displicente. O legislador, voltamos a dizê-lo, com a Lei 146/99, continuou a não atender às necessárias diferenças entre o trabalho temporário *«proprio sensu»* e a cedência ocasional de trabalhadores, não fazendo por exemplo qualquer sentido a definição por portaria dos termos em que é elaborado o mapa de pessoal da cedente, já que esta disposição só se mostra aplicável às empresas de trabalho temporário face às especificidades da sua constituição e regulamentação (a única utilidade seria de carácter estatístico). Ademais, a incorrecção da epígrafe do normativo "regime supletivo", foi ignorada, tendo sido oportunamente apontada pela doutrina, (vd. ROMANO MARTINEZ, *Direito do Trabalho*, cit, 127), mesmo antes da elaboração das alterações ao texto do Decreto-Lei n.º 358/99 – é caso para ter presente o brocardo *rubrica legis non obligat*. Perdeu-se por isso mais um ensejo para densificar o regime jurídico da cedência ocasional de trabalhadores ou, pelo menos, para corrigir algumas das imprecisões teimosamente vigentes, sem prejuízo do necessário reconhecimento da base analógica que existe entre as figuras, conforme assinalam PAULA CAMANHO/MIGUEL PAIS/PAULA VILARINHO, "Trabalho Temporário", cit., 256 e CÉLIA REIS, *Cedência de Trabalhadores*, cit., 15.

6. Existência de contrato sem termo entre o cedente e o trabalhador?

O legislador foi claro na necessidade de o vínculo laboral entre o cedente e o trabalhador se consubstanciar num contrato de trabalho sem termo – art. 27.º n.º1 al. b)[267]. Estamos perante uma verdadeira condição de licitude, cuja violação, neste caso a existência de um contrato de trabalho a termo, comportará uma conversão (*rectius*, redução[268]) em contrato de trabalho sem termo. É o que resulta da articulação do art. 27.º com o art. 30.º, sendo curioso quanto a este último, que apenas se confira ao trabalhador um direito potestativo[269], de opção de integração no efectivo de pessoal quanto à empresa cessionária, não estando, *prima facie*, prevista quanto à cedente idêntica possibilidade[270]. Isto é, perante uma violação da lei imputável à cedente, apenas a cessionária se vê confrontada com a eventualidade de celebração de um vínculo laboral sem termo, estando a cedente eximida de tal ónus. Tentadora seria a invocação da lógica do fun-

---

[267] Esta exigência, conforme se verá adiante, não é estabelecida quanto às situações previstas no art. 26.º.

[268] Não obstante a lei aludir à figura da *Conversão* – arts. 47.º e 51.º – está-se perante uma verdadeira *Redução*. Existe um desaparecimento do termo da relação contratual configurada naqueles exactos termos, mas o vínculo entre as partes mantém-se indemne (*maxime* quanto ao objecto), continuando a existir *qua tale* um contrato de trabalho. Sobre as figuras, por todos, CARVALHO FERNANDES, *A Conversão dos Negócios Jurídicos Civis*, 1993, Quid Juris, Lisboa.

[269] Sobre o conceito de direito potestativo, cfr. CASTRO MENDES, *Teoria Geral do Direito Civil*, AAFDL, Lisboa, 1978 vol. I, pp. 363 e ss; MANUEL DE ANDRADE, *Teoria Geral da Relação jurídica*, 4.º reimpressão, Almedina, Coimbra, 1974, MENEZES CORDEIRO, *Teoria Gera do Direito Civill*, Vol. I, 2.ª edição, AAFDL, Lisboa, 1994 pp. 235 e ss; p. 12, MOTA PINTO, *Teoria Geral do Direito Civil*, 3.ª edição actualizada, Coimbra Editora, Coimbra, 1992 p. 169 e OLIVEIRA ASCENSÃO, *Teoria Geral do Direito Civil*, Vol. IV, Lisboa, 1993, pp. 166 e ss.

[270] Note-se que para o acordo de cedência não é exigido o exaramento da natureza do vínculo do trabalhador (com ou sem termo) justamente porque se tem como adquirido que este reveste carácter duradouro. A cessionária parte assim do princípio de que, quanto a este aspecto, a cedente actua conforme à lei.

cionamento em grupo, se caso disso, desconsiderando-se a personalidade jurídica de ambas e indiferenciando-se o exercício do direito potestativo de opção face à cedente ou à cessionária[271]. Todavia, conforme se notou *ex*

---

[271] O processo de identificação do "empregador" nos grupos de empresas, por tudo o que se tem dito, exige uma árdua tarefa de investigação para apurar o complexo processo de relacionamento entre as empresas envolvidas, sendo justificável penetrar no substracto pessoal das sociedades quando exista uma situação clamorosa de injustiça ou uma ofensa do sentimento dominante na comunidade social. Mas apenas em situações de manifesta patologia conforme fizémos notar. MONTOYA MELGAR, A., (*in* "Empresas multinacionales y relaciones de trabajo", REDT, n.º 16, 1983, 485 ss), considera inaplicável este processo de aportação ao empregador real, por via da desconsideração, quando o modelo em questão seja o grupo multinacional. O autor parte de um pressuposto de *aparência de unidade externa* para desconsiderar a personalidade jurídica das sociedades em presença, que como se notou supra, não pode colher sem mais. Segundo a sua opinião, não existindo a aparência de um empresário no caso dos grupos multinacionais, atenta a descontinuidade territorial existente, apenas as sociedades *"de per si"* serão susceptíveis de responsabilização jurídica. A distinção de MELGAR parece-nos contudo artificiosa porquanto em casos manifestos de ilicitude e atentatórios contra a boa fé, se o empresário (independentemente da sua localização) for um só, deve *"qua tale"* ser responsabilizado. Não só um critério baseado na aparência nos parece relativamente infixo neste domínio (é aliás um dos traços característicos do *franchising* sem que seja justificável a desconsideração de forma precipitada da personalidade jurídica), como também são reconhecidas contratualmente a nível juslaboral situações em que não existe a proximidade relacional empregador-empregado subjacente ao arquétipo tradicional da relação laboral, (*maxime* teletrabalho), pelo que o critério da aparência externa se afigura excessivamente formal e desfasado dos princípios ordenantes do sistema. Ademais, vulgarizar-se-ia o expediente da "deslocalização" e da multi-implantação empresarial como forma de eximência à assunção de responsabilidades empresariais a este nível, ainda que existisse uma disfuncionalidade jurídica no exercício dos respectivos direitos e se comprometessem de forma desproporcionada os direitos dos trabalhadores. No plano direito comparado, destaque-se o artigo L 122-14-8 do *Code du Travail*, que demonstra a atenção consagrada pelo legislador francês ao fenómeno dos Grupos de empresas multinacionais, protegendo o trabalhador (mediante a verificação de certas circunstâncias) sempre que este, após a sua vinculação inicial a uma empresa francesa, celebre um novo contrato de trabalho com uma filial do grupo situada fora do território francês e seja por esta despedido. Ou seja, sempre que um trabalhador contratado por uma empresa francesa seja destacado para uma filial localizada no estrangeiro e por esta despedido, terá de ser reintegrado num posto de trabalho similar em França. Todavia, qualquer opção tomada neste domínio depende sempre de uma premissa analítica: a independência jurídica das empresas componentes de um Grupo multinacional, pelo menos no plano juslaboral. Foi aliás esta a opção expressamente tomada no âmbito da normação alemã sobre grupos de empresas, com a exclusão aplicativa do diploma aos grupos de empresas multinacionais. Cfr. J. HOPT, *Groups of Companies in European Laws. Legal and Economic analysesw on Multinational Enterprises*, Walter de Gruyter, Berlim e Nova Yorke, 1982, 378-379. A questão agudizar-se-á quando, a título exemplificativo, exista um trabalhador português que tem um contrato de trabalho com uma filial

ante, não parece ser este o percurso mais adequado em face desta concreta situação e da caracterização do *"lifting the veil"* como última *ratio* do sistema. É que esta e a cedente têm diferente personalidade jurídica, órgãos de gestão diversos e por isso os seus responsáveis só prestam contas perante quem procedeu à sua nomeação. Quaisquer pretensões de levantamento do véu da personalidade jurídica contenderiam com a essência da figura da cedência, que arranca duma diferenciação subjectiva quanto aos seus protagonistas e cuja lógica de responsabilização diferenciada encontra aliás expressão no art. 30.º. A não ser assim, a figura de cedência desapareceria por novação[272] (art. 868.º) e haveria, pelo menos para quem admita a figura,

---

portuguesa que é juridica e economicamente dependente da *empresa-matriz*, estando não apenas o estatuto contratual do trabalhador modelado pela política global do grupo como também a empresa-filial absolutamente cerceada nas suas opções actuacionais. É neste caso evidente a exorbitância de um quadro de análise estritamente estadual...

[272] Haveria neste sentido uma novação plurisubjectiva, com fundamento na consideração de que as entidades envolvidas seriam ambas, afinal, entidades patronais no quadro de um mesmo contrato de trabalho. O trabalhador encontrar-se-ia vinculado, por um único contrato, a uma pluralidade de entidades juridicamente autónomas, sendo neste caso cedente e cessionária a respectiva entidade patronal, existindo uma situação de subjectividade complexa. O problema radicaria na extinção contratual do vínculo laboral do trabalhador, com a inerente perda de todos os direitos adquiridos, designadamente o não cômputo da respectiva antiguidade. De outra parte, a manutenção dos direitos do trabalhador só seria possível se considerássemos existir o mesmo vínculo laboral, tendo a empresa cessionária sido associada à empresa cedente quanto à detenção da qualidade de entidade patronal no quadro de uma lógica de empresarialização unitária. Mas, conforme se notou *ad nauseam*, o grupo *"qua tale"*, por não ter personalidade jurídica, não pode ser considerado sujeito laboral, já que a sua personalização, não só não encontra qualquer fundamento legal (pelo contrário), como esta é também a solução que melhor se acomoda a uma análise "desficcionada" e objectiva das relações em presença dentro das coordenadas gerais do direito do trabalho. O trabalhador tem tantos vínculos laborais quantas as sociedades a que se encontra subordinado. Falando algo imprecisamente no *"advento do novo **sujeito** laboral que é o grupo de empresas"* na pág. 283, referindo contudo na pg. 289 de forma incisiva, que "*o grupo, não tendo personalidade jurídica, não pode ser parte no contrato de trabalho*" veja-se ABEL FERREIRA, *Grupos de empresas e Relações Laborais*, I Congresso Nacional de Direito do Trabalho. cit., 289. Nesta perspectiva, e na nossa opinião, em face da posição assumida, e no quadro de uma abordagem económica da realidade "grupo", este não será tanto um *sujeito* quanto um i*nstrumento* de gestão orgânica de factores económicos adoptado pelos empresários para estruturar juridicamente a respectiva actividade e regular as relações de integração e complementaridade entre os mesmos. O grupo constitui-se, sobretudo como uma metodologia flexível de aquisição e gestão de recursos humanos inserida numa estratégia jurídica desenvolvida pelos sujeitos económicos não cabendo assim falar num centro ou sujeito actuante ao nível das relações laborais.

uma situação de *ius variandi* geográfico[273]. Seria o corolário lógico da unisubjectivação desenvolvida. Pensamos por isso que a situação não foi devidamente perspectivada pelo legislador[274]. Neste contexto antolha-se necessária uma interpretação extensiva[275] do preceito no sentido de ao trabalhador ser conferida uma opção não só face ao cessionário como também face ao cedente. A imputabilidade, a este último, da violação referenciada, não pode consentir entendimento diferente. Cremos ter sido este aliás um dos motivos subjacentes à alteração operada em sede de trabalho temporário para a desoneração do utilizador neste particular[276].

---

[273] Haveria neste contexto uma forma de "mobilidade interna", isto é uma *possibilidade de transferência dentro das empresas ou entre empresas* que compõem o respectivo grupo (mesmo que situadas em áreas geográficas distintas), por contraposição à "mobilidade externa", que traduz a possibilidade de realização de mudança entre empresas diferentes, com órgãos, autonomia e personalidade jurídica próprios. Cfr. ABEL FERREIRA, *Grupos de empresas e direito do trabalho*, cit, 190, considerando o autor irrelevante, na pág. 202, a questão de saber se a mobilidade no interior do grupo é qualificável como externa ou interna.

[274] Em relação ao trabalho temporário, o legislador seguiu a via inversa: optou por considerar celebrado um contrato sem termo com a empresa de trabalho temporário nos termos do art. 18.º n.º 5 quando o trabalhador cedido não possua com esta qualquer vínculo (por tempo indeterminado ou temporário). Também inobservada a forma escrita no contrato de trabalho temporário ou falta da menção exigida na al. b) do art. 19.º o trabalhador considera-se vinculado sem termo à ETT – art. 19.º n.º 2. Esta alteração era desde há muito reclamada pela doutrina.cfr. MENEZES CORDEIRO, *Manual de Direito do Trabalho*, cit., 609, que preconizava face ao regime anterior uma redução teleológica do n.º 3 do art. 17.º por considerar demasiadamente onerosa a consumação *ope legis* da celebração de um contrato de trabalho sem termo com o utilizador, sem que a falta lhe pudesse ser imputável. Parece-nos que, *a pari ratione*, a solução deveria ter sido expressamente acolhida no regime da cedência ocasional de trabalhadores, não o tendo sido por o legislador não ter equacionado a cedência de trabalhadores com contrato a termo.

[275] Baseada no reconhecimento de que o legislador ao formular o preceito disse menos do que efectivamente pretendia dizer e de que só esta interpretação logra alcançar o equilíbrio de uma regulação no sentido da consideração optimizada dos interesses que se encontram em jogo, construindo-se *hoc modo* uma solução "materialmente adequada". Cfr. LARENZ, *Metodologia*, cit, 469.

[276] Ainda o novo n.º 5 do art. 18.º. A solução anterior do n.º 3 do art. 17.º só era explicável com base no facto de as empresas de trabalho temporário apenas poderem ceder a utilização de trabalhadores com os quais detivessem um contrato de trabalho temporário – ns.º 1 e 2 do art. 17.º. Daqui decorreria que, se a lei lhes impusesse com fundamento nas violações apontadas a passagem a uma situação duradouramente vinculada, estas empresas ficariam com trabalhadores permanentes que, por força do regime vigente, não poderiam ser cedidos, justamente, porque o vínculo subjacente ao trabalho temporário havia desaparecido convertendo-se em vínculo duradouro.

A lógica enformadora do art. 30.º (*maxime* n.º 2) é conferir ao trabalhador essa faculdade opcional em relação às duas empresas, sendo que só se determina tal oponibilidade face à cessionária porque se partiu do princípio de que trabalhador e cedente detinham um vínculo laboral indeterminado. Por maioria de razão, a lógica abrangerá as situações de contrato de trabalho a termo em que a tutela da posição do trabalhador deve actuar com maior vigor. Tudo isto, porque, afora a situação especial dos quadros técnicos, é estabelecida como condição de licitude da cedência a existência de um vínculo laboral sem prazo, sendo que, em bom rigor, conforme se notará adiante, a cedência não é de todo incompaginável com a manutenção do quadro factual que objectivou a contratação a termo com a cedente. Havendo violação do concreto motivo justificativo que legitima a contratação a prazo nos termos do art. 41.º e ss da LCCT, o trabalhador será considerado detentor de um vínculo duradouro com a cedente, cabendo-lhe ainda a possibilidade legal de optar pela integração definitiva, sem termo, na cessionária. O problema suscita-se concretamente nas situações de intangibilidade do quadro justificativo da contratação a termo. O preceito carece neste sentido de uma interpretação que quadre a sua teleologia com a fisionomia da contratação a termo, visto que numa primeira leitura seria pensável que a condição de licitude que constitui a existência de um contrato sem termo para a cedência de trabalhadores se afiguraria despicienda, que a sua exigência legal seria pouco mais do que inócua[277]. Esta não é contudo a realidade, importando para o efeito analisar o "catálogo legal" das situações em que o DL 64-A/89 admite a celebração de contratos a termo [278]. Os propósitos são claramente restritivos e as cautelas formais abundantes[279]. Apesar da aparência, não parece difícil confi-

---

[277] ABEL FERREIRA, *Grupos de Empresas e Direito do Trabalho*, cit, pg. 210, nota 68, considera que *"em nenhum caso um trabalhador contratado a termo pode ser cedido a uma empresa, pois tal configuraria sempre uma violação do preceituado nos arts. 42.º n.º 1 e) da LCCT e 3.º, n.º 1 da Lei 38/96 de 31 de Agosto: o trabalhador estaria a prestar serviços fora do quadro apertado, e excepcional, da enumeração taxativa que funda a admissibilidade da contratação a termo".*

[278] A celebração de um contrato a termo fora dos caso enumerados no art. 41.º implica a nulidade da estipulação do termo, ou seja, o contrato considera-se celebrado por tempo indeterminado, havendo ainda lugar à aplicação de uma coima nos termos do art. 60.º, n.º 1, al b). Os pressupostos e as formalidades devem ainda acompanhar eventuais renovações do contrato. Por exemplo, MONTEIRO FERNANDES, *Direito do trabalho*, cit., 295 e 296 e PAULA CAMANHO, *cit.,* 979.

[279] Atente-se no art. 42.º e na exigência, já mencionada, estabelecida pela Lei 38/96, surgida na sequência da corrente jurisprudencial que se vinha desenhando.

gurar contextos situacionais em que os pressupostos de facto que constituíram a concreta motivação de contratos a termo se mantenham incólumes perante a cedência a outra entidade. Desde logo, a contratação a termo de um trabalhador, cujo início da prestação implique um processo formativo de aperfeiçoamento e preparação profissionais – art. 26.º n.º 1 LTT.[280] Também em situações de substituição temporária de trabalhadores – al. a) do art. 41.º LCCT- em que o contrato do trabalhador substituto se destine a vigorar, a título ilustrativo, por 3 anos, não vemos razões para afastar a cedência. Se, por exemplo, volvidos 8 meses, se verificar que as necessidades prementes que conduziriam à contratação daquele trabalhador desapareceram, nem por isso a entidade empregadora e o trabalhador estão impedidos de recorrer à figura de cedência para que este continue a exercer a sua actividade laborativa nos 28 meses subsequentes, até à perfacção dos 3 anos estabelecidos contratualmente. Será esta a solução que melhor se consoniza com o direito ao trabalhado efectivo do trabalhador[281] e com os interesses da empresa no aproveitamento deste "factor de produção". Em bom rigor, a substituição temporária ("*ratio essendi*" do contrato celebrado) para valer "*de pleno*" sempre teria que operar em tais moldes: o trabalhador substituído, perante tal circunstancialismo, teria ao seu alcance os mecanismos da cedência, solução que parece atendível face ao seu substituto[282]. O mesmo acontece, aliás, com

---

[280] Trata-se de uma forma de cedência que atravessa todas as situações materiais previstas no art. 41.º LCCT e que tem grande aplicação prática designadamente em casos de desenvolvimento de projectos (al. g)), sendo tanto mais verificável quanta a duração do contrato, tendo sobretudo em consideração os avultados investimentos materiais que as empregadoras têm de realizar em matéria de qualificação, formação e aperfeiçoamento profissional.

[281] O direito de o trabalhador exercer efectivamente a actividade correspondente ao seu posto de trabalho, constitui uma dimensão de garantia do direito ao trabalho consagrado no art. 58.º CRP. (v. GOMES CANOTILHO e VITAL MOREIRA, *Constituição da República Portuguesa Anotada*, 3.º edição revista, Coimbra editora, 1997, 315) e deve ser ancorado no âmbito do princípio da boa fé, contendo-se no fulcro da causa do contrato.

[282] O mesmo vale para outras situações em que a lei possibilita o recurso à contratação a termo. Por exemplo, em relação a contratos de consórcio frequentes na construção civil e em obras públicas – art. 41.º f) – nada parece impedir que, obtido o acordo do trabalhador para esse efeito, num contrato de trabalho com dois anos de duração, se possa recorrer à cedência nos termos gerais. No mesmo sentido, se o trabalhador for contratado para um projecto de desenvolvimento de investigação científica por uma empresa outorgante de um contrato de consórcio ou em relação de domínio com outra sociedade, parece ser possível que a entidade patronal ceda o trabalhador. Será o caso nesta última situação de, por exemplo, a entidade patronal transferir para outra empresa do grupo esse

a cedência de trabalhadores cujo contrato a termo tenha sido justificado com a procura do primeiro emprego[283]. Se, a título ilustrativo, a entidade

---

segmento de actividade, por inviabilidade económica do seu prosseguimento e o trabalhador poder exercer, em melhores condições técnicas e materiais, nessa empresa a sua prestação laboral (se não existir cedência em sentido próprio poderá haver uma transmissão do etabelecimento que enquanto tal não faz caducar o contrato de trabalho a termo certo, verificando-se a sua transferência para o adquirente do estabelecimento). As funções de "direcção e fiscalização" previstas na al. f) do art. 41.º LCCT assim como as de "desenvolvimento de projectos, incluindo concepção, investigação, direcção e fiscalização" desenhadas na al. g), serão tendencialmente desenvolvidas por pessoas dotadas de especiais qualidades na acepção de quadros técnicos que defendemos.

[283] Art. 41.º n.º 1 al. h) LCCT. Sobre o significado da expressão *"à procura do primeiro emprego"*, o Ac. Rel. Évora de 24-11-98, CJ, tomo V, 292ss., entendendo que esta apenas se aplica a quem nunca tenha sido contratado por tempo indeterminado, pelo que a existência de um contrato a termo anterior não pode ser considerado "emprego" segundo uma *interpretação conforme à Constituição*. Ou seja, um pouco na senda do Ac. TC n.º 581/95, procedeu-se a uma assimilação do conceito de estabilidade à noção de emprego dimensionada na Constituição, considerando-se que "a garantia de seguirança no emprego se imbrica com a efectividade do direito ao trabalho". Isto, porque a própria Constituição (o que não quer significar uma interpretação da constituição conforme as leis – *"gesetzskonform Verfassungsinterpretation* – avançada por LEISNER, sob pena de a legalidade da Constituição se sobrepor à constitucionalidade da lei – cfr. GOMES CANOTILHO, *Direito Constitucional*, 6.ª ed., cit., 236-237; IDEM, *Contributo para a compreensão das normas constitucionais programáticas*, reimpressão, Coimbra, 1994, 401ss) é marcadamente influenciada pela evolução das concepções e valores e pelo dinamismo da realidade social, e a determinação do seu conteudo e alcance não pode prescindir dos ensinamentos e das perspectivas dominantes na dogmática laboral, no direito da economia e, transversalmente, no direito comunitário, no exacto ponto em que estes se revelam decisivos para a fixação da evolução do seu sentido. Na verdade, a densificação semântica de cada um dos princípios enformantes da Constituição Laboral varia segundo o contexto dogmático--funcional e, face à evolução do contexto, o labor hermenêutico do intérprete tem de adequar o direito à evolução, numa perspectiva dinâmica. Neste sentido, a conformação constitucional da regulação laboral há-de, necessariamente, traduzir as coordenadas histórico-dogmáticas que envolvem os critérios de interpretação que presidem ao quadro hermenêutico do intérprete. Existe, é certo, um recorte que é estabelecido principiologicamente num certo espaço semântico-constitucional, que obriga a uma análise cuidada do sentido que apresenta naquele concreto contexto. Mas os princípios constitucionais de nada valem *"in abstracto"* sem a sistematização e construção científicas defluentes da interconexão com as demais fontes do ordenamento que impedem um trabalho no vácuo de atendimento estrito àquela que é contudo a fonte principal. É a avocação de algumas categorias dogmáticas pela Constituição, projectadas na assunção do conteúdo que o ordenamento lhes atribui, que determina que a compreensão do horizonte normativo-material da Constituição não possa abdicar do plano legislativo ordinário. Sempre, "... *Tendo sobretudo em conta a* **unidade** *do sistema jurídico"*. É que globalmente o sistema tem de representar de forma adequada a realidade, recusando representações artificiais exclusi-

patronal entender conveniente para a formação técnica do trabalhador a sua "deslocação" temporária para outra empresa do grupo (porventura com proveitos a vários níveis para o trabalhador), e este o desejar, parece não existir impedimento a esta operação. O concreto motivo justificativo do contrato a termo mantém-se intocado, atentas as preocupações sociais subjacentes à al. h) do art. 41.º LCCT que permanecem concretizadas.

Pode neste sentido haver cedência de quadros técnicos vinculados por um contrato de trabalho a termo[284], já que não havendo desvirtuamento do programa contratual inicial, a função auxiliar da figura da cedência quanto ao remedeio para situações imperspectivadas, ausências momentâneas de efectivos ou de suprimento de carências conjunturais, mostra-se compaginável, em geral, com a contratação a termo, não cabendo estabelecer quanto aos quadros técnicos um requisito negativo implícito de que sejam quadros permanentes da empresa cedente.

---

vamente destinadas a defender categorias pré-existentes mesmo quando desfasadas das espressões científicas e da vida real, ou de soluções puramente formais que correspondem a meros desenvolvimentos linguísticos. Porque a obediência a crítica a princípios jurídicos petreamente estabelecidos, quando ultrapassados e transmutados pela realidade natural, pode constituir um sério obstáculo à evolução do direito e à concretização de soluções materialmente justas. É, no fundo, conforme assinalam LARENZ (*Metodologia da ciência do direito*, cit., 519) e CASTANHEIRA NEVES (*Digesta* II. *Escritos acerca do Direito, do Pensamento Jurídico, da sua Metodologia e Outros*, Coimbra, 1995, 32ss) através deste fluxo imperceptível que o Direito progride ainda que não se registem alterações formais nas *fontes*, mantendo, a comunidade a consciência da sua continuidade. E, neste conspecto, a decantada segurança no emprego exige, *in primis*, a obtenção de um emprego que, enquanto eixo do quadro garantístico desejado, exige condições objectivas para a sua efectivação prática.

[284] Em sentido diferente, ROMANO MARTINEZ, *Direito do Trabalho-O Contrato de Trabalho*, II volume, pp. 123-124. Se, por exemplo, o contrato de trabalho do quadro técnico a ceder tiver uma duração de 3 anos, e este for cedido após um ano de cumprimento efectivo do mesmo, o acordo de cedência terá uma duração imposta de 2 anos, dado que o acordo de cedência não poderá exceder o prazo do contrato quadro e não o interrompe para efeitos de caducidade (*simile* com o ar. 2.º, n.º 3, Decreto-Lei n.º 398/93).

7. Diferença entre a cedência de trabalhadores e de quadros técnicos

Considera-se, dentro do quadro esboçado, que a diferença funcionalmente aceitável entre a cedência prevista no art. 26 e no art. 27 repousa na existência de um contrato a termo[285]. Este, à luz do art. 27.º, torna a figura ilícita com as consequências que já foram afloradas. As preocupações com a indagação de uma situação *"in fraudem legis"* (art. 280.º C. Civil) perdem por isso razão de ser com a necessidade de obtenção do acordo do trabalhador para a efectivação do art. 26.º b) da LCCT. Possibilita-se, *"hoc modo"*, a cedência de quadros técnicos com contratos a termo para o exercício de funções de enquadramento ou técnicas de elevado grau, conjugando-se de forma coerente os regimes da cedência e da contratação a termo e atende-se à especificidade fisionómica dos quadros técnicos sem que se chegue à sua total reificação, já que quanto a estes também a respectiva anuência se afigura essencial[286]. Aliás, as funções "técnicas de elevado grau" associam-se por natureza a um cenário de mobilidade interempresarial e de enriquecimento profissional, ao que uma interpretação espartilhadora da contratação a termo, intocados os seus fundamentos, não pode obstaculizar. Toda e qualquer violação do motivo justificativo do contrato a termo encontra guarida no regime da LCCT: o trabalhador

---

[285] Em sentido diferente, ROMANO MARTINEZ, "Cedência ocasional...", cit., 866; ABEL Ferreira, *Grupos de empresas e Direito do Trabalho*, cit, 210, nota 68. CÉLIA REIS, por seu turno, defende uma interpretação restritiva da al. a) do art. 27.º, entendendo que a proibição de cedência de um trabalhador com contrato a termo apenas operaria quando a operação contendesse com o regime injuntivo da contratação a termo. Nesta sequência não radicaria neste ponto a diferença entre o regime aplicável a quadros técnicos e aos restantes trabalhadores (*Cedência de Trabalhadores*, cit., 72-73).

[286] Em Espanha o Real Decreto 1.382/1985 de 1 de Agosto relativo ao *"personal de alta dirección"* aparta-se aliás do regime da contratação a termo possibilitando que os contratos com estes trabalhadores tenham a duração desejada sem que exista qualquer espartilho em relação ao respectivo prazo – art. 6.º.

considera-se vinculado laboralmente, sem qualquer termo, à entidade empregadora. Este *"favor legis"* é ainda reforçado pelo específico regime da cedência, já que, nos termos do art. 30.º, sendo a cedência ilícita, o trabalhador poderia ainda optar pela integração na organização efectiva da cessionária. Os interesses das partes encontram-se assim plenamente salvaguardados. A peremptoriedade com que a lei exige a vinculação sem termo no caso do art. 27.º (condição de licitude que face à letra e espírito da lei nos parecem inultrapassáveis) contrasta com a ausência de qualquer referência no que toca às situações elencadas no preceito antecedente (art. 26.º). Em relação às últimas, não se vislumbra motivo para estender esta proibição, atendendo a que a aplicação "analógica" da exigência de contrato duradouro esvaziaria por completo o âmbito de aplicação da al. b) do art. 26.º, havendo uma consunção do respectivo regime pelo art. 27.º[287]. Parece evidente, neste particular, a diferença de tratamento entre os quadros técnicos e os restantes trabalhadores[288], residindo aqui o principal factor de diferenciação entre o art. 26.º e o art. 27.º.

---

[287] Se também para os quadros técnicos se afigura indispensável a respectiva concordância para a cedência, a única diferença passaria a radicar no quadro relacional entre as empresas envolvidas – al. b) do art. 27.º, apresentando este preceito potencialidades permissivas da cedência bem mais amplas do que as que decorrem da necessidade de esta operar "em empresas entre si associadas ou pertencentes a um mesmo agrupamento de empresas". Neste contexto, e contrariamente à *ratio* do diploma e às exigências de adaptabilidade formativa e qualificante mais intensas quanto aos quadros técnicos, o art. 26.º al. b) teria um âmbito de aplicação demasiadamente circunscrito, sendo coberto pela maior amplitude previsional, e neste sentido bem mais favorável à cedência, do art. 27.º. A al. b) do art. 26.º seria pois absolutamente inútil.

[288] Será uma *tete de chapitre* da acentuação do pluralismo de regimes laborais. O facto de o direito do trabalho ser *"um ramo do direito internamente marcado pelo pluralismo"* – cfr. MÁRIO PINTO, *Direito do Trabalho*, cit., 107 e ss – impõe que se detecte no seu seio diferentes conjuntos normativos, sendo uma dessas manifestações a estatuição de regimes distintos para as diferentes situações jurídico-laborais, designadamente no que se refere à consagração de disciplinas específicas para certas categorias de trabalhadores. Veja-se, neste sentido, a duração do período experimental, prevista no art. 55.º LCCT a que já aludimos e que pode ir até 240 dias nos casos de contratação de "pessoal de direcção e quadros superiores", *"período de prueba"* que em Espanha para o *"personal de alta dirección"* tem um limite máximo de nove meses – art. 5.º do Real Decreto 1.82/1985 de 1 de Agosto.

CAPÍTULO IV

ASPECTOS FUNDAMENTAIS DO REGIME DA CEDÊNCIA OCASIONAL

SECÇÃO I
A NATUREZA DO VÍNCULO COM A EMPRESA CEDENTE

1. Aspectos gerais e direitos do trabalhador

O trabalhador, com a cedência, não perde o seu vínculo contratual com a empresa cedente[289]. Este, segundo Romano Martinez, fica suspen-

---

[289] Veja-se por exemplo, o Ac. Rel. Évora, de 22 de Maio de 1997, em que se responsabilizou a empresa cedente (*rectius*, a seguradora da empresa cedente) pelo acidente de trabalho que vitimou o trabalhador que exercia a sua actividade na empresa cessionária. No texto do Acórdão, pode ler-se " *que não tendo havido opção pela integração do sinistrado nos quadros das construções técnicas, o contrato celebrado com o réu Joaquim Rodrigues (cedente) manteve-se com este*". Também já o Ac. Rel. de Coimbra de 7 de Maio de 1985 (ADSTA n.º 293.º, 1986, 658) havia determinado a responsabilidade do cedente por acidentes de trabalho. Contudo, se em relação ao trabalho temporário, o art. 22.º n.º 2 da LTT responsabiliza com inequivocidade a empresa de trabalho temporário, em relação à cedência ocasional, apesar de o âmbito operativo da remissão feita pelo art. 29.º não contemplar aquela disposição legal, a solução será semelhante, pois, conforme refere Romano Martinez, *Direito do Trabalho*, cit, 201, só a cedente detém a qualidade de empregador. De outra parte, mostra-se complexa a questão de saber se a cedente será também responsável pelo agravamento decorrente de actuação culposa da cessionária, questão tanto mais importante quanto a responsabilidade subjectiva não se transfere para a seguradora – art. 37.º n.º 2 LAT. Não sendo a cessionária representante "*proprio sensu*" da empresa cedente, existe contudo uma "delegação" dos poderes regulamentar e de direcção que pela sua similitude com o fenómeno da representação, impõe a aplicação do mesmo regime (no domínio do trabalho temporário Cruz Villalón em "El marco jurídico de las ETT" in AAVV: *La Reforma Laboral de 1994*, Marcial Pons, Madrid, 1994, 103, refere-se à existência de uma delegação *ex lege* na empresa "usuária") já que na esfera da cedente apenas fica o poder disciplinar, não sendo esta a directa beneficiária da prestação de serviços do trabalhador no âmbito da qual se produziu o acidente. Ademais, importa congregar o art. 18.º da LAT com o art. 20.º da LTT, valorando as recíprocas implicações, para que através de um esforço de concordância prática se consiga chegar a uma idónea síntese globalizante, tendo presente que à interpretação de ambos deve presidir uma ideia de atribuição do sentido que mais eficácia lhes dê. O sistema jurídico, conforme refere Baptista Machado, *Introdução ao Direito e ao Discurso Legitimador*, cit., 183, deve

so quanto à prestação principal[290]. A prestação principal é exercida na cessionária de forma temporária, mas o trabalhador encontra-se adstrito à observância de determinados deveres acessórios, quer perante a empresa cessionária, quer perante a empresa cedente[291].

---

formar um todo coerente, *"sendo legítimo recorrer à norma mais clara e explícita, para fixar a interpretação de outra norma mais obscura ou ambígua"*. Desta forma, o art. 20.º n.º 1 estabelece com expressividade que, durante a execução do acordo de cedência, o trabalhador fica sujeito ao regime de higiene, segurança e medicina do trabalho e acesso aos equipamentos sociais que vigora na empresa cessionária. Trata-se de uma disposição que visa não só tutelar a posição do trabalhador através da atribuição de um conjunto de direitos e do estabelecimento de um *standard* mínimo de protecção, como também garantir o cumprimento por parte da cessionária de um conjunto de obrigações a que esta se adstringe por força do acolhimento do trabalhador na sua estrutura organizacional e produtiva. O preceito ficaria esvaziado de sentido se a cessionária incumprindo as disposições nele estabelecidas ficasse eximida de quaisquer responsabilidades perante aquele sobre quem exerce o poder de direcção. Foi no geral esta a doutrina seguida no já referido Ac. STJ de 13-10-98 (ALMEIDA DEVEZA), BTE, 2.ª série, ns.º 7-8-9/99, 1054, em que o réu havia celebrado com uma construtora *"um contrato de subempreitada para o fornecimento de mão de obra"*, tendo o acidente ocorrido na estrutura da última por inobservância das disposições legais referentes à higiene e segurança no trabalho. Aí se refere, com clareza, que pertencendo à construtora (nas vestes de cessionária) a incumbência de zelar pela segurança, higiene e saúde no trabalho, competir-lhe-á também a responsabilidade por inobservância das referidas obrigações (justamente a única solução que nos parece possível em caso de agravamento por actuação culposa da cessionária).

[290] *Direito do Trabalho*, vol. II, 2.ª edição, edições Pedro Ferreira, Lisboa, 1998, 340. É também esta a doutrina seguida em Espanha a propósito da cedência de trabalhadores pelas empresas de trabalho temporário com quem exista contrato de trabalho por tempo indefinido. Cfr. ALBION MONTESINOS, "Las empresas de trabajo temporal", *Tribuna Social*, n.º 43, 1994, 120.

[291] Segue-se a tripartição classificatória de MENEZES CORDEIRO em *Da Boa Fé no Direito Civil I*, Lisboa, 1984, 604, entre deveres de protecção, de esclarecimento e de lealdade. Os primeiros vinculam o trabalhador a evitar a ocorrência de danos, pessoais ou patrimoniais, para a cedente e cessionária, no quadro da execução do acordo de cedência – *neminen laedere*. No âmbito dos deveres de esclarecimento, o trabalhador encontra-se obrigado a informar não só a respectiva entidade patronal como também a beneficiária directa da sua prestação de tudo o que seja do seu conhecimento que possa para ambas ser importante (podem neste domínio surgir conflitos entre os interesses de ambas as empresas – por exemplo, o trabalhador toma conhecimento de que a empresa cessionária se pretende aproveitar de segredos da empresa cedente ou de que esta, sendo sociedade dominante, se prepara para demitir os administradores da sociedade cedente (subordinada) e nesta proceder a uma reestruturação de pessoal). Por último, no domínio dos deveres acessórios de lealdade, o trabalhador está obrigado por exemplo a não perturbar a harmonia de relações entre cessionária e cedente, evitando a adopção de comportamentos que desequilibrem as prestações emergentes, devendo também contribui para um bom ambiente de trabalho na estrutura produtiva onde se encontra directamente inserido. Con-

Em relação ao cessionário, porque se encontra plenamente integrado na sua estrutura organizativa (art. 20.º), cabendo a este o exercício do poder de direcção e a conformação da sua prestação laboral dentro das balizas legalmente fixadas[292].

Quanto ao cedente, a aludida adstrição decorre não só do facto de a lei lhe conceder o poder disciplinar (art. 29.º com a remissão operada para o art. 20.º), mas sobretudo de o carácter transitório da cedência acarretar após a sua efectivação o reingresso do trabalhador no seu quadro efectivo com quem aliás sempre manteve o vínculo laboral[293]. Neste contexto, é ao

---

forme se diz no Ac. Rel. Coimbra de 16-01-97, BTE, 2.º série, 7-8-9, 1999, 1180, *"No contrato de trabalho assumem particular relevo os valores de lealdade e de honestidade, os quais, como valores absolutos, não admitem gradação, pelo que qualquer infidelidade a eles envolve falta grave, eliminando a confiança depositada no infractor"*. A intensidade adstrindente dos valores de fidelidade e honestidade típicos da relação laboral manifesta-se também no acordo de cedência em que, não obstante a ausência de qualquer vínculo laboral entre a cessionária e o trabalhador cedido, a natureza da relação estabelecida e a continuidade da prestação contratualizada incrementam o nexo de confiança entre todos os outorgantes. A boa fé exigida no cumprimento dos contratos traduz-se no dever de agir, segundo um comportamento de lealdade e correcção, que visa contribuir para a realização dos interesses legítimos que as partes pretendem obter com a celebração do contrato. Ainda sobre a questão, à luz da LCCT, CARNEIRO DA FRADA, *Contrato e Deveres de Protecção*, Coimbra, 1994, 293-294.

[292] O que não obsta a nosso ver, face à ausência de objecções de fundo e no quadro de uma construção assente no princípio da autonomia privada, que a **cedência ocasional** de trabalhadores seja **parcial,** contanto que observados os requisitos gerais traçados para a figura. Pense-se na situação de um trabalhador com um período normal de trabalho de seis horas por dia, em que, contratualizadamente (art. 28.º), se compromete a prestar na parte da tarde (*vg* durante três horas) a sua prestação a uma outra entidade (a cessionária) sob o respectivo poder de direcção, exercendo a sua actividade *laborativa* matinal perante a empresa cedente, que mantém durante o respectivo período a sua qualidade de entidade patronal para todos os efeitos, *maxime* para efeitos de conformação e direcção da sua prestação (ou, na mesma linha, uma cedência parcial *vertical*, que opera às terças e quintas, dias em que o trabalhador exerce a sua prestação material perante a empresa cessionária). Trata-se no fundo de todas as partes, num cenário de ponderação das respectivas necessidades (sem prejuízo do não olvidamento de questões similares às suscitadas pela aplicação do regime de trabalho a tempo parcial, *maxime* congraçamento com o trabalho suplementar), procurarem extrair da figura todas as potencialidades que esta encerra e de ajustarem consensualmente os respectivos interesses às oscilações de mercado (enquadrando a operação num regime atípico de suspensão intermitente do contrato de trabalho, *in casu*, pré-modalizada), maximizando as vantagens subjacentes ao desenho atípico da operação e inserindo as respectivas opções num quadro analítico em que todos poderão sair beneficiados. Sempre dentro das balizas legalmente desenhadas.

[293] A paralisia dos efeitos essenciais do vínculo laboral entre a cedente e o trabalhador não prejudica contudo o nexo existente entre ambos os sujeitos laborais. O traba-

cedente que o trabalhador deve obedecer em situações de interesses conflituantes com o cessionário[294]. Se o primeiro determinar o regresso do trabalhador, este, no quadro dos deveres de obediência devidos à respectiva entidade patronal, deve observar essa determinação, ainda que contrariando a vontade manifestada pelo cessionário[295] – *manet pristina obligatio*.

---

lhador pode na constância do acordo de cedência praticar actos susceptíveis de causar prejuízo à sua entidade patronal (designadamente concorrer com ela, revelar determinados segredos de produção, descredibilizar a sua imagem) estando por isso permanentemente vinculado a um dever de lealdade, cuja violação dará lugar a infracção disciplinar.

[294] Conforme assinala BERNARDO XAVIER em *O despedimento* Colectivo.., cit., 16, toda a vida da relação relaboral e a situação de *subordinação* são comandadas pelas *"faculdades omnipresentes relativas ao seu término"*.

[295] A situação pode acontecer com alguma frequência relativamente à questão do *terminus* da cedência. Se esta, por exemplo, tiver sido acordada para a realização de determinado trabalho que possa considerar-se relativamente findo – v.g. projecto de pesquisa científica – podem ser levantados alguns problemas quanto à respectiva fixação. A quem compete o exercício do poder determinativo? E se houver conflito de interesses entre cedente e cessionário, a quem deve o trabalhador obediência? Nestas situações em que a cedência não tenha sido temporalmente modalizada por uma data precisa, é ao cedente que o trabalhador tem de obedecer. É com este que tem vínculo laboral, sendo ele quem pode exercer o poder disciplinar- art. 20.º n.º 6. O legislador pretendeu desta forma evitar que, por exemplo, a cessionária pudesse despedir o "cedido", tornando a situação oponível ao cedente. No caso referido, se o cedente determinasse o regresso do trabalhador sem que existissem fundamentos factuais bastantes, a cessionária disporia dos mecanismos gerais de responsabilidade contratual – art. 798.º Código Civil – para tutelar a sua posição jurídica, bastando-lhe accionar judicialmente o cedente por inadimplência do acordo de cedência firmado.

2. Fisionomia do acordo de cedência

Sendo a cedência uma operação sedutora e cada vez mais efectivável no quadro da adaptibilidade gestionária de recursos que a realidade contemporânea impõe, alberga no entanto interesses dificilmente harmonizáveis, de *"difícil resposta imediata através da utensilagem jurídico-laboral clássica"*[296]. Sendo o acordo de cedência um negócio "relacional" de duração continuada, trata-se de um acordo aberto, em que a preocupação fulcral será a de estabelecer regras que governem a relação complexa que se estabelece entre os seus outorgantes. É no entanto um acordo que terá de ser valorado no âmbito do contrato – quadro que pressupõe a sua celebração e das normas que o parametrizam – o contrato de trabalho[297]. Assim

---

[296] A expressão, tendo por referência o trabalho temporário, é utilizada por MARIA REGINA REDINHA, "Empresas de Trabalho Temporário", cit., 141.

[297] Esta natureza de conexão (*Verknüpfung*) negocial da *cedência ocasional de trabalhadores* é de importância capital no que se refere à fixação da competência dos tribunais de trabalho para o conhecimento das questões emergentes do acordo de cedência. O art. 85.º al e) da LOTJ estabelece que *"compete aos tribunais do trabalho conhecer, em matéria cível: das questões entre sujeitos de uma relação jurídica de trabalho ou entre um desses sujeitos e terceiros, quando emergentes de relações conexas com a relação de trabalho, por acessoriedade, complementaridade ou dependência, e o pedido se cumule com outro para o qual o tribunal seja directamente competente"*. Isto é, sempre que as questões que decorram do acordo de cedência se refractam na relação jurídico-laboral existente entre a cedente e o trabalhador, incidindo sobre a coligação funcional entre o acordo e o contrato de trabalho, originando uma cumulação com um pedido para o qual esteja directamente fixada a competência do tribunal de trabalho, será perante este que o pedido terá de ser deduzido. Este último requisito subtrai contudo à jurisdição laboral a apreciação de questões que oponham a cedente ao cessionário fora dos casos de litisconsórcio necessário – art. 28.º do CPC – e acentua a fulcralidade do acordo de cedência, já que as questões que dele dimanarem funcionarão como causa prejudicial do conhecimento das acções submetidas à jurisdição do trabalho – art. 20.º do CPT. Isto, porque a causa de pedir não é fundamento suficiente para o alargamento de competência atendendo a que o mesmo facto jurídico pode configurar uma pluralidade de relações com efeitos jurídicos diversos, e decorrentemente, a uma multiplicidade de acções para as quais são competentes tribunais

sendo, será um negócio sensível à evolução das circunstâncias e que incorporá, amiúde, uma complexa distribuição de riscos[298]. Não deve contudo olvidar-se a intensidade do compromisso entre as partes e a assimetria e desequilíbrio entre elas. Por isso, os deveres de lealdade são mais intensos[299], podendo surgir questões delicadas no quadro desta trilateralidade relacional. Basta pensar em situações em que o trabalhador face a comportamentos da cessionária, consubstanciadores de fundamentos para a rescisão com justa causa (art. 34.º LCCT), queira accionar o direito rescisório que a lei lhe confere[300]. O recurso à cedência não pode desem-

---

diversos. Cfr. ALBINO MENDES BAPTISTA,*Código de Processo do Trabalho Anotado*, Quid juris Editora, Lisboa, 2000, p. 57.; J. A. SANTOS, *Processo do Trabalho, anotado e comentado*, Dislivro, Lisboa, 2000.

[298] Relativamente à retribuição, pode por exemplo clausular-se que esta incumba ao cedente em exclusividade com o cessionário. É que as partes podem acertar o suporte do pagamento retributivo conforme entenderem – art. 767.º do Código Civil. A retribuição poderá ainda ser suportada em exclusivo pela cedente ou em regime de percentagem (por exemplo, com a cedente a pagar 10% da retribuição global ou a suportar o excrescente retributivo que decorre de uma tabela salarial mais baixa para aquela categoria na cessionária, mas em que por força do princípio da irredutibilidade da retribuição, conforme vimos, o trabalhador continua a auferir a retribuição vigente na cessionária). A jurisprudência, face à ausência de cláusulas que disponham sobre este aspecto, tem vindo a considerar solidariamente responsáveis cedente e cessionária pela retribuição devida – por exemplo, Ac. STJ de 28-11-90 in BMJ, n.º 401, 1990, p. 402. Diferentemente MARIA REGINA REDINHA, *A Relação Laboral Fragmentada*, cit., 153, entende que o salário *"é geralmente devido pela cessionária"*, posição também assumida por MENEZES CORDEIRO (*Manual...*, cit., 606), considerando ABEL FERREIRA que o pagamento em regra é realizado pela empresa cessionária, não obstante o dever de pagar o salário (*Lohnzahlüngspflicht*) impender sobre a empresa cedente (*Grupos de Empresas*, cit., 213, nota 76). A questão pode assumir contudo foros de alguma complexidade quando tenha sido acordado o pagamento da retribuição pela cessionária, e a cedente, com fundamento em falta imputável ao trabalhador, procede à sua suspensão preventiva. Cabendo ao trabalhador, nos termos do art. 11.º da LCCT, o direito à continuidade da retribuição, será assaz oneroso para a cessionária o suporte desse encargo, que fica a dever-se em exclusivo a uma decisão da empresa cedente. O problema agudizar-se-á quando a suspensão preventiva se tenha ficado a dever a uma actuação do trabalhador apenas para com a empresa cedente (*vg* insultos a um alto responsável), sendo a cessionária absolutamente alheia ao sucedido e tendo ainda que continuar a suportar a retribuição...

[299] Num contrato de execução instantânea, a prestação a que as partes se comprometem, e que se esgota num "momento lógico", será mais vinculante do que nos contratos de longa duração, em que se acentua a tensão entre a liberdade contratual (a nível juslaboral, no quadro da apertada malha normativa que traveja o direito do trabalho) e o dever de respeito das expectativas da contraparte.

[300] Nos termos do art. 20.º n.º 1, o trabalhador fica naturalmente sujeito ao regime de trabalho existente na empresa cessionária, *maxime* quanto à higiene e segurança no

bocar numa utilização desresponsabilizada da força de trabalho, precarizando a situação do trabalhador e esvaziando de conteúdo os seus

---

trabalho. Nesta concreta questão, a entidade cessionária encontra-se aliás obrigada a informar a empresa cedente sobre os riscos para a segurança e saúde do trabalhador, por expressa imposição do n.º 2 do art. 20.º. A sua responsabilidade poderá por isso ser agravada, por violação de um dever específico legalmente estabelecido (não se trata tão somente de um dever geral de prudência e diligência, mas antes conforme salienta CABANILLAS SÁNCHEZ, A., em *Los deberes de protección del deudor en el derecho civil, en el mercantil y en el laboral*, Civitas, Madrid, 2000, 335, cura-se de um particular dever empresarial de protecção de carácter jurídico-público e que se associa à dimensão ético-pessoal insíta no contrato de trabalho – noutra perspectiva, no direito romano, *usus frauctus est ius alienis rebus utendi fruendi salva rerum substantia*). Por isso o cessionário deve dirigir e vigiar a prestação de trabalho a realizar com um grau de controlo e direcção técnicas necessários ao asseguramento de uma adequada protecção da vida e saúde do trabalhador). A sua infracção constitui ainda um facto susceptível de desencadear, à luz do art. 483.º n.º 1 (2.º parte), os mecanismos da responsabilidade civil a favor do trabalhador, porquanto os efeitos públicos ligados à pertença do estabelecimento (*Betriebszugehörigkeit*) são apartáveis dos efeitos jurídico-privados que integram o conteúdo da relação de trabalho (*Arbeitsverhältnis*) e que são transladados, *mutatis mutandis*, com o acordo de cedência para a tríplice relação obrigacional que daí emerge. O DL n.º 359/89 vai ainda mais longe, numa prescrição que parece ser de ordem pública e por isso mesmo inafastável, mesmo que por vontade das partes, ao não permitir a utilização do trabalhador cedido num posto de trabalho particularmente perigoso para a segurança e saúde do trabalhador. A consagração particular desta disposição para as situações de cedência e de trabalho temporário fundamenta-se principalmente na elevada sinistralidade laboral que surge como consequência de um relativo desconhecimento do local de trabalho e de uma necessidade de adaptação específica dos trabalhadores à política da empresa cessionária em matéria de segurança e higiene no trabalho. É ainda uma decorrência de, na prática, as empresas utilizadoras e cessionárias não investirem na formação específica dos trabalhadores em matéria de prevenção de riscos e de sinistralidade laboral atendendo à transitoriedade que pauta a inserção destes nas respectivas estruturas produtivas (e de, na verdade, a erradicação do risco tornar economicamente inviável a operação de cedência porquanto a incapacitação do trabalhador afectará sobretudo a empresa cedente, não valendo quanto à cessionária o adágio de que "é menos custoso prevenir do que remediar" – no âmbito do trabalho temporário merece particular destaque, neste contexto, a imposição legal às ETT de afectação de 1% do volume anual de receitas obtido com a cedência de trabalhadores à sua formação profissional – art. 8.º n.º 3). A acontecer a colocação do trabalhador num posto de trabalho que se revele especialmente perigoso para a sua segurança física, para além da coima aplicável à cessionária nos termos da Lei n.º 113/99, o trabalhador poderá recusar-se a efectuar a sua prestação dentro desses condicionalismos dado tratar-se de uma norma que visa tutelar a sua segurança física e protegê-lo contra eventuais perigos a que sua vida que decorram da sua inserção numa estrutura produtiva a que é absolutamente alheio. As condições materiais de trabalho devem ser ajustadas aos interesses do trabalhador, havendo um dever conformativo de protecção recíproca, já que ao trabalhador também são impostas (no seu interesse) concretas condutas ou estabelecidas determinadas proibi-

meios de tutela. Se classicamente era a assunção do risco pelo empresário que legitimava a sua condução do processo produtivo, e consequencialmente os poderes patronais, agora é a titularidade das relações de trabalho que se transformou num risco para o empresário[301]. A cedente assumiu o risco económico da operação[302]. Na base do escopo e conteúdo do contrato, assumiu, *generaliter,* uma posição de abdicação da prestação do trabalhador, sujeitando-se aos "perigos" subjacentes à sua deslocação[303]. É

ções. Constitui assim obrigação do cessionário não apenas colocar à disposição do trabalhador meios idóneos para a realização da prestação acordada como também uma obrigação geral de proporcionar um ambiente de trabalho física e moralmente são. Na Alemanha, num plano geral, a preocupação de tutela da segurança dos trabalhadores é também claramente identificável, determinando o § 618 BGB, que o empregador tem de organizar a produção de modo a que os trabalhadores estejam protegidos, tanto quanto possível, contra os perigos que envolvam a sua vida e saúde, preocupação também identificável ao nível do trabalho temporário na Holanda (Lei de 1-11-1991), em Espanha (*Ley* 14/1994 de 1-6-1994) e em França (art. L-124.21 do *Code du Travail*), na sequência aliás da Directiva 89/391/CEE de 12 de Junho de 1989 (sobre a Directiva, com interesse, cfr. ROCELLA/TREU, *Diritto del lavoro della Comunità Europea*, Pádua, 1992, 278). Entre nós, deve ainda destacar-se a recente alteração do Código de Processo de Trabalho que, no art. 99.º e ss, consagra um procedimento específico dirigido à protecção dos valores da higiene, segurança e saúde no trabalho, fazendo eco das preocupações crescentes (*maxime* no domínio do direito comunitário) no tocante a esta matéria.

[301] MARIA REDINHA, *A relação laboral fragmentada*, cit, p. 98.

[302] Risco que se encontra equilibradamente repartido não só com o trabalhador mas também com a cessionária. Quanto a esta, não se encontra por exemplo na sua esfera jurídica a faculdade de *reenviar* o trabalhador para a cedente se constatar a sua inaptidão para o exercício das funções para que foi contratado. Não existe, de facto, um período experimental como no contrato de trabalho ou mesmo no âmbito do trabalho temporário (em que o art.14.º n.º 2 confere ao utilizador a faculdade de comunicação à ETT de recusa do trabalhador, estando esta obrigada a proceder à respectiva substituição).

[303] Como reverso dos benefícios que assinalámos supra. A lógica que atravessa todo o regime da cedência ocasional de trabalhadores assenta aliás num pressuposto de co-responsabilização das entidades envolvidas – *maxime* art. 30.º. Quanto ao cessionário, atente-se, por exemplo, que na ausência de convenção em sentido contrário e quando o acordo de cedência não ultrapassar os 12 meses, o trabalhador tem direito ao gozo das férias após a cessação do acordo de cedência- art. 21.º n.º 2. Neste sentido, será o cedente quem suportará as férias gozadas pelo trabalhador referentes ao período em que esteve cedido, ficando privado de poder utilizar de imediato o trabalhador para a execução da prestação laboralmente acordada. Por outro lado, um acidente verificado no seio da cessionária pode privar a entidade patronal no futuro de poder continuar a contar com o trabalhador. Veja-se a questão muito discutida quanto à competência para a elaboração dos mapas de horário de trabalho entre empresa de trabalho temporário e utilizador, no quadro de uma problemática que também se levantava quanto à cedência ocasional de trabalhadores, atenta a disciplina do art. 20.º n.º 1. No seguinte caso, que a Relação de Évora

que o cessionário ocupou o lugar de credor da prestação material do trabalhador, substituindo, quanto a este aspecto, na íntegra, a posição da cedente, apresentando-se o trabalhador como devedor da actividade neste plano analítico (e sem prejuízo da complexidade do vínculo obrigacional) a realizar perante o cessionário. Por isso o acordo, firmado nos termos do art. 28.º, não consubstancia uma atribuição de poderes isolada ou singular[304].

---

teve de decidir, uma empresa, a DSD – *Dillinger Stahlbau* (utilizadora), no âmbito de uma fiscalização do IDICT, foi confrontada com mais de 100 trabalhadores com vínculo à HUSETE-Trabalho temporário, lda, sem que tivesse entregue na delegação do IDICT os mapas de horário de trabalho respectivos. Foi-lhe aplicada uma coima por infracção do disposto no n.º 1 do art. 44.º e n.º 1 do art. 46.º do Decreto-Lei n.º 409/71 de 27 de Setembro, em conjugação com o n.º 1 do art. 44.º e n.º 1 do art. 15.º do Decreto-Lei n.º 491/85 de 25 de Novembro e com o art. 20.º do Decreto-Lei n.º 358/89 de 17 de Outubro. Recorrendo, para além da suscitação de questões com incidência processual e contra-ordenacional, à questão de ser a HUSESTE, lda., enquanto entidade patronal, a ter de elaborar os mencionados mapas, pelo que essa competência exorbitava das suas obrigações legalmente definidas (para além da falta de consciência da ilicitude não ser censurável), a DSD veio a ganhar o recurso no Tribunal da Relação de Lisboa. O relator SARMENTO BOTELHO considerou, com base no preâmbulo da "Lei de Trabalho Temporário", que essa incumbência impendia sobre a entidade patronal, apesar da existência de uma *delegação* do poder de direcção na utilizadora quanto ao exercício do poder de direcção. Em voto de vencido, o desembargador PEREIRA RODRIGUES, com fundamento no n.º 1 do art. 20.º, considerou que, pelo facto de competir ao utilizador o essencial (" definir o condicionalismo da prestação – o tempo e lugar – em relação ao trabalho prestado pelos trabalhadores temporários, actuando como verdadeira entidade patronal"), também a este deveria caber o acessório, *in casu*, o exaramento no mapa daquilo que na prática competentemente já definira. Em suma, firmou-se jurisprudencialmente o entendimento de que a empresa utilizadora não poderá ser responsabilizada por uma tarefa que não lhe compete e à qual é alheia. Cfr. Acórdão da Relação de Lisboa, de 27 de Maio de 1998, *Revista Sociedade e Trabalho*, n.º 6, p.130. Na actualidade, o n.º 4 do art. 20.º, com a redacção infundida pela Lei n.º 146/99, contraria o aresto citado e determina a competência da empresa cessionária para a elaboração do horário de trabalho, devendo também constar do respectivo mapa de trabalho. O n.º 5 determina a inclusão dos trabalhadores no mapa de quadro de pessoal da empresa de trabalho temporário, ou da cedente por força do art. 29.º.

[304] Se é certo que todas as relações negociais têm um certo grau de interdependência, não é menos certo que todas elas se inserem numa concreta estrutura social sem a qual não seriam inteligíveis pelas partes. Assim sendo, pode afirmar-se que uma transacção é "isolada" quando existe um reduzido envolvimento pessoal das partes e a comunicação entre ambas é restrita ao concreto objecto do negócio. Ora, na cedência, para além da complexidade que envolve o seu regime operativo e de o trabalhador não poder ser comparável a uma mercadoria cuja prestação se exaure imediatamente no tempo, a lógica da figura pressupõe, conforme fizémos notar, uma estreiteza relacional entre cedente e cessionário que modela todo o regime aplicável.

A identidade das partes não é irrelevante, nem o trabalhador pode ser fungibilizado, equiparado a uma qualquer mercadoria. Os arts. 26.º e 27.º manifestam clara preocupação em identificar à partida as fontes do conteúdo do acordo (maxime art. 28.º ns. 1 e 2) e, através da remissão operada para o regime do trabalho temporário, delimita-se (ainda que com notável imprecisão) os pólos de interesse de cada um dos intervenientes, incrementando a envolvente relacional entre todos. Aqui, quer de um ponto de vista jurídico, quer de um ponto de vista económico[305], o comportamento dos agentes orienta-se simultaneamente numa base associativa em direcção ao objectivo comum e numa base contratual em direcção aos objectivos individuais sem conceder prioridade a um ou aos outros. A empresa cedente assume inegavelmente um risco económico com a cedência do trabalhador que mais não é do que a condição de empregador[306], apesar da dissociação entre a entidade condutora do processo produtivo e o centro de imputação da relação jurídico-laboral[307].

De outra parte, se só a cedente pode aplicar sanções ao trabalhador (mormente o despedimento), no âmbito da titularidade exclusiva do poder disciplinar que a lei lhe atribui, não pareceria concebível à primeira vista que o reverso deste poder fosse subtraído ao trabalhador. Isto é, o trabalhador poderia ser despedido pela cedente devido a um comportamento havido no seio da cessionária, mas nada poderia fazer se fosse insultado ou existisse qualquer violação grave de direitos que o ordenamento lhe atribui.

---

[305] Sobre o contrato enquanto operação intrinsecamente económica, vd. ENZO ROPPO, *O Contrato*, Almedina, Coimbra, 1988, 8.

[306] Trata-se de um fenómeno de bipartição entre poder e risco: à cessionária, liberta da titularidade da relação laboral, cabe o "domínio útil" sobre o trabalhador, ficando a cedente com o "domínio directo", L. Mauricci *apud* MARIA REDINHA, *A relação laboral fragmentada*, cit., 98.

[307] MARIA REDINHA, *A relação laboral fragmentada*, cit., 185.

3. Direito de rescisão

Do regime legal, resulta que todo e qualquer aspecto com incidência directa na manutenção do vínculo laboral só poderá ser accionado pelo cedente. Este aspecto prende-se directamente com um conjunto de restrições negociais impostas ao conteúdo não só do contrato de trabalho mas também do acordo de cedência. Pense-se, por exemplo, numa falta grave imputável à cessionária relativa a deficientes condições de saúde, higiene e segurança no trabalho. Seria tentadora, dentro desta lógica, a possibilitação ao trabalhador da rescisão do contrato com a cedente com fundamento em justa causa. Não parece no entanto que seja esta a solução adequada. Neste concreto ponto, a lei é clara ao sujeitar o trabalhador ao regime de higiene, segurança e saúde vigente na cessionária, impondo-lhe ainda um especial dever de esclarecimento sobre os riscos para a segurança e saúde do trabalhador inerentes ao posto de trabalho a que será afecto. Se a empresa cessionária omitir ou violar quaisquer deveres neste domínio seria irrazoável a impendência das respectivas consequências sobre a empresa cedente[308]. Trata-se de uma prática imputável a uma entidade diferente, com personalidade e responsabilidade jurídica próprias. A lógica de ambiência de grupo não pode obtemperar à asserção. É que o legislador parece ter querido sujeitar todas as situações a um regime uniforme e, como vimos, a cedência em situações de formação[309] é constituí-

---

[308] A nível contra-ordenacional, foi consagrado um regime de responsabilidade solidária pelo pagamento das coimas aplicáveis – art. 4.º n.º 2 da Lei n.º 116/99 – que parece possibilitar nos termos gerais o exercício do direito de regresso por parte da empresa cedente para reaver o respectivo valor (não obstante a necessidade de destrinça entre o n.º 1 – que determina os responsáveis pelas contraordenações laborais – e os n.ºs 2, 3 e 4 – que se referem aos responsáveis pelo pagamento das coimas devidas). No domínio rescisório está-se contudo num plano diferente: está-se perante uma privação futura de um trabalhador, numa situação de ruptura de um laço fiduciário, em que a demanda da cessionária para compensação dos prejuízos havidos, se mostra insusceptível de configurar uma satisfação plena dos danos ocasionados.

[309] Art. 26.º n.º 2 al. a).

vel à margem de uma relação de grupo, sem que o enquadramento jurídico não deva ser tendencialmente o mesmo. De outro lado, a possibilidade de pôr termo ao contrato não pode redundar em prejuízo das legítimas expectativas da contraparte[310]. O cedente arrostaria com a perda de um trabalhador (com a indemnização inerente à justa causa) sem que tivesse dado motivo para tanto. Postula-se assim uma ponderação de interesses em que serão confrontados não só os interesses das partes, mas também o interesse da comunidade e do Estado na segurança e estabilidade dos vínculos laborais existentes[311]. Neste quadro, e em princípio, o trabalhador pode resolver o contrato de cedência e retornar à sua anterior estrutura produtiva, deixando incólume o contrato de trabalho e tutelando a sua posição[312]. O direito de resolução do contrato de cedência deve ser actuado nos termos do art. 432.º do Código Civil[313], operando-se mediante a pertinente notificação (art. 436.º do Código Civil) ao cessionário, devendo o trabalhador proceder de igual forma em relação ao cedente, avisando-o da ocorrência verificada e comunicando-lhe o seu regresso[314] já que o contrato de trabalho com este permanece intocado[315]. Este direito

---

[310] Subjacente a toda a temática do cumprimento das obrigações deve estar uma ideia de proporcionalidade em coerência com o princípio geral da boa fé.

[311] Não obstante o facto de, atendendo ao carácter duradouro da relação de trabalho e à especial intensidade dos deveres pessoais, surgir reforçada a garantia da possibilidade de desvinculação unilateral. A liberdade de desvinculação do trabalhador manifesta-se como corolário da liberdade de trabalho.Cfr. FURTADO MARTINS, *Cessação do Contrato de Trabalho*, cit., 13.

[312] Apesar da triangularidade da figura, o trabalhador cedido não poderá deixar de fruir da mesma protecção que a lei concede a um contraente nos negócios bilaterais, devendo no entanto notificar cedente e cessionária do exercício do seu direito, cuja recepção torna a declaração irrevogável. No fundo trata-se da regra de que as normas ou princípios dos contratos devem sofrer as adaptações requeridas pelas especificidades dos negócios jurídicos plurilateriais. Cfr. MOTA PINTO, *Cessão da posição Contratual,*Almedina, Coimbra, 1982, 520; JOSÉ JOÃO ABRANTES, *A excepção de não cumprimento do contrato no direito civil português – conceito e fundamento*, Almedina, Coimbra, 1986, 56.

[313] Conforme refere ROMANO MARTINEZ, "A justa causa de despedimento", in VVAA: *I Congresso Nacional de Direito do Trabalho*, cit., 174, o legislador normalmente não confere ao lesado o direito de unilateralmente extinguir o contrato se o dano causado pelo incumprimento for de escassa importância, apontando como exemplos os arts. 802.º n.º 2 e 1222.º CC e o art. 64.º do RAU.

[314] Trata-se de um dever acessório, já que a complexidade do vínculo laboral não se esgota na execução pura da prestação acordada, constituindo um elemento intrínseco da relação de confiança que fundamenta a relação laboral.

[315] A eficácia retroactiva da resolução não será de ter em conta no domínio do acordo de cedência, atendendo ao facto de a prestação acordada ser de execução continuada,

do trabalhador insere-se e fundamenta-se no domínio de protecção contratual, tendo-se sempre em consideração a inevitável perda de domínio factual por parte da cedente da situação do trabalhador com a sua inserção numa outra estrutura produtiva. Existe uma condição resolutiva tácita de adimplemento por parte de todos os outorgantes do acordo cuja falta de cumprimento faculta a qualquer um deles, neste caso ao trabalhador, o exercício do direito resolutivo[316]. A rescisão com justa causa sem mais provocaria uma ruptura na execução do objecto contratual juslaboral com fundamento numa conduta de uma entidade estranha ao contrato de trabalho, apesar da estreita envolvência de todos os agentes no âmbito do acordo de cedência – *Non debet alteri per alterum iniqua condicio in ferri*[317].

Abrir-se-iam aliás as portas para o aparecimento de situações fraudatórias. Pense-se, a título exemplificativo, na seguinte situação:

– Nos termos do acordo de cedência, a cessionária havia ficado responsável pelo pagamento da retribuição ao trabalhador cedido durante os três anos contratualmente estabelecidos para a duração da cedência. Dois anos volvidos após a outorga do acordo, constatando a proficiência revelada pelo trabalhador no exercício das funções acordadas e vendo aproximar-se o *terminus* da cedência, insulta-o de forma gravosa, inti-

---

caso em que se mantêm as prestações efectuadas até à data em que a resolução produz efeitos – art. 424.º CC. Cfr. MENEZES CORDEIRO, *Direito das Obrigações II*, AAFDL, Lisboa, 1994, 164ss.

[316] Sobre a figura, quanto ao inadimplemento definitivo do art. 801.º, n.º 2 e, quanto à mora, do art. 808.º n.º 1, que permite a aplicação das normas sobre a falta de cumprimento, e portanto, do art. 808.º n.º 2, cfr. ROMANO MARTINEZ, *Cumprimento defeituoso – em especial na compra e venda e na empreitada*, Almedina, Coimbra, 1994, 330ss; MOTA PINTO, *Teoria Geral do Direito Civil*, 3.ª edição actualizada, Coimbra, 557; ALMEIDA COSTA, *Direito das Obrigações*, cit., 260. No entanto conforme refere ROMANO MARTINEZ, em *Cumprimento defeituoso*, cit, 130, na actualidade a "*communis oppinio* vai no sentido da existência de três tipos distintos da perturbação. São eles o incumprimento definitivo, a mora e o cumprimento defeituoso", postando-se uma noção de incumprimento em sentido amplo nos arts.º. 798.º e 799.º ("falta ao cumprimento"), sendo que o incumprimento defeituoso tanto pode advir da violação de deveres principais quanto de deveres secundários e acessórios de conduta (maxime deveres de informação e de colaboração). Ainda segundo o autor, apesar de no plano da pureza dos conceitos a impossibilidade culposa não corresponder ao incumprimento, o Código Civil, no art. 801.º, procedeu a uma equiparação de regimes, que não significa em absoluto uma assimilação de figuras, pelo que será de aplicar o regime da falta de cumprimento – o mesmo vale, *mutatis mutandis*, para a impossibilidade parcial imputável ao devedor regulada no art. 802.º, fazendo sentindo face à conjugação do n.º 1 do preceito com o n.º 1 do art. 800.º, aplicar o mesmo regime.

[317] PAPIANUS *Libro primo quaestionum*. Dig. 50.17.74

mando-o a rescindir o respectivo contrato de trabalho com a cedente. O trabalhador anui, recebe a indemnização prevista no art. 36.º da LCCT[318] e celebra um novo contrato de trabalho, bem mais vantajoso, com a anterior cessionária, que se torna agora sua entidade patronal.

A situação ilustra *de per si* a iniquidade que representaria a oponibilidade de uma actuação da cessionária à entidade patronal por parte do trabalhador, cuja cedência só foi possível por expressa manifestação *ex voluntate* de todas as partes. A entidade que lhe deu trabalho (a cedente) ficaria assim desarmada perante a actuação assinalada, tornando-se ainda mais inefectivo o recurso à cedência, atenta a desproporcionada vulnerabilização a que uma empresa ficaria sujeita, por ceder um trabalhador, ainda que a este tivesse cabido o impulso do *destacamento*.

No exemplo apontado, se a empresa cedente soubesse da falta de condições de segurança existentes na organização da cessionária, a situação seria materialmente diferente. Isto é, todas as situações em que a cedente tenha conhecimento prévio de violações de direitos do trabalhador que apresentem fundamento para rescisão com justa causa, o trabalhador pode fazer actuar este direito. Situações em que a tutela dos interesses do trabalhador se imponha com especial intensidade, em que a má fé revelada pela cedente configure uma quebra no vínculo de confiança entre as partes que torne inexigível a manutenção do contrato de trabalho[319]– *sibi imputet*. A empresa cedente, na qualidade de entidade empregadora e de parte outorgante do acordo de cedência, tem especiais deveres de conduta para com o trabalhador estando obrigada a manter no decurso da relação de trabalho uma ideia filiada num pressuposto de colaboração[320]. Trata-se de uma decorrência do carácter fiduciário, infungível e *intuitu personae* da relação laboral, de um mútuo investimento de confiança que legitima

---

[318] Com a remissão para a fórmula de cálculo constante do art. 1.º n.º 13 da LCCT.

[319] FURTADO MARTINS, "Rescisão pelo trabalhador. Comunicação escrita – Anotação ao Ac. Relação de Lisboa de 22 de Janeiro", RDES, 1993, ns.º 1-2-3-4; BERNARDO XAVIER, *Curso*, cit., 533-534; MENEZES CORDEIRO, *Manual*, cit., 855; MONTEIRO FERNANDES, *Direito do Trabalho*, cit., 537-544.

[320] Trata-se aliás de uma ideia que pontua qualquer vínculo negocial mas que assume um conteúdo reforçado na estrutura da situação jurídica laboral. Cfr. MENEZES CORDEIRO, "Da situação jurídica laboral: perspectivas dogmáticas do direito do trabalho", ROA, 1982, 21ss. Por exemplo, no Reino Unido, dando nota do especial rigor jurisprudencial no plano do *"contract of employment"* quanto ao recorte e análise do *"duty to maintain mutual trust and confidence, fidelity and co-operate"*, vd GWINETH PITT, *Cases and materials in Employment law, Second edition*, Financial Times Pitman Publishing, Londres, 1998, 136ss.

recíprocas expectativas quanto à idoneidade das partes no cumprimento do compromisso que foi assumido[321]. Se o comportamento cúmplice da entidade empregadora com a empresa cessionária, "*pela sua gravidade e consequências, tornar prática e imediatamente impossível a manutenção da relação de trabalho*"[322], o trabalhador disporá de fundamento bastante para operar a rescisão com justa causa e receber a indemnização desenhada nos arts.º 36.º e 13.º n.º 3 da LCCT, avultando sempre a necessidade de uma ponderação séria sobre o comportamento da entidade patronal determinante da ruptura da relação laboral. Caberá à cedente, nestas situações, o afastamento da presunção de incumprimento contratual[323], alegando e provando os elementos factuais que afastem um juízo de censurabilidade sobre a sua conduta[324].

---

[321] BERNARDO XAVIER; *Curso*, cit, 486-501.
[322] Por exemplo, Ac. STJ de 05-02-98, Proc. n.º 3/97 (COUTO MENDONÇA) e Ac. STJ de 11-02-98, Proc. n.º 141/97 (MANUEL PEREIRA).
[323] Art. 799.º CC.
[324] Ac. STJ de 08-05-96, proc. n.º 4212 (ALMEIDA DEVESA).

SECÇÃO II
A NATUREZA DO VÍNCULO COM A EMPRESA CESSIONÁRIA

1. Aspectos gerais

O trabalhador encontra-se vinculado ao cessionário por um contrato de cedência. Ambos intervieram na sua celebração – art. 28.º. O cessionário dirige a actividade, exerce autoridade, estabelece os horários, local, quantidade e condições de trabalho. Conforma com efectividade o destino da prestação à finalidade de um processo de produção que controla, impõe, corrige e cujo *"modus faciendi"*[325] fiscaliza. A sua posição obrigacional compreende o poder directivo (no sentido de dar ordens e instruções ao trabalhador e atribui-lhe dentro dos limites legais e do acordo de cedência as funções e o posto de trabalho a desempenhar) e o poder regulamentar (enquanto faculdade de determinação abstracta e concreta dos regulamentos vinculativos donde constam as normas de organização e disciplina no trabalho[326]). O trabalhador encontra-se sujeito às imposições

---

[325] MARIA REDINHA, *A Relação laboral fragmentada*, cit., p. 181 Naturalmente dentro do tipo genérico de actividade desenhado no acordo de cedência, cabendo neste sentido ao cessionário a determinação a cada momento das tarefas a prestar. É que o trabalhador no acordo de cedência adstringiu-se a prestar não apenas determinado serviço mas também concordou em executá-lo naqueles precisos termos em que o cessionário o venha a exigir, que fica com o poder "de o ordenar na sua actuação concreta". Cabe-lhe modalizar o aspecto da execução técnica, o *como*, o *modo*, o *quando* e o *onde*.

[326] A cedência constitui neste sentido a "prova provada" da necessidade de distinção conceitual e prática entre os poderes directivo e disciplinar, contrariamente ao que sustentava BARASSI em *Derecho del Trabajo II*, Madrid, 1960, 427 e ss., ao incluir o poder directivo e sancionatório na esfera do poder disciplinar. Diga-se, no entanto, independentemente do acolhimento legal de figuras como a cedência ocasional de trabalhadores ou mesmo o trabalho temporário, que os conceitos são na sua pureza claramente apartáveis. O poder directivo apresenta uma feição qualitativa, que talha a aplicação concreta da força de trabalho, sendo que o poder disciplinar apresenta um alcance mais alargado: abrange e releva também as chamadas *condutas extra-laborais*.

de higiene e segurança, sigilo profissional, horário, duração do trabalho, horas extraordinárias e descanso semanal vigentes na estrutura produtiva em que se encontra inserido. A tabela salarial aplicável é a que vigora na empresa cessionária[327]. Cessionário e trabalhador têm direitos e deveres que decorrem do facto de a prestação laboral ocorrer no âmbito da estrutura organizativa do primeiro[328]. É este quem utiliza directamente os serviços do trabalhador.[329]. Por isso detem o poder de direcção e de con-

---

[327] Art. 21.º n.º 1. No entanto, o princípio da irredutibilidade salarial impõe que, em caso de salário mais alto vigente na empresa cedente, deva ser este o auferido- art. 21.º al. c) da LCT.

[328] Sendo que para todos os efeitos, mormente quanto a acidentes de trabalho, continua a ser trabalhador da empresa cedente. Neste sentido, os já citados Ac. Rel. Coimbra. De 1/2/1996, CJ XXI, Tomo I, p. 65 e Ac. Rel. Évora de 22/5/1997, CJ XXII, Tomo II, p. 292.

[329] Consideramos possível a celebração de um pacto de exclusividade com a cessionária, isto é, durante o período em que a cedência vigore, o trabalhador compromete--se, perante a entidade em que se encontra inserido, a não desenvolver outra actividade profissional, por conta própria ou alheia. Pode tratar-se de um acordo de não concorrência com uma vigência concomitante ao do acordo de cedência se a convenção tiver como objecto a não prestação de um trabalho de natureza idêntica ou equivalente àquele que o trabalhador se comprometeu a executar junto da cessionária; ou, mais latamente, um "*pacto de dedicação plena*" (na terminologia presente no art. 21.º n.º 1 do "*Estatuto de Los Trabajadores*"), se o objecto for a abstenção da prestação de qualquer trabalho para outras entidades, apesar das inevitáveis restrições à liberdade de trabalho e ao direito de iniciativa económica privada que a aplicação desta modalidade comporta. Por isso, nestas situações, as restrições assinaladas devem fundar-se num interesse do cessionário digno de protecção (art. 398.º CC), sendo também exigível uma adequada fundamentação material e a atribuição de uma compensação ao trabalhador, similarmente ao que ocorre no direito espanhol e no art. 36.º n.º 2, c) LCT – neste sentido, FURTADO MARTINS, "O Pluriemprego no Direito do Trabalho" in VVAA: *II Congresso*, cit., 205. A admissibilidade da celebração deste tipo de acordos por uma entidade que não a entidade empregadora funda-se na necessidade de os interesses da cessionária não ficarem absolutamente desprotegidos e de esta poder, nos moldes assinalados, fazer face à concorrência no respectivo sector de actividade, através do asseguramento de uma exclusividade prestacional do trabalhador (até porque a respectiva inadmissibilidade entropiaria a colocação do trabalhador cedido em pé de igualdade com os trabalhadores pertencentes à cessionária). Trata-se assim de uma restrição ao direito de personalidade, podendo o trabalhador desvincular-se contanto que indemnize a cessionária- art. 81.º n.º 2 CC. A admissibilidade de revogação unilateral do pacto pelo trabalhador doutrinariamente defendida importará, a nosso ver, a caducidade do acordo de cedência quando tenha constituído condição *sine qua non* da celebração do acordo de cedência, retornando neste sentido o trabalhador à empresa cedente. Por outro lado, o fim da cedência ou a cessação da actividade prestada perante a cessionária (por exemplo, por indicação da empresa cedente), fará igualmente caducar o pacto de dedicação plena. Sobre a jurisprudência, em Espanha, cfr. ALBIOL MONTESINOS, ALFONSO

formação da prestação laboral[330]. A lei é contudo clara no conferimento exclusivo do poder disciplinar ao cedente.[331] Compreende-se porquê. É

MELLADO, BLASCO PELLICER, GOERLICH PESET, *Normas Laborales – concordadas com la jurisprudencia de los Tribunales Constitucional y Supremo*, Tirant Lo Blanch, Valencia, 2000, 191.

[330] Vd. Ac. Rel. Porto de 10-12-86, CJ, ano XI, tomo V, 1986, pg. 270 acentuando a natureza da delegação de poderes do cedente no cessionário quanto ao exercício do poder de direcção e considerando que a desobediência ilegítima do trabalhador às determinações da empresa cessionária constitui justa causa para o seu despedimento.

[331] Ac. STJ de 10-10-91 ADSTA n.º 363, 1992, 414. A questão pode na prática levantar alguns problemas. Sabe-se que o poder disciplinar se caracteriza por ser um meio expedito e eficaz de assegurar o cumprimento por parte do trabalhador, não colocando, em caso de incumprimento, como acontece com qualquer outro credor privado, o empregador na dependência dos meios judiciais de reintegração, com toda a morosidade e ineficácia que as mais das vezes estes apresentam. Por isso ao celebrar o acordo de cedência (tal como no contrato de trabalho), o trabalhador está ciente de que prescinde da disponibilidade do seu tempo e da forma como dispõe das sua energia laborativa em favor da cessionária, como contrapartida da não assunção do risco de não serem atingidos determinados resultados e da manutenção de todos "os direitos que detinha à data do início da cedência". Neste sentido, sujeita-se não só às instruções da empresa cessionária directamente incidentes sobre a sua actividade produtiva como prestador de serviços, mas também às respectivas regras gerais de organização e funcionamento. Mas e se o trabalhador violar de forma grave os seus deveres para com a cessionária ou exercer a sua prestação de forma pouco diligente? Sabendo-se o carácter de exclusividade com que o poder disciplinar se encontra atribuído à cedente, e que esta no seu accionamento terá necessariamente de ponderar o equilíbrio entre os interesses empresariais e aquele trabalhador, havendo "*uma discricionariedade balizada em termos objectivos*", a que subjaz um juízo de oportunidade que encontra limites funcionais nos princípios da boa fé, do abuso de direito e da fraude à lei, ela não está obrigada a fazer uso desta prerrogativa a solicitação da empresa cessionária, para quem deveria ser aberto um processo disciplinar – *Eius est nolle, Qui potest velle*, Dig.50.17.3. (ULPIANUS *libro tertio ad Sabinum*) De outra parte, " *a entidade patronal não está obrigada a punir os trabalhadores que cometam infracções disciplinares, nem sequer a desencadear o respectivo processo*". Veja-se MÁRIO PINTO/FURTADO MARTINS/NUNES DE CARVALHO, *Comentários às Leis do Trabalho*, Vol. I, Lex, 132 e BERNARDO XAVIER em *o Direito da Greve*, Lisboa, Verbo, 1984, 279-281, tendo os autores uma perspectiva de abordagem do poder disciplinar como um poder de gestão e não como uma função de justiça, congraçando o princípio da igualdade com o princípio da autonomia e da liberdade de gestão da organização produtiva. Assim, a empresa cessionária nada pode fazer perante uma recusa da empresa cedente em desencadear o poder disciplinar. O único caso previsto na lei (art. 26.º n.º 2 da LCT), em que o poder disciplinar pode ser exercido por outras pessoas que não a entidade patronal, verifica-se quando haja delegação desta nos superiores hierárquicos, o que não ocorre manifestamente na cedência quanto à empresa cessionária. Parece neste sentido artificiosa a construção que permitiria o desencadeamento da acção disciplinar por parte da cessionária que poderia depois ser ou não ratificada pela empresa cedente no quadro dos prazos conjugados dos arts 27.º n.º 3 e 31.º

da LCT e do art. 10.º da LCCT. A rejeição da possibilidade deve-se não só ao facto de o art. 31.º da LCT ser lapidar quanto à necessidade de o procedimento ser exercido nos sessenta dias subsequentes "àquele em que a **entidade patronal**, ou o **superior hierárquico com competência disciplinar**, teve conhecimento da infracção" – a cessionária não é entidade patronal da empresa cedente nem tão pouco tem competência disciplinar nos termos da LTT – quanto, de outra forma, ocorreria um absoluto desvirtuamento do desenho bipartido da cedência se o processo disciplinar pudesse ser conduzido pela cessionária. Acresce que, conforme salienta COSTA MARTINS em "O Poder Disciplinar da Entidade Patronal" in VVAA: *I Congresso*, cit, 239, o processo disciplinar pode ser utilizado " *como forma de retaliação contra trabalhadores incómodos ou como arma de coacção contra o exercício de direitos constitucionalmente garantidos*", razão pela qual a sua simples utilização (ainda que não culmine na aplicação de qualquer sanção) é objecto das maiores cautelas legais, devendo apenas ser manuseado pela entidade com quem o trabalhador tem o seu vínculo laboral ou por alguém que nesta desempenhe funções e esteja integrado na respectiva estrutura produtiva sob pena de a cedência ser materialmente qualificável como uma cessão da posição contratual integral sujeita a termo resolutivo. Por isso, a doutrina expendida no Ac. Rel. Lisboa de 20-11-1996, BTE, 2.º série, n.ºs 10-11-12/98, 1431, em que se cura da ratificação de poderes nos termos do n.º 2 do art. 268.º CC por parte da entidade patronal relativamente ao exercício da acção disciplinar por parte de um superior hierárquico do trabalhador "punido", não pode ser transposta para este domínio. Note-se ainda que um dos factores a ponderar, em sede de acção disciplinar e que passa pelo crivo de censurabilidade exigido, é justamente o "tipo de interesses violados da entidade patronal pela conduta do trabalhador e, consequentemente, o tipo de lesões verificadas"; ou seja, se o trabalhador executar a sua prestação com falta de zelo apenas muito reflexamente se poderá falar numa violação de interesses da entidade patronal ou numa lesão produzida na sua esfera que justifique a aplicação de sanções (naturalmente que a lesão tenderá a ser tanto menos difusa quanto a remuneração seja suportada pela cedente). Este plano de relação dos interesses do trabalhador em face dos interesses da entidade patronal assume neste contexto acrescidas dificuldades atendendo também ao facto de a cedente não ter conhecimento de comportamentos precedentes ou contemporâneos que tenham sido considerados pela cessionária como merecedores de uma concreta sanção, podendo emergir neste contexto formas de tratamento discriminatório entre os trabalhadores que laboram na cessionária, pois, segundo se crê, o parâmetro de análise na aplicação de sanções deverá ser encontrado por referência a actuações precedentes ou contemporâneas da empresa cedente em face de situações com similar gravidade. Contudo, a prossecução deste fim pode igualmente ser impedida por facto do próprio credor e, não existindo para tal motivo justificativo, havendo uma conduta omissiva da cedente defraudatória da confiança projectada no contrato, há que concluir também pela ilicitude do comportamento daquele cujo interesse estava em causa na estrutura da obrigação – o cedente. Conforme refere CUNHA DE SÁ, *O direito ao cumprimento e direito a cumprir*, Almedina, Coimbra, 1997, 82, " *o ordenamento jurídico encara a finalidade da obrigação como desligada do interesse de cada credor, para atentar apenas à necessidade abstracta da circulação de bens e serviços através da colaboração entre pessoas*". Se a cedente se opõe

com este que existe um vínculo laboral e toda e qualquer alteração de monta à sua configuração deve caber ao cedente[332], pois, como salienta BERNARDO XAVIER, a ideia de subordinação fica desfigurada *"quando o empregador se encontra despojado desta forma subtil de pressão que é a eventualidade de um despedimento"*[333]. Merece, no entanto, saliência o

---

sem motivo legítimo ao preenchimento desta necessidade, ainda que no caso particular se trate do próprio beneficiário da colaboração de outrém (estando por exemplo a cessionária a suportar a retribuição auferida pelo trabalhador que se encontrava esvaziado de funções na cedente) impende sobre a sua conduta um valor de contraditoriedade ao valor tido em vista pela ordem jurídica. Por isso, até se configura como um dever – e não como um simples ónus – a imprescindibilidade da cooperação do credor na realização da prestação: porque sem ela não pode alcançar-se o fim da obrigação nem preencher-se o valor "colaboração entre pessoas para o comércio jurídico-privado". Neste quadro existirá uma tensão conflituante entre a natureza discricionária (com os limites funcionais que decorrem do princípio da boa fé) do poder disciplinar e a ausência da prática dos actos necessários ao cumprimento da obrigação por parte da empresa cedente sem que para tal exista um motivo justificado. Se o cedente se recusar perante uma violação grave do trabalhador a exercer a acção disciplinar (vg furto de objectos) que o legislador lhe atribui com carácter de exclusividade, o seu comportamento mostrar-se-á materialmente contrário ao direito e por isso ferido de ilicitude – *sine iusta causa accipere recusare*. A cessionária pode no entanto demandar o trabalhador pelos danos causados e resolver o acordo de cedência. A resolução do acordo parece evidente no quadro do art. 432.º CC, mecanismo que se encontra na disponibilidade de todas as partes intervenientes no acordo se para tal existir fundamento. A resolução do vínculo obrigacional, que constitui a cedência, recorta-se como o instrumento contratualmente adequado à tutela da posição e interesses da empresa cessionária perante a falta de observância do trabalhador dos seus deveres contratuais. A violação do acordo de cedência pelo trabalhador é ilícita, perante o beneficiário directo da sua prestação – a cessionária.

[332] Sobre o poder disciplinar como elemento primacial da subordinação jurídica, MARIA PALMA RAMALHO, *"Sobre os limites do Poder Disciplinar Laboral"*, in VVAA: *I Congresso Nacional de Direito do Trabalho*, cit., 191, observando que "a componente laboral é a relação subjectiva de subordinação-domínio ou relação de emprego, tutelada pelo elemento disciplinar". A autora, em *Do Fundamento do Poder Disciplinar Laboral*, Coimbra, 1993, 252, no quadro da valoração do poder disciplinar enquanto elemento equilibrante da complexidade da relação obrigacional (*Schuldverhältnis*), constrói a partir deste ponto, numa formulação indiciária, uma base de delimitação do contrato de trabalho e do contrato de prestação de serviços. É, aliás, este aspecto, a titularidade do poder disciplinar, que permite no quadro da cedência ocasional de trabalhadores, a qualificação da entidade cedente como entidade patronal. Neste sentido, o prazo de sessenta dias previsto no art. 31.º n.º 1 LCT para o exercício do procedimento disciplinar deve ser contado a partir do momento em que a empresa cedente e não a empresa cessionária toma conhecimento da infracção.

[333] *O despedimento colectivo no dimensionamento da empresa*, cit., 16.

projecto de diploma apresentado à opinião pública, em 1996, pelo XIII Governo Constitucional[334] que estabelecia uma "*presunção da existência de trabalho subordinado*"[335] que, por circunstâncias várias, não foi vasado em forma de lei e que, no abstracto, *summo rigore*, conduziria à qualificação da empresa cessionária como entidade patronal do trabalhador cedido, ao estabelecer-se que "*considera-se trabalhador subordinado toda a pessoa que presta a sua actividade, em benefício de outra, no âmbito de uma organização dirigida por esta e nas respectivas instalações ou locais de funcionamento*", sendo que a definição, ao contrário do trabalho temporário, não excluía as situações de cedência ocasional de trabalhadores no seu art. 2.º[336]. *De jure constituto* parece indubitável a inexistência de

---

[334] BTE, Separata n.º 2 de 8 de Abril de 1996.

[335] Claramente advogada por MONTEIRO FERNANDES em *Direito do Trabalho*, 11.º edição, Almedina, Coimbra, 1999, 146-147, com preocupações fundamentalmente atinentes à desmaterialização do elemento *subordinação jurídica* e de combate à dissimulação proliferante de contratos de trabalho, tendo ainda em vista que, do ponto de vista processual, a prova da existência de uma relação laboral não impenda sobre o trabalhador.

[336] Na Alemanha, a propósito do trabalho temporário mas com uma base enquadratória semelhante à da cedência de trabalhadores atendendo à proximidade de ambos os figurinos, colocava-se a questão da existência de uma relação laboral (*"ein Arbeitsverhältnis vorliegt"*) com a empresa cessionária (*"Entleiher"*). Esta construção jurídica é no entanto baseada não na teoria da incorporação –"*Eingliederungtheorie*" – mas antes na expressão de uma vontade tácita do empregador (*rectius*, cessionário) e do trabalhador ("*Leiharbeitnehmer*") no sentido da aceitação bilateral de um contrato juslaboral tacitamente celebrado – vd ULRICH MUMOT – *Die Betriebsverfassungsrechtlichen Beteiligungsrechte bei der Beschäftigung von Leiharbeitnehmern*, Bonn, 1975, 86 e DIAS COIMBRA, "A mobilidade do trabalhador no âmbito da cedência imprópria", ROA III, ano 53, Dezembro 1993. Esta concepção não encontra contudo expressão nas vontades reais do trabalhador e do empresário que, com base no recurso à cedência (própria ou imprópria), visam justamente evitar a constituição de um novo vínculo laboral, mantendo-se o primeiro vínculo ainda que com contornos temporariamente específicos. Se quisessem constituí-lo, tê-lo-iam feito nos termos gerais da celebração de um contrato de trabalho. A vontade de ambos tem conteúdo diferente, à luz das condições em que foi manifestada e até das razões finais subjacentes à própria cedência. A concepção exposta acomoda-se neste sentido a uma construção artificiosa, sem arrimo à realidade, e desprovida de suporte jurídico no regime da cedência pelo que a aceitação da tese de duas relações de trabalho (*"zweier Arbeitsverhältnisse"*) deve ser objecto de rejeição *in limine*, pois como refere CASTANHEIRA NEVES, em *Questão-de-facto-questão-de-direito ou o problema metodológico da juridicidade (Ensaio de uma reposição crítica)I-A crise*, Coimbra, 1967, 340, a determinação da vontade das partes deve decorrer necessariamente de princípios e de critérios normativos à luz das suas finalidades concretas. Nesta perspectiva, rejeitando com veemência a possibilidade de constituição de uma relação laboral apesar da prestação ser executada na estrutura da cessionária, fundamentando a relação laboral na vontade das partes materializada no contrato e não na simples integração do trabalhador da empresa

qualquer vínculo laboral com a cessionária, sendo ao cedente que caberá sancionar o trabalhador por uma violação por este cometida. Não se compreende no entanto a necessidade de uma *"interpositio"* da cedente para o exercício integral deste poder[337]. Poderia ter-se ido mais longe e con-

e aderindo *hoc sensu* a uma perspectiva *semi-contratualista*, veja-se SUSANNA MANTOVANI, *L'interposizione illecita nei rapporti di lavoro*, Casa Editrice Dott. Antonio Milani, Pádua, 1993, 62-63. De outra parte, o citado projecto governamental ao não excepcionar, crê-se que por lapso, a cedência ocasional de trabalhadores do quadro presuntivo assinalado, vinha no seguimento das referências perfunctórias quanto à figura, ressaltando a ênfase colocada no trabalho temporário aquando das discussões parlamentares sobre o diploma que as regula e que tornaram uma vez mais evidente a marginalização legislativa e a desatenção a que a figura da cedência tem sido votada, não tendo, até há data, sido devidamente valoradas as suas potencialidades expansivas e satisfeitas as solicitações regulatórias que o respectivo regime apresenta.

[337] A divisão de poderes entre a cedente e a cessionária, enquanto nota marcante de todo o regime, pode impedir uma correcta avaliação por parte da empresa cedente da adequação da conduta infractora do trabalhador que lhe permita levar a cabo um razoável juízo de valor quanto ao nexo de adequação entre a falta cometida e a sanção aplicável podendo colocar em causa o princípio da proporcionalidade – art. 27.º n.º 2 LCT. A radicação da exclusividade do poder disciplinar na esfera da entidade cedente surge assim como uma manifestação das teorias contratualistas: o contrato de trabalho surge como fonte, fundamento e limite do poder disciplinar.Cfr. PALMA RAMALHO, *Do Fundamento do poder disciplinar Laboral,* Coimbra, 1993, 307ss e 349ss. OSORIO MORALES, "Notas para uma teoria general del contrato", *Revista de Derecho Privado*, 1965, 1074ss., considera o contrato de trabalho como um limite às faculdades directivas do empresário e não como um título legitimador através do qual se produz uma subordinação ilimitada do trabalhador à organização produtiva da empresa. Neste sentido e conforme se viu, o trabalhador perante ordens da entidade cessionária arbitrárias, desproporcionadas ou sem correspondência na fisionomia contratual do acordo de cedência dispõe de um título de desobediência legítima. É no entanto assaz problemática a qualificação do comportamento do trabalhador pela empresa cedente como constitutivo de uma falta justificante de sanção disciplinar quando o trabalhador invoque o *ius resistentiae*. Existe o sério risco de a empresa cessionária apresentar uma versão dos factos absolutamente dissemelhante, já que a acção disciplinar a effectivar pela cedente basear-se-á na informação fornecida pelos sujeitos intervenientes no processo de conflito não havendo um conhecimento directo da factualidade invocada. Neste quadro, é necessária uma prudente análise dos factos e uma cuidadosa estimação dos contornos da situação, factores que embora sempre presentes em sede de acção disciplinar ganham acrescida intensidade no seio desta relação atípica em que o trabalhador serve a dois amos. O prazo de sessenta dias previsto no art. 31.º n.º 1 LCT para o exercício do procedimento disciplinar deve ser contado a partir do momento em que a empresa cedente toma conhecimento da infracção. A consideração de que o prazo de caducidade, desenhado neste preceito, seria contado a partir do momento em que a empresa cessionária estivesse consciente do "incumprimento" verificado à luz dos princípios da imediaticidade e da segurança jurídica do trabalhador, esbarraria sempre com a indissociabilidade do instituto da caducidade ao poder disciplinar empresarial cuja titularidade

sagrado a possibilidade de a cessionária poder aplicar sanções correctivas ao trabalhador de carácter não pecuniário –repreensão e repreensão registada – art. 27.º als. a) e b) da LCT[338]. Pacífico e seguro parece ser o entendimento de que todo e qualquer factor cessatório do contrato de trabalho (v.g. revogação por mútuo acordo – art. 8.º da LCCT) só será efectivável com intervenção do cedente. A eventual "dispensa" dos serviços do trabalhador pela cessionária apenas afecta o acordo de cedência devendo aquele ser reintegrado na cedente.

---

e exercício se encontram irredutivelmente na esfera da entidade cedente. Ademais, a segurança jurídica do trabalhador encontra-se sempre salvaguardada com a prescrição da infracção um ano após o seu cometimento – art.27.º n.º 2 da LCCT – podendo (e neste conspecto devendo) a entidade patronal instaurar um processo prévio de inquérito para apurar com exactidão o ocorrido e suspender o prazo do art. 31.º LCT.

[338] A crítica é também assinalada por PAULA CAMANHO/MIGUEL CUNHA/SOFIA PAIS/PAULA VILARINHO em *Trabalho Temporário*, cit., 247 e 248. Por seu turno, ANTÓNIO MOREIRA, *Trabalho Temporário – Regime Jurídico Anotado*, Almedina, Coimbra, 1999, 46, ao considerar o poder disciplinar instrumento de concretização do poder directivo defende a possibilidade mesmo face ao regime vigente.

2. Responsabilidade por danos ocasionados pelo trabalhador

A repartição atípica de poderes assinalada entre cedente e cessionário, verdadeira bipartição do conjunto de poderes-deveres que caracterizam a entidade patronal, coloca em aberto a questão da responsabilização por eventuais danos causados pelo trabalhador no exercício efectivo da prestação laboral na estrutura organizacional da última. Trata-se de uma questão, cuja exposição à congérie de riscos potenciados pela dinâmica empresarial actual[339], assume a maior relevância prática e relativamente à qual o legislador se demitiu de uma regulação expressa no diploma em análise. A obrigação de indemnizar é um aspecto complexo, mormente no que concerne à qualificação do comitente no âmbito do art. 500.º[340]. É que

---

[339] No entanto existia já em Roma um grupo de acções que se destinava a regular a participação dos filhos de família e dos escravos em tarefas económicas independentes, responsabilizando em conformidade quem detinha o poder sobre eles (*paterfamilias*) – *actiones adiecticiae qualitatis*. Em duas destas acções (*actiones exercitoria* e *institoria*) respondia não apenas o titular do poder sobre os seus súbditos, como também o empresário a quem foi cedida uma pessoa livre ou um escravo para laborar como empregado no modo previsto nessas acções – Ulp., Gai. D. 14, 3, 1 s.

[340] A solução prevista no art. 800.º, relativa aos representantes legais ou auxiliares, *in casu* o trabalhador (auxiliar subordinado segundo LOPÉZ VILAS e ROMANO MARTINEZ, *O Subcontrato*, cit., 77), conduz a solução semelhante se este estiver a cumprir uma obrigação a que a cessionária se adstringiu. Dir-se-á tão somente, atendendo ao extravasamento da economia do trabalho a que a análise do art. 800.º conduziria, que este postula uma utilização dos auxiliares da devedora – cessionária para o cumprimento de uma obrigação sua. Isto é, torna-se necessário apurar se existe uma obrigação prévia da cessionária e que não seja por força da actuação do trabalhador que advenha a obrigação legal que decorre do art. 500.º. Por exemplo, se um operário da construção civil deixa cair um tijolo sobre um automóvel que se encontrava junto ao prédio em construção, a responsabilidade do empreiteiro perante o proprietário do automóvel será enquanto comitente e não evidentemente como devedor que responde pelos actos dos seus auxiliares. Os trabalhadores são pessoas que a cessionária afecta à consecução do cumprimento obrigacional, com ou sem poderes de representação, mas escolhidos por si. Cfr. VAZ SERRA, "Responsabilidade do devedor pelos factos dos seus auxiliares", BMJ n.º 72, 1958, 277, PIRES

a empresa cessionária, embora não detentora de qualquer vínculo laboral, não é absolutamente extrínseca à relação firmada – celebrou, juntamente com a cessionária e com o trabalhador, um acordo em que a cedente prescindiu da prestação principal do trabalhador durante determinado período, tendo este assumido o compromisso do seu exercício na organização produtiva da cessionária, sob sua instrução, fiscalização e conformação material. Neste sentido, a plena direcção do serviço do trabalhador, que fundamenta a responsabilidade objectiva, é exercida pela cessionária, impedindo a equiparação da empresa cedente ao comitente[341], independentemente de culpa[342], para efeitos da sua responsabilização por factos danosos do trabalhador[343]. Neste contexto, a cessionária responderá não apenas quando haja responsabilidade fundada na *culpa* do trabalhador, mas ainda nos casos de responsabilidade pelo risco ou pela prática de actos ilícitos[344]. Perante o quadro esboçado, e sem prejuízo da existência de um contrato de trabalho apenas entre a cedente e o trabalhador, é à luz da transferência de poderes decorrente do acordo previsto no art. 28.º, que o cessionário tem de ser considerado comitente. Entre ele e o trabalhador existe uma "relação de *dependência* que autoriza o comitente a dar *ordens*

DE LIMA e ANTUNES VARELA, *Código Civil anotado, Vol. II, 3.º edição revista e actualizada*, Coimbra Editora, 1989, 56.

[341] Repare-se que um dos exemplos de escola que ilustra a responsabilidade atribuída ao comitente é o caso " *do criado em face do patrão ou do operário ou empregado em relação à entidade patronal*". PIRES DE LIMA e ANTUNES VARELA, cit., 508. Também ALMEIDA COSTA, *Direito das Obrigações*, 6.º edição, Almedina, Coimbra, 1994, alude ao contrato de trabalho como cenário em que a situação ocorrerá com maior frequência.

[342] Contrariamente ao disposto no § 831 BGB, em que o comitente se pode eximir à responsabilidade decorrente dos factos praticados pelo comissário, se lograr fazer prova de que instruiu ou vigiou bem, solução também propugnada por VAZ SERRA nos trabalhos preparatórios do Código. Cfr. BMJ, n.º 85, 1959, 153.

[343] Conforme salienta FRANCISCO AMARAL NETO, "Responsabilidade Civil", *POLIS, Enciclopédia da Sociedade e do Estado*, vol V, p. 473, " a responsabilidade pelo risco nasceu da constatação de que a concepção tradicional é insuficiente para resolver problemas de sectores específicos da vida contemporânea, em que a actividade económica cria um risco de dano, que deve ser indemnizado pelos beneficiários dessa actividade", tendo aparecido na sequência das grandes mutações levadas a cabo pela revolução industrial (e depois revolução tecnológica), curiosamente com preocupações essencialmente centradas no domínio das relações laborais. Cfr. RIBEIRO DE FARIA, *Direito das Obrigações, Vol. II*, Almedina, Coimbra, 90, 2.

[344] Neste sentido, ALMEIDA COSTA, *Direito das Obrigações*, cit., 520 e PIRES DE LIMA e ANTUNES VARELA, *Código Civil Anotado*, cit.., 507

ou instruções ao comissário[345] e que justifica a responsabilidade dos actos do primeiro pelos actos do segundo, quer a actividade realizada se traduza num acto isolado ou numa *função duradoura*, tenha carácter gratuito ou oneroso, manual ou intelectual"[346]. A solução será naturalmente diferente quando o trabalhador se encontre sob a égide das ordens ou instruções do empregador (ou noutra perspectiva cedente). Será, por exemplo, o caso em que a cedência tenha uma condição suspensiva ou em que o trabalhador tenha reingressado por qualquer título na entidade cedente, e esta dirija a sua actuação material aquando da comissão do facto gerador de responsabilidade objectiva[347]. Trata-se de objectivar a relação de dependência entre comitente e comissário, que autoriza aquele a dar ordens ou instruções a este e que fundamenta a responsabilidade prevista no art. 500.º. É uma responsabilidade objectiva, sendo a cessionária e o trabalhador, perante terceiros, solidariamente responsáveis. O n.º 2 do normativo faz depender a responsabilidade da cessionária se o facto danoso for praticado pelo trabalhador *no exercício da função que lhe foi confiada (in Ausführung der Verrichtung)*[348], pelo que esta se encontra eximida de

---

[345] Excluindo-se neste sentido as relações entre o proprietário de uma casa e o empreiteiro que nela faça obras, entre o cliente e o taxista, entre o doente e o médico.

[346] PIRES DE LIMA e ANTUNES VARELA, cit., I, 507. A cessionária poderá no entanto responder independentemente de culpa do trabalhador, se tiver procedido com culpa (*culpa in instruendo, in vigilando*), não cabendo falar neste caso em responsabilidade objectiva mas antes em responsabilidade por factos ilícitos, tendo presente a conduta culposa da cessionária (comitente). Caso não tenha havido culpa sua, esta pode exercer o direito de regresso previsto no n.º 3 do art. 500.º sobre o trabalhador. Havendo culpa do trabalhador e da cessionária, verifica-se também a responsabilidade solidária de ambos pela indemnização, havendo uma repartição a "nível interno" da obrigação de indemnizar em função da gravidade dos factos imputados a um e a outro – art. 497.º n.º 2 *ex vi* do art. 500.º n.º 3.

[347] Veja-se o caso em que, não obstante a suspensão da prestação principal defluente do acordo de cedência, o trabalhador, no quadro do princípio da boa fé e do dever de mútua colaboração imposto pelo art. 18.º da LCCT (com as cambiantes que a especificidade da situação impõe) acorre a uma solicitação da sua entidade patronal (cedente) para fazer face a uma situação de urgência ou necessidade com que esta se defronta.

[348] Sobre as questões relacionadas com a dilucidação da expressão, pode ver-se ilustrativamente PIRES DE LIMA e ANTUNES VARELA, cit, 508, 509, onde se sufraga a teoria da causalidade adequada, entendendo-se, segundo um critério de experiência, que, sempre que as funções do comissário favorecerem ou aumentarem o perigo da verificação de certo dano, deverá o comitente suportar a respectiva responsabilidade. 508.Também RIBEIRO DE FARIA, *Direito das Obrigações II*, Almedina, Coimbra, 16, segue a posição de VON THUR

qualquer responsabilidade se o trabalhador praticar o facto danoso fora do local de trabalho ou em funções estranhas ao serviço de que foi incumbido no quadro do acordo de cedência. Ademais, a ocorrência do facto danoso, no decurso do acordo de cedência, pela intensidade da sua relevância e verificação práticas, e a correlativa responsabilização da cessionária pelos danos daí derivados, assume-se como um elemento equipolente da repartição de riscos que a cedência ocasional de trabalhadores traz no bojo. Se o cedente, não obstante a ausência de benefício directo com a *deslocação* do trabalhador para outra estrutura, pode ser confrontado com um acidente de trabalho (suportando as despesas) e ficar privado daquele trabalhador, caberá anversamente à cessionária toda a responsabilidade por factos conexos com a prestação acordada[349]. A cessionária assume desta forma a posição de garante[350] da indemnização perante o terceiro lesado (sem pre-

---

e de LARENZ considerando que não "basta uma simples relação indirecta, externa, puramente ocasional".

[349] Trata-se ainda de uma decorrência de "*o cedente de trabalhadores não correr os riscos da execução da obra*", conforme refere ROMANO MARTINEZ, *O Subcontrato*, cit., 41, ao distinguir a subempreitada da cedência de trabalhadores, já que na subempreitada o risco é repartido na devida proporção entre o empreiteiro e o subempreiteiro, estando os operários plenamente subordinados a quem os contratou. Estamos ainda em crer, que quaisquer danos ocasionados pelo trabalhador ao utilizador serão sempre da sua estrita responsabilidade, não assumindo a entidade cedente, com o acordo previsto no art. 28.º, qualquer responsabilidade pela actuação do seu subordinado. Isto é, contrariamente ao trabalho temporário, em que pode haver extensão da responsabilidade da ETT por actos culposos ou não do trabalhador, bastando que esta tenha actuado com culpa na selecção do trabalhador e na sua escolha para o desempenho de funções definidas no contrato de utilização – *culpa in eligendo* – a responsabilização da cedente afigura-se uma construção inextrapolável para o domínio da cedência. É que o contrato de utilização celebrado ente a ETT e um utilizador insere-se numa lógica de actuação comercial em que existe um comprometimento da ETT quanto à proficiência do trabalhador no exercício das funções para o preenchimento das quais a utilizadora recorreu aos serviços da ETT. Isto é, o fornecimento de trabalhadores é o "*core business*" da ETT, existindo uma lógica de carácter compromissório quanto à adequação e habilitação dos trabalhadores por si fornecidos, que tem, por exemplo clara expressão na obrigatoriedade de colocação ao serviço do utilizador de outro trabalhador quando tenha havido suspensão ou cessação do contrato de trabalho temporário ou quando a utilizadora recuse o trabalhador na constância dos primeiros quinze dias de permanência. Por isso o contrato de utilização é commumente apontado como um contrato comercial. Neste sentido BORRAJO DA CRUZ, "Las empresas de trabajo temporal. Actualidad del tema.", AL, n.º 15, 1993, 262.

[350] De acordo com a justificação para a responsabilidade objectiva do comitente, já que a fundamentação do instituto assente na assunção da responsabilidade por risco do comitente, não explica o direito de regresso de que o comitente goza contra o comissário,

juízo do direito de regresso contra o trabalhador), manifestando-se assim a cedência como uma figura que encontra no seu seio uma função jurídico-económica reequilibrante de todos os interesses que a sua aplicação concita – *cuius commoda eius incommoda*[351].

---

nem a necessidade de a vítima de fazer prova da culpa do comissário. Ademais, a ideia subjacente à teoria da assunção do risco pelo comitente enquanto entidade que recolhe os benefícios advenientes da criação desse risco não quadra em absoluto com a realidade, porquanto estes (numa ideia de "lucro") não são exclusivos do comitente podendo também ocorrer na esfera jurídica da pessoa requisitante dos serviços. Conforme refere RIBEIRO DE FARIA, cit., 19, baseando-se em MAZEAUD, haveria dois responsáveis em vez de um só segundo a lógica da teoria do risco!

[351] Tendo no entanto presente que em relação aos acidentes de trabalho a responsabilidade incumbe à entidade patronal. Vd Ac. Rel. Lisboa de 4-10-95, CJ XX, tomo IV, 158; Ac. Rel. Coimbra de 1/2/1996, CJ XXI, Tomo I, p. 65; Ac. Rel. Év. de 22/5/1997, CJ XXII, Tomo II, p. 292.

CAPÍTULO V

INEFECTIVIDADE NORMATIVA DA CEDÊNCIA OCASIONAL

1. Considerações gerais

O regime de cedência, em relação ao grupo de empresas, tal como está desenhado no DL 358/89, tende para a inefectividade.[352] Os seus propósitos regulamentares são claramente restritivos. O legislador olhou com suspicácia para a figura e, só excepcionalmente, admitiu que houvesse uma fragmentação da posição jurídica da entidade patronal, parecendo ter reconhecido o alcance das críticas que consideram tais situações virtualmente debilitatórias dos direitos e garantias dos trabalhadores por força da perda de nitidez da respectiva posição contratual[353]. Não se com-

---

[352] Sobre a absoluta inefectividade da evolução legislativa, vd BOAVENTURA DE SOUSA SANTOS/J. REIS/MARIA LEITÃO MARQUES, "O Estado...", cit., p.163, considerando que esta combina *"uma relativa rigidez do Direito do Trabalho com a sua quase total inefectividade, do que resulta uma enorme discrepância entre os quadros legais e as práticas sociais"*. Também MENEZES CORDEIRO, noutra perspectiva, aponta o empirismo que pauta a normação laboral, assinalando o *"processo acumulativo"* de regulação pontual que contribui para a ausência de uma estruturação sólida do edifício juslaboral e para a falta de *"princípios ordenadores, claros e unívocos"*, Manual de Direito do Trabalho, cit., 18 e ss; IDEM, "Da situação jurídica laboral: perspectivas dogmáticas do Direito do Trabalho", cit., 94.

[353] BRUNO SIAU, *Le travail temporaire en Droit Comparé Européen et International*, citado no Parecer da Procuradoria Geral da República n.º 13/2000, DR II Série, n.º 250, 28 de Outubro de 2000, p. 17651 onde se pode ler, com referência ao trabalho temporário mas com fundamentos materialmente transponíveis para a cedência ocasional de trabalhadores *"qua tale"*, que «*Par opération triangulaire, on entend les relations de travail dans lesquelles le salarié est en rapport avec deux personnes, l'une disposant des pouvoirs plutôt en ce qui concerne l'orientation professionnelle du travailleur. La precarité, dans ces rélations atypiques de travail, est due à l'incertitude Qui régne quant à l'identification du véritable employeur du salarié. En effet, deux employeurs "potentiels" peuvent donner "aucun employeur", ou une imblication floue des prérogatives de l'un et de l'autre*». Entre nós, MONTEIRO FERNANDES, Direito do Trabalho,cit.,150. O facto de a cedência originar um estiolamento da conceituação tradicional de subordinação jurídica, devido ao facto de a entidade cedente *apenas* ficar com a detenção do poder disciplinar e traduzir um aliviar do peso do exercício do poder patronal, não pode constituir entrave ao reconhecimento das virtualidades que a figura encerra, não obstante a imprecisão do seu desenho

preende que um trabalhador, que não seja quadro técnico e que tenha um contrato a termo, respeitados os requisitos do pertinente regime,[354] não possa mesmo com o seu acordo ser cedido a uma empresa subsidiária, ou que duas empresas com boas relações institucionais, mas sem estarem juridico-economicamente interdependentes, cedam mutuamente trabalhadores com o seu consentimento.

MENEZES CORDEIRO[355] e ROMANO MARTINEZ[356] questionaram a bondade da solução legal considerando irrazoavéis as restrições impostas[357]. O regime da Cedência, segundo cremos, não será inconstitucional mas antes inefectivo. As partes sempre disporão dos instrumentos gerais de direito civil para prosseguirem os mesmos fins, mas através de outras figuras permissivas dessa mobilidade transitória[358] no quadro de uma actuação gestionária racional[359]. Na realidade, não é, *de per si*, ilícito que

---

normativo. De facto, o Direito do Trabalho, enquanto ramo do Direito que regula as relações de trabalho subordinado, conhece num outro plano uma tendência crescente para que o conceito de subordinação prototípico seja mitigado, assistindo-se a uma crescente autonomia dos trabalhadores a quem são reconhecidos os direitos de autodeterminação do exercício da sua actividade numa expressão inequívoca de responsabilização da força de trabalho.

[354] Art. 41.º ss da LCT.

[355] *Manual.* cit. 610. O autor pronuncia-se pela inconstitucionalidade do regime da cedência ocasional de trabalhadores, ao não permitir, por exemplo, que um trabalhador que, tendo solicitado à entidade patronal a sua colocação temporária numa empresa que com esta não tenha qualquer vínculo, não o possa fazer.

[356] *Direito do trabalho*, vol, II, 2.º edição, 1998, 350.

[357] Aludindo à questão, CÉLIA REIS, *Cedência de Trabalhadores*, cit., 89, manifestando também dúvidas quanto à procedência da crítica.

[358] BERNARDO XAVIER, *Curso..*, cit.,300.

[359] A inconstitucionalidade apontada, conforme se notará adiante, é afastada pela existência de plúrimos institutos legalmente consagrados a que as partes podem recorrer como forma sucedânea da mobilidade desejada. Acompanhando-se LARENZ (*Metodologia,* cit., 470), "conformidade com a Constituição é um critério de interpretação" que, de acordo com o postulado de conservação das normas legais que bidimensiona a proposição constitucionalmente integrativa do processo hermenêutico, obriga o intérprete a optar por uma via excludente de um juízo de inconstitucionalidade quando o sentido salvífico seja razoavelmente possibilitado pela consideração de todos os elementos de interpretação. Na verdade, a abertura de buracos negros (*black holes*) decorrente da eliminação de normas do ordenamento jurídico subjacente ao juízo de inconstitucionalidade constitui indubitavelmente um argumento ponderoso, assim como o princípio do *favor legis*. Neste sentido, o postulado de *benigna interpretatio* arrima-se, conforme salienta JORGE MIRANDA, a um postulado de "*economia jurídica traduzido em interpretação conforme à Constituição*". Cfr. *Manual de Direito Constitucional II*, Coimbra, 1992, 264 e, com desenvolvimento, RUI MEDEIROS, *A decisão de inconstitucionalidade*, UCP, 1999, 35ss. Recorrendo

as empresas, harmonicamente com a vontade dos trabalhadores, busquem a aplicação de tipos negociais que lhes garantam um custo menor do que aquele que resulta da manutenção perene do trabalhador ao seu serviço.

A questão prende-se, ainda, com os extremismos posicionais envolventes de um discurso antagónico entre flexibilidade e rigidez, em que emergem visões anquilosadas e alheadas da realidade, descurando a imperiosidade de compaginação de uma estrutura regulamentadora com uma organização flexível, que, sem conduzir a um laxismo do poder regulador do Estado, possibilite às partes, no quadro de uma posição reequilibrante e dos institutos civilísticos, o estabelecimento de centros de confluência dos seus interesses. O mercado de trabalho não pode ficar envolvido num colete de forças, com toda a perniciosidade económica e social que daí decorreria.

É por isso, na realidade, frequente a circulação de trabalhadores entre sociedades de um mesmo grupo, sendo a prestação efectuada de forma simultânea ou alternativa, ou mesmo sucessiva. Esta ocorre tanto num plano estritamente nacional, quanto em relação a grupos de dimensão internacional[360] em que o trabalhador circula no quadro de um regime de

---

também ao princípio de molde a "salvar a constitucionalidade da lei", estando em questão uma forma de tratamento igual de "situações irredutivelmente desiguais", v. SALDANHA SANCHES, "Retenções na fonte do IRS: uma interpretação conforme à Constituição", *Revista Fisco*, ns.º 12 e 13, Out. 1989, 13 e JORGE MIRANDA/MIGUEL PEDROSA MACHADO, "Constitucionalidade da protecção penal dos direitos de autor e da propriedade industrial. Normas penais em branco, tipos abertos, crimes formais e interpretação conforme à Constituição", *Revista Portuguesa de Ciência Criminal*, ano 4, 4.º, Out.-Dez, 1994, 466ss. Ou seja, no fundo, conforme salienta MENEZES CORDEIRO (*Introdução à edição portuguesa – Systemdenken und Systembegriff in der jurisprudenz* (de Claus-Wilhelm Canaris), Lisboa, 1989, pp.CXI-CXII), o método implica que os elementos de interpretação conjugados chamem *""todo o Direito a depor (...) com relevo para a Constituição (...) em conjugação com todos os dados normativos relevantes e os próprios níveis instrumentais, como o processo"*. Na análise do art. 26.º e ss da LTT importa por isso ter presente que um enunciado jurídico nada significa de forma descontextualizada – a sua composição apenas aparece determinada através de uma relação global. O art. 9.º, determinando o atendimento à unidade do ordenamento jurídico, impõe a leitura do texto na integralidade, postulando a conexão de significado da lei com os respectivos princípios rectores e as opções legislativas globalmente consideradas. Concluindo com LARENZ (*Metodologia*, cit., 488), "uma vez que o sentido literal delimita a interpretação *possível* de uma disposição, é recomendável começar por ele; com isso, é-se logo conduzido ao contexto significativo, em que esta disposição surge na relação com outras. Este deve, por sua vez, ser visto tomando como pano de fundo o escopo da regulação".

[360] Acontecendo aquilo a que A. LYON-CAEN chama "a mobilidade internacional" do Trabalhador em "Les rapports internationaux de travail", DS, 1978, 197. Veja-se ainda

mobilidade internacional[361]. A questão colocar-se-á sobretudo em relação a empresas, que, não obstante a ausência de qualquer relação grupal no

---

do autor "Sur le transfert des emplois dans les groupes multinationaux", DS, 1995, 498ss e RUI MOURA RAMOS, *Da lei aplicável ao contrato de trabalho internacional*, Almedina, Coimbra, 1991, 45.

[361] Cfr. FURTADO MARTINS, "Despedimento Ilícito, reintegração na empresa e dever de ocupação efectiva", *Suplemento de Direito e Justiça*, 1992, n.º 2. Sobre a questão do destacamento de trabalhadores no âmbito de uma prestação de serviços transnacional, cfr. JORGE LEITE/LIBERAL FERNANDES/JOÃO REIS, *Direito social comunitário, Tomo I, O Direito de livre circulação dos trabalhadores comunitários – o mercado europeu de trabalho*, edições Cosmos, Lisboa, 1998, 47 ss, onde se analisa a Directiva n.º 96/71/CE do Parlamento Europeu e do Conselho que obrigou ulteriormente o Estado Português a legislar sobre a matéria. Fê-lo através da recente Lei n.º 9/2000, de 15 de Junho, procurando-se no essencial assegurar, na senda directiva, que as entidades patronais que destaquem trabalhadores para temporariamente exercerem a sua actividade no território de um Estado membro da União Europeia, nomeadamente no âmbito de uma prestação transnacional de serviços, tenham de respeitar um conjunto de regras imperativas de protecção mínima dos trabalhadores estabelecidas pela legislação do país de acolhimento, independentemente da lei aplicável ao contrato de trabalho (*maxime* Convenção de Roma), avultando a garantia para os trabalhadores do direito às condições de trabalho previstas na lei e regulamentação colectiva de trabalho vigentes em território nacional quando o destacamento seja efectuado por empresa estabelecida noutro Estado. Neste quadro, o art. 2.º da Lei 9/2000 faz depender o âmbito de aplicação do regime jurídico que consagra, de o destacamento ocorrer *"em execução de um contrato de prestação de serviços entre a empresa que efectua o destacamento e um destinatário com actividade em território português, desde que o trabalhador permaneça sob a direcção daquela empresa"* (o que nem sempre se afigurará de fácil execução atenta a descontiguidade territorial entre a empresa que é entidade patronal e a empresa onde o trabalhador exerce a sua prestação de serviços; por outro lado, deverá ser reconhecida ao destinatário alguma margem de conformação material da prestação acordada); *"em estabelecimento da mesma empresa ou em empresa do grupo a que pertence"; " se o destacamento for efectuado por uma empresa de trabalho temporário ou empresa que coloque o trabalhador à disposição de um utilizador"* (anote-se apenas a impropriedade terminológica na legislação nacional em comparação com o art. 1.º n.º 3 al. c) da Directiva no que toca ao emprego da locução "utilizador", cuja definição estabelecida no art. 2.º da LTT, não abrangeria *summo rigore* a empresa cessionária *proprio sensu*. Cfr. Proposta de Lei n.º 14/VIII, Diário da Assembleia da República de 2 de Fevereiro de 2000, II Série-A, n.º 18, 75ss). No que toca à determinação da competência judicial internacional em matéria de contrato individual de trabalho com uma empresa integrada num grupo de dimensão internacional vale o disposto na Convenção de Bruxelas. Assim, o art. 2.º da Convenção dispõe que *"Sem prejuízo do disposto na presente Convenção, as pessoas domiciliadas no território de um Estado contratante devem ser demandadas, independentemente da sua nacionalidade, perante os órgãos jurisdicionais desse Estado"*. Os arts. 5.º n.º 1 e 17.º n.º 5 vêm por seu turno aludir expressamente ao contrato individual de trabalho pelo que não restarão dúvidas sobre a sua aplicação aos litígios que possam surgir em relação a esta matéria. Quanto ao ordenamento objecti-

plano jurídico, apresentem do ponto de vista económico relações de proximidade actuacional. Na verdade, os sujeitos de direito não têm obrigatoriamente que se reger pelos quadros jurídicos típicos que o legislador entendeu desenhar na legislação estritamente laboral, muitas das vezes de forma precipitada e com inevitáveis condicionamentos conjunturais. Contanto que não exista fraude à lei, parece legítima a adopção pelos sujeitos privados das formulações jurídicas que melhor permitam a obtenção dos fins desejados. Aliás, na patologia, *Generaliter cum de fraude disputatur, non quid non habeat actor, sed quid per adversarium habere non potuerit, considerandum est*[362].

---

vamente aplicável, na falta de *um pactum de lege utenda*, vale o n.º 2 do art. 6.º da Convenção de Roma que manda aplicar a *lex loci laboris,* solução que, não obstante o seu tradicional emprego pelos sistemas de Direito Internacional Privado, pode levantar problemas práticos relacionados com a própria natureza territorial da solução acolhida. Pense-se, por exemplo, num trabalhador português, contratado por uma empresa de nacionalidade portuguesa mas que executa a sua prestação laboral com habitualidade em vários países... A al. b) do n.º 2 do art. 6.º vem estabelecer, na falta de habitualidade da prestação de trabalho num mesmo país, que o lugar onde se encontra estabelecida a empresa contratante vale como critério de conexão (fazendo aliás eco da teoria alemã da irradiação – *Ausstrahlung*) o que, por seu turno, pode também resultar insatisfatório – não só o papel desempenhado pela empresa empregadora pode não ter relevância (basta pensar numa empresa que se encontra apenas incumbida da realização dos processos de selecção do trabalhador, findos os quais este vai exercer a sua prestação para outras empresas do grupo) como também o próprio preceito não clarifica se o lugar onde se encontra a empresa é aquele em que se celebra o contrato ou aquele em que a empresa desenvolve a sua actividade. Acautelando porém tais aspectos, a Convenção de Roma vem estabelecer o princípio da conexão mais estreita, adaptando a resposta a que conduz a aplicação do art. 6.º n.º 2 às circunstâncias concretas da situação *in corpore*, dando assim nota da "*necessária flexibilidade do sistema*" na expressão de JOSÉ SENDIM em "Notas sobre o princípio da conexão mais estreita no Direito Internacional Privado Matrimonial Português", *Direito e Justiça*, Vol. VII, 1993, 366.

[362] PAPIANUS *Libro trigensimo primo quaestionum.* D. 50.17.78.

SECÇÃO
A CEDÊNCIA OCASIONAL
PERANTE FIGURAS CONCORRENTES

Finda a escalpelização da complexa malha normativa que envolve a cedência ocasional de trabalhadores, cumpre, neste momento, deixar um repto à capacidade de absorção da ordem jurídico-laboral deste modelamento contratual, desbravando algumas resistências à impostação da cedência ocasional na sua genuína manifestação e analisar outras situações que também se colocam à disposição das partes neste mesmo espaço de *atipicidade*.

1. Comissão de Serviço

No estrito quadro da "legislação do trabalho", o regime da comissão de serviço[363], especialmente (mas não só) quanto a quadros técnicos, em

---

[363] Cfr. MENEZES CORDEIRO, "Da constitucionalidade das comissões de serviço laborais", RDES, 2.º série, 1991, n.º 1/2, pp. 129 e ss., BERNARDO XAVIER, *Curso de Direito do Trabalho*, Verbo, Lisboa, 1996, 344-346; MONTEIRO FERNANDES, *Direito do Trabalho*, Almedina, Coimbra, 1998, 202-204; P. FURTADO MARTINS, *A Cessação do Contrato de Trabalho*, Principia, Cascais, 199, 181 ss. O DL 404/91 veio aliás de encontro à necessidade de dar resposta específica a situações com contornos juslaborais muito peculiares, como seja a dos trabalhadores que desempenham especiais cargos de confiança. A criação de uma forma de contratação especial para estas situações permite fornecer resposta a algumas das especificidades das situações jurídicas sob análise, designadamente no que se relaciona com a cessação prestação laboral. Trata-se ainda do desenvolvimento de uma tendência virtuosa para um tratamento específico dos regimes laborais vigentes que conduz a novas respostas para velhos problemas e que acentua o *pluralismo interno* do direito do trabalho que enfocámos a propósito da diferença de regime da cedência de quadros técnicos.Cfr MONEREO PEREZ, J., *Introduccion al nuevo derecho del Trabajo – Una refléxion critica sobre el derecho flexible del Trabajo*, Tirant lo Blanch, Valencia, 1996, 87 e ss. e MENEZES CORDEIRO, *Manual...*, cit., 109-110.

relação a cargos que postulem uma especial relação fiduciária na acepção da fórmula prevista no art. 1.º do DL 404/91, permite ao trabalhador o exercício de novas funções perante uma outra entidade[364].

A figura da comissão de serviço denota aliás especial vocação aplicativa para as situações de deslocação funcional do trabalhador, avultando nestas hipóteses a transitoriedade da situação e a concomitante reserva do *lugar de origem*. Basta assim que este solicite ao seu empregador actual que lhe atribua uma licença sem remuneração, para que seja integrado na empresa em que deseja trabalhar, independentemente da existência de qualquer relação grupal. Nesta situação, o espartilho legal subjacente à delimitação temporal da cedência desaparece: o Decreto Lei n.º 404/91 não estabelece qualquer prazo para a sua duração, sendo a prestação de trabalho em regime de Comissão de Serviço cessável a todo o tempo (art. 4.º deste normativo). Correspondendo a comissão de serviço a um interesse válido das empresas e não havendo qualquer prejuízo para o trabalhador, nada existe que impeça lançar mão da figura[365]. O exercício do cargo em comissão de serviço só é possível porque se funda num acordo por escrito entre as partes[366].

---

[364] É evidente que também existe a chamada comissão de serviço de trabalhadores que já detenham vínculo laboral com a empresa em questão – a chamada comissão de serviço *interna*, assente num negócio jurídico bilateral que opera a suspensão do contrato de trabalho durante o período em que aquele durar (ou então, caso tenha havido cláusula adrede estipulada nesse sentido, a cessação da comissão de serviço implicará a extinção do contrato de trabalho). Nas situações relevantes de análise do presente trabalho sempre se dirá ser este um dos enquadramentos possíveis caso se forje a construção do grupo de empresas como entidade patronal *proprio sensu*...

[365] A posição do trabalhador é à partida precária, não havendo qualquer contendência com o princípio da estabilidade no emprego, visto que finda a comissão de serviço o trabalhador regressa à anterior situação na empresa ou à sua categoria previamente determinada.

[366] Art. 3.º do DL n.º 404/91 de 16 de Outubro. A falta de redução a escrito da menção referida na al. b) do preceito é considerada contra-ordenação grave (art. 8.º da Lei 118/99), salvo se entidade patronal reconhecer expresssamente e por escrito que o cargo ou função é exercido com carácter permanente.

2. Suspensão do contrato de trabalho

O mesmo se diga, ainda com mais largueza, quando subsequentemente à licença sem retribuição[367], o trabalhador celebre com outra empresa do grupo um contrato de trabalho (com o consentimento do empregador "originário"[368]) tendo-se por esta via suspendido o contrato de trabalho primeiramente celebrado.

Ambas as situações (não só a suspensão *tout court* como também a comissão de serviço) originam efeitos muito próximos daqueles que decorrem da cedência. Finda a licença sem retribuição, o trabalhador beneficiário tem direito à "reintegração" (*direito ao lugar* na expressão legislativa do art. 17.º LFFF) e esse período é computável para efeitos de

---

[367] A avaliação da suspensão contratual e da atribuição da licença sem vencimento, passando o trabalhador a exercer a sua prestação de uma empresa para outra empresa do grupo, assumindo esta última a qualidade de empregadora, pode levantar alguns problemas práticos de qualificação atendendo à ausência de previsão de um documento escrito que titule esta *modificação* da relação jurídica originária (ao contrário do que sucede com a comissão de serviço). Desta forma, pode ser fácil para as empresas tornearem as consequências de uma cedência de trabalhadores materialmente ilícita (por exemplo, por falta de documento que a titule ou por ultrapassagem da temporariedade decorrente do art. 28.º) beneficiando, pelo menos, do afastamento das sanções legalmente aplicáveis. Podem invocar perante a IGT uma situação de suspensão de licença sem vencimento atribuída ao trabalhador.

[368] Relativamente a esta questão, anote-se, por mera curiosidade, uma questão decidida em 1998 sobre o despedimento de um trabalhador com o contrato de trabalho suspenso por via de licença sem retribuição. A razão da licença havia consistido na necessidade de cuidar do filho, sendo que durante o período da licença, o trabalhador havia leccionado num estabelecimento de ensino. A entidade patronal considerou que o traba-lhador havia actuado de má fé e procedeu ao seu despedimento à luz do art. 13.º da LCCT, por quebra irreparável do vínculo de confiança. O Supremo entendeu no entanto, que as horas de leccionação, ao não impedirem o trabalhador de tratar do mesmo filho, mantinham intocados os pressupostos em que assentou a concessão da licença, inexistindo por isso justa causa para o despedimento. vd AC. STJ de 01-04-1998 (MATOS CANAS).

antiguidade – art. 16.º. Por outro lado, também o poder disciplinar permanece na esfera jurídica do empregador concedente da licença[369], ainda que paralelamente com o da entidade empregadora perante a qual o trabalhador exerce, de facto, a sua actividade. Verifica-se no caso vertente uma titularidade simultânea do poder disciplinar com âmbitos de projecção distintos, confinados evidentemente às relações laborais existentes[370]. Trata-se no entanto de uma forma de os trabalhadores, acautelando o seu regresso, irem exercer a sua actividade noutra empresa (independentemente até de qualquer relação jurídico-económica com a entidade patronal com quem têm primeiramente um vínculo laboral), porventura num quadro propiciador de condições de trabalho mais compensatórias,[371] beneficiando neste sentido desta possibilidade normativa.

---

[369] Basta pensar na permanência dos deveres acessórios ou secundários, cuja inobservância permite a aplicação das sanções legalmente previstas. Será, por exemplo, o caso de uma violação do dever de respeito (vg insulto) ou de divulgação de um segredo comercial.

[370] Neste sentido, e verificado um comportamento gravoso da entidade perante a qual o trabalhador exerce a sua comissão de serviço, este pode fazer cessar a comissão de serviço nos termos do art 4.º do DL 404/91 e regressar à entidade patronal com quem tem um vínculo laboral.

[371] Inclusivamente o trabalhador pode impôr à entidade patronal a concessão da licença no quadro dos pressupostos desenhados nos ns.º 2 e 3 do art. 16.º.

3. Cessão da posição contratual

A cessão de posição contratual tem-se como admitida em direito do trabalho[372]. Na realidade, apresentando a cessão uma natureza negocial de dimensão trilateral, existindo manifestações de vontade do cedente, do cessionário e do cedido dirigidas à aplicação da figura, nada obstaculiza a que esta se encaixe no contrato de trabalho. O art. 26.º não poderia proíbir a figura, já que sendo possível realizar um acordo revogatório[373] e celebrar subsequentemente um contrato de trabalho com outro empregador, a extensão do âmbito proscritivo do art. 26.º não faria qualquer sen-

---

[372] ANTONIO VALLEBONA, "Problemi del rapporto di lavoro nei gruppi di societá", n.º 16, 1982, 678. Entre nós, MOTA PINTO, *Cessão da posição contratual*, Coimbra, (reimp.), 1982, p. 157; BERNARDO XAVIER/Furtado MARTINS, "Cessão de posição contratual laboral.Relevância dos grupos económicos.Regras de contagem da antiguidade", RDES; ano XXXVI (IX da 2.ª série), 4, 1994, 369ss; MENEZES CORDEIRO, *Manual*, cit, 605; ROMANO MARTINEZ, *Direito do Trabalho*, cit, 109.

[373] Art. 8.º LCCT. Não seguimos a posição defendida por COUTINHO DE ABREU, *Grupos de Sociedades,* cit., p. 142, quando, fornecendo o exemplo em que um trabalhador acorda com o respectivo empregador a revogação do contrato de trabalho e vai exercer idênticas funções, "por a <u>ambos</u> (sublinhado nosso) interessar que o primeiro se vincule jurídico-laboralmente a outra sociedade do grupo", defende a ideia de continuidade da relação laboral. Havendo uma posição contratual livremente assumida e existindo um acautelamento equilibrado dos seus interesses, garantido pelo art. 8.º da LCCT e pelo art. 1.º da Lei 38/96 relativamente ao distrate do primeiro contrato, a solução da continuidade parece não proceder face à existência de dois vínculos negocialmente distintos e à autonomia patrimonial e jurídica de cada uma das entidades referenciadas. Não só podem existir razões válidas para que tal aconteça, como a situação exemplificada não é arrimável a um interesse exclusivo da entidade empregadora, havendo também desejo do trabalhador que tal se verifique. Por outro lado, a continuidade ou o não fraccionamento dos direitos do trabalhador pode ser livremente acordado entre as partes (vasando-se esta cláusula no segundo vínculo celebrado, já que as partes dentro dos limites legais podem estabelecer um regime diferente, *maxime* quanto à antiguidade), pelo que na ausência de estipulação contratual neste sentido, considera-se artificioso ficcionar uma solução de "continuidade subjectiva".

tido[374]. Ademais, existindo um interesse legítimo das partes[375] e constituindo a operação um instituto de direito civil comum, só com base em ponderosas razões se deveria rejeitar esta possibilidade[376].

---

[374] ROMANO MARTINEZ, "Cedência Ocasional de Trabalhadores...", cit., 861. Não parecem por isso totalmente procedentes as dúvidas colocadas por JÚLIO GOMES, "O Conflito entre a jurisprudência Nacional e a Jurisprudência do TJ das CEE em Matéria de Transmissão do Estabelecimento no Direito do Trabalho: o art. 37.º da LCT e a Directiva 77/187/CEE", RDES XXXVIII (1996), ns.º 1/4,179 ss. Em França, conforme dá nota a sentença do 2.º juízo do Tribunal do trabalho de Lisboa (BARBIERI CARDOSO) publicada na RDES, verificados os conceitos de "conjunto económico único" e de "unidade do vínculo contratual", tem-se afastado a figura da cessão e subsumido directamente a situação de transferência do trabalhador para outra empresa do mesmo grupo económico, no artigo 122-12 do *Code du Travail*, que prevê a manutenção do contrato de trabalho em caso "de modificação da situação jurídica do empregador, nomeadamente por sucessão, venda, fusão, alterações do estabelecimento comercial, constituição de sociedade, subsistindo os contratos entre o novo empregador e os trabalhadores da empresa". No entanto, entre nós e face ao regime vigente (art. 37.º LCT), a modificação operada pela intervenção de um novo sujeito é estabelecida sem interferência do sujeito trabalhador, sendo na cessão da posição contratual necessário o consentimento do trabalhador. Por isso, a aplicação da figura da cessão mostra-se sob este ponto de vista mais favorável à defesa da sua posição do que o regime da transmissão de estabelecimento, não existindo motivos para encarar com desconfiança a figura. Conforme nota MOTA PINTO, cit, 91, "*a transmissão da relação laboral, ligada à empresa ou ao estabelecimento – tal como a da posição do locador, no caso de transmissão da coisa locada – produz-se ipso jure, obrigatoriamente, na posição contratual do anterior titular, isto é, na posição do dador de trabalho. Por outro via não se carece da anuência do trabalhador, ao contrário do que sucede com o contraente cedido na cessão do contrato*" (nem tão pouco existe uma faculdade de oposição à substituição da entidade patronal entre nós recentemente – Ac. STJ, de 0-6-99 – (MANUEL PEREIRA) em QL, n.º 14, ano IV-1999, 213ss, apesar do disposto na Directiva 98/50 de 28 de Junho). Ademais, segundo se crê, a teleologia do art. 37.º LCT aponta para casos em que se verifique uma aquisição derivada de empresas e não parece aplicável a situações em que a empresa subsista exactamente nos mesmos moldes e em que suceda apenas uma modificação subjectiva no vínculo laboral do trabalhador por expressa manifestação de vontade deste.

[375] Designadamente do trabalhador, que será em princípio quem mais beneficiará com a operação. Trata-se aliás de um figura com grande importância nos casos de prestações duradouras e que pode ter alguma importância a nível juslaboral se se pensar em empresas em situação económica difícil (e à beira de incumprir os seus compromissos) que transmitem os contratos dos seus trabalhadores a outras empresas da mesma área geográfica ou com afinidade funcional, conseguindo assim aguentar os contratos já celebrados e possibilitando aos trabalhadores a manutenção de um posto de trabalho e a contagem integral de todo o tempo de serviço prestado no quadro daquele contrato.

[376] Veja-se a corrente jurisprudencial que admite a figura – Por ex, Ac. STJ de 11/11/1995 CJ (STJ) 1995, Tomo III, p. 289; Ac. Rel. Lisboa de 15/1/1992 CJ XVII, Tomo I, p. 190; Ac. Rel Coimbra de 23/11/1995, CJ XX, TomoV, p. 86.

A figura da cessão da posição contratual não será aparentemente carreável para o naipe de figuras que permitem às partes, através de outras formas negociais, a consecução dos mesmos intentos que a cedência ocasional permite.[377]

Esta consistirá na transferência *"ex negotio"* por uma das partes contratuais (cedente), com consentimento do outro contraente (cedido), para um terceiro (cessionário), do complexo de posições activas e passivas criadas por um contrato[378] que subingressa assim na posição da parte contratual cedente. A relação contratual é a mesma de que passa a ser sujeito, após a efectivação do negócio, o cessionário. A cessão operará neste sentido através da celebração de um contrato entre o primitivo empregador e a futura entidade cedente, exigindo-se o concurso anterior ou posterior da vontade do trabalhador para que o negócio fique perfeito.

A sua lógica de definitividade contende com a temporariedade característica da cedência, razão pela qual as consequências se mostram aparentemente dissemelhantes. Não parece no entanto que a definitividade seja uma característica inexorável da cessão da posição contratual. Neste sentido, a entidade patronal pode ceder contratualmente a sua posição contratual a outra empresa do grupo, sob condição resolutiva de o trabalhador regressar à cessionária quando a empresa cedente dele necessitar – arts. 270.º e 276.º do Código Civil. Trata-se de uma cessão da posição contratual com uma condição resolutiva à qual se aplica o regime geral do Código Civil. Neste caso a antiguidade será calculada *"ab initio"* (art. 434.º *ex vi* do art. 277.º, ambos do Código Civil) e, verificada a condição, tal como na cedência, o trabalhador regressará à sua entidade patronal origi-

---

[377] Desde logo para a cessão da posição contratual não é exigível qualquer forma associativa de carácter jurídico ou económico tal como o legislador postulou relativamente à cedência. Aliás, conforme notámos a favor da admissibilidade da figura no plano juslaboral, o mesmo resultado é alcançável através da extinção por mútuo acordo do contrato de trabalho inicial – art. 8.º da LCCT – e da celebração de um novo contrato de trabalho com uma outra empresa do grupo, bastando que haja um pacto expresso no sentido da salvaguarda dos direitos adquiridos no quadro da primeva relação laboral. Neste contexto, surge ainda a questão de saber se o cômputo da totalidade do tempo de trabalho prestado se refere apenas aos complementos de antiguidade ou também ao cálculo relativo às indemnizações por despedimento, devendo entender-se que, na falta de qualquer distinção ou salvaguarda, a contagem do tempo decorrido deve valer para todos os efeitos legais.

[378] Mota PINTO, *Cessão da posição contratual*, Coimbra, (reimp.), 1982, 71-72; P. LIMA/ANTUNES VARELA, *Código Civil Anotado*, Vol. I, 3.ª edição revista e actualizada, Coimbra Editora, Coimbra., 1986, 351; ROMANO MARTINEZ, *O Subcontrato*, cit., 86.

nária. O reingresso da posição contratual para o antigo titular da relação laboral mantém incólume "a identidade objectiva da relação obrigacional"[379], não tendo existido qualquer quebra na sua natureza[380], algo que acontecerá também com a simples aposição de um termo.

A diferença face à cedência *"tout court"* radica na ausência de substituição integral do cessionário ao cedente, não existindo por isso razões para encarar com desconfiança a figura. A tendencial desconfiança com que é encarada a aposição de condições a nível juslaboral[381] não encontra neste domínio fundamento explicativo[382]. A opção tipológica vasada na

---

[379] MOTA PINTO, *cit.*, 159; ANTUNES VARELA, *cit*, 276-279.

[380] MOTA PINTO, *cit*, 131 A inaceitabilidade da figura conduziria no entanto a efeitos muito próximos, atenta a continuidade objectiva do contrato e a manutenção de todos os direitos auferidos pelo trabalhador. Neste caso, seria a cessão da posição contratual (figura com acolhimento jurisprudencial e doutrinário) que seria "qua tale" ilícita, não havendo, com propriedade, uma situação de cedência ocasional de trabalhadores ilícita para efeitos do art. 30.º, atendendo ao diferente figurino dos institutos e à translação integral da posição contratual que afastava a "sujeição a dois amos". Isto é, não existe uma responsabilidade solidária dos intervenientes na cessão, a não ser que, em face do caso concreto, se conclua pela necessidade de responsabilização conjunta para salvaguarda do princípio da boa fé e tutela da posição do trabalhador. Seguro parece ser o afastamento do quadro sancionatório previsto no art. 31.º.

[381] Atente-se na restritividade com que o legislador admitiu a celebração de contratos de trabalho a termo e o apertado regime a que esta se encontra sujeita – art. 41.º e ss da LCCT. Já quanto à modalidade de condição suspensiva, veja-se a abertura com que o art. 9.º da LCT admite a sua aposição.

[382] Evidentemente, a liberdade de conformação de que, em princípio, as partes dispõem, deve encontrar os seus limites onde exista um perigo fundamentado de que este princípio seja objecto de abuso. Nesta óptica, não serão apenas os bons costumes ou as proibições legais que terão efeitos constritivos sobre a liberdade contratual; também as normas (por ex. art. 21.º LCT), cujo escopo consiste em evitar a imposição unilateral dos interesses dos economicamente poderosos à custa das suas contrapartes contratuais, têm aplicabilidade intensificada ao nível do Direito do Trabalho, ainda para mais em fases prodómicas de firmação de um vínculo contratual. A autonomia da vontade das partes, o carácter civilístico do Direito do Trabalho e o regime geral dos mecanismos de tutela da vontade dos contraentes (vg coacção) que o ordenamento coloca à sua disposição, bem como o princípio constitucional da livre iniciativa privada, não podem contudo ser absolutamente aniquilados com base em posições maximalistas assentes numa decantada situação de *"capitis diminutio"* do trabalhador, que, em última instância, pretendem tirar validade à expressão da sua vontade ainda que firme e livremente manifestada! Se parecem existir argumentos mais do que bastantes para que se subordine a congénita hostilidade entre às partes à ponderação racional dos custos e benefícios resultantes dessa (eventual) hostilidade. (Conforme nota G. FREDERICO MANCINI, "Direito do Trabalho e Direito Comunitário", BFDUC, vol. 62, Coimbra, 1986, p. 293), parece também certo que o trabalhador não pode

LCCT prende-se com a necessidade de combate à precariedade laboral e com o estabelecimento de vínculos que assegurem uma ligação duradora e efectiva às entidades patronais[383]. A subordinação da cessão a condição ou a termo é corolário lógico do princípio da liberdade contratual, a que nenhuma razão de interesse ou ordem pública se opõe.

O mesmo efeito é alcançável por via de uma dupla cessão da posição contratual. Isto é, dentro da lógica de funcionamento em grupo[384] (que conhece diferentes latitudes consoante as relações societárias em questão), a Empresa A, em que o trabalhador exerce a sua prestação laboral, cede à Empresa B (na qual detem uma participação) a sua posição contratual com o aludido trabalhador, tendo para tal obtido o seu consentimento. Algum tempo volvido, a configuração negocial inverte-se: a Empresa B assume o papel de cedente e, a Empresa A, o papel de cessionária relativamente ao mesmo trabalhador. A concordância postulada pelo art. 424.º do Código Civil pode até neste caso ser expressa através de acto posterior à primeira cessão contratual (e anterior à efectivação da segunda cessão) em que o trabalhador também concordou com uma futura cessão[385]. São materialmente duas cessões distintas, descontínuas no tempo, em que a tutela dos interesses do trabalhador e da manifestação de vontade das partes ficam em absoluto satisfeitos, sendo o carácter privatístico[386] do Direito do Tra-

---

ficar envolvido numa rede de incapacidades legais que lhe precludam a plena expansão da sua iniciativa, das suas potencialidades produtivas, em suma, da sua personalidade à luz de uma pretensa "disciplina protectora de indigentes"(a expressão é utilizada por MENEZES CORDEIRO em "Salários em atraso e privilégios creditórios", ROA II, ano 58, 1998, 647).

[383] Neste sentido, o direito à segurança no emprego fixado no art. 53.º da CRP abrange todas as situações que consubstanciem formas precárias de emprego e perderia sentido se fossem admitidas com larguza relações de trabalho sujeitas a prazos mais ou menos curtos. Por isso, a relação de trabalho deve ser tendencialmente indeterminada, só podendo ficar sujeita a prazo quando razões ponderosas de necessidades da empresa o exijam (sem qualquer aniquilamento absoluto da contratação a termo que funciona não só como forma de asseguramento de postos de trabalho como também, muitas vezes, como *estádio vestibular* de uma contratação com vínculo *duradouro*). Cfr. GOMES CANOTILHO e VITAL MOREIRA in *Constituição da República Portuguesa Anotada*, cit., 289.

[384] Será de facto no seio de relações grupais que a figura operará tendencialmente.

[385] Contanto que assegurada a identificação concreta da futura cessionária. Trata--se jurídico-materialmente de uma união de declarações, que têm objectos diferentes mas que se destinam ao preenchimento da mesma figura: a cessão da posição contratual.

[386] A necessidade de distinguir o Direito do Trabalho por áreas para efeitos da sua qualificação como Direito Público ou Privado é sustentada por ROMANO MARTINEZ,

balho preenchido na plenitude[387]. Trata-se, *in terminis*, de propor interrogações sobre a utilidade dos mecanismos clássicos do juslaboralismo, contemplando aqueles que " *constituíam a resposta tradicional do Direito do Trabalho*"[388] e indagar da aptidão de institutos civis para adaptar o sistema juslaboral a uma ritmada evolução do contexto económico que, face a este "*modelo acumulativo*"[389] em que à crise económica se associa um conjunto de consequências induzido por uma legislação de emergência, quase sempre enferma da volatilidade e da conjunturalidade que modelaram a sua estrutura.

Parece evidente que figuras como o contrato para pessoa a nomear (art. 452.º do Código Civil), atendendo à natureza *"intuitu personae"* do contrato de trabalho e à indispensabilidade da determinação dos seus outorgantes, se mostram inextrapoláveis para este campo. A admissibilidade da cessão da posição contratual, conforme assinala a doutrina, tem-se por

---

Direito do Trabalho – Relatório, Separata da RFDUL, 34 e ss., concluindo o autor pela sua classificação como um ramo do Direito Privado. Esta posição tem como corolário lógico o recurso no plano interpretativo a princípios de Direito Privado e não de Direito Público. Também MENEZES CORDEIRO, no seu mais recente trabalho com incidência laboral, afirma que o Direito do Trabalho, no âmbito da sua qualificação como Direito Privado, é *"fortemente moldado sobre o direito dos contratos, embora com alargamentos definitivos, designadamente no tocante aos acidentes de trabalho"*, *Isenção de Horário – subsídios para a dogmática actual do direito da duração do trabalho*, Almedina, Coimbra, 2000, 9. Ou seja, segundo o autor (*Teoria Geral do Direito Civil II*, 131), "Todo o Direito é Direito Civil, em princípio. Às disciplinas não-civis compete demonstrar a sua identidade, de modo justificado".

[387] G. BOULI, "A propos de la flexibilité de l´emploi: vers la fin du droit du travail", DS, 1981, p. 239, advogando claramente uma recondução do Direito do Trabalho à sua fonte originária: o direito civil.

[388] BERNARDO LOBO XAVIER, " A crise e alguns institutos do Direito do Trabalho", RDES, XXVIII, 4, pag. 517 e ss.

[389] O vector principal da temática consiste no apuramento de um eventual desequilíbrio dos fundamentos relativamente aos problemas emergentes do quadro do tradicional pensamento juslaboral que conduzam a um reequacionamento de todo o seu figurino. Sobre a questão,por ex., vd. G. LYON-CAEN, "La crise du droit du travail", in In memoriam Sir Otto Kahn-freund, Munique, C. H. Beck, pag. 517 e ss; JORGE LEITE, "Direito do Trabalho na crise", in VVAA: *Temas de Direito do Trabalho*, Coimbra, Coimbra Ed., 1990, pag. 21 e ss. BERNARDO XAVIER refere que " *o Direito do trabalho está hoje profundamente inspirado pelos interesses gerais, pois define afinal a expressão do factor trabalho no mundo sociopolítico, na economia e na organização da empresa. Pois não é verdade que as normas laborais influenciam determinantemente as condições de vida da população activa, a funcionalidade da gestão e a solidez das empresas, a produção, a distribuição de rendimentos e a paz social?"– Curso*, cit, 265.

adquirida[390]. Só assim não seria, caso se considerasse a aplicação do instituto desenhado como uma manobra fraudatória destinada a iludir o constritivo regime da cedência ocasional.[391] Os resultados jurídico-práticos, que decorrem no imediato da figura, são, no entanto, diversos. Na cessão, contrariamente ao que se verifica na cedência, existe uma translação da titularidade do poder disciplinar para o cessionário. Este passa a poder, face a um comportamento culposo do trabalhador que comprometa a subsistência da relação laboral, por exemplo, despedi-lo com justa causa nos termos da LCCT [392]. Isto é, a entidade cessionária passa a ser a entidade

---

[390] Não se compreenderia por isso, numa primeira leitura, a anotação ao art. 26.º feita por ANTÓNIO MOREIRA em *Trabalho Temporário, Regime Jurídico Anotado*, Almedina, Coimbra, 1999, p. 57, quando refere que este preceito proíbe a cedência definitiva. Esta, a acontecer, enquadrar-se-á juridicamente na figura da cessão de posição contratual. Por isso, cremos ter sido intenção do autor afastar a cedência definitiva do quadro do regime jurídico da cedência ocasional de trabalhadores prevista no art. 26.º ss, no sentido de haver uma situação de fragmentação da relação jurídica laboral "*ad aeternum*", com a bipartição de poderes que caracteriza a cedência. A existir uma cedência definitiva na acepção dada pelo autor, podem por isso ser configuradas duas situações: pode existir uma conversão em cessão da posição contratual, desde que à luz do art. 293.º CC o apuramento da vontade das partes permita considerar ser essa a situação pretendida e desde que estejam salvaguardados os requisitos essenciais do negócio desenhado no art. 424.º CC; pode entender-se que a cedência é nula, *ex vi* art. 280.º CC e art. 30.º LTT, sancionando-se o recurso ilícito à operação, fazendo-se aplicar o regime cominatório do art. 31.º e facultando-se ao trabalhador o direito de opção na empresa cessionária, dada a sua previsão e as repercussões do contrato de cedência na sua situação juslaboral.

[391] Não cremos que seja cabível a alusão a uma situação de fraude. Esta situação não pode ser tida em vista como indesejável. O trabalhador em questão manifesta a sua vontade e mantem todos os direitos adquiridos com a relação laboral objecto de translação. Desde que a opção das partes tenha efectiva tradução no programa contratual, projectando-se os elementos indispensáveis à identificação das características "cessionárias" (*maxime*, globalidade de poderes patronais na entidade cessionária), não haverá razão para proceder à requalificação do contrato como acordo de cedência ocasional de trabalhadores (*in casu* ferida de ilicitude), mesmo que o regime da cessão se revelasse menos vantajoso para uma das partes, o que até nem se verifica atendendo à previsão do art. 427.º CC.

[392] " *A cessão de posição contratual traduz-se numa modificação subjectiva da relação contratual, o cedente transmite a sua posição, isto é, o complexo de direitos e obrigações que lhe adveriam desse contrato a um terceiro, com o consentimento da outra parte*" pode ler-se no Ac. STJ de 11-11-1998 (PADRÃO GONÇALVES). Considerou o STJ que a pretendida "comunicabilidade" da antiguidade, protegida no art. 21.º n.º 1 LCT, é restrita aos casos em que entidade patronal despede e readmite o trabalhador com o propósito de o prejudicar (*animus nocendi*).

patronal para todos os efeitos legais[393]. Neste contexto, existe uma concentração absoluta dos direitos (e também deveres) exercíveis pela entidade patronal na empresa cessionária, perante quem o trabalhador responde para todos os efeitos[394]. Ademais, a deslocação do trabalhador não pode ser entendida como um instrumento utilizado exclusivamente em proveito dos interesses da empresa, devendo também ser perspectivada como uma solução acomodada aos seus próprios interesses, não existindo especial motivo para o encaramento com desconfiança da figura. O Direito do Trabalho tem não só uma função protectora, mas também uma teleologia económica intrínseca de regulação da contratualização da disposição da força de trabalho, tendo como elemento essencial, salvo disposições salvaguardantes de um desejável equilíbrio sinalagmático, a vontade livremente manifestada por todas as partes[395].

---

[393] A diferença face à comissão de serviço consistirá no facto de a cedente ser a entidade patronal do trabalhador, o que não ocorre necessariamente nos termos do Decreto-Lei n.º 404/91, já que a figura pode existir independentemente de um vínculo laboral pré existente. Na situação a que aludimos, verificava-se uma suspensão do contrato de trabalho com a empresa do grupo que concedia a licença sem retribuição. No caso da cessão, *esta* empresa deixava pura e simplesmente de ser parte na relação laboral.

[394] LAURENT AYNÈS, *La Cession de Contrat et les Opérations Juridiques à Trois Personnes*, Económica, Paris, 1984, 265, conclui pela falta de autonomia dogmática da cessão face à figura dos contratos sucessivos.

[395] Como bem refere ROPPO, "*os operadores são tedencialmente livres de organizar e desenvolver as suas iniciativas económicas, na forma do contrato, segundo as modalidades que melhor correspondem aos seus interesses, afastando modalidades e condições conflituantes com os mesmos*". Cfr., *O Contrato*, cit, 142. ROMANO MARTINEZ, após uma análise dos postulados em que assenta o Direito do Trabalho, refere que "*estes princípios não pressupõem uma alteração dos parâmetros gerais do Direito civil*", sendo *imprescindível o seu estudo integrado nos parâmetros do Direito Civil em especial do Direito das Obrigações*" – em "As Razões de ser do Direito do Trabalho", in VVAA: *II Congresso Nacional*, cit, 130. Adiante, na p. 141, refere que " *não é concebível o estudo e aplicação do Direito do Trabalho desacompanhado, em particular do Direito das Obrigações; a visão interdisciplinar será, pois, essencial. O Direito do Trabalho deve assentar num pressuposto de neutralidade, sem tomar parte no conflito social; como qualquer disciplina tem de apresentar soluções gerais*". Um excessivo proteccionismo pode de facto enquistar a dinâmica laboral e retirar a funcionalidade estabilizadora das relações sociais que constitui um dos fundamentos do Direito do Trabalho, criando entropias ao necessário e desejado equilíbrio económico. A desideologização antolha-se, neste sentido, fundamental sem que se postergue, contudo, a dimensão correctora e vocacionadamente igualitária que o Direito do Trabalho historicamente apresenta.

4. Contrato a favor de terceiro

A matriz civilística do direito laboral faculta às partes, salvo razões ponderosas em sentido contrário, a aplicação dos institutos comuns do direito civil, sendo neste contexto entreversíveis outras possibilidades normativas[396]. Serão os casos da Assunção de Dívidas[397] e do Contrato a favor de terceiro[398] [399]. Esta última mostrar-se-á particularmente útil neste domínio,[400] servindo, nomeadamente, para explicar deambulações fre-

---

[396] Conforme dá nota MENEZES CORDEIRO, a génese histórica do contrato de trabalho (e da sua antecedente *locatio-conductio operarum*) situa-se no domínio dos princípios e normas gerais do Direito das Obrigações (parte especial). Cfr. "Da situação jurídica laboral: perspectivas dogmáticas do Direito do Trabalho", ROA I, 1982, 90.

[397] É a transmissão singular de dívidas, que consiste no acto pelo qual um terceiro (assuntor) se vincula perante o credor a efectuar a prestação devida por outrém. Pode configurar-se de duas maneiras no que toca aos seus efeitos quanto ao antigo devedor. Se este resulta exonerado pelo compromisso que o novo devedor assume trata-se de uma assunção liberatória ou privativa de dívida. Mas, se a responsabilidade do novo devedor vem apenas juntar-se à do antigo, que continua vinculado a par dele, fala-se de assunção cumulativa ou co-assunção de dívida. Só na primeira hipótese se produz, em bom rigor, uma verdadeira transmissão singular de dívidas. Cfr. ALMEIDA COSTA, *Direito das Obrigações*, cit,714ss; MENEZES CORDEIRO, *Direito das Obrigações*, 109ss; RIBEIRO DE FARIA, *Direito das Obrigações*, cit., 575ss; ANTUNES VARELA, *Direito das Obrigações II*, cit., 352ss; ROMANO MARTINEZ, *O Subcontrato*, cit., 82.

[398] A cessão de créditos não nos parece possível. A prestação laboral, tal como a encaramos, não se ajusta ao figurino da cessão de créditos, dada a especial ligação da prestação à pessoa do devedor. A dimensão pessoal da prestação em questão é insusceptível de ser transmitida. Cfr. ANTUNES VARELA, *Das Obrigações em geral, vol. II*, 4.ª ed., Coimbra, 1990, 293. Por isso ROMANO MARTINEZ, em *O Subcontrato*, cit, 49, enfoca justamente os inconvenientes inerentes ao *intuitu personae*, enquanto elemento colidente com a estabilidade das convenções e refere a tendência de despersonalização que se tem vindo a verificar no domínio dos direitos de crédito.

[399] MENEZES CORDEIRO, *Manual*, cit., 605.

[400] VALLEBONA, cit., 690.A principal diferença face à cedência consiste no facto de o terceiro não intervir na celebração do contrato, sendo que na cedência o cessionário intervem *ab initio* na sua configuração.

quentes dos trabalhadores no seio de grupos de Sociedades. O princípio da liberdade da forma (art.. 217.º Cód. Civil) viabiliza, na prática, com acrescida facilidade, esse enquadramento[401]. O facto, frequente, de a entidade patronal solicitar ao trabalhador que exerça determinada prestação perante terceiro, adquirindo este esse direito, sem que se possa compreender esse exercício como um desenvolvimento do objecto de contrato[402], acompanhado da adesão do trabalhador a essa determinação, pode configurar um contrato a favor de terceiro[403]. Verificamos uma estipulação a favor de terceiro quando os outorgantes (promitente e promissário) acertam a atribuição, por meio desse contrato (sem exigência de especialidade de forma), de um benefício a um terceiro (beneficiário) estranho ao negócio, que adquire um direito próprio à prestação convencionada – arts. 443.º e 444.º do Código Civil. Só a entidade patronal e o trabalhador são intervenientes no contrato, nascendo contudo um direito para uma empresa do

---

[401] Como também para o contrato de trabalho não é exigida qualquer forma solene, salvo previsão específica em sentido contrário, a situação pode perfeitamente ocorrer à luz de uma contratualização puramente verbalizada.

[402] Haverá naturalmente que atender ao conteúdo e natureza das funções contratualizadas. Se se tratar por exemplo de uma empresa de reparação eléctrica ou assistência técnica, cuja actividade reside na deslocação a casa dos seus clientes para realização "ao domicílio" dos necessários arranjos, as deslocações permanentes do trabalhador constituem uma exigência intrínseca do normal exercício da sua prestação sem que se possa visualizar qualquer cedência ou contrato a favor de terceiro. Neste caso, os trabalhadores encontram-se sem qualquer descontinuidade sujeitos ao poder directivo da respectiva empresa, que é quem exerce o poder disciplinar e responde pelos salários e demais obrigações. Tudo consistirá no apuramento do grau de indeterminação do contrato e do aproveitamento das possibilidades da empresa. O objecto do contrato, ainda que referido muitas vezes a uma categoria tipo de admissão (técnico de informática), é realmente mais largo que o das funções na realidade desempenhadas, sendo possível que, em determinados casos, a carreira, o aperfeiçoamento e a crescente tecnicidade de funções constituam uma decorrência da necessidade de efectivação do quadro geral das actividades prometidas no início do contrato.

[403] Ou um contrato autorizativo da prestação a *terceiro* (*ermächtigenden Verträge zugunsten eines dritten*), não havendo neste caso nenhuma obrigação assumida pelo trabalhador perante a empresa destinatária da prestação e sendo a respectiva entidade patronal a sua única credora. Conforme salienta ANTUNES VARELA, *Das Obrigações em geral I*, 8.º edição,Almedina, Coimbra, 1994, 411, a distinção entre os dois *tipos* contra-tuais nem sempre é fácil de aplicar na prática, havendo neste caso que valorar a intenção da entidade patronal relativamente à sua congénere empresarial de lhe atribuir um *direito* à prestação convencionada ou de a considerar pura *beneficiária* dessa prestação.

grupo, que o adquire de forma automática[404], havendo intenção inequívoca da entidade patronal e do trabalhador em que tal suceda[405]. Trata-se, neste caso, de uma forma de prestação sucessiva que se aproxima no seu conteúdo prático do regime da licença sem vencimento a que se fez alusão. O direito do beneficiário nasce *in continenti* do contrato[406] (quase sempre verbalizado) entre promitente e promissário, constituindo a relação de cobertura (laboral) elemento fundamental na determinação do conteúdo da prestação[407]. O contrato bilateral dá assim origem a duas relações jurídicas: a relação de cobertura ou provisão consubstanciada no nexo contratual firmado entre promissário (entidade patronal – empresa A) e promitente (trabalhador) e a relação intersectante entre o promitente (trabalhador) e o terceiro (empresa B) que traduz um direito de crédito deste último e na correlativa obrigação do primeiro[408]. Por isso, o direito do beneficiário funda-se na relação de valuta que justifica o interesse do promissário na atribuição da vantagem. Fornecendo uma explicação enquadratória da realidade, o direito de uma empresa terceira à prestação de um trabalhador com o qual não tenha vínculo, tanto pode decorrer de

---

[404] Por força do *"Invitio benefitium non datur"*, o direito adquirido só não permanecerá na esfera jurídica da empresa terceira se esta o repudiar – art. 447.º *(rejeição da promessa)*, podendo esta confirmar a aquisição operada através da *adesão à promessa* prevista no mesmo preceito.Cfr. DIOGO LEITE DE CAMPOS, *Contrato a favor de terceiro*, 2.ª edição, Almedina, Coimbra, 1991, 13; ANTUNES VARELA, cit, 421. LAURENT AYNÉS, *La Cession de Contrat et les óperations juridiques à trois personnes*, Série – etudes et Reserches, Economica, Paris, 1984, 130.

[405] ROMANO MARTINEZ, *O Subcontrato*, cit., 85

[406] Daí que exista quem considere a figura uma excepção ao princípio da relatividade dos contratos, porquanto o ingresso do direito de terceiro na sua esfera jurídica é produzido por um contrato que lhe é exterior.Cfr. ANTUNES VARELA, *Das Obrigações em geral*, Vol I, 8.º edição, Almedina, Coimbra, 1994, p. 420.; LAURENT AYNÉS, *cit*, 130, LEITE DE CAMPOS, *Contrato a favor de terceiro*, 2.ª edição, Almedina, Coimbra, 1991, 107. Refira-se que o direito outorgável a terceiro *ex negocio* pode incidir não só sobre a cessão de créditos como também sobre a remissão de dívida ou sobre a constituição, modificação ou extinção de direitos reais. – n.º 2 do art. 443.º.

[407] VALLEBONA, cit., 690.

[408] A relação de valuta tanto pode radicar no cumprimento de uma obrigação quanto consistir na atribuição de uma pura liberalidade- cfr. ANTUNES VARELA, *Das Obrigações em geral, vol. II*, cit., 429. – devendo o interesse do promissário, *ex vi* dos arts. 443.º n.º 1, e 398.º n.º 2 do CC, apresentar-se como digno de protecção legal. Acontece, por exemplo, no seguro de vida ou na doação com o encargo para o donatário de pagar uma pensão a um filho do doador.cfr. I. GALVÃO TELLES, *Direito das obrigações*, 7.ª edição, Coimbra editora, Coimbra, 1997,171.

uma estipulação ínsita no contrato de trabalho firmado entre este e a sua entidade patronal, quanto de uma estipulação subsequente à celebração do contrato laboral. Ou seja, o direito de terceiro (da empresa do grupo que é enquanto tal, e na concepção defendida, alheia à relação laboral) não tem de ter a sua fonte directa no contrato de trabalho, podendo corresponder a um contrato celebrado já no decurso deste e sobre o qual produzirá efeitos[409]. O direito da empresa beneficiária resulta directamente do contrato entre o empregador e o trabalhador, que constitui o vector essencial na determinação do conteúdo da prestação[410].

A retribuição é suportada pela entidade patronal, constituindo a relação (laboral) de cobertura o aspecto essencial na determinação do conteúdo da prestação[411]. Parece, neste, sentido admissível a possibilidade de uma união de contratos[412] *ab initio*: um contrato de trabalho acoplado a um contrato a favor de terceiro que determine como beneficiárias algumas empresas do Grupo[413] – neste caso o trabalhador (promitente) que exerce

---

[409] Como refere ANTUNES VARELA, *Das Obrigações em geral*, cit., 418, em relação à atribuição patrimonial indirecta em benefício de terceiro consubstanciada na prestação do promitente, "...a prestação usada para esse fim provém da relação já existente, ou criada no momento do contrato, entre o promissário e o promitente..."

[410] O contrato a favor de terceiro pode também ser constituído por uma prestação devida pelo promissário face ao beneficiário, por força de uma obrigação que o primeiro tenha assumido perante este, sendo neste caso a causa do contrato a própria relação de valuta. cfr. LEITE DE CAMPOS, cit., p. 100.

[411] É a relação de cobertura ou provisão que fundamenta o pagamento da retribuição pela entidade empregadora (*in casu* promissária) e não a relação de valuta. MENEZES CORDEIRO porém justifica o suporte da remuneração pela entidade empregadora na relação de valuta que se estabelece entre o promitente (trabalhador) e o promissário (entidade patronal). Cfr. *Manual...*, cit., 605.

[412] A união de contratos caracteriza-se pela verificação de um nexo interno entre os negócios presentes, que, embora não perdendo a sua individualidade própria, podem ver o seu regime normal modificado por força da "relação de interdependência que eventualmente se crie entre eles", ANTUNES VARELA, *Das obrigações em geral*, Vol. I, 7.ª ed., Coimbra, 1993, p. 285, PAIS DE VASCONCELOS, *Contratos Atípicos*, Almedina, Coimbra, 1995, 215ss.

[413] SERGIO MAGRINI, *La sostituzione soggetiva nel rapporto di lavoro*, F. Angelli, Milão, 1979, 47-49. No quadro do vínculo contratual inicial, o trabalhador coloca-se à disposição de outra empresa do grupo diferente daquela com quem constituiu a sua relação laboral e à luz da vontade que manifestou no contrato em que fundamentou esse vínculo. Não há qualquer expediente similar ao do trabalho temporário (que feriria de ilicitude esta prática dada a inobservância dos pressupostos em que este se escora), atendendo a que o contrato a favor de terceiro não radica em qualquer mecanismo interpositório que seja objecto de uma posição desvaliosa por parte do ordenamento jurídico. Trata-se antes,

a sua actividade normalmente perante o primeiro contratante (também promissário) será sucessivamente chamado a exercê-la perante determinadas empresas do Grupo no quadro das tarefas contratualmente desenhadas,[414] sem que se possa furtar a tal determinação[415] (*promissio est servanda*). A empresa beneficiária, após a adesão, não se torna contraente, mas apenas titular definitiva do direito que o contrato lhe conferiu[416]. O trabalhador, ao mesmo tempo que fica obrigado perante a empresa beneficiária a executar a sua prestação principal, fica também adstrito em face dela aos correspondentes deveres acessórios de conduta. Por exemplo, se o trabalhador for um técnico de informática que exerce com carácter de permanência as suas funções na organização da respectiva entidade patronal e tiver contratualizado com esta que reparará quaisquer danos ocasionados no sistema informático de uma empresa subordinada, está obrigado a fazê-lo com diligência, devendo indemnizar a beneficiária de quaiquer danos que lhe forem provocados por imperícia sua[417]. Como refere MENEZES CORDEIRO, "*toda esta matéria é regida pela autonomia da vontade: os contratos de trabalho podem ser associados seja em união, seja mesmo, em situação de fusão*"[418]. Só assim não seria se se considerasse ferida de ilicitude esta abdicação "*in abstracto*" do trabalhador

---

conforme se fez notar *ex ante*, do desenvolvimento de uma actividade assente num critério de técnica organizativa e de perspectiva económica que procura um melhor funcionamento e uma melhor organização da complexa estrutura empresarial, tendo sempre presente a clara manifestação de vontade do trabalhador nesse sentido.

[414] A promessa à face do art. 448.º do Código Civil só é revogável pela entidade patronal originária (promissário) não o podendo ser por simples acto do trabalhador (promitente).

[415] É evidente que tem nesta sede cabimento o regime geral dos vícios da vontade podendo o trabalhador recorrer à anulação do acordo realizado, *maxime* com fundamento em usura ou coacção, fazendo a devida prova dos elementos que preenchem o seu *tipo*.

[416] ANTUNES VARELA, *Das Obrigações em geral I*, cit., 422.

[417] Existe neste caso uma obrigação de resultado, ao passo que na cedência a obrigação do trabalhador resume-se à disponibilidade da sua força de trabalho. Quer a cedência ocasional, quer o contrato a favor de terceiro implicam o não recebimento de quaisquer contrapartidas perante a beneficiária directa da prestação do trabalhador, atenta a necessária delimitação face ao trabalho temporário. Este aspecto de *donandi causa* mostra-se essencial quanto à responsabilidade do trabalhador no âmbito do contrato a favor de terceiro, conforme salienta DIOGO LEITE DE CAMPOS, cit., 156-158. Na realidade, não tendo havido por parte da respectiva entidade patronal qualquer assunção expressa da obrigação de indemnizar os prejuízos causados, o trabalhador responderá sempre perante a falta de cumprimento da obrigação a que se adstringiu com a formulação da promessa.

[418] *Manual*, cit., p.601.

quanto ao exercício da sua actividade para e no local de trabalho do contratante quando verificados os pressupostos legitimadores da exigência de terceiros da sua prestação ou existissem objecções relativas à aproximação prática do instituto ao trabalho temporário[419]. No quadro desta mobilidade geral, o empregador colima prioritariamente a prestação laboral do trabalhador e, alternativa ou cumulativamente, a sua utilização por terceiro. No entanto, a eventual rejeição desta possibilidade conduz de imediato à suscitação da questão da admissibilidade da figura do contrato a favor de terceiro em Direito do Trabalho. A sua celebração é largamente admitida no decurso de uma relação laboral[420], parecendo que, *a pari ratione,* a sua outorga concomitante com o próprio contrato que faz emergir a relação laboral, deve ser outrossim acolhida[421]. Existe, aliás, nesta fase, um melhor conhecimento recíproco das partes que lhes possibilita, num contexto tendencial de simetria informativa, a regulação esclarecida dos seus interesses. A expressão da vontade do trabalhador encontra-se sempre salvaguardada. Este só se vincula se o desejar. Ademais, a pretensa ilicitude assinalada improcederá se for perfilhado o entendimento de que o n.º 1 do art. 24.º apresenta natureza supletiva e que negocialmente se faculta às partes a possibilidade de ampliação ou redução do regime nele ínsito[422].

---

[419] O que não acontece desde logo por força de o contrato a favor de terceiro aparecer como *"puro benefício para o terceiro em causa"*.cfr. MENEZES CORDEIRO, Manual cit, 605; DIOGO LEITE DE CAMPOS, cit., 17;. Pode é existir uma dissimulação de operações de cedência de pessoal estando neste contexto a deslocação do trabalhador ferida de ilícitude. Nestas situações, quando a determinação do objecto da prestação não seja concludente, deve atender-se a aspectos como a a integração do trabalhador na organização de acolhimento (sujeição ao mesmo enquadramento hierárquico, mesmo horário de trabalho, mesma tabela salarial), o não fornecimento de materiais e equipamentos para o desenvolvimento da actividade e à entidade que paga a retribuição (no contrato a favor de terceiro terá de ser sempre a entidade patronal/promissária a suportar a remuneração devida). Neste contexto, com importância, veja-se o elenco de indícios constante do art. 5.º do Decreto-Lei n.º 328/93 de 25-9-93, que tem como objecto o regime de Segurança Social, cuja relevância analítica sofre neste contexto as devidas adaptações (desde logo porquanto o trabalhador cedido não detem qualquer vínculo de natureza laboral com a empresa cessionária).

[420] MENEZES CORDEIRO, *Manual*, cit. 605.

[421] Neste caso, a entidade patronal abdica da prestação laboral quando o trabalhador for chamado ao exercicio das suas congéneres do grupo, sendo também ela (enquanto constituinte da relação de valuta) quem suporta a remuneração devida ao trabalhador, Haverá, *inter alia*, que atentar na aproximação ao trabalho temporário...

[422] Partindo-se do pressuposto de que o art. 24.º reveste natureza supletiva, também os acordos de mobilidade podem facultar a gestão flexibilizante a que as empresas cada vez mais sentem necessidade recorrer. Por exemplo, no sentido da dispositividade do

Se a estrutura do Direito do Trabalho radica na prossecução de um desejado equilíbrio contratual, importa ter presente a sua matriz finalística na ponderação da admissibilidade das relações jurídicas constituíveis no quadro de um sistema em que o *omnium consensu* (afora situações excepcionais) deve assumir um papel axial. Existe naturalmente um reduto fundamental intangível de hetero-regulação estadual, parametrizado pelas balizas constitucionalmente desenhadas. Fora disso, *"existe uma auréola promocional que entendemos poder constituir matéria negociável e sujeita a ser substituída por contrapartidas mais úteis"*[423], ainda que *prima facie* mais desvantajosas para o trabalhador[424] numa análise mais repentista e imediata. É que, *summo rigore*, a indisponibilização das respectivas posições contratuais, para além da geração de um efeito pernicioso de cristalização que gera um alheamento ruinoso à dinâmica do mercado de trabalho e ao sucesso da empresa em que o trabalhador desempenha uma função responsabilizante, provoca ainda um desequilíbrio no plano da renegociação e da aprendizagem que desincentivam o esforço produtivo por parte de quem dispõe da sua "energia laborativa".

---

art. 24.º LCT, o recente Ac STJ, de 24-03-1999 (PADRÃO GONÇALVES), admitindo o Supremo o afastamento da sua disciplina, quer por via de instrumento regulamentar inferior, quer por via de estipulação dos "sujeitos do contrato". Na doutrina, MÁRIO PINTO/ /FURTADO MARTINS/NUNES DE CARVALHO, cit., em anotação ao art. 24.º da LCT, ponto II, 5, 121ss, entendem que *"o princípio da inamovibilidade apenas foi consagrado para os casos em que os respectivos destinatários não optem por uma diferente regulação dos seus interesses, permanecendo estes com inteira liberdade para alterar o regime legal"*. No sentido da defesa da possibilidade de o empregador poder indicar de forma sucessiva novos locais de trabalho ao trabalhador, havendo cláusula implícita ou explícita nesse sentido, dentro de um parâmetro de boa fé, ROMANO MARTINEZ, *Direito do Trabalho*, cit, 195.

[423] BERNARDO XAVIER, "A Crise e Alguns Institutos de Direito do Trabalho", cit., 555-556.

[424] Mesmo que com uma manifestação de vontade livre e esclarecidamente determinada.

5. Cláusulas de mobilidade

Fenómeno cada vez mais frequente é também a contratação *geograficamente móvel*. Parece na realidade admissível a aposição de cláusulas de mobilidade ao contrato de trabalho. Acontece quando o trabalhador é mobilizado temporariamente para exercer a sua prestação num centro de trabalho de outra *localidade* distinta daquela onde *normalmente* exerce os seus serviços, ainda que naturalmente sujeito a uma deslocação para outra povoação com a inerente mudança de residência. A criação de Sucursais pode assumir neste contexto um papel fundamental, já que a mobilidade do trabalhador efectivar-se-á no quadro da mesma entidade patronal[425], viabilizando com acrescida facilidade a circulação do traba-

---

[425] A sucursal é um estabelecimento comercial secundário (sem personalidade jurídica) em que se praticam actos de comércio do mesmo género dos que constituem a actividade principal da sociedade, sob a direcção, em última análise, do órgão de administração da sociedade, mas com alguma autonomia, revelada nomeadamente pela existência de um gerente de comércio. Cfr. BRITO CORREIA, *Direito Comercial*, 2.º Vol., AAFDL, Lisboa, 1995, 285. Esta situação distingue-se dos "chamados centros de trabalho móveis ou itinerantes" em que a natureza da actividade do trabalhador implica a sua permanente deslocação, não cabendo falar em transferência. É o exemplo de escola do contrato de trabalho entre uma editora livreira e um trabalhador cuja actividade consiste na venda de enciclopédias porta a porta por todo o país ou um motorista de camionagem. Quanto à constituição de sucursais refira-se que esta tem contudo proliferado não tanto no âmbito de estratégias de mobilização interna, conforme sublinha o *World Investment Report* da UNCTAD de 1994, quanto de desenvolvimento de estratégias autónomas de multilocalização tendentes à intensificação de relações produtivas com vários segmentos dos países nos quais estão instaladas, muitas das vezes para fruição do Estatuto de Investidor Estrangeiro, com todas as subvenções e benefícios fiscais que se encontram adjacentes. Cfr. G. LYON-CAEN, *"Plasticité du capital e nouvelles formes d'emploi"*, cit, 12 ss. O desenvolvimento destas estratégias de integração complexa pressupõe aliás uma integração de diferentes processos, em várias localizações, na cadeia de valor da matriz, sendo cada operação avaliada do ponto de vista da sua contribuição para a cadeia de valor global e subordinada ao critério de maximização da eficiência geral. Conforme sublinha PETER DICKEN, *Global shift*, Londres, Paul Chapman Publishing, 1992, associando este

lhador no quadro da mesma empresa. Entendemos possível que as partes convencionem que a entidade patronal fique livre na fixação do local de

---

fenómeno ao processo de desindustrialização dos países mais desenvolvidos, esta realidade não é absolutamente nova, datando a sua germinação dos anos 70. Trata-se de uma forma de *externalização interna*. Assinale-se também que a intensificação do esquema de *intra-firm sourcing* deve-se não só ao desenvolvimento dos transportes e telecomunicações (enquanto fenómeno possibilitante de uma fragmentação e padronização de tarefas específicas no quadro de uma organização multidimensionada que não coincide com a fisionomia dos modelos taylorista e fordista) mas sobretudo ao aumento da pressão sindical relativa à melhoria das condições de trabalho nas economias mais desenvolvidas, que obrigou muitas das grandes empresas a deslocalizarem produção para países menos desenvolvidos. A emergência das empresas-rede é por isso uma realidade incontornável nos dias de hoje e as estruturas produtivas tendem cada vez mais para a constituição de *"intersecções de segmentos autónomos de sistemas de fins"*, na expressão de CASTELLS, "La era de la información. Economia, sociedad y cultura", *La sociedad red*, vol. I, Madrid, Alianza Editorial, 1998, p. 24 ss. Esta tendência de integração complexa acentua o grau de segmentação do mercado de trabalho local, criando novas habilidades e formas de gestão, contribuindo para uma certa convergência internacional entre os salários e as condições de trabalho em algumas ocupações ou indústrias de nível intermédio ou superior (havendo contudo formas atractivas do investimento essencialmente assentes no baixo custo da mão de obra que originam o tão indesejado *dumping* social), não se podendo porém olvidar a possibilidade de criação de periferias crescentes de tipos de trabalho, caracterizados por pouca estabilidade e com uma remuneração inferior ao dos trabalhos centrais de produção. Alertando para este factor, W. SENGENBERG e D. CAMPBELL, *Lean production and beyond labor aspects of a new production concept* in UNCTAD Report, 1994. Neste sentido, e com preocupações semelhantes, o PCP apresentou, em 1999, um projecto de Resolução à Assembleia da República *"relativo à adopção de medidas contra a deslocalização das empresas"*, sustentando que os processos deslocalizadores visam somente " a drástica redução dos custos da força de trabalho e dos custos ambientais, em muitos casos com desprezo pelos direitos mais elementares, designadamente com recurso ao trabalho infantil", assinalando a proliferação crescente do fenómeno no seio da União Europeia e considerando *"que o quadro é tanto mais preocupante quanto as empresas que se deslocalizam beneficiam de elevados apoios financeiros e na primeira oportunidade abandonam esse espaço geográfico sem respeito pelos contratos e compromissos assumidos"*. O projecto, publicado no Diário da Assembleia da República, VII Legislatura, 4.ª sessão legislativa, 2.º série-A, n.º 32, de 23 de Janeiro de 1999, aponta em situações pretensamente verificadas em Portugal, em que empresas anunciaram decisões de encerramento, despedimentos ou desinvestimento, *"sem que tenham reembolsado as ajudas públicas outorgadas "*. A Assembleia da República decidiu desta forma adoptar uma Resolução que incumbe o Governo da necessidade de suscitação nas instâncias internacionais adequadas, *"do debate e adopção de medidas, visando disciplinar o investimento directo estrangeiro e os processos de deslocalização das empresas"* e a *"promoção da revelação pública dos contratos e ajudas outorgadas em caso de deslocalização das empresas"*, bem como do *"aumento dos valores a pagar aos trabalhadores que perdem o seu emprego em consequência destes processos não só através de uma alteração legisla-

trabalho[426]. Basta, neste sentido, que seja aposta ao contrato uma cláusula em que a entidade patronal se reserva o direito de transferir o trabalhador

---

tiva sobre as indemnizações por despedimentos como também relativamente ao aumento do período com direito ao subsídio de desemprego".cfr. Diário da Assembleia da República, VII Legislatura, 4.º sessão legislativa, 2.ª série-A, n.º 4, de 25 de Março de 1999.

No plano comunitário, foram igualmente dimanadas resoluções que denotam uma clara preocupação com o fenómeno da actuação transfronteiriça dos grupos de empresas e que apontam para a necessidade de estabelecimento de mecanismos que assegurem a protecção dos direitos dos trabalhadores. *Vide* a Resolução sobre deslocalização de empresas internacionais (96/C 100/11), JOCE n.º C 1000/40, de 2 de Abril de 1996 e sobre reestruturação e deslocalização industrial na União Europeia, JOCE n.º c362/147, de 2 de Fevereiro de 1996.

Doutra parte, no âmbito do denominado *Soft Law*, existe um projecto de Código de Conduta sobre Sociedades Transnacionais, elaborado pelo Conselho Económico e Social da ONU; um documento contendo os princípios essenciais que devem nortear as empresas multinacionais elaborado pela OCDE e, *last but not least*, uma Declaração tripartida de princípios relativos ás *Empresas Multinacionais e Política Social* dimanada da OIT:

[426] Ac. Rel. Lisboa de 16-11-88, CJ, 1988, n.º 5, p. 161,, e o já mencionado Ac. STJ, de 24-03-1999 (Padrão Gonçalves), Bernardo Xavier, *Curso de Direito do Trabalho*, cit, 353, Monteiro Fernandes, *Direito do trabalho*, 10.º edição, cit, 375. Em sentido contrário, Barros Moura, *Compilação de Direito do Trabalho*, Coimbra, 1992, p. 92 e J. Leal Amado, "Inamovibilidade: Uma garantia Supletiva?", QL, ano I, n.º 3, 1994, 175-177. Está-se contudo em crer que o papel da autonomia individual das partes e da sua auto-regulação de interesses, bem como a adequação funcional do sentido da estabilidade aos novos tempos, impõem o afastamento de uma visão pétrea do art. 24.º LCT. A questão é no entanto de alcance mais profundo (sendo a interpretação do art. 24.º uma amostra) e incide sobre o papel do Estado na regulação das relações jurídicas laborais, colocando-se sobretudo no plano da importância que a autonomia colectiva e individual assumem, num quadro de alteração da dimensão estrutural das fontes neste plano jurídico. Reside em saber qual o espaço das normas dispositivas num cenário tradicionalmente pautado por uma malha densificadamente imperativa, mas que mostra incapacidade de adaptação à realidade em curso. Neste sentido, a adaptabilidade pode incidir não tanto sobre a modificação da estrutura legal vigente quanto sobre a dimensão da modificação e respectiva impostação na estrutura globalmente considerada. Por isso, a generalidade dos instrumentos legais não se compaginam, as mais das vezes, com a heterogeneidade dos interesses envolvidos e as necessidades das partes, passando o caminho a seguir não por uma absoluta ausência de regulamentação (desregulamentação) mas antes pela abertura de espaços de autoregulação, sempre no quadro dos princípios constitucionalmente plasmados. Neste conspecto, e com referência ao art. 53.º CRP, discordamos tendencialmente de Gomes Canotilho e Vital Moreira,*Constituição da República Portuguesa Anotada*, cit., 288, quando referem que o direito à segurança no emprego abrange "*também a protecção do trabalhador na organização interna do trabalho, dentro da empresa ou serviço, pondo-o a coberto de mudanças arbitrárias de posto ou local de trabalho*". É que a relação de trabalho é uma relação com fundo contratual, estando por isso sujeita à variabilidade da conjuntura e da realidade envolvente, sem que contudo se possa falar em insegurança. Só

no quadro do local de trabalho expressamente mais amplo,[427] havendo, naturalmente, que valorar a possibilidade sempre no âmbito de um parâmetro de boa fé em conjugação com o programa contratualmente determinado[428]. Existem contudo situações em que a estipulação se encontra implicitamente fixada; é o caso em que a própria carreira profissional impõe a passagem por vários estabelecimentos, tratando-se, no concreto, de algo que resulte da natureza da profissão ou dos usos da empresa. No caso de se tratar de uma empresa com grande implantação, e na ausência de qualquer estipulação negocial que fixe concretamente o *locus laboris*, este considerar-se-á fixado por declaração tácita das partes, o que muitas vezes pode corresponder a um espaço relativamente abrangente onde a empresa possua várias unidades fabris. É o caso de um técnico de informática, de um inspector de produção, ou mesmo de uma secretária.

---

haveria insegurança se às partes não fosse possibilitada a previsão da concomitante satisfação dos seus interesses e do quadro contratualmente modalizado. Havendo vontade e desejo nesse sentido, manifestados de uma forma livre e esclarecida, só uma interpretação de pendor historicista, desconsideradora das "condições específicas do tempo em que as normas são aplicadas", poderia constringir a vontade das partes quanto à estipulação das cláusulas que melhor lhes aprouverem na defesa dos seus interesses. A posição dos autores merece no entanto claro acolhimento no que toca ao afastamento do arbítrio como determinante das mudanças assinaladas, havendo todavia que ter presente que "*o aumento das garantias dos trabalhadores no quadro do modelo clássico das relações de trabalho, em virtude do seu desfasamento da realidade e face aos excessos de defesa de uma das partes, é fonte de efeitos perversos, conduzindo a realidades diferentes, quando não opostos, daqueles que se pretendia atingir*", conforme refere ABEL FERREIRA, *Grupos de Empresas e Direito do Trabalho*, cit, 66. Focando o aspecto, vd também MARIA MANUELA MAIA DA SILVA, "Os direitos constitucionais dos trabalhadores e a sua articulação com o direito ordinário" in VVAA: *III Congresso Nacional de Direito do Trabalho*, cit., 117-118.

[427] Conforme notam BERNARDO XAVIER, *Curso, cit.*, 354 e MICHEL DANTI-JUAN, "Le détachement d´un travailleur auprés d´une autre enterprise", DS, n.º 12, Décembre 1985, 836 ss. O autor francês distingue a existência de cláusulas expressas ou tácitas de transferência, considerando possível uma ordem de mobilidade da entidade patronal se esta se encaixar na margem de previsibilidade que deflui do contrato e não configurar uma alteração substancial ao seu figurino.

[428] Sobre a temática, considerando que a indeterminação do âmbito geográfico da prestação de trabalho deve ser resolvida pela entidade empregadora nos termos do art. 400.º CC e dentro de um parâmetro de boa fé, vd PEDRO MADEIRA DE BRITO, "Local de Trabalho" in VVAA: *Estudos do Instituto de Direito do Trabalho*, Faculdade de Direito de Lisboa, 2001, 355-384 (*maxime* 361). O autor acrescenta que o desenho contratual de uma área geográfica de forma lata (cláusula de mobilidade) configura neste sentido uma forma de determinação do local de trabalho, exigindo ainda, em concomitância, um "mínimo de previsibilidade e determinação do âmbito geográfico da prestação de trabalho". Algo que, no fundo, já decorreria dos efeitos irradiantes do princípio da boa fé (p. 369).

Tudo depende da natureza das coisas, da fisionomia da função a exercer e da configuração do contrato[429]. Quando o trabalho seja por natureza de localização diluída, a prestação laboral *multilocalizada*[430] subsume-se ao quadro contratualmente definido. Pode por isso acontecer, já no âmbito de um grupo de empresas e tendo em atenção os contornos subjacentes à prestação exercível, que se estabeleça contratualmente que, por exemplo, os funcionários do sector de manutenção da empresa Y executem também a sua prestação nas empresas B e C com quem a sua entidade patronal tem relações grupais[431]. Os funcionários apenas podem ser despedidos pela empresa Y, com quem têm vínculo juslaboral, não podendo recusar-se a prestar trabalho nas demais

---

[429] A modalidade de cláusulas de mobilidade de objecto local alternativo encontrou acolhimento no Ac. Rel. de Lisboa de 16-11-1988 (BTE, 2.ª Série, n.ᵒˢ 7-10/90, p. 729).

[430] A entidade patronal é livre de dizer ao seu trabalhador que exerça a sua prestação no pavilhão A ou B, no 2.º ou 7.º andar. Tudo depende da zona geográfica que constitui a área da empresa.

[431] Não cremos, contrariamente ao que assinala REYES MARTINEZ BARROSO, *in* "Analisis jurídico-laboral de los grupos de empresas", REDT, n.º 62, 1993, p. 927, que esta situação de prestação laboral indiferenciada às empresas agrupadas, seja, "*de per si*", bastante para responsabilizar todas as empresas envolvidas e consequentemente "*patronalizá-las*". O trabalhador celebrou um contrato de trabalho com uma empresa, não fazendo sentido admitir que, em caso de incumprimento contratual, este possa demandar todas as empresas. Para além da gravosidade subjacente à assunção de uma posição com este matiz, fortemente condicionadora da iniciativa privada e da plena expressão da vontade das partes com projecção no contrato de trabalho, seria admitir que qualquer uma das empresas poderia alterar o respectivo horário de trabalho no decurso da prestação laboral, aplicar sanções ao trabalhador ou mesmo despedi-lo. Por outro lado, a extensão de uma "*obrigação de não concorrência*" a todo o grupo (decorrência da sua "*patronalização*") pode ganhar um âmbito de aplicação desmesurado quando o grupo tenha uma dimensão considerável e exerça global mas diferenciadamente um conjunto alargado de actividades, podendo ainda neste cenário ocorrer um cerceamento absolutamente desproporcionado das possibilidades de o trabalhador exercer outras actividades remuneradas – art. 20.º n.º 1, b) da LCT (o mesmo vale, mutatis mutandis, para o pacto de não concorrência com eficácia *pós-contratual*). Ademais, o trabalhador de uma empresa estaria obrigado a um dever de respeito perante todos os trabalhadores e chefias que compõem as diferentes empresas integrantes do grupo, havendo uma vinculação espraiada por um universo exponencial de pessoas cuja artificiosidade se manifesta com evidência (por exemplo, o Ac. Rel. Évora de 7 de Dezembro de 1999, que considerou justa causa de despedimento, "*o emprego por um trabalhador de linguagem soez dirigida a um companheiro de trabalho e a formulação de ameaças*"). Se a expressão da vontade contratual objectivada no contrato corresponder a um interesse sério e legítimo dos contraentes, parece não haver fundamento material bastante para o recurso a um enquadramento excepcional (de multiresponsabilização) que para mais não encontra correspondência na concreta intenção das partes projectada na celebração do contrato. Por outro lado, o princípio da boa fé não pode

empresas do grupo se tal tiver ficado tácita ou expressamente contratualizado (sendo que a sua prestação apenas pode ser conformada pela empresa y). É que existem trabalhos por natureza ambulatórios. Nestes casos, a entidade empregadora possui os mais amplos poderes, competindo-lhe determinar a *"modalidade topográfica"* da prestação de trabalho[432].

Possibilidade relativamente aproximada ocorre quando o trabalhador exercer a sua prestação de serviços em simultâneo para várias empresas do mesmo grupo ou com laços associativos, com quem detenha contratos de trabalho a tempo parcial[433].

---

ser absolutamente modulado num pressuposto de *pro laboratoris* quando também as empresas, enquanto pessoas colectivas, apresentam bases de legitimidade actuacional e têm direitos que devem ser protegidos, não só porque, *ex vi* do art. 12.º CRP, têm interesses que são juridicamente tutelados, mas porque uma visão excessivamente assimétrica do plano posicional em que se encontram as partes contende com a matriz civilística do Direito do Trabalho (que só por si já apresenta algumas normas com vocação correctora) e ofende o princípio constitucional da livre iniciativa privada. Neste quadro, sobre a denúncia de alguns *excessos garantísticos,* que, por vezes, se pretendem escorar na ideia do *favor laboratoris,* apontando para um novo caminho, veja-se, por exemplo, MÁRIO PINTO, " A função do direito do trabalho e a crise actual", RDES, 2.º Série, 1986, pp. 33 e ss, BERNARDO XAVIER, *Curso de Direito do Trabalho,* cit., p. 254 e ss., e, em síntese de algumas posições, ABEL FERREIRA, *Grupos de Empresas e Direito do Trabalho,* cit, 58ss. Ainda nesta linha, MENEZES CORDEIRO ("Salários em atraso e privilégios creditórios", ROA II, ano 58, 1998, 646) questiona mesmo se o *favor laboratoris* não terá sido substituído por uma regra *de favor empresariorum,* porquanto as empresas são na verdade os criadores de emprego. Quanto ao aspecto analisado a solução será evidentemente diferente quando existam situações de natureza fraudatória e todas as empresas do grupo sejam materialmente caracterizáveis como entidades empregadoras, estando o trabalhador a exercer a sua prestação de modo simultâneo e indistinto perante todas elas, sujeito à respectiva conformação material e às sanções que cada uma lhe decida aplicar, apesar de formalmente apenas estar vinculado a uma empresa. Dife-rente será ainda, porque produzido sem condições tão identificáveis, o caso em que o trabalhador exerce a sua prestação sucessiva perante todas as empresas do grupo, através de uma sucessão de contratos a prazo, após atingir o limite para a contratação a termo relativamente a cada um dos contratos sucessivamente celebrados, ou a situação em que o trabalhador presta serviços perante uma empresa do grupo que dedica a sua actividade em exclusivo à "empresa – mãe". A lógica de personalização e de autonomia jurídica e patrimonial vale como princípio geral, apenas devendo ser ignorada, conforme preconizámos, quando se verifiquem *"fenómenos de abuso de personalidade jurídica".*

[432] A expressão é de BERNARDO XAVIER, *Curso,* cit, 349. A prestação de serviços pode no entanto corresponder a uma manifestação simulada de uma verdadeira situação de cedência, regendo nesta matéria o art. 30.º LTT. Cfr. ROMANO MARTINEZ, *O Subcontrato,* cit, 24 e 41.

[433] Cfr. KRAVARITOU-MANITAKIS, *Nouvelles Formes de Travail: Aspects de Droit du Travail et de sécurité Sociale dans la Communauté Européene,* European Foundation

Esta disciplina legal constitui uma decorrência das mudanças do sentido, alcance e fisionomia do Direito do Trabalho, que fazem com que ao

---

for the Improvement of Living and Working Conditions, Dublin, 1988, pp. 31-45. Será uma forma de *"multiple job holding"*, assente na acumulação de *"part-times"* em vários locais, através de agências ou iniciativas individuais, havendo dois contratos de trabalho diferentes referentes a outras tantas entidades empregadoras. Neste caso, a prestação de serviços cinge-se à finalidade e conteúdo de cada um dos contratos celebrados, não existindo quaisquer dúvidas sobre a admissibilidade da prestação simultânea, *maxime* sobre a derivação de uma responsabilidade solidária, atendendo à ausência de uma *unidade de contratação*. Evidentemente, para que se chegasse a uma base de aferição desta *condição* de imputação conjunta dos créditos laborais, seria sempre necessário indagar da intenção das partes na celebração dos vínculos, atendendo ao momento da sua celebração, ao seu conteúdo (designadamente identidade de funções e de remuneração) e da verificação de uma direcção única com contornos fraudatórios – por exemplo eximência aos limites máximos do PNT previstos no art. 5.º da LDT; ou, com dificuldades acrescidas, razões de natureza fisiológica relativas à saúde do trabalhador, recortáveis como situações de limitações voluntárias a um direito de personalidade excessivas e neste sentido contrárias à ordem pública (que podem ainda assim conduzir apenas a uma *redução* do segundo contrato a tempo parcial celebrado); ou ainda, mais difusamente, situações de bipartição material de um vínculo contratual – antecedida de uma rescisão – apenas para efeito de benefício dos incentivos previstos para a contratação a tempo parcial mas com ressalva de antiguidade pregressa do trabalhador, havendo um hiato de três meses – art. 11.º n.º 3. Apesar da consideração de que o trabalho a tempo parcial representa uma forma precária de emprego, a figura tem vindo a assumir uma importância crescente nos últimos anos em toda a Europa Comunitária, sendo inclusivamente uma forma de ocupação e realização profissional das mulheres, geralmente com mais dificuldades de compatibilização da sua vida profissional e familiar, o que não pode contudo significar, na prática, uma restrição proliferante da figura ao sexo feminino, privando-o da possibilidade de *opção* por uma solução de tempo completo (configurando *hoc sensu* uma forma obreptícia de discriminação). Neste sentido, e na sequência não só da Directiva n.º 97/81/CE do Conselho de 15 de Dezembro de 1997, mas também da Convenção n.º 175 da OIT e do Acordo-quadro europeu de 6 de Junho de 1997 celebrado entre as organizações profissionais de interesse geral (a UNICE, o CEEP e a CES), o legislador regulamentou finalmente com alguma precisão a figura, dando também seguimento ao Acordo de Concertação Estratégica (1996-1999) que considerava o trabalho a tempo parcial como uma forma de promoção de emprego. Surgiu neste quadro a Lei n.º 103/99 de 26 de Julho (no seguimento do novo art. 12 ET surgido um ano antes no país vizinho), que *"define o regime jurídico do trabalho a tempo parcial e estabelece incentivos à sua dinamização"*. Assim, nos termos do respectivo art. 1.º, considera-se trabalho a tempo parcial o que corresponda a um período normal de trabalho semanal igual ou inferior a 75% do praticado a tempo completo numa situação comparável, sendo o critério de comparabilidade definido no n.º 3 e a respectiva base de aferição determinada, segundo a ordem de preferência indicada, a partir de trabalhadores que prestem o mesmo ou idêntico tipo de trabalho, ou no mesmo estabelecimento ou noutro estabelecimento da mesma empresa com a mesma actividade, ou em estabelecimento de idêntica dimensão no mesmo ramo de actividade, ou, ainda, num estabeleci-

complexo normativo que o entretece apenas caiba fornecer os mecanismos regulatórios absolutamente necessários para a tutela dos direitos constitucionalmente previstos como fundamentais, deixando ao restante um carácter de disponibilidade[434], que *desasfixie* não só a autonomia colectiva como também a autoregulação individual e que permita uma compaginação entre justiça e eficiência quanto aos interesses das partes envolvidas. O carácter de continuidade que está subjacente ao contrato de trabalho deve garantir a efectiva actuação do programa de autonomia privada e realizar os interesses fundamentais das partes, recobrindo *ex ante*, num quadro de boa fé, as mudanças factuais e contingenciais, que afectem o equilíbrio expectacional projectado no contrato[435].

---

mento do mesmo ramo de actividade. Ignora-se em absoluto a realidade grupos de empresas – basta pensar na situação em que, no quadro de um contrato paritário, existe uma secretária a tempo parcial na empresa A, que se dedica ao vestuário, e uma outra secretária vinculada a tempo parcial à empresa B, que se dedica ao *marketing* e distribuição, desenvolvendo ambas as empresas a sua actividade na mesma unidade logística, com o desempenho de funções materialmente similares ambas as trabalhadoras. Permite-se ao mesmo tempo que o referido limite percentual seja elevado e os critérios estabelecidos com maior grau de exigência, por utilização de elementos de comparação, por via de convenção colectiva. Na prossecução de medidas de política de emprego, a lei dispõe ainda sobre o uso desta forma de trabalho como meio de partilha ou criação de postos de trabalho, concedendo incentivos financeiros a tal actuação. De outra parte, ainda com referência ao grupo de empresas, se por exemplo um trabalhador tiver um período normal de trabalho *móvel* (não igual em cada semana – n.º 6 do art 1.º) que, no cômputo da consideração da respectiva média num período de quatro meses atinja as trinta e duas horas semanais com a empresa A e no quadro de um outro vínculo com a empresa B perfaça as vinte e oito horas semanais, não caberá fazer qualquer ajustamento ou compensação. Isto é, haverá um vínculo laboral *normal* com a empresa A (já que serão não só os trabalhadores que perfazem habitualmente quarenta horas semanais, mas também todos os que, por força da aplicação do art. 1.º da Lei são equiparados a trabalhadores por tempo completo, ou seja, todos os que tenham um período normal de trabalho semanal acima de 75% das 40 horas, mais de 30 horas semanais – afasta-se neste sentido, a título de exemplo, qualquer fórmula de cálculo do subsídio de refeição com base numa percentualização do número de horas semanais abaixo das 40 horas, a percentualização só poderá ocorrer no quadro da qualificação como trabalho a tempo parcial) e um contrato de trabalho a tempo parcial com a empresa B. Sempre num pressuposto autonomizado de *pro rata temporis*. Sobre o trabalho a tempo parcial, com aprofundamento e agudeza, estabelecendo também um confronto comparatístico, JÚLIO GOMES, "Trabalho a Tempo Parcial" in VVAA: *III Congresso Nacional de Direito do Trabalho,* Coimbra, 2001, 57-92.

[434] PIETRO ICHINO, "Il Tempo di Lavoro nell'Unione europea. Direttiva Comunitaria e Tendenze degli Ordinamenti Nazionali", RDIL, n.º 2, 1998, p. 176.

[435] Analisando a questão no quadro do "contrato incompleto", FERNANDO ARAÚJO, "Direito do Trabalho e Análise Económica", cit., 231ss. Ou seja, sendo na realidade impossível comprimir todo o "universo de contingências" surgível (com a vantagem

6. Subcontratação

Fenómeno diverso, mas cada vez mais frequente no âmbito do cenário traçado devido às dificuldades crescentes a que as empresas carecem de fazer face, constitui o recurso a fornecedores externos para satisfação de necessidades que não se prendam directamente com o *"core business"* exercido, fazendo preceder este processo de *"externalização"*[436] da necessária libertação do pessoal que lhes estava afecto[437].

---

de redução ao mínimo dos custos de interpretação, de aplicação e de dirimição de litígios inerentes a um clausulado incompleto), trata-se de mitigar, na medida do possível, a "inerradicável" incerteza subjacente a uma auto-regulamentação vaga e, *ipso facto*, ineficiente – o que não significa porém que se destrua a intrínseca abertura do contrato de trabalho, porquanto a cristalização contratual, conforme nota o autor, destrói todo o potencial de interacção e de adaptação que a relação contratual morfologicamente reclama e a que a assimetria informativa, existente no momento da sua celebração, obtempera. Na verdade, a matéria da individualização das condições de prestação de trabalho, indissociando-se da lógica de flexibilidade que vem marcando o Direito do Trabalho, ostenta virtualidades patentes que, no entanto, sem um adequado relançamento da negociação colectiva, pode precarizar a situação dos trabalhadores e potenciar tratamentos desiguais à luz dos clausulados jussubjectivos (a desigualitarização intensifica-se no domínio dos *fringe benefits*, sendo conferidos aos trabalhadores incentivos e benefícios extraordinários não apenas numa perspectiva de incentivo ao aumento da sua produtividade como também numa óptica de fidelização do trabalhador – vg *stock options* – em mira, face à livre desvinculação do trabalhador que constitui corolário da liberdade de trabalho, da sua manutenção na empresa). Trata-se na actualidade de uma das questões que dilacera os quadros de análise da regulamentação laboral e que condiciona todas as soluções que *de jure condendo* venham a surgir: como compaginar a necessária manifestação de vontade de vontade das partes, a auto-regulação dos seus interesses e a adaptabilidade à realidade económica e social exigíveis com a estabilidade, a homogeneidade regulamentar e a igualdade? Qualquer normação supérstite, como sublinha MONTEIRO FERNANDES, tem necessariamente de passar pelo re-enfoque do papel da negociação e auto-regulamentação colectivas, como instrumento (histórico) privilegiado de congraçamento dos interesses que, *prima facie*, estariam em planos absolutamente antinómicos. Cfr. "Reflexões sobre a Negociação Colectiva em Portugal", in VVAA, *III Congresso Nacional de Direito do Trabalho*, Coimbra, 2001, 230ss.

[436] A expressão "externalização" corresponde ao significado mais comum que a subcontratação assume, podendo contudo apenas existir um processo de acerto de estra-

A subcontratação industrial constitui inegavelmente uma forma de eximência às responsabilidades inerentes à assunção de uma posição patronal[438]. As empresas confiam a outras entidades (também empresas) operações de fabrico de determinados produtos e prestação de determina-

---

tégias de especialização integradas entre as empresas que seja determinado por motivos estritamente conjunturais.Cfr. D. TAPSCOTT/A.CASTON, *Paradigm Shift*, McGraw-Hill, 1993. "*A latere*" deste processo, encontra-se também o chamado "*Insourcing*", que consiste na disponibilização de financiamento para uma "*task force*" interna com o objectivo de colmatar as necessidades existentes sem recorrer à ajuda externa, mas cuja relevância para a temática sob análise é marginal.

[437] Sobre esta matéria MARIA REDINHA, *A relação laboral fragmentada*, cit., 46 e ss. Neste sentido mostra-se curioso que muitos destes trabalhadores reapareçam como prestadores de serviço à mesma empresa, como trabalhadores ou mesmo como pequenos empresários. A grande novidade em relação a este aspecto repousa no facto de estas actividades serem exercidas por quem trabalhava tradicionalmente em regime de subordinação e no facto de não serem apenas os profissionais liberais quem na actualidade opta pelo trabalho em regime de autonomia, escolhendo o regime da prestação de serviços dentro das modalidades possíveis no quadro do art. 1154.º CC. Neste contexto não deixa de ser interessante que se utilize fraudatoriamente o "*nomen iuris*" de contrato de trabalho em alguns casos para efeitos de obtenção de benefícios da segurança social – vd. Ac. STJ de 20/6/96 in CJ-STJ, 1996, II, pp. 278 ss., sendo no entanto bastante mais frequente a situação inversa. Em relação a esta, apurada a existência de uma prestação de actividade, em regime de subordinação, retribuída nos termos gerais, a "aposição do "*nomen iuris*" de prestação de serviços de nada valerá, mesmo que esta seja a designação querida pelas partes para o negócio e que ambas concordem em afastar o regime laboral.Cfr. FURTADO MARTINS, "A crise do contrato de trabalho", RDES, Outubro-Dezembro-1997, n.º 4, 335 ss, F. RIBEIRO LOPES, "Trabalho subordinado ou trabalho autónomo: um problema de qualificação", RDES, n.º 1, 1987 e ROMANO MARTINEZ, "Trabalho Subordinado e Trabalho Autónomo" in VVAA: *Estudos do Instituto de Direito do Trabalho*, Faculdade de Direito de Lisboa, 2001, 272-293.

[438] A decantada rididez da legislação do trabalho é muitas vezes apontada como sendo um dos factores que tem potenciado o recurso à externalização produtiva. O regime dos despedimentos e o custo que lhes está associado é por alguns considerado um factor desmobilizador para a comunidade empresarial da firmação de novos vínculos laborais (aludindo a um estudo comparatístico desenvolvido pela OCDE em que Portugal surge como o país em que existe o quadro legal mais restritivo em matéria de despedimentos, veja-se SILVA LOPES, "Direito do Trabalho: direito hierárquico e direito pluralmente pactuado" in VVAA: *III Congresso Nacional e Direito do Trabalho*, cit., 142). A evolução dos institutos de direito do trabalho, num pendor garantístico dos trabalhadores (por um lado, menos tempo de serviço- alargamento de férias, feriados e faltas, descansos semanais alongados, diminuição de horários; por outro, aumento dos encargos – remunerações acessórias, despesas previdenciais) deve ser compaginada com uma regulamentação que possibilite às partes uma auto-regulação dos respectivos interesses. A cedência ocasional, não obstante o seu deficiente desenho, constitui em 1989 um passo importante neste sentido, procurando regular formas de externalização controladas.

dos serviços[439], mantendo apenas a sua responsabilidade final[440]. Trata-se de um processo com contornos extremamente plásticos, não uniforme nas causas e consequências, que não pode ser verdadeiramente considerado um tipo contratual[441].

[439] A subcontratação distingue-se dos contratos de fornecimento. Nestes, ao contrário do subcontratado, o fornecedor não é especialista no fabrico de um ou vários produtos, mas sim em uma ou várias técnicas, trabalhando por encomenda. Ademais, comercializa os seus produtos no mercado através de uma rede de vendas constituídas, ao passo que a empresa subcontratada exerce a sua prestação para a contratante.

[440] O fabrico ou a produção dos produtos para a empresa sub-contratante são quase sempre feitos por empresas especializadas na produção de um único componente. Porém, as empresas subcontratantes, para minimizarem riscos de interrupção da sua produção caso ocorram problemas nas empresas de *sourcing,* costumam confeccionar esquemas de *multiple sourcing.* Cfr. GILBERTO DUPAS, *Economia Global e Exclusão Social*, Editora Paz e Terra, Brasil, 1999, p. 49 ss. A UNCTAD salienta ainda que o influxo das novas cadeias de produção nos empregos locais varia consoante a forma como se processa o investimento directo estrangeiro (greenfield, fusão, aquisição ou participação minoritária), o tipo de cadeia (uso intensivo de capital ou de mão de obra) e a substituição ou não de produção local. Ademais, começa também a expandir-se o chamado *triangle manufacturing*, em que as grandes empresas sedeadas nos países mais desenvolvidos mantêm as sua encomendas às empresas "tradicionalmente" localizadas nos países asiáticos, que por seu turno transferem e deslocam parte da sua produção para indústrias em países com reduzidíssimos patamares de protecção social (vg China, Indonésia e Guatemala) por via de constituição de filiais, *joint ventures* ou mesmo através da (sub) sub contratação, ficando o triângulo composto com a chegada do produto final aos países mais desenvolvidos. Procura-se assim controlar os inputs e garantir uma coordenação dos processos de produção e dos mecanismos de distribuição. Os acordos de subcontratação são muito frequentes em indústrias leves orientadas para a exportação – têxteis, vestuário, brinquedos, sapatos e artigos desportivos – havendo no entanto uma crescente selectividade (sem prejuízo da sua multiplicidade) na escolha dos subcontratados, já que as empresas subcontratantes procuram evitar um envolvimento (ainda que reflexo) em práticas socialmente censuráveis, como o trabalho infantil, abusos e punições físicas a trabalhadores ou condições ambientais precárias. Esta crescente rigidez na escolha dos subcontratados deve-se, essencialmente, a pressões dos movimentos de minorias mas também à negatividade social que estas práticas desencadeiam e que muitas das vezes têm substanciais repercussões ao nível da procura dos respectivos produtos. Cfr. MARIA MANUEL LEITÃO MARQUES, *A regulação das relações entre as empresas: o caso da subcontratação, Estudos Económicos e jurídicos*, Lisboa, Imprensa Nacional, 1986.

[441] MARIA REDINHA, *A Relação Laboral Fragmentada*, cit, 49. Neste quadro, a subcontratação não pode ser valorada como um subcontrato, dado que não existe um contrato primário a partir do qual se estabelece uma contratação derivada. Isto é, no subcontrato *"um dos sujeitos, parte em outro contrato, sem deste se desvincular e com base na posição jurídica que daí lhe advém, estipula com terceiro, quer a utilização, total ou parcial, de vantagens de que é titular, quer a execução, total ou parcial, de prestações a*

Os contratos firmados apresentam um conteúdo material bastante matizado (e *geograficamente variável*) mas em que são frequentes cláusulas de delimitação temporal com alguma rigidez, indexação de preços e densificação de padrões de serviço[442]. Neste contexto, quase sempre são apostas *cláusulas penais* com algum impacto financeiro[443]. Assim funciona na prática a subcontratação[444]. A figura permite às empresas o

---

que está adstrito" na definição apresentada por ROMANO MARTINEZ, *O Subcontrato*, cit., 44. Ora, as mais das vezes, a subcontratação verifica-se anteriormente à entrada do produto acordado no mercado, pelo que a posterioridade da relação da contratante com os clientes e a ausência prévia de qualquer contrato, a partir do qual se delimite o objecto e o tipo da relação firmada com a "subcontratada" apartam conceitualmente este fenómeno do subcontrato.

[442] Neste sentido, é também frequente a aposição de cadernos de encargos, a regulação dos meios transferidos, a responsabilidade pelos riscos de destruição ou de furto e a definição do suporte relativo aos encargos de seguro. Contrariamente ao que sucede com outros contratos de natureza empresarial, a subcontratação não possui uma regulamentação pública especificada, existindo apenas algumas recomendações de organismos de suporte à actividade empresarial (designadamente associações empresariais) que curiosamente visam mitigar a dependência das empresas subcontratadas. A nível comunitário, a preocupação assenta no estabelecimento de patamares de esclarecimento e informação ao nível da contratualização efectuada, procurando-se também estabelecer um equilíbrio entre os contratantes através de canais de comunicação entre as entidades envolvidas que assegurem a lisura e transparência exigíveis. (Resolução do Conselho de 26 de Setembro de 1989). Fundamental é também a formalização por escrito de todas as instruções, meios de assistência técnica e controlo entre as empresas, havendo igualmente que especificar aspectos delicados como sejam a fixação dos preços, condições e prazos de fornecimento. Neste contexto, a par da crescente internacionalização desta tipologia contratual, é cada vez mais frequente a aposição de cláusulas de revisão de preços em função da voltatilidade dos custos e das variações monetárias. O Decreto-Lei n.º 383/89, de 6 de Novembro, responsabiliza objectivamente o produtor de qualquer bem móvel, mesmo que ulteriormente incorporado noutro bem móvel ou imóvel, adoptando assim um conceito abrangente de produtor que engloba o produtor de uma matéria prima ou o fabricante de um componente. Cfr. CALVÃO DA SILVA, *Responsabilidade Civil do produtor*, Coimbra, 1990; ROMANO MARTINEZ, *Cumprimento defeituoso em especial na compra e venda e na empreitada*, Almedina, Coimbra, 1994, 70ss. Cremos também que a redacção do contrato deve observar a regulamentação do Decreto-Lei n.º 446/85 (Cláusulas contratuais gerais) que abrange não só as relações com os consumidores como também entre empresários, sempre que se verifique um conjunto de proposições pré-elaboradas que a contraparte se limite a aceitar.Sobre a figura, MENEZES CORDEIRO, *Teoria Geral do Direito Civil II*, n.ºˢ 116 e 119, 13ss e 35ss.

[443] As modalidades de cumprimento costumam por isso ser espartilhadamente reguladas.

[444] Também designado *"Facilities Management"* em situações de atribuição de tarefas de carácter informático ou tecnológico a empresas terceiras..Cfr. THILBAUT ARANDA, J., *El Teletrabajo – Análisis jurídico-laboral*, CES, Colección Estudios, Madrid, 2000,

desenvolvimento de processos de especialização crescente e a potenciação de complexas teias económico-negociais que se inserem em planos de maximização de ganhos assentes em estratégias de complementaridade. Aumenta-se a plasticidade e flexibilidade gestionárias e concentram-se os recursos em fases essenciais para a concorrência internacional.[445] Faculta um aproveitamento óptimo dos diversos factores de produção, possibilitando um aumento dos níveis de competitividade e rentabilidade da empresa, ductilizando a sua situação às flutuações do mercado[446]. O imperativo empresarial de obtenção de ganhos de produtividade e de capacidade de adaptação a um mercado cada vez mais internacionalizado e competitivo conduz de forma crescente a políticas de aligeiramento das estruturas empresariais que permitam corresponder às incertezas do mercado e à tendência arreigada de encurtamento do ciclo de negócios[447].Trata-se por isso de um fenómeno cada vez mais disseminado, que atravessa todo um conjunto de actividades económico-sociais[448]. Não só

---

225. O autor foca justamente a temática no domínio da informática e das telecomunicações, centrando-a em três grandes tipos de sub-contratação: contratação de dados, o mesmo é dizer, comercialização de bases de dados; subcontratação de serviços informáticos numa óptica de apoio e complementaridade – consultoria informática, auditoria informática, formação e segurança informática, contratação de pessoal com especialização informática, instalação e comunicações; conjunto de contratos complexos que integram os sistemas informáticos, integrando alguns elementos de *hardware* e serviços pré-determinados.

[445] Designadamente ao nível da pesquisa e investigação, penetração em novos mercados, *marketing* e publicidade.

[446] Essencialmente enquanto válvula de resguardo de conjunturas depressivas, em que excedentes de mão de obra se podem revelar ruinosos em termos de rigorosa avaliação económica, constituindo-se assim uma *"contínua reserva operacional"* potenciável na fase de expansão. As preocupações com a estrutura dos ganhos e dos custos da mão de obra determinaram a publicação do Regulamento (CE) n.º 530/99 do Conselho, de 9 de Março, de 1999 relativo *"às estatísticas sobre a estrutura dos ganhos e dos custos da mão--de-obra"*, que obriga os Estados-Membros e o EUROSTSAT à elaboração de rigorosas estatísticas comunitárias *"sobre o nível e a estrutura dos custos da mão-de-obra e sobre a estrutura e distribuição dos ganhos dos trabalhadores"* nas actividades económicas que vêm elencadas no art. 3.º deste normativo comunitário e que são de grande amplitude, tendo este sido densificado em 27 de Julho de 1999 pelo Regulamento n.º 1726/1999 da Comissão.

[447] BRUNHES, B., " La flexibilidad de la mano de obra en las empresas: estudio comparativo de cuatro países europeos", *Políticas de mercado de trabajo en los noventa*, MTSS, Madrid, 1991, 266-267.

[448] Desde os transportes, espectáculos (*maxime* bilhétrica e segurança) ao *marketing* e recursos humanos, passando por serviços de limpeza, *catering* ou mesmo consultoria legal. No sector têxtil trata-se de uma prática frequentíssima, que remonta pelo menos ao início da década. A outro nível, veja-se, por exemplo, o acordo de *outsourcing* entre

facilita a concentração de recursos nas funções essenciais da empresa,[449] como também permite uma canalização do investimento para a melhoria da qualidade dos produtos (o capital é carreado para a reconversão tecnológica e melhoria das capacidades logísticas), evitando-se a sua mobilização para empregos pouco rentáveis[450]. Obvia-se neste sentido a um sub-aproveitamento[451] do factor "mão de obra", cuja actividade se encontra condicionada pelas variações conjunturais, havendo épocas flutuantes em que o dispêndio salarial da empresa não encontra correspondência na prestação material dos seus empregados. Ademais, contrariamente ao espartilho associado à necessidade de pagamento dos salários na integralidade e com impreteribilidade nos prazos legalmente estabelecidos[452], o pagamento às entidades contratadas é, muitas das vezes, feito de forma

---

o governo da comunidade Flamenga (Bélgica) e a *Siemens Business Services* firmado em Março de 1999, com um prazo de validade de 5 anos e cifrado em 149 milhões de EUROS, para a gestão de todas as infraestruturas de tecnologias de informação que conduziu à dispensa de alguns funcionários públicos e que gerou grande contestação social na altura.

[449] Conforme notam GÓMEZ ALBO, P., "Descentralización productiva, externalización y sucontratación", Al, n.º 10, 2000 e ALEXANDRE DIAS PEREIRA, "Programas de Computador, Sistemas Informáticos e Comunicações Electrónicas – Alguns Aspectos Jurídico Contratuais" ROA, III, Ano 59, Dezembro 1999.

[450] Acresce o alijamento de responsabilidades quanto a danos ocasionados por trabalhadores. Estando estes ao serviço da empresa subcontratada, que actua com autonomia e meios próprios, é esta, enquanto beneficiária directa da prestação e na qualidade de entidade patronal, quem deve assumir os riscos inerentes à prestação laboral efectuada, respondendo em consonância por culpa *in vigilando* ou *in eligendo* pelos danos causados pelos seus empregados. Em Espanha, por exemplo, com ênfase, STS de 18 de Junho de 1979, Ar. 2895 (onde se pode ler que o contrato apenas tem como sujeitos celebrantes as empresas, não estando este sinalagma contratual integrado por relações de subordinação ou de interpenetração com o feixe de relações estabelecido entre a empresa subcontratada e os respectivos trabalhadores) e na doutrina, CRUZ VILLALÓN, "Descentralización productiva y responsabilidad laboral por contratas y subcontratas", RL, n.º 2/1992, 16ss.

[451] Fundamental parece também ser a repartição de riscos que subjaz a todo este processo. São geralmente aspectos de dimensão técnico-jurídica relacionados com a legislação relativa a mercados e finanças, para além da vertente tecnológica, que modelam as opções tomadas.Acresce que o recurso a estas formas de descentralização produtiva é também muitas vezes influenciado por estratégias de redução das dimensões empresariais que visam o evitamento de uma empresa excessivamente sindicalizada, procurando-se limitar as esferas de intervenção dos representantes dos trabalhadores, evitando-se também uma menor conflitualidade laboral no seu seio pois são conhecidas as especiais dificuldades de negociação colectiva nas pequenas empresas que, a mais das vezes, não dispõem de estruturas representativas actuantes.

[452] Veja-se a Lei n.º 17/86 de 14 de Julho e o Decreto-Lei n.º 402/91, de 16 de Outubro, designadamente o art. 3.º deste normativo.

faseada e diferida, havendo neste cenário uma actividade gestionária mais adaptada às disponibilidades de tesouraria[453].

Neste sentido, afigura-se perfeitamente legítimo que, num quadro (cada vez mais) concorrencial e no âmbito de uma plena economia de mercado, sem prejuízo dos respectivos mecanismos regulatórios, os empresários procurem a confecção de esquemas negociais que lhes possibilitem a manutenção da sua actividade, procurando formas colaboracionais que promovam uma diminuição dos custos associados à contratação laboral[454]. A subcontratação assume neste contexto diferentes

---

[453] DIAS COIMBRA; "A mobilidade do trabalhador no âmbito da cedência imprópria", ROA III, ano 53, Dezembro 1993, 817. Este processo de subcontratação industrial tem sido aliás considerado um factor de industrialização de regiões subdesenvolvidas. Trata-se mesmo de uma condição de sobrevivência de pequenas empresas que, neste particular aspecto, estiola os potenciais efeitos negativos no tecido empresarial que os clássicos processos de concentração originam.

[454] Problemáticas são as situações em que a operação de *outsorcing* envolve a *transferência* total ou parcial do pessoal do cliente. Isto é, tal como na cedência ocasional de trabalhadores (ou mesmo no trabalho temporário), é conferida a um empresário a possibilidade de disposição da prestação laboral sem necessidade de se vincular laboralmente (passa-se não só quanto ao empresário *principal* ou contratante – por exemplo serviços de limpeza – que recebe os serviços dos trabalhadores por via contratação com uma empresa *auxiliar* de obras ou serviços como também nas situações em que a subcontratação e o cometimento da produção de determinado comonente do ciclo produtivo a outra empresa implique a afectação de trabalhadores da empresa contratante). DIAS PEREIRA, cit., 966, numa análise sobre os contratos de *outsorcing* informático, que geralmente estabelecem a transferência para a empresa de *outsourcing* de todo ou parte do pessoal afectado ao serviço informático do cliente, aborda a questão no quadro do regime da transmissão do estabelecimento, procurando definir como tal o serviço transferido para a prestadora. Seguindo o critério da *entidade económica autónoma* de acordo com uma elencagem de critérios em que avulta a existência de uma organização de estruturas ou factores produtivos, com alguma consistência e autonomia, conclui pela aplicação do regime previsto no art. 37.º LCT – parece contudo evidente que o preceito não será aplicável, quando, por exemplo, uma empresa livreira queira montar e processar um sistema informático de vendas *on line* e para o efeito subcontrate uma empresa com esta actividade para realizar e montar a operação, destacando a empresa cliente para isso alguns trabalhadores (neste caso não existe transferência de qualquer estrutura produtiva, pois até à data não existia qualquer núcleo unitário de meios técnicos e materiais com essa funcionalidade, não cabendo neste sentido aludir a um fenómeno de *continuidade* de prossecução daquela actividade). Não nos parece contudo forçoso o recurso ao art. 37.º na situação acima apontada, tendo em vista o acautelamento dos direitos dos trabalhadores (em Espanha o Supremo considerou não existir *sucessão de empresa* quando a empresa opta por contratar um determinado serviço com uma empresa dita subcontratada, atento o art. 42.º ET – STS de 30-12-93, Ar. 10078, mas aplicou o art. 44.º – similar ao art. 37.º da LCT – quando a descentralização produtiva se processe por meio da

projecções, podendo ser conjuntural (ou de capacidade) ou estrutural (de especialidade) consoante as necessidades e finalidades da empresa con-

---

criação de uma sociedade filial – STS de 27-10-94, Ar. 8531). Impõe-se desta forma separar a transmissão do estabelecimento da subcontratação (reconhecendo as dificuldades do *distinguo*, face à jurisprudência comunitária quanto à transmissão parcial parcial do estabelecimento, BERNARDO XAVIER, *O despedimento colectivo no dimensionamento da empresa*, cit., 322, nota 222). Na primeira, o art. 37.º exige a verificação de dois elementos: um elemento subjectivo, pressuponente da mudança de titularidade, independentemente do negócio ou acto jurídico que a tenha originado; um elemento objectivo, consistente na transferência de parte ou totalidade da empresa, cujo recorte definitório é extraído a partir da existência de um conjunto organizado de bens que permite ao novo titular a prossecução da actividade produtiva objecto de translação. No caso da subcontratação, pelo contrário, entra-se já num domínio em que o negócio jurídico que fundamenta a figura nada tem que ver com a transmissão da empresa, havendo antes um compromisso empresarial de realização de uma obra ou serviço, assumindo o subcontratatado, por sua conta e risco, a gestão empresarial da produção encomendada, podendo a contratante destacar trabalhadores seus para a realização da tarefa (no quadro do regime desenhado no art. 26.º e ss da LTT) contratualmente acordada – não existe neste caso mudança de titularidade e a empresa contratante mantém a qualidade de entidade empregadora dos trabalhadores cedidos, beneficiando indirectamente da sua actividade laboral. Só haverá *in casu* transmissão de estabelecimento se a empresa contratante, para além de contratar com a empresa contratada a prestação de um determinado serviço, lhe ceder em concomitância determinada unidade produtiva, de acordo com a definição supra-referenciada (em todo o caso, para que exista transmissão parcial de estabelecimento torna-se necessário que a subcontratação seja realizada com uma empresa adrede constituída, que recebe determinados activos patrimoniais da empresa principal, de forma a que se considere que a empresa subcontratada ou *auxiliar* é erigida a partir de uma unidade produtiva integrada inicialmente na empresa contratante. Não existirá transmissão parcial se a contratação de uma obra ou serviço for feita uma empresa já constituída ou em funcionamento). Assim, das duas uma: se a situação de deslocação dos trabalhadores não quadra com o regime da cedência ocasional de trabalhadores e for materialmente caracterizável como tal, aplica-se o disposto no art. 30.º do respectivo regime, inclusivamente mais favorável ao trabalhador do que o mencionado art. 37.º LCT (neste caso, conforme refere THILBAUT ARANDA, cit., parece imperioso distinguir se a subcontratada exerce uma actividade empresarial própria e específica, diferente da actividade da empresa principal, dispondo para o efeito de meios técnicos humanos e materiais, gerindo e dirigindo o exercício da respectiva actividade, assumindo também os riscos próprios da sua prossecução). Aliás o problema no país vizinho tem-se colocado no domínio da fronteira entre a cessão ilícita de trabalhadores e o regime da subcontratação com previsão específica no art. 42.º ET, tendo neste contexto o Supremo Tribunal, em 24 de Novembro de 1998 (Ar. 10034), face à necessidade de dilucidação da expressão "*actividad propria*" ínsita no preceito estabelecida uma diferenciação subtil entre **actividades inerentes** (tarefas que correspondem ao ciclo produtivo da empresa principal) e **actividades indispensáveis** (todas as que se afiguram necessárias para a organização do trabalho), abrangendo-as, contudo, no âmbito operativo da respectiva

tratante. Na primeira modalidade, a subcontratada é encarregue da produção de determinado volume de bens, tendo em consideração as necessidades da contratante em conseguir um aumento da oferta no mercado sem que tenha necessidade de aumentar a sua capacidade produtiva – há neste caso uma produção paralela da contratante e da subcontratada e não ver-

---

estatuição, deixando apenas de fora do específico regime da subcontratação as obras ou serviços ininseríveis na finalidade produtiva e nas actividades normais da empresa contratante, que pela respectiva **acessoriedade**, se implicarem o destacamento de trabalhadores, deverão conduzir o intérprete-aplicador a um juízo de ilicitude sobre a cedência de trabalhadores envolvida (veja-se ainda neste domínio, o texto esclarecedor de PÉREZ DE LOS COBOS ORIHUEL, F., "El concepto de «*propria actividad*» empresarial", in VVAA, *Descentralización productiva y protección del trabajo en contratas*, Estudio en recuerdo de F. Blat Gimeno, Tirant lo Blanch, Valencia, 2000, 161-171); outra hipótese, consiste no exercício de funções profissionais para a empresa de *outsorcing* sem que perante esta exista subordinação jurídica (*rectius*, direcção técnica ou conformação material de actividade): neste caso o trabalhador continua a pertencer à empresa cliente, sem que se possa falar em cedência "*proprio sensu*". Esta confusão foi aliás suprimida pela nova Lei n.º 146/99, de 1 de Setembro, quanto a uma hipótese de cedência impropriamente prevista na ante-rior redacção do art. 26.º. Para além destes dois possíveis enquadramentos, através da livre manifestação da autonomia privada (e na negociação dos termos e condições do contrato de trabalho), pode-se verificar uma transferência (em sentido impróprio) do trabalhador da empresa cliente (após a sua rescisão com esta) seguida da celebração de um novo vínculo laboral com a empresa de *outsorcing*. Revela-se, no entanto, difícil na prática apurar em determinadas situações, com alguma precisão, se ocorre uma transmissão de estabelecimento ou uma cedência ilícita (por inobservância – entre outros requisitos susceptíveis de violação – do acordo exigido no art. 28.º para o efeito), já que, mesmo no quadro da subcontratação, é aplicável o regime desenhado na LTT, contrariamente ao que sucede em Espanha em que a jurisprudência e a doutrina empreendem esforços de construção de critérios de separação entre a cedência de trabalhadores e a figura da subcontratação. Quanto à necessidade de destrinça entre a cedência e a *transmissão de estabelecimento*, avultará ainda uma valoração das circunstâncias ulteriores, maxime o apuramento da intenção da empresa (pretensamente) cessionária, e para além da necessária indagação do objecto do contrato (sabendo se este se destina à colocação dos trabalhadores sob a direcção e controlo do outro contratante), só com base na *patologia* da relação laboral, *maxime* com a verificação da titularidade da detenção do poder disciplinar (aferível, por exemplo, a partir de ameaças de aplicação de sanções) será possível a qualificação jurídica da situação – o problema neste domínio pode aparecer quando exista uma desconformidade entre o *animus* da empresa cliente aferido no momento da subcontratação e o desencadeamento ulterior de acção disciplinar que faz presumir a cedência mas que não tem correspondência na vontade projectada no contrato de *outsorcing*. Ou, como referia HAURIOU, no início do século, em *Précis de Droit Administratif et de Droit Public*, Paris, 1924, 5, "*Le droit disciplinaire, dans notre systéme juridique moderne est comme un orphelin qui cherche ses parents sans les pouvoir retrouver*"...

dadeiramente uma divisão técnica de trabalho entre ambas[455]. Na segunda modalidade, assiste-se a um verdadeiro processo de divisão ou segmentação do ciclo produtivo, com carácter tendencialmente duradouro[456] – cabe à empresa contratante a concepção global do produto, ficando a cargo da subcontratada a produção ou execução de partes componentes do produto final no quadro de estratégias de concentração de esforços financeiros por parte das empresas principais em determinadas fases do ciclo produtivo.

Esta forma de externalização dos trabalhos de uma unidade produtiva ganha pois outros contornos quando a empresa subcontratada se torna uma empresa absolutamente integrada, isto é, quando ela, por força das relações preferenciais ou mesmo exclusivas com um cliente (a empresa contratante), perde de forma significativa o seu poder de decisão (em termos gestionários e financeiros- vg sobre a quantidade e a qualidade do que produz), o seu controlo sobre os meios de produção (que lhe são impostos ou fornecidos pela contratante) e sobretudo o seu poder de mercado (situação monoclientelar). É de facto particularmente frequente a imposição aos subcontratados de condições de troca pouco equitativas, de cláusulas de exclusividade, de deveres de não concorrência e sigilo, ao que geralmente sucede uma perda de contacto directo com o mercado. Nestas situações, entra-se numa esfera jurídica em que o direito de trabalho é a forma jurídica principal – a empresa subcontratada torna-se uma verdadeira unidade produtiva (ou departamento) da empresa contratante, sendo a sua personalização um artifício jurídico que permite a dispersão do risco de investimento e do colectivo de trabalhadores, encobrindo verdadeiras relações laborais entre a empresa contratante e os trabalhadores da subcontratada – *le vrai peut quelquefois n`être pas vraisemblable*.[457]

---

[455] Este género de subcontratação é geralmente constituído entre empresas do mesmo sector de actividade, sendo por isso designada de subcontratação *sectorial* ou *concorrente*.

[456] Tratando-se de um mesmo produto e ocorrendo uma repartição funcional relativa ao fabrico de determinado produto, esta modalidade costuma também ser designada por contratação *intersectorial* ou *complementar*.

[457] Trata-se de uma situação materialmente comparável à situação de dependência jurídica emergente da criação de um grupo legal de sociedades, havendo *in casu* uma relação *dominial* por via do contrato firmado. O art. 90.º do Código de Trabalho do Panamá (de 1971), estabelece *expressis verbis* a responsabilidade de ambas as empresas pelas prestações e créditos devidos, considerando a empresa beneficiária da actividade referenciada como verdadeira empregadora, numa formulação que, apesar da atendibilidade das preocupações que lhe subjazem, tem o inconveniente de existindo apenas um empregador,

Não se trata, com efeito, de meras instruções ou exercício de influência na gestão da empresa sub-contratada, trata-se, sim, de uma verdadeira orientação e obediência às directrizes de gestão que emanarem da sociedade contratante que molda desta forma em exclusivo a actividade empresarial da subcontratada, com ela constituindo uma situação de facto que permite a sua caracterização como grupo de empresas. O problema exorbita, neste contexto, da mera identificação do empregador baseada no contrato de trabalho, exigindo do intérprete um esforço de avaliação da verdadeira eficácia da aplicação prática da solução formalmente encontrável. Em situações de estrangulamento da subcontratada e de correspondente aproveitamento dos meios técnicos e materiais por parte da empresa contratante, dever-se-á considerar o eventual despedimento dos trabalhadores vinculados à subcontratada como imputável à subcontratante[458]. A subcontratação não pode constituir um expediente frau-

---

haver uma responsabilização ficcionada dos créditos laborais emergentes de duas entidades diferentes, sendo que uma delas não é (verdadeiramente) entidade patronal. Em Espanha, a realidade foi também reconhecida pelo legislador no art. 42.º ET *("Responsabilidad empresarial en caso de subcontrata de obras o servicios")*: obriga-se a empresa contratante a comprovar a regularidade da situação da empresa subcontratada perante a Segurança Social e responsabiliza-se o *"empresario principal"* pelas obrigações salariais perante os trabalhadores da subcontratada e perante a Segurança Social (n.º 2) sobrevindas durante a vigência do contrato de *outsourcing*, e com um limite "ficcionado" estabelecido por referência aos trabalhadores com a mesma categoria ou com idêntico posto de trabalho na sua (empresa contratante) estrutura produtiva. Esta disposição tem sido objecto de uma interpretação *"in extenso"*, tendo a jurisprudência vindo a considerar a contratante responsável pelo pagamento de prestações à Segurança Social devidas por incapacidade temporal que, mesmo excedente do período de vigência do contrato, seja fundada em acidente ou enfermidade contraída no seu decurso (STS de 17-5-96, Ar. 4472) e alargado a sua aplicação aos casos de concessões administrativas (STS de 15-7-96, Ar.5990).

[458] ABEL FERREIRA, *Grupos de empresas e direito do trabalho*, cit., 126, refere que *"para o efeito prosseguido pelo Direito do trabalho, não há que distinguir se o poder de direcção que uma empresa detém em relação a outras tem origem num instrumento jurídico legalmente tipificado."* Concordamos também com o autor quando refere *"que relevante é identificar a situação de facto de concentração ou cooperação empresarial, com sujeição de empresas juridicamente autónomas a um interesse empresarial externo"*. Equacione-se a situação em que um gerente de uma sociedade por quotas cria uma sociedade unipessoal por quotas com a qual contrata o fabrico de determinadas peças que vão integrar o produto final colocado no mercado pela primeira, que detém um controlo fáctico absoluto sobre *labor produtivo* da subcontratada e cuja extinção sem mais coloca os respectivos trabalhadores no desemprego reassumindo a contratante a produção da aludida peça...

datório, destinado a iludir as normas de Direito do Trabalho, consubstanciando uma desresponsabilização do empresário principal relativamente a um processo produtivo que se encontrava na sua esfera de direcção e com o qual se avantajou de forma que repugna à consciência jurídica. Se o controlo exercido pela empresa contratante sobre a entidade subcontratada for de tal forma intenso que subtraia a esta qualquer margem de autonomia na gestão e direcção dos seus recursos humanos, impõe-se a aplicação de uma solução que vise repor a justiça devida e que permita "alcancar a materialidade subjacente". Assim, nestes casos, a subcontratação deve ser objecto de uma análise duplamente vectorial: num plano interempresarial (relação entre empresas contratante e subcontratada) e, num plano assimétrico, às relações entre as empresas e os trabalhadores, numa óptica de dupla vinculação material.[459] A contratante deve ser responsabilizada, quando vise somente uma limitação de responsabilidades quanto ao seu pessoal de serviço, não existindo um interesse real e sério na deslocalização, e actue contrariamente aos valores do sistema procurando socorrer-se deste mecanismo para frustrar o exercício de direitos que o ordenamento atribui aos trabalhadores. A nível contra-ordenacional, o legislador, tendo em vista a tutela efectiva das disposições de saúde, higiene e segurança no trabalho e os problemas conexos com a idade mínima de admissão, tomou conhecimento da realidade, responsabilizando solidariamente pelo pagamento das coimas devidas as empresas contratante e subcontratante[460]. No domínio dos créditos laborais emergentes no decurso do subcontrato, a realidade é contudo ignorada no plano legal, não existindo uma disposição similar, por exemplo, ao art. 42.º do *Estatuto de los Trabajadores*[461]. Todavia, conforme notámos

---

[459] Existe também uma tendência dicotómica entre uma perspectiva económica e uma perspectiva jurídica. Na primeira, a subcontratação conduz a uma crescente absorção hierarquizante do processo produtivo (não só *"interna corporis"* – entre empresas – mas também numa óptica internacional- entre sistemas produtivos), ou seja um fenómeno concentracionista. Do ponto de vista jurídico e espacial, atende-se sobretudo à sua crescente dispersão e aos diversos locais para onde são *destacadas* as actividades contratadas.

[460] Art. 4.º, n.º 2 e 3 da Lei n.º 16/99 de 4 de Agosto. O preceito levanta no entanto vários problemas. Na verdade, atendendo à sua estruturação operativa, a necessidade de separar a responsabilidade pelas infracções cometidas da questão da responsabilidade pelo pagamento das coimas, parece inculcar que apenas a subcontratada será responsável pela infracção cometida, havendo contudo um reforço da garantia de pagamento das coimas por força da responsabilidade solidária consagrada a este nível que possibilita à (sub)contratante o direito de regresso sobre a subcontratada.

[461] Determina o referido preceito, sob o título de *"Responsabilidad empresarial en caso de subcontrata de obras o servicios"*, no n.º 1, que " *los empresarios que contraten*

antecedentemente, todas as formas de agrupamento ou cooperação interempresarial, que apresentem possibilidades de afectação da tutela juslaboral outorgada pelo ordenamento (*Ordnung*) e desfigurem as coordenadas básicas do sistema, devem ser objecto de tratamento idêntico e concitar do intérprete um esforço tendente à reposição da justiça violada.

---

o subcontraten com otros la realización de obras o servicios correspondientes a la propria actividad de aquéllos deberán comprobar que dichos contratistas están al corriente en el pago de las cuotas de la Seguridad Social. Al efecto recabarán por escrito, com identificación de la empresa afectada, certficación negativa por descubiertos en la Tesorería General de la Seguridad Social, que deberá librar inexcusablemente dicha certificación en el término de treinta días improrrogables. Transcurrido este plazo, quedará exonerado de responsabilidad el empresario solicitante". No n.º 2 estabelece-se que " *El empresario principal, salvo el transcurso del plazo antes señalado respecto a la Seguridad Social, y durante el año siguiente a la terminación de su encargo, responderá solidariamente de las obligaciones de naturaleza salarial contraídas por los subcontratistas con sus trabajadores y de las referidas a la Seguridad Social durante el periodo de vigencia de la contrata com el límite de lo que correspondería si se hubiese tratado de su personal fijo en la misma categoría o puestos de trabajo. No habrá responsabilidad por actos del contratista cuando la actividad contratada se refiera exclusivamente a la construcción o reparación que pueda contratar un cabeza de familia respecto de su vivienda, así como cuando el proprietario de la obra o industria no contrate su realización por razón de una actividad empresarial*" (pronunciando-se ainda a favor de uma interpretação *in extenso* do n.º 2 MORENO DE TORO, C., *La responsabilidad civil del empresario*, CES, Collección Estudios, 2000, 151, alargando a responsabilidade solidária a todos os empresários implicados na cadeia de contratação e subcontratação, havendo deste modo uma *imputação* de sentido ascendente aos diversos níveis da cadeia de contratação de forma a que cada um garanta as obrigações laborais de cada um dos subcontratados subsequentes). Em simultâneo, por referência a esta matéria e ainda no ordenamento espanhol, veja-se o direito à informação aos representantes dos trabalhadores (*comité de empresa*), desenhado no art. 64.º sobre os fundamentos e pressupostos da subcontratação (trata-se de um limite procedimental à tomada de decisões sobre esta matéria, cuja inobservância implica *ex vi* do art. 95.º n7 ET uma responsabilidade administrativa empresarial que não obstante deixa inafectada a validade da operação de subcontratação) e ainda os arts. 24.º, 42.º n.º 2, 47.º ns.º 13 e 14, 48.º ns.º 9 e 10 da *Ley de Prevención de Riesgos Laborales* (Ley 1/85, de 8 de Novembro; Real Decreto 39/1997, de 7 de Janeiro – *Reglamento de Servicios de Prevención de riesgos laborales*; Real Decreto 486/1997, de 14 de Abril, sobre *disposiciones mínimas de Seguridad y Salud en los Lugares de Trabajo*; e o Real Decreto 1.627/1997, de 24 de Outubro, sobre *disposiciones mínimas de Seguridad y Salud en las obras de Construcción*). Ainda com interesse para a temática, em matéria de Segurança Social, consulte-se a *Ley General de Seguridad Social*, maxime arts. 104.º n.º 1 e 127.º n.º 1 e a análise elucidativa sobre o seus principais aspectos feita por GARCIA PAREDES, M.ª, em "Posición del trabajador en la subcontratación de obras y servicios", AL, n.º 3, 1994, 615 ss e por PÁRAMO MONTERO, M., *Las responsailidades empresariales en el ámbito laboral y de Seguridad Social*, CISS, Valencia, 1995.

O grupo de empresas só ganha relevância operativa neste domínio enquanto operação de facto que desvirtua os parâmetros legais das relações laborais[462]. Não pode, assim, existir outra solução se a empresa deslocalizadora exercer com efectividade os poderes de direcção empresarial que permitam qualificar os trabalhadores da subcontratante como seus *subordinados*.[463] *Fair and square*. Havendo exclusividade prestacional, integração na sua estrutura produtiva, encontra-se aberto o caminho para a responsabilização. A "patronalização" será eliciável a partir de indícios como a falta de independência económica ou a unidade de direcção administrativa entre ambas[464], para que se possa concluir que a empresa subcontratada exerce a sua função empregadora por conta da contratante, que é quem de forma absolutamente efectiva conforma e beneficia da prestação dos trabalhadores, que embora integrados numa estrutura empresarial produtiva com autonomia jurídica, se encontram de facto subordinados a esta[465]. No plano da organização empresarial, importa ter presente a susceptibilidade de afectação dos direitos dos trabalhadores por formas de concentração ou cooperação por empresas que não se encontrem estruturadas de acordo com as formas societárias desenhadas no CSC e cuja localização, em geral, até se situa fora do território por-

---

[462] Chamando também a atenção para o facto de as técnicas de divisão e especialização do trabalho assentes na subcontratação serem cada vez mais desenvolvidas num contexto estrutural de grupos empresariais, veja-se LLANO SÁNCHEZ, M. *Responsabilidad empresarial en las contratas y subcontratas*, Collección Relaciones Laborales, La Ley, 1999, 8.

[463] Cfr. P. FURTADO MARTINS, "A Crise do contrato de trabalho" RDES, Outubro--Dezembro – 1997, n.º 4, p. 339, referindo a forma como na prática se faz a delimitação do tipo contratual – "a utilização do método indiciário em que um dos índices, as mais das vezes não é assumido, é o da posição social e económica dos sujeitos envolvidos, acaba por ser uma das mais relevantes expressões da sobrevivência da focagem subjectivista na delimitação do campo de aplicação do ordenamento juslaboral".

[464] Ou também o apuramento da entidade que assume o pagamento da retribuição devida ao trabalhador ou a quem se encontra vinculado o respectivo superior hierárquico.

[465] Existirá uma prestação heterodeterminada de actividade, ou seja uma prestação desenvolvida sob a autoridade e a direcção de outrém, *in casu* a empresa contratante. A estrutura finalística do direito do trabalho não é incompatível com o advento destas novas formas de cooperação entre empresas, devendo penetrar nas manifestações exteriores dos tipos intermédios de cooperação interpresarial (não subsumíveis quer à empresa tradicional assente numa organização mono-estruturada, quer aos tradicionais esquemas societários), tutelando o trabalhador mediante o apuramento da entidade a que este se encontra materialmente subordinado. Referindo-se às dificuldades subjacentes às *"relações de filialização"* quanto à determinação do empregador real, cfr. JORGE LEITE, "Direito do trabalho na crise", cit, 41.

tuguês. A prova da situação fraudatória ou do abuso de direito em questão e da descaracterização da autonomia da actividade daquela organização produtiva incumbe a quem alegar a sua verificação, não devendo estender-se, sem mais, a responsabilidade à empresa contratante. Torna-se, por isso, necessário comprovar o carácter fraudatório da situação e a verificação com efectividade de um mero mecanismo interpositório consubstanciado na independência jurídica formal da entidade subcontratada, já que na sua ausência, conquanto se verifique uma coincidência nos elementos de direcção ou participação empresarial ou mesmo uma dependência económica acentuada, o pressuposto deverá ser de que se trata de duas entidades diferentes, não podendo existir uma análise meramente centrada em critérios de natureza económica, porquanto será a partir da relação material de hetero-determinação entre a contratante e os trabalhadores pertencentes (pelo menos no plano formal) à subcontratada, que a primeira deverá ser considerada entidade patronal para todos os efeitos. Não havendo fraude à lei ou abuso de direito, não existe evidentemente razão consistente para considerar ilícitas práticas negociais deste tipo. Trata-se no fundo de uma forma cada vez mais frequente de as empresas fornecerem base técnica e financeira ao carácter cada vez mais complexo dos processos produtivos ou à incerteza do mercado, procurando manter a sua vitalidade gestionária. A realidade demonstra que a função do mercado de trabalho apodado de "marginal" não é absolutamente supletiva ou acessória relativamente ao mercado de trabalho tradicional[466]. Desempenha antes um papel estruturante no contexto actual (e provavelmente futuro) da produção industrial[467].

---

[466] Sobre este ponto, vd. JEREMY RIFKIN, *La fine del Lavoro*, cit, 330. De facto, em domínios em que a prestação do trabalho pela natureza da actividade exercida o possibilite, as empresas recorrem cada vez mais frequência, por via da eliminação dos tempos de comunicação proporcionada pelas tecnologias de informação, a formas organizativas que fragmentam o processo produtivo por espaços descontínuos, aproveitando a inexistência de patamares de protecção social no local onde a prestação se efectiva. A constituição de empresas, com personalidade jurídica própria, a diferenciação de tratamento entre os trabalhadores e a respectiva dificuldade de intervenção nas decisões da empresa, bem como a precarização de condições em que alguns laboram, recortam-se como algumas das preocupações mais marcantes que o fenómeno concita, havendo no entanto algumas dificuldades em ultrapassar alguma desunião sindical relativamente a matérias com projecção internacional, ainda que existam dados recentes de uma certa inflexão quanto a esta

tendência mas apenas em relação às estruturas societárias *tradicionais*. É o emblemático caso da criação de um grupo sindical internacional no grupo *Volkswagen*, de que dá nota o jornal *El País* de 22 de Maio de 1999.

[467] As novas formas de subcontratação surgem no entanto envoltas em problemas relativamente complexos. A descentralização do trabalho através de contratos ao domicílio (fórmula tradicionalmente utilizada para trabalhos de carácter essencialmente manual agora estendida a novos tipos de trabalho intelectual e a outros cambiantes contratuais potenciados pelas novas tecnologias) colocam dificuldades às entidades públicas encarregues da fiscalização do cumprimento das normas vigentes em matéria de segurança, higiene e saúde no trabalho e no combate ao fenómeno *negro* do trabalho ilegal ou clandestino, designadamente o trabalho infantil.

SECÇÃO II
DETERMINAÇÃO DO EMPREGADOR NO ÂMBITO DE UMA POLÍTICA DE MOBILIDADE

1. Enquadramento

Se é possível uma modificação pactuada das condições de trabalho – *Andervnasvertrag*[468] – contanto que observados os requisitos de forma do contrato de trabalho, ter-se-á também que admitir, face à desnecessidade de forma escrita para a constituição de vínculo laboral, que muitas das situações para as quais se busca enquadramento jurídico tradicional, são recortáveis como uma alteração negocial de carácter subjectivo e representam uma passagem a uma situação de contitularidade patronal[469], ou,

---

[468] Este aspecto é aliás particularmente enfocado por BRUNO VENEZIANI, "La flessibilitá del lavoro e suoi antidoti", *Giornale di Diritto del Lavoro e di Relazioni industriali* n.º 58 (1993), 308, não como forma de *desregulação* mas antes de *re-regulação*, na procura de uma adaptação dos regimes jurídicos actuais às envolventes voláteis da micro e da macro economia. Com a plasmação de uma flexibilidade institucionalizada e legitimada por uma regulamentação permissiva da mutabilidade do programa negocial ínsito no contrato de trabalho, consegue-se uma regulação pactuada que possibilita a realização dos ajustamentos postulados pela evolução dos mercados.

[469] Quando for caso disso, e assim decorrer da vontade das partes, a pluralidade dos vínculos laborais firmados pelo trabalhador origina situações de responsabilidade solidária – arts. 512.º e 513.º CC. Será uma situação subjectivamente complexa, em que existe uma única prestação (*eadem res debita*) e uma única causa (*eadem causa obligandi*), havendo uma pluralidade de sujeitos (*in casu*, empresas) adstritos ao seu cumprimento. Existe neste sentido uma complexidade mista, porquanto as empresas se encontram em simultâneo numa posição creditícia da prestação de serviços do trabalhador, estando por outro lado obrigadas a respeitar os correlativos *créditos* laborais. Sobre a figura, MENEZES CORDEIRO, *Direito das Obrigações,* 1.º volume, 1994, AAFDL, Lisboa, pp. 372 ss. A aceitação da solidariedade, implica, naturalmente, a aceitação da diversidade jurídica das empresas implicadas. Trata-se no fundo de uma transposição para o campo patronal, através de uma igualitarização posicional e da conceituação da figura do *office sharing,* da figura da

partilha de emprego ou *job-sharing* que surge como um arranjo complexo decorrente de uma falta de correspondência entre emprego e posto de trabalho (e também como uma poderosa ferramenta de incentivo aos funcionários para que continuem em funções, designadamente trabalhadores que não aguentam um horário a tempo inteiro por força, por exemplo, da assunção de responsabilidades a nível familiar – neste domínio, com importância, a al./b do art. 59.º CRP, introduzida com a Revisão de 1997, que estabelece um direito "à organização do trabalho em condições socialmente dignificantes, de forma a facultar a realização pessoal e a permitir a conciliação da actividade profissional com a vida familiar", direito este que havia sido enfatizado no Parecer n.º 3/CITE/96 onde se curou de um caso de trabalho a tempo parcial em que alegadamente teria havido discriminação em função do sexo devido ao indeferimento patronal da pretensão formulada pela requerente). Desta forma, dois (ou mais) trabalhadores dividem entre si o salário, as funções e as responsabilidades inerentes a um posto de trabalho a tempo completo. Não se verifica uma coexistência de dois contratos a tempo parcial, como sucede com o *job-splitting*, mas antes uma obrigação de trabalho solidária assente numa ocupação permanente e conjunta de determinado posto, sem que exista uma pré-rigidificação das tarefas em concreto a exercer por cada um dos trabalhadores. Neste sentido, a partilha tanto pode incidir apenas sobre a duração do tempo de trabalho quanto sobre a essência do conteúdo funcional do emprego, tudo dependendo das qualificações dos trabalhadores envolvidos e da vontade manifestada. Sobre a questão, vd. BRUNO VENEZIANI, " La flessibilitá del lavoro ed i suoi antidoti. Un` analisi comparata", *cit.*, 247, e entre nós MARIA REDINHA, *A relação laboral fragmentada*, cit, 67 (também *Revista Valor* n.º 457 de 28 de Setembro de 2000 em que a figura é sobretudo abordada numa óptica de promoção da qualidade de vida familiar e como instrumento de estímulo de uma lógica motivacional alternativo à promoção de actividades desportivas, viagens de incentivos e *stock options* e às tradicionais formas de descentralização – assume-se ainda como um *factor* criador de emprego que fideliza o trabalhador e aumenta a partilha do risco). Sobre as diferentes possibilidades do trabalho em grupo, com a sujeição a diferentes regimes jurídicos, e entendendo, mesmo face ao art. 3.º CPT, que a situação é "*ignorada pela lei portuguesa*", cfr. MENEZES CORDEIRO, *Manual*, ob. cit., p. 610, estabelecendo também uma diferenciação entre o trabalho em grupo e o *job-sharing*. A primeira figura conhece grande expansão em alguns países, ainda que com variegações e regimes diferentes (*trabajo de grupo*, em Espanha; *conchabo*, na Argentina; *contrat d´equipe*,em França; *lavoro per squadra*, em Itália; *Gruppenarbeitsverhältnis*, na Alemanha) havendo uma assunção conjunta da obrigação de trabalhar por via da celebração de um único vínculo jurídico, formando o grupo (de trabalhadores) uma única parte contratante, existindo em geral responsabilidade solidária dos trabalhadores (que pode inclusivamente implicar que a extinção do contrato de um trabalhador implique a extinção dos demais). No plano da entidade patronal, a responsabilidade solidária adveniente da contitularidade supramencionada, havendo apenas um único trabalhador, pode contudo não decorrer directamente da vontade das partes mas antes da realidade objectivamente considerada (em sentido idêntico, VALLEBONA, cit., 683-684 e CAMPS RUIZ, "Tratamiento laboral de los grupos de sociedades", cit., 406). O STJ considerou neste contexto que não tendo o grupo personalidade jurídica não pode ser consti-

em alternativa, a um aparecimento concomitante de dois ou mais contratos de trabalho[470]. A novação pode também verificar-se[471]. Tudo

---

tuído como parte no contrato de trabalho. No Ac. de 2-12-1992 (SOUSA MACEDO) in BMJ, 422, 1993, 208, admitiu-se claramente a possibilidade de um trabalhador estar vinculado pelo mesmo contrato de trabalho, simultânea ou sucessivamente a mais do que uma sociedade (em sentido mais restritivo parece orientar-se porém o Acórdão do mesmo Tribunal de 22-5-1996 *in* AD 418, p. 1209, onde se considera, em princípio, incompatível a simultaneidade de contratos de trabalhos a não ser que haja compatibilidade de horários e acautelamento da observância do dever de lealdade do trabalhador perante as respectivas entidades patronais, orientação seguida no Ac. da Rel. Coimbra de 4-5-2000 *in* CJ, Tomo III, 2000, 60ss). A partir do momento em que se detecta o sinal distintivo da relação empregador-empregado (a subordinação jurídica) e se determina de qual ou de quais das entidades o trabalhador recebe ordens, haverá que considerar a existência de tantas entidades patronais quantas as entidades que conformam materialmente a actividade prestacional do trabalhador. No caso «*sub judice*», as sociedades em presença, sendo uma delas conhecida como sociedade mãe, exerciam actividades conjuntas e «*com meios confundidos*», tendo o Supremo considerado que encabeçavam simultaneamente a qualidade de empregador. Em sentido aproximado veja-se ainda o Ac STJ de 28-11-1990 (JAIME DE OLIVEIRA), BMJ 401, 1990, 402-411.

[470] C. WINDBICHLER, "Mobilität im konzern", ZIAS 1995, 640ss e ABEL FERREIRA, *Grupos de empresas e direito do trabalho*, cit., 151, referindo na senda da jurisprudência recenseada entre nós a inexistência de obstáculos legais à concomitância de vínculos laborais, havendo contudo que observar determinados condicionamentos de natureza fisiológica (assim, Ac STJ de 22-5-1996 in AD 418, p. 1209, onde se vai mais longe e se considera, em princípio, incompatível a simultaneidade de contratos de trabalhos a não ser que haja compatibilidade de horários e acautelamento da observância do dever de lealdade do trabalhador perante as respectivas entidades patronais) e no caso de multiplicidade de vínculos no quadro do mesmo grupo, indagando da sua configuração como expediente fraudulento destinado a iludir as normas limitativas, no plano temporal, do período normal de trabalho. Neste contexto, defendendo a presunção (*iuris tantum*) de fraude à lei quando os diferentes contratos envolvam as mesmas pessoas, manifesta-se LIBERAL FERNANDES, *Comentário às leis da Duração Trabalho e do Trabalho Suplementar*, Coimbra Editora, Coimbra, 1995, 40. A aplicação deste quadro presuntivo, sem mais, à situação de pluralidade de vínculos celebrados com empresas do mesmo grupo mostra-se contudo inextrapolável para a temática do grupo de empresas. Assim, para além do tratamento nocivo que esta posição albergaria relativamente aos grupos de empresas, que constituem uma realidade inelutável dos tempos actuais no quadro de uma economia concorrencial em que a livre iniciativa privada constitui valor nuclear não existindo, afora situações patológicas, fundamento para o encaramento do fenómeno com especial desconfiança, tratar-se-ia ainda de uma inversão do ónus da prova que careceria de especiais motivos para esse efeito, sem que neste caso pareça existir fundamento material bastante. Ademais, premissa a partir da qual devem ser analisadas todas as questões, não tendo o grupo "*qua tale*" personalidade jurídica, não cabe falar com propriedade em contratos com as "*mesmas pessoas*". Aplica-se por isso o princípio geral do art. 342.º CC.

[471] A novação subjectiva deve no entanto ser expressamente manifestada. Con-

dependerá em concreto da interpretação dos circunstancialismos subjacentes e consequentemente do respectivo enquadramento jus-laboral. Se várias empresas do grupo tiverem exercido, directa ou indirectamente, qualquer autoridade sobre os trabalhadores em questão e a situação não for enquadrável no âmbito da cedência ocasional de trabalhadores, serão tendencialmente consideradas entidades empregadoras; constituem entidades juridicamente autónomas que, ao exercer um efectivo poder de direcção sobre o traba-lhador, fazem pressupor a existência de uma relação laboral, independentemente dos laços económicos que entre elas vigorem, já que estes não podem esconder a factualidade materialmente verificada, partindo do pressuposto de que a subordinação jurídica continua a constituir o único critério disponível de averiguação da existência da relação de trabalho para efeitos de aplicação da legislação laboral[472].

---

forme estabelece o art. 859.º, a exoneração do cedente de todo o complexo de direitos e obrigações resultantes do vínculo contratual primitivamente estabelecido, constituindo a cessionária na posição de jurídica de entidade patronal por subingresso, face ao trabalhador que perante si exerce a sua actividade, deve ser acompanhada de uma manifestação de vontade nesse sentido. Pode contudo levantar-se a questão da exigência de forma escrita nos moldes desenhados no art. 8.º da LCCT e da Lei n.º 38/96 para a aplicação da figura da novação, já que esta em geral efectivar-se-á sem qualquer especialidade de forma. É que a novação, neste caso, implica a constituição de um novo complexo de direitos e deveres, extinguindo-se a relação anterior e nascendo uma outra em seu lugar. Não existindo o efeito sucessório que caracteriza estruturalmente a cessão da posição contratual ou a assunção singular de dívidas (em que não falar cabe em cessação do contrato) e existindo neste domínio uma extinção da relação contratual anterior (distrate) acompanhada estruturalmente de um novo vínculo firmado, parece ser de afastar a novação quando, para além dos requisitos previstos no Código Civil, não se atenda à necessidade de redução a escrito que a legislação laboral impõe (art. 8.º LCCT).

[472] A consabida função caracterizadora da subordinação jurídica, erigida em "*fattispecie típica unitária do direito do trabalho*" (na emblemática expressão de MENGONI em "La questione della subordinazione", RIDL, I, 1988, 8), não obstante a provável necessidade de alargamento do seu conteúdo funcional a novas situações de dependência económica, permanece como critério geral de qualificação de uma relação como relação de trabalho. É de facto a partir do desempenho da actividade "sob autoridade e direcção" de alguém que se considera existir subordinação jurídica, no sentido em que "existe uma relação de poder juridicamente regulada". Contudo, na Lei Quadro da Segurança e Saúde do trabalho, o Decreto-Lei 441/91, de 14 de Novembro, aparece desenhada uma outra noção de trabalhor, mais abrangente, que contempla estagiários, tirocinantes e aprendizes que se encontrem na dependência económica do empregador em razão dos meios de trabalho e do resultado da sua actividade. Mais: para efeitos de segurança, higiene e saúde, são também abrangidos os trabalhadores independentes. Existe neste sentido, uma filosofia acerca da relação jurídico-laboral claramente dicotómica: a LCT circunscreve-se aos trabalhadores sempre jurídica e economicamente subordinados, numa feição mais

Haverá empregador onde existir subordinação jurídica. A prestação de trabalho, de forma sucessiva, em várias empresas do grupo, pode contudo corresponder a um desenvolvimento do próprio objecto do contrato de trabalho[473], havendo sempre que atentar na coloração da vontade manifestada pelas partes[474].

---

conservadora – ao passo que para fins de segurança, higiene e saúde no trabalho, se encontram abrangidos pelos princípios de prevenção também os independentes e os economicamente dependentes, ainda que tecnicamente autónomos, o mesmo acontecendo em matéria de acidentes de trabalho – art. 2.º da Lei 100/97. Sobre o ponto, ROMANO MARTINEZ, *Acidentes de Trabalho*, Pedro Ferreira-Editor, Lisboa, 1996, 46 ss. A dependência económica funciona assim, ao lado da *parasubordinazione* italiana e dos *Arbeitnehmerähnliche Personen* germânicos, como uma via para o alargamento das fronteiras do Direito do Trabalho (MÁRIO PINTO refere-se ao critério da dependência económica como factor de alcance operatório da identificação do objecto do direito do trabalho "*apenas para identificar certas bolsas jurídicas de expansão do objecto do direito do trabalho para além do âmbito das situações típicas do trabalho subordinado*" – cfr. *Direito do trabalho*, cit., 80). No entanto, não obstante a erupção de novas necessidades sociais e de situações atípicas que desvelam o desajustamento do conceito de subordinação à realidade em que se projecta, e cuja crise não constitui fenómeno recente (Em 1984 a situação era já "denunciada" por MONTEIRO FERNANDES, "Sobre o objecto do Direito do Trabalho", in VVAA: *Temas Laborais*, Almedina, Coimbra, 1984, p.41 ss.) a nível jurisprudencial, o conceito de subordinação jurídica permanece como eixo central de análise da existência de um contrato de trabalho, havendo decisões judiciais sobre a específica impostação desta questão no quadro dos grupos de empresas. Assim, conforme se apontou, foi já decidido que «*para a determinação da entidade patronal real nos grupos de empresas, se deve apurar qual das sociedades deteve e exerceu real e efectivamente os poderes patronais...residindo o sinal distintivo das relações entre assalariado e empregador na subordinação jurídica, no exercício efectivo de uma autoridade...*» – Ac do STJ de 28-11-1990, BMJ 401, 2612. A este respeito parecia que o art. 123.º da LCT, ao definir a idade mínima de admissão ao trabalho, só seria aplicável ao "trabalho subordinado", podendo contudo ser extensível ao "trabalho autónomo" quando o tipo de prestação em questão o exigisse, nomeadamente em função da proibição constitucional do trabalho de menores em idade escolar – art. 74.º n.º 4 CRP. Foi esta a solução que acabou por ser expressamente consagrada no art. 5.º da Lei n.º 58/99 (havendo no entanto um hiato entre a idade estabelecida para a escolaridade mínima obrigatória – 15 anos – e os 16 anos definidos como limite etário *a quo* para a iniciação da relação laboral que pode potenciar o aparecimento de fenómenos de trabalho infantil neste período).

[473] No Ac. do S T J de 04-12-1997 (SOUSA LAMAS) decidiu-se inclusivamente "*que o conteúdo da prestação laboral não necessita de estar determinado. Suficiente será que, pela aplicação das normas legais a considerar ou de harmonia com os critérios acordados pelas partes, seja possível a sua determinação*". Será contudo nulo, *ex vi* do art. 280.º CC, o contrato em que o trabalhador se adstrinja a fazer tudo aquilo que for determinado pela entidade patronal. Cfr. EMMANUEL DOCKÈS, "*La détermination de l'object des obligations nées du contrat de travail*", DS, n.º 2, Fevereiro de 1997 e

BERNARDO XAVIER, *A mobilidade funcional e a nova redacção do art. 22.º da LCT*, cit., p. 58. Importa sempre atentar na configuração da empresa, no seu âmbito actuacional ou nos níveis hierárquicos, para que a aferição da latitude da indeterminação do objecto contratual seja possível.

[474] Deixamos naturalmente de parte o facto de elevadas percentagens de trabalhadores independentes exercerem a sua prestação perante entidades juridicamente diferentes mas com substracto económico comum. Constitui uma forma cada vez mais frequente de subtracção às obrigações legais inerentes ao contrato individual de trabalho e de fuga às responsabilidades perante o Estado, designadamente no que se refere às contribuições fiscais e para a Segurança Social, que ficam a cargo dos respectivos trabalhadores. Neste sentido, o Conselho da União Europeia e os representantes dos Estados-Membros reunidos no Conselho, aprovaram, em 9 de Março de 1999, uma Resolução de *"combate à fraude contra segurança social e ao trabalho não declarado"* que estabelece um código de conduta para uma melhor cooperação entre as autoridades dos Estados-Membros, designadamente em matéria de disponibilização internacional de trabalhadores.

SECÇÃO III

CONSEQUÊNCIAS DA ILICITUDE DA CEDÊNCIA OCASIONAL

1. Traços gerais

O legislador diferenciou os meios de reacção legais quanto à violação do regime da cedência ocasional de trabalhadores.
Surge, *in primis*, a cominação prevista no art. 30.º. Anteriormente, aludiu-se à deficiente redacção do preceito no que toca a violações ao disposto na al. a) do art. 27.º e à necessidade de abrangência do vício de absoluta falta de motivação. A crítica, que então se teceu, mostra-se também formulável quando esteja em causa a não oposição ao acordo de cedência de qualquer *prazo ou duração certa ou incerta*[475].

O direito de opção que é conferido ao trabalhador de integração no efectivo da empresa cessionária "*tem de ser exercido até ao termo da cedência, mediante comunicação empresas cedente e cessionária através de carta registada com aviso de recepção*" (n.º 2 do art. 30.º). Esqueceram-se, contudo, as situações em que o requisito é inobservado e em que a cedência reveste um carácter tendencialmente indefinido. Neste caso, o recurso à cedência é ilícito, determinando o art. 30.º n.º 1 a possibilidade de o trabalhador optar pela integração no efectivo do pessoal da empresa cessionária, no regime do contrato sem termo. Simplesmente, o n.º 2 vem esvaziar de conteúdo esta previsão ao impor o exercício do direito até ao termo da cedência. Todavia, não pode haver dúvidas que, em tais casos, o direito de opção do trabalhador pode ser exercido a todo o tempo. O reconhecimento

---

[475] Discordamos, conforme referimos, da posição sufragada pelo STJ, no Acórdão de 11 de Novembro de 1997 (COUTO MENDONÇA), ao entender desnecessário o exaramento no acordo de cedência do seu objecto e duração, argumentando que a lei apenas "*sanciona os negócios jurídicos de objecto indeterminável, e não, os de objecto indeterminado*".

desta faculdade opcional fundamenta-se no facto de o trabalhador já se ter desintegrado da sua anterior estrutura organizativa e querer por isso continuar ao serviço da empresa cedente. A *fortiori*, nestas situações em que a inserção se prolonga por tempo indefinido, deve o trabalhador fazer actuar a todo o momento o direito de opção que a lei lhe confere. Não podem existir situações de cedência *"ad aeternum"* com a inevitável fragmentação da relação jurídica laboral que foi assinalada. Haverá, neste contexto, que interpretar a locução termo por referência à situação material justificativa da cedência. Termo significará assim *fim da situação material*.

Quanto a este aspecto, parece clara a possibilidade de sindicância da adequação do prazo estabelecido e da sua *redução* nos termos gerais para que o negócio subsista e não fique inquinado *"in toto"*, havendo ainda que atentar na privação para o trabalhador do direito de opção. Está-se em crer que, nesta situação, só uma análise estritamente literal do preceito (em situações operativas da redução em que o trabalhador por força desta constatasse o *terminus* da duração da cedência) vedaria a actuação *postcipada* do direito potestativo de opção por força da ultrapassagem do termo de cedência. A conclusão seria no entanto precipitada e incoerente com o espírito tuitivo marcadamente presente no art. 30.°: é que, neste contexto, a expectativa de continuidade ao serviço da cessionária ter-se-á arreigado no trabalhador[476] (por força da latitude temporal que o acordo consubstanciou) e estar-se-ia a premiar a cessionária por ter acordado um prazo claramente excessivo, sabendo que a redução (judicial) para uma data anterior àquela em que o trabalhador (ainda) exerça a sua prestação laboral para si, a isentava de ter de acolher o trabalhador nos seus quadros. É o que acontece quando o trabalhador é, por exemplo, cedido para trabalhar em determinado projecto, de duração prolongada, sendo que a sua concreta tarefa no quadro desta motivação se esgota antes da conclusão do projecto[477]. Neste caso, de *duração incerta*, o acordo de cedência caduca. A

---

[476] " *O Direito tutela e cria uma rede complexa de expectativas e de orientações de acção* "vd. BAPTISTA MACHADO, "Tutela da Confiança e *Venire Contra Factum Proprium*", RLJ, Fevereiro, 1985, pg. 229. Ou seja, segundo LARENZ, *"para evitar contradições de valoração, é útil orientar a interpretação aos princípios ético-jurídicos, como o princípio da tutela da confiança e o princípio de responder pelas insuficiências do círculo negocial próprio*"(cit., 474).

[477] Por exemplo, uma análise de impacto ambiental ou uma prospecção. Constituindo estas tarefas uma prestação que se desenvolve numa fase germinal do projecto, depressa a sua necessidade se preenche. Um trabalhador, que seja cedido para realizar uma destas tarefas num projecto que previsivelmente durará três anos, depressa esgotará a sua prestação. O acordo de cedência é neste contexto objecto de caducidade.

cedência apresentou, justamente, como fundamentação, determinada função naquele concreto projecto tendo a sua vigência condicionada à sua permanência. Quando a prestação material exercida pelo trabalhador ultrapassar a *causa* justificativa do acordo de cedência, a cedência torna-se ilícita, podendo o trabalhador optar pela integração no efectivo da cessionária ou, em alternativa, manter o vínculo laboral com a empresa cedente, retornando à sua estrutura produtiva[478]. De outra forma, o expediente vulgarizar-se-ia e frustrar-se-ia a *mens legis* quanto à natureza tutelar subjacente ao regime opcional consagrado.

Por outro lado, o preceito fica também esvaziado de conteúdo útil se a empresa cedente, na sua qualidade de entidade patronal, determinar o termo da cedência e colocar o trabalhador na impossibilidade de reagir *ex post facto*. De duas uma: se o acordo de cedência não tiver qualquer prazo definido, existe uma violação do disposto no art. 28.ª que fere de ilicitude a cedência e faculta ao trabalhador o direito de opção a todo o tempo, isto é, durante o período em que materialmente labora na empresa cessionária. Neste caso, perante uma indicação de regresso inesperada dimanada da cedente, o trabalhador pode invocar a ilicitude da cedência e exercer o direito de opção de integração no quadro efectivo da cessionária ou simplesmente acatar a determinação da respectiva entidade patronal e, no quadro do contrato de trabalho existente, retornar à empresa cedente. Se a indicação inesperada do empregador surgir no decurso de um acordo de cedência, no qual tenha sido estabelecido um prazo mas em que a cedente, em violação do compromisso assumido, determine *ex abrupto* o retorno do trabalhador, a situação será mais delicada e o trabalhador não tem neste quadro qualquer possibilidade de opção pela integração no efectivo da

---

[478] Neste caso, será ainda possível uma outra construção que se afigura contudo mais articiosa e mais gravosa para o trabalhador: por aplicação analógica do art. 10.º, decorridos 10 dias após a cessação da causa justificativa do acordo de cedência, o trabalhador considerar-se-ia vinculado à empresa cessionária por contrato de trabalho sem termo. Emergiria assim um novo vínculo laboral com a empresa cessionária que vinha *hoc modo* juntar-se ao contrato de trabalho existente com a empresa cessionária. Não parece contudo possível o recurso à analogia neste domínio. O art. 29.º é preciso na remissão exclusiva para o disposto nos arts. 13.º, 20.º e 21.º, afastando no restante a disciplina *excepcional* do regime do trabalho temporário. Assim, para além de o preceito em análise (o art. 10.º) se encontrar afastado pelo regime tutelar específico consagrado para a cedência ocasional – art. 30.º – a emergência de um outro vínculo laboral pode (até pelas razões mencionadas relativamente à excepcionalidade da cominação *ope legis,* sem mais, de uma pluralidade de vínculos laborais ao nível dos grupos de empresas) mostrar-se, em absoluto, contrária ao interesse e vontade do trabalhador.

empresa cessionária se esta tiver agido de boa fé e houver cumprido todas as obrigações legalmente estabelecidas. Neste caso, a empresa cedente actua em violação do compromisso em que foi parte, respondendo nos termos gerais perante a empresa cessionária por violação de uma obrigação pregressamente assumida, mas a formulação incauta do art. 30.º coloca o trabalhador numa situação de agrilhoamento, retirando-lhe o exercício do direito de opção que, numa primeira leitura, se apresentaria sempre como mecanismo de salvaguarda da sua posição[479].

Neste quadro, a circulação de trabalhadores entre empresas, que não se mostre susceptível de subsunção a qualquer um dos institutos gerais de direito civil e laboral e se processe à margem dos requisitos impostos para a cedência ocasional de trabalhadores, conduz a uma assunção de responsabilidades conjuntas das empresas envolvidas[480], afora justamente a última situação analisada em que, quer a letra do preceito, quer a natureza do vínculo do trabalhador com a entidade cedente colocam aquele que dispõem da sua energia laborativa numa situação inerme e evidenciam a inadequação do regime garantístico que formalmente se pretendeu consagrar.

---

[479] A desobediência do trabalhador à determinação da empresa cedente pode colocar o trabalhador numa situação de infracção disciplinar que pode culminar em despedimento sem que o trabalhador tenha quaisquer garantias de que após o decurso da cedência a cessionária celebra com aquela um contrato de trabalho *duradouro*.

[480] Conforme se referiu, o art. 43.º do *Estatuto de los Trabajadores* apenas permite a cedência temporal de trabalhadores através de empresas de trabalho temporal, sendo ainda mais restritivo do que a legislação portuguesa, cominando-se a responsabilização conjunta das empresas envolvidas se a cedência não for enquadrável na Lei do Trabalho Temporário. Trata-se de um expediente cominatório semelhante ao que consta do art. 30.º LTT. Neste contexto, a jurisprudência sobre a circulação de trabalhadores em Espanha tem considerado lícita as formas de deambulação verificadas, apartando-as juridicamente da cessão ilícita de trabalhadores (restringindo-o às empresas de trabalho temporário que não tenham sido legalmente autorizadas) mas aplicando analogicamente o regime que o art. 43.º ET consagra, como única forma de garantir os direitos dos trabalhadores. O Tribunal Supremo, em sentença de 26 de Novembro de 1990 (Ar. 8605), considerou a mobilidade interempresarial como uma imposição prática das razões técnicas e organizativas derivadas da divisão de trabalho entre empresas mas sentiu necessidade de estabelecer garantias para o trabalhador. Assim, na prática, a única diferença assinalável em Espanha entre a circulação de trabalhadores (lícita) e a cessão ilícita de trabalhadores repousa na responsabilidade penal que impende sobre as empresas envolvidas nesta última operação, ou seja, empresas de "trabalho temporário" não legalizadas (que não dispõem de uma actividade produtiva específica, com património, instrumentos e maquinaria próprios), cuja única actividade constitui o fornecimento de mão de obra. Cfr. HERRERA DUQUE, cit., p. 44.

No plano contra-ordenacional, a situação mereceu também cobertura legal. A cedência ilícita no quadro da colaboração entre empresas jurídica ou financeiramente associadas ou economicamente interdependentes constitui uma contra ordenação leve nos termos da alínea d) do n.º 1 do art. 31, sendo que as situações previstas do art. 26.º, quando inquinadas de qualquer vício, são recortáveis como contra-ordenações graves por força da alínea c) do n.º 2 do art. 31[481]. Exige-se, ainda, por imposição legal, que a opção configurada tenha como único meio idóneo o envio de cartas registadas a cada uma das empresas[482].

---

[481] Para a concretização dos montantes pecuniários correspondentes ao desenho das contra-ordenações, veja-se a Lei n.º 116/99 de 4 de Agosto, que a este nível responsabiliza solidariamente cedente e cessionário quando haja cedência ocasional de trabalhadores ilícita – art 4.º n.º 1 al. c). Sobre o enquadramento neste domínio das modalidades de comparticipação, referenciando os problemas levantados pelo preceito, JOÃO SOARES RIBEIRO, *Contra-ordenações Laborais – Regime Jurídico Anotado*, Almedina, 2000, 204.

[482] Ac. da Rel. Lisboa de 20-10-93, BTE, 10-11-12, 2.ª série, Vol. 62, 1995, p. 1172, onde se pode ler "*que só a comunicação inequívoca do trabalhador cedido a ambas as empresas de que opta pelo seu ingresso nos quadros da empresa cessionária, levada a cabo por esse meio- carta registada, com aviso de recepção – é idónea para produzir o efeito jurídico da sua transferência da empresa cedente para a cessionária, deixando consequentemente de ser empregado daquela e passando a sê-lo desta*". No caso presente esteve em análise a aptidão da celebração de um contrato a termo celebrado com a empresa cessionária para produzir os efeitos a que alude o n.º 2 do art. 30.º após a comunicação da empresa cessionária no sentido da sua não renovação.

SECÇÃO IV

O ACORDO DE CEDÊNCIA E A EXTINÇÃO DE UMA EMPRESA

O legislador pretendeu, com o acrescento de um n.º 3 ao art. 28.º, regular as situações em que um dos intervenientes se extinguisse ou cessasse a actividade. Fê-lo porém de forma insuficiente e atabalhoada, em nada contribuindo para a dilucidação dos problemas virtualmente aparecíveis neste domínio.

1. Extinção da empresa cedente

A lei é absolutamente omissa quanto ao desaparecimento da entidade cedente.
De acordo com o art. 6.º, n.º 3, da LCCT, " a extinção da entidade colectiva empregadora, quando não se verifique a transmissão do estabelecimento, determina a caducidade dos contratos de trabalho...".[483]

---

[483] No sentido da não caducidade *"ipso jure"*, considerando que pode existir apenas um fundamento para o despedimento colectivo, vd ALBERTO DE SÁ E MELLO, *Extinção de contratos de trabalho por dissolução da pessoa colectiva empregadora,* RDES, Outubro-Dezembro-1997, n.º 4, 381. O autor fundamenta sobretudo esta posição no *"distinguo"* entre empresa e entidade empregadora que supra mencionámos e no equacionamento da questão da impossibilidade absoluta/definitiva face à desintegração parcial da unidade funcional e à consequente "re-afectação" dos trabalhadores em causa em outro sector ou função. Por outro lado, considera-se imperioso distinguir verdadeira e absoluta impossibilidade da simples *dificultas prestandi,* dado que, se a empresa colectiva titular sobreviver ao encerramento do estabelecimento (e atendendo à potencialidade de prosseguir o seu fim estatutário), haveria com a solução da caducidade "ope legis" um defraudamento da tutela juslaboral. Neste quadro, apenas a impossibilidade de prossecução do fim a que o estabelecimento comercial se encontrava afecto é que origina o desaparecimento ou desintegração do substracto empresarial a que se encontra ligado (algo que é avaliado contemporanea e posteriormente ao momento da ocorrência do facto), operando-se a cadu-

Crê-se ser também a consequência do contrato de cedência[484].

O contrato de trabalho do cedido que exerce a sua actividade na cessionária caduca também nos termos gerais. Não faria sentido ficcionar uma situação de prolongamento contratual até ao termo da cedência com uma entidade que já não existe se não se tiver verificado uma transmissão de estabelecimento. Não haveria quem exercesse o poder disciplinar (art. 20.º n.º 6 por remissão do art. 29.º) e a consideração de que este seria exercido pela cessionária redundaria na constatação de que seria a esta que o trabalhador estava "juridicamente subordinado", e com quem afinal mantinha um contrato de trabalho. O acordo de cedência deve ser analisado no âmbito do respectivo "contrato-quadro" – o contrato de trabalho[485]. Cessado este, cessa consequencial e naturalmente o acordo de cedência. A hipótese de manutenção do contrato de trabalho (e *ipso jure* da extinção do acordo de cedência por novação subjectiva) só será de admitir em situações *"fraudem legis"* ou de abuso de direito que conduzissem a uma superação da personalidade jurídica da entidade ora extinta, através de uma imputação dos créditos sobrevindos à entidade que disfuncionalmente

---

cidade dos contratos de trabalho com a comprovação da aludida definitividade e absolutidade da impossibilidade, sob pena de a automaticidade da cessação dos contratos por caducidade esvaziar de sentido útil a norma do art. 4.º LCCT. Caso exista transmissão do estabelecimento a que os trabalhadores antes da operação de cedência se encontravam afectos, o acordo de cedência pode caducar se entre o adquirente do estabelecimento e a empresa cessionária não existir qualquer relação jurídica ou financeira de associação ou de interdependência económica, que mantenha intocadas as preocupações legais quanto à lógica de cooperação empresarial que envolve o respectivo regime e que fundamenta, por exemplo, a responsabilidade solidária prevista no art. 30.º.

[484] Foi a solução acolhida de forma expressa no n.º 2 do art. 2.º da Lei n.º 9/2000, relativamente ao destacamento de trabalhadores para prestar trabalho em território português efectuado por empresa estabelecida noutro Estado e em que, conforme se viu e não obstante a impropriedade terminológica assinalada, se abrange também a cedência ocasional de trabalhadores. Segundo o preceito, " *é ainda necessário que o contrato de trabalho entre a empresa que efectua o destacamento e o trabalhador se mantenha durante o destacamento*". Com referência à cedência, e contrariamente ao que sucede no trabalho temporário (art. 14.º LTT), a cessação do contrato de trabalho envolve a cessação do acordo de cedência, não estando a empresa cessionária (atenta a não caracterização do acordo de cedência como uma operação com fins comerciais mediante qual a cessionária receba uma retribuição pelo exercício do seu objecto social) obrigada a colocar à disposição da entidade cessionária outro trabalhador para substituir aquele cujo contrato cessou.

[485] Pois que a natureza conectiva entre o contrato de trabalho e o acordo de cedência que foi assinalada não se compadece com os negócios de liame alternativo (*alternative Verbindung*) em que nunca existe coexistência.

originou a sua extinção. Situações em que a extinção do cedente seja de alguma forma imputável à cessionária e em que esta retire proveito de tal verificação, havendo necessidade de repor a justiça devida. Atente-se numa relação de domínio em que, por deliberação dos sócios da cessionária,[486] é dissolvida a empresa cedente, vindo a cessionária a exercer ulteriormente a mesma actividade e a aproveitar-se desse nicho de mercado[487]. Sob a figura da caducidade do contrato de trabalho, albergar-se-ia um despedimento ilícito, devendo em tais casos reconhecer-se um direito à reintegração na sociedade dominante (ou à indemnização calculada nos termos do art. 13.º n.º 3 LCCT), atenta a configuração de *fraude à lei*.[488] A má fé do então cessionário e a desprotecção iníqua dos interesses do trabalhador não podem conduzir a conclusão diferente[489]. Mas, neste caso, o regime de cedência mostra-se irrelevante, atendendo a que tal seria permitido ao trabalhador mesmo que não estivesse "cedido" e tivesse sido «despedido» à margem de qualquer acordo de cedência. O intérprete deve neste caso superar as estruturas formais e, à luz da materialidade subjacente, encontrar a solução adequada. A valoração do conspecto situacional no quadro do grupo e não apenas de cada uma das empresas que o integram, não significa, por tudo o que se disse, considerar o grupo como entidade empregadora, mas tão somente a elaboração de uma análise diferente das situações em que as autonomias jurídica e económica não quadram de forma plena[490] e em que as coordenadas do sistema juslaboral impõem uma solução que as concretize.

---

[486] Arts. 141.º, n.º 1 e 270.º do CSC. Se nada se estipular a propósito no pacto social, é necessária uma maioria de três quartos dos votos correspondentes ao capital social

[487] Não se aplicaria o art. 37.º LCT, pois, na fase de liquidação, não teria havido "transmissão do estabelecimento" da sociedade dissolvida.

[488] A qualificação é feita por Coutinho de Abreu, "Grupos de Sociedades e Direito do Trabalho", cit., p. 143. O autor *objectiva,* nesta situação, a figura, prescindindo do elemento *"animus fraudandi"* não sendo exigível a imputação objectiva nem a prova da sua intenção. Simplesmente impõe-se evitar um resultado que a lei não quer produzir atendendo aos "critérios ordenantes do sistema".

[489] *Tantum sententiam offendit et verba reservat...*

[490] Quer-nos parecer que, em qualquer situação jurídica ou economicamente vivida pela sociedade dependente ou subordinada que seja resultado de contínua acção ou instruções *desvantajosas* da sociedade-mãe, deve ser atendido o estado económico-global do grupo (o que não significará considerá-lo empregador real) mas apenas quando o vector da boa fé o imponha. O livre jogo do mercado acaba onde começa a boa fé. É aliás tentador o entendimento de que o despedimento colectivo, que se repercuta na empresa de forma parcial (isto é que atinja um ou vários centros fabris), deva ser objecto de análise num conspecto global relativo à empresa (grupo) *et universi* considerada. Neste quadro,

pareceria existir uma similitude material entre um despedimento colectivo operado no seio de uma empresa com várias unidades fabris autónomas e o despedimento colectivo efectivado no seio de um grupo em que existe uma forte interpenetração actuacional. Em Espanha, a matéria do grupo de empresas ao nível do despedimento colectivo tem aliás consagração legal expressa. O art. 51.º n.º 14 ET exige que as obrigações relativas aos despedimentos colectivos sejam cumpridas, independentemente de terem sido tomadas pela empresa detentora do vínculo laboral ou pela empresa que sobre esta exerce controlo, dando expressão à Directiva n.º 75/129/CEE (na redacção introduzida pela Directiva n.º 92/56/CEE) que obriga a entidade patronal a informar e a consultar os representantes dos trabalhadores quando a decisão do despedimento tenha sido tomada "*pelo empregador ou por uma empresa que o controle*". Ainda sobre a questão da relevância da situação económica do grupo para efeitos da necessidade de descrição dos "fundamentos económicos, financeiros ou técnicos" determinantes da decisão de despedimento, CAMPS RUIZ, ("La problematica jurídico-laboral de los grupos de sociedades", Madrid, 1987, 96 ss) defende com clareza a valoração global da situação económica do grupo, havendo contudo jurisprudência tergiversante no país vizinho com relação a esta concreta questão (Cfr HERRERA DUQUE,cit, 53). ABEL FERREIRA, em *Grupos de empresas e direito do trabalho*, cit, 178, defende uma "*adaptação funcional e casuística, face às necessidades de concretização dos preceitos legais a aplicar ao caso concreto*", mas entende que deve ser tido em conta o quadro empresarial correspondente à globalidade do grupo de empresas, sem que isso signifique a sua qualificação como entidade empregadora ou como "empresa única" (p. 202). Parece-nos, todavia, que apenas a situação da empresa enquanto tal pode relevar para efeitos da necessidade de fundamentação a que alude o art. 16.º ss da LCCT. Existem empresas diferentes, com órgãos próprios e capitais sociais distintos, cuja valoração global inibiria a constituição de grupos de sociedades no ordenamento jurídico português e mostrar-se-ia insensatamente gravosa. A situação económica da empresa e a falta de futura viabilidade podem ser perfeitamente individualizadas e exclusivamente atinentes à sua defeituosa organização e gestão. A necessidade de reorganização e adopção de medidas gestionárias viáveis são justamente um dos motivos justificativos da constituição de grupos de empresas e o atendimento da situação global do grupo poderia funcionar como um enquistamento à gestão económica racional que se busca com a firmação de relações grupais. De outra parte, a *impermeabilização* dos trabalhadores, vinculados a sociedades dominadas às situações de despedimento colectivo, configuraria um tratamento de privilégio, com foros de discriminação face aos demais trabalhadores. Por último, havendo má fé da sociedade dominante cuja situação económica não foi valorada para efeitos de aferição da fundamentação do despedimento (reiteração de instruções desvantajosas e prosseguimento da actividade exercida pela empresa-filha), encontram-se no ordenamento jurídico mecanismos que permitem restabelecer a justiça que foi preterida, fazendo sentido, sem banalização, recorrer à despersonalização jurídica com base no abuso de direito ou fraude à lei. Neste caso, o trabalhador despedido terá direito à recolocação na empresa que procedeu ao despedimento colectivo ou, em alternativa, à indemnização prevista no art. 13.º n.º 3 LCCT. Quanto ao encerramento total ou parcial da empresa e à respectiva justificação do despedimento, o Ac. do STJ de 1-01-93, na senda de BERNARDO XAVIER (*Curso*, cit., 529), considerou insindicável a decisão de gestão traduzida no encerramento, admitindo apenas a respectiva apreciação judicial em casos de encerramento simulado ou abusivo.

2. Extinção da empresa cessionária

Quando a empresa cessionária se extinguir por qualquer motivo, o acordo de cedência caduca e o trabalhador regressa à empresa cedente. É essa a solução expressa do n.º 3 do art. 28.º.

A lei determina que o trabalhador mantém "*os direitos que detinha à data do início da cedência.*" A expressão pode ser equívoca e, levada em absoluto à letra, não conduziria à contagem do tempo de antiguidade entretanto adquirido pelo trabalhador ao serviço da cessionária. Melhor seria que o legislador estabelecesse a reintegração do trabalhador na cedente, precisando a salvaguarda da contagem do aludido tempo de antiguidade, à semelhança do enunciado normativo desenhado no art. 16.º n.º 6 da LFFF.

É, no entanto, esta a única interpretação viável[491]. Durante o interim em que esteve cedido, só com a empresa cedente detem vínculo laboral (26.º n.º 1). A não ser assim, numa situação, em que exemplificadamente, o trabalhador tenha sido cedido por um período de três anos, a não contagem deste período quanto ao cálculo só se mostraria explicável se fosse considerado celebrado um novo contrato de trabalho com a empresa supostamente cedente[492]. Por isso, o tempo de trabalho prestado na empresa cessionária conta para todos os efeitos, designadamente no que se refere à antiguidade e enquanto factor de progressão na carreira, como tempo de trabalho prestado na empresa cedente[493].

---

[491] O problema ficará desde logo solucionado se considerarmos que o direito à antiguidade existe enquanto tal, ganhando uma modelação fáctica diferente (por acréscimo de anos) durante o período da cedência, o mesmo se passando por exemplo com o direito à retribuição, em que, após o regresso, deverão ser computados os acréscimos retributivos entretanto estabelecidos, no respectivo âmbito operativo. Trata-se aliás de uma decorrência legal do regime da suspensão de trabalho.

[492] Atente-se na importância da antiguidade, enquanto factor jurídico que modela a posição contratual do trabalhador (v.g. diuturnidades, promoções automáticas, *quantum* retributivo), e que reveste a maior importância no momento da cessação do contrato.

[493] Tem sido este aliás o entendimento seguido pela jurisprudência. A título exemplificativo, o Ac. Rel. Coimbra de 23-11-95, CJ, tomo V, 86.

O preceito é, ainda, aplicável, quando as bases pressuponentes da celebração do negócio desaparecerem, ou seja, quando, por exemplo, no caso concreto do Grupo de Sociedades, a cessionária deixar de pertencer ao Grupo. Equacione-se, até pela frequência da verificação, uma situação em que a sociedade dominante (empresa cedente) aliena as participações sociais detidas na sociedade dominada (empresa cessionária). A lógica de ambiente do grupo, que norteou o legislador no recorte do regime da cedência, desaparece por completo.[494] A cedência só se manterá, se não obstante o desaparecimento da relação de grupo que a justificou, *ceteris paribus*, cedente e cessionária estabelecerem uma relação de colaboração ou de associação financeira com os contornos institucionais que assinalámos, dando concretização à previsão do art. 27.º al. b)[495]. Neste caso, operar-se-á uma convolação do quadro relacional entre cedente e cessionária, que, por força do princípio da conservação dos negócios jurídicos, não afastará a vigência do acordo de cedência, cuja manutenção, afora situações de incumprimento, ocorrerá de acordo com a base factual que o justificou e com a data que as partes lhe apuseram[496]. Contudo, o desaparecimento de uma relação de grupo e a ausência de qualquer uma das formas associativas previstas no art. 27.º b), operam a caducidade do acordo de cedência. A sustentação do liame da cedência em tais moldes contenderia a fisionomia intrínseca da figura e com a estreiteza relacional que enforme o seu regime (maxime o art. 30.º). Forjar-se-ia o recurso à

---

[494] O art. 37.º não se mostra aplicável ao caso presente, porquanto não existe, desde logo, qualquer contrato de trabalho entre a empresa cessionária e o trabalhador. Na situação equacionada, mas inversamente perspectivada, isto é, havendo uma aquisição de participações da empresa cedente, a sociedade mantém-se com a mesma estruturação e personalidade jurídica e não pode ser configurada como um estabelecimento. A aquisição de títulos representativos de uma fracção ou da totalidade do capital social não produz qualquer transmissão do estabelecimento. Apenas houve uma transmissão de participações sociais, prática cada vez mais corrente, que pelo seu alcance (valor) provocou alterações na correlação de forças de controlo da sociedade e fez desaparecer a ambiência de grupo subjacente ao contrato inicial. Não se tratando de uma cisão "proprio sensu" (art. 118.º CSC que distingue as modalidades de cisão simples, dissolução e fusão) ou de uma fusão (art. 97.º CSC) não se mostra aplicável o art. 37.º, reconhecidamente aplicável às hipóteses de cisão e fusão.
[495] Por exemplo, quando a aquisição do controlo ou participações sociais qualificadas tenha sido realizada por uma outra empresa do grupo no quadro de uma estratégia de redefinição e reconfiguração empresariais. Neste caso, os pressupostos da cedência manter-se-ão e a lógica grupal subjacente ao acordo de cedência permanece intocada.
[496] Trata-se da manifestação de uma ideia de economia que justifica a consagração de certos meios técnicos no quadro do princípio *favor negotii* ou *servatis servandis*.

cedência como um expediente fácil para que, em tais situações, se desse uma libertação temporária de mão-de-obra que o cedente eventualmente tivesse em excesso para, de seguida, desfazer o *vínculo grupal* que o ligava (ou outro enquadrável na previsão da alínea b) do art. 27.º) onerando o adquirente das participações com a permanência de tais trabalhadores na estrutura organizativa da Sociedade por si controlada até ao alcance do prazo estabelecido no acordo. Quebrou-se o vínculo de confiança entre as partes materialmente actuantes[497] que até podem ter-se tornado empresas com interesses incompatíveis naquele sector de mercado[498]. Repare-se que, em tais casos, dificilmente o adquirente se aperceberia da situação, até porque os trabalhadores cedidos não estão incluídos no efectivo do pessoal da cessionária para efeitos de determinação das obrigações relativas ao número de trabalhadores empregados,[499] nem relevam para efeitos de proporções mínimas dos quadros de densidade (art. 13.º n.º 1 *ex vi* do art. 29.º). O desaparecimento deste requisito genético opera assim a caducidade do acordo de cedência, devendo o n.º 3 do art. 28.º abranger esta situação. Imageticamente, *superficies solo cedit*.

---

[497] Pense-se na aquisição das participações na sequência de uma OPA hostil em que a empresa cedente é "tomada" por uma empresa rival da cessionária e em que, nos termos do acordo de cedência, o pagamento da retribuição se encontra cometido à primeira...

[498] Trata-se, ainda, neste caso, de uma solução acomodada aos interesses do trabalhador porquanto o seu inevitável retorno à respectiva entidade patronal após o decurso do acordo de cedência, fará com que a empresa cessionária o encare com especial desconfiança face à susceptibilidade de transmissão posterior de conhecimentos e informações obtidos no decurso do seu *destacamento*.

[499] O legislador quis evitar, quer na cedência ocasional, quer no trabalho temporário, que as figuras fossem objecto de uma utilização que visasse tornear normas imperativas, sendo neste sentido fraudatórios. A inclusão desta norma procura justamente evitar uma utilização abusiva, tendo-se em vista o não atingir de certos limiares a partir dos quais existem responsabilidades sociais acrescidas (vg empresas com mais de 50 ou 200 trabalhadores) em que se impõem determinadas obrigações por força de convenções colectivas, ou determinado montante de quotização para a Segurança Social.

CAPÍTULO VI

NATUREZA JURÍDICA DA CEDÊNCIA OCASIONAL DE TRABALHADORES

Concluída a exploração da incidência jurídica da cedência ocasional de trabalhadores, e, particularmente, das linhas de força do seu regime jurídico, perpassa *"ad evidentiam"* a geração de infindáveis interrogações e, muitas vezes, de insuperáveis incoerências regulativas[500]. A figura, apesar do constrito mas deficiente regime que sobre ela incide, baseia-se, dentro das baias legais, na autonomia da vontade das partes numa primeira fase, na celebração de um contrato de trabalho e, num segundo momento analítico, na formalização de um acordo em que a disponibilidade da força de trabalho é efectivada em benefício de uma entidade estranha ao contrato de trabalho. É com base nestes dois instrumentos negociais que a cedência fica tipologicamente preenchida.

O expediente negocial, que possibilita a cedência de trabalhadores, é um acordo, de natureza acessória relativamente ao vínculo existente entre a cedente e o trabalhador.

Neste quadro, existe uma relação de interdependência entre o acordo previsto no art. 28.º e o contrato quadro que parametriza a aplicação do primeiro. A imbricação dos dois vínculos, por tudo o que se viu, empresta à figura substância peculiar, atenta a repartição de funções e competências produzidas. Existem na cedência quatro relações jurídicas; três de direito obrigacional comum, firmadas com a outorga do acordo que fundamenta a figura entre o cedente e o cessionário, entre o trabalhador e o cessionário e entre o trabalhador e o cedente.[501] Nenhum dos intervenientes é estranho ao

---

[500] A crítica é também assacada por MARIA REGINA REDINHA à regulação da figura do trabalho temporário, cuja deficiência, face às disposições remissivas componentes do regime jurídico da cedência ocasional de trabalhadores, aumentam o *conatural* labirintismo do regime desenhado no art. 26.º ss. Cfr. "Trabalho Temporário: apontamento sobre a reforma do seu jurídico" *in* VVAA: *Estudos do Instituto de Direito do Trabalho* (org. Pedro Romano Martinez), Faculdade de Direito de Lisboa, 2001, 445.

[501] Do acordo previsto no art. 28.º, emerge uma relação obrigacional conceitualmente distinta da relação laboral. O trabalhador adstringe-se a executar a sua prestação na cessionária, *como* e *quando* esta determinar, ficando vinculado ao seu exercício (perante cedente e cessionária) durante o período acordado, deixando intocado o teor do respectivo contrato de trabalho. Se, por exemplo, do acordo de cedência decorrer uma bipartição quanto ao cometimento do pagamento da retribuição – com a cedente a ter de supor-

outro. Como pressuposto desta tripolaridade posicional, existe o contrato de trabalho, que configura a relação laboral entre o cedente e o trabalhador cedido[502]. Trata-se, como se viu, de um contrato conceptualmente apartável e subjectivamente[503] diverso do acordo de cedência[504].

Assim, perante contexto tão heterodoxo, e, na impossibilidade de recorrer ao instrumentário jurídico-laboral tradicional, cabe ao intérprete a tarefa de dilucidar a sua natureza jurídica. Neste cenário, afigurar-se-ia útil a viabilização de um enquadramento consistente que permitisse a sua explicação à luz dos institutos tradicionais que o ordenamento alberga. Seria uma aproximação útil face às lacunas e deficiências técnicas do diploma que desenha a cedência ocasional. Veremos se tal é possível.

---

tar 50% do salário do trabalhador – a falta pagamento possibilita ao trabalhador o exercício do direito de resolução do acordo, deixando indemne o contrato de trabalho. Ocorrerá apenas uma produção de efeitos que enquanto tal são apartáveis do contrato de trabalho e que neste não implicam necessariamente qualquer refracção. A autonomia do acordo de cedência, em face do contrato de trabalho, radica não apenas na diferenciação subjectiva que pauta a respectica celebração e cumprimento (na cedência intervém uma entidade absolutamente estranha ao primeiro vínculo outorgado), como também na diversidade do objecto que subjaz ao acordo previsto no art. 28.º: o trabalhador compromete-se a exercer uma prestação material perante uma outra entidade, num local diferente do seu *locus laboris*, sujeitando-se à aplicação do regime específico estabelecido para a cedência. No entanto, dada a identidade dos outorgantes e a interconexão entre os tipos negociais descritos, o acordo de cedência pode produzir efeitos irradiantes sobre a manutenção do vínculo laboral que o fundamenta. Será, ainda, o caso assinalado de recusa de pagamento da retribuição por parte da empresa cedente (que invoca não ser a beneficiária directa da prestação laboral e em que o trabalhador nos termos conjugados do art. 3.º da Lei dos Salários em atraso poderá rescindir o contrato), da fruição de férias após a vigência de um acordo de cedência por um ano, ficando a entidade patronal privada de poder utilizar o trabalhador pelo gozo de férias referentes ao período em que exerceu a sua prestação na cessionária ou de um acidente de trabalho ocorrido na sua organização que pode incapacitar o trabalhador de forma definitiva para o exercício da actividade contratualmente acordada com a respectiva entidade patronal.

[502] Que justifica, conforme vimos, a insusceptibilidade de uma diminuição da retribuição auferida ou a proibição de uma desqualificação do trabalhador fora dos moldes previstos no art. 23.º LCT.

[503] Neste, intervêm três sujeitos, um dos quais absolutamente alheio à relação laboral firmada.

[504] O contrato de trabalho e o acordo de cedência não só não têm os mesmos contraentes (já que o acordo de cedência postula a intervenção de um terceiro estranho ao vínculo laboral firmado – o cedente) como também quanto ao momento da sua celebração as mais das vezes decorrerá um hiato. Acresce que cada um dos negócios mantém a sua própria finalidade independente, havendo uma conexão entre ambos dirigida à consecução de um resultado económico e social que enquanto tal (com base no que se disse) seria inacessível no estrito âmbito do contrato de trabalho.

1. Cessão de Créditos

O conceito de cessão de créditos vem previsto no art. 577.º. Assim, segundo o preceito, o credor consegue transferir para um terceiro o direito à prestação que se encontra na sua esfera jurídica.Transfere-o sem necessidade de consentimento do devedor, que nada precisa de saber (*Abtretung*), nem tão pouco colaborar para que a cessão se verifique[505]. Na cedência ocasional, existe também uma translação para o cedente do poder de direcção *et pour cause* do direito à prestação do trabalhador. O trabalhador (nesta perspectiva o devedor) tem contudo de dar o seu consentimento. A triangularidade da figura assim o impõe.

A pessoalidade inerente à natureza da prestação laboral, enquanto aspecto incindível das partes, não quadra com o regime do art. 577.º e ss[506].

Por outro lado, existe uma correspectividade obrigacional entre o trabalhador e os cedente e cessionário. A natureza sinalagmática da relação laboral entre o trabalhador e o cedente é analisável ou decomponível num feixe de direitos e obrigações não atíveis a um crédito "tout court".[507]

---

[505] VAZ SERRA, "Cessão de créditos ou de outros direitos", BMJ, número especial, 1955, 5; PIRES DE LIMA e ANTUNES VARELA, *Código Civil Anotado*, cit., 593; MENEZES CORDEIRO, *Direito das Obrigações II*, cit., 89; ALMEIDA COSTA, *Direito das Obrigações*, cit., 701.

[506] A prestação laboral encontra-se por natureza incindivelmente ligada à pessoa do trabalhador (nesta perspectiva devedor).

[507] A empresa cessionária, independentemente de suportar ou não a retribuição, encontra-se numa posição obrigacionalmente complexa, estando conforme salienta ROMANO MARTINEZ, "Cedência ocasional de trabalhadores", cit, 869, obrigada a proporcionar ao trabalhador um bom ambiente de trabalho e a garantir a laboração em condições de higiene e segurança (informando-o dos riscos inerentes ao seu posto de trabalho, assim como das medidas de protecção e prevenção face aos mesmos). A obrigação de segurança impendente sobre a cessionária, que pode ficar reforçadamente estabelecida no acordo

de cedência, deve neste contexto ser analisada à luz de contornos definíveis como seja o tipo de trabalho a efectuar, a situação técnica verificada, o avanço tecnológico existente, a índole e características da prestação contratualizada, o nível de organização empresarial, bem como assim a experiência do trabalhador aquando do início do exercício da prestação. A violação deste dever de protecção (*Schultzpflichten*) constitui uma lesão contratual positiva, que confere ao trabalhador cedido (*Leiharbeiter*) um direito à indemnnização pelos prejuízos causados. A empresa cessionária encontra-se, também, *ex vi do art. 20.º*, obrigada a facultar o acesso aos seus equipamentos sociais (se por exemplo a cessionária tiver um sistema de transportes de recolha dos respectivos trabalhadores ao domicílio ou fornecer um computador a cada um deles, este direito deverá ser reconhecido ao trabalhador cedido durante a vigência do seu *destacamento*).

2. Contrato a favor de terceiro

Estamos perante um contrato a favor de terceiro, quando, por meio de um contrato, é atribuído um benefício a um terceiro, a ele estranho, que adquire o direito a essa vantagem[508].

Esta *estraneidade* da entidade cessionária não se verifica. Conforme salienta a doutrina[509], é necessária a existência de um terceiro e a aquisição por parte deste de um direito a um benefício, sendo que, nos termos do n.º 1 do art. 444.º do Código Civil, este adquire o benefício independentemente da sua aceitação.

Na cedência, o art. 28.º é lapidar na exigência do acordo da cessionária, estabelecendo inclusivamente a forma escrita, devendo o trabalhador, dentro deste quadro, manifestar ou não a sua concordância com a operação.

Os contraentes na cedência ocasional são três e não apenas dois. A cessionária não vê entrar o direito à prestação laboral do trabalhador cedido na sua esfera jurídica por simples efeito da vontade deste e da sua entidade patronal, sendo também que, na sua qualidade de parte, é sujeito não só de direitos como também de obrigações.[510]

---

[508] DIOGO LEITE DE CAMPOS, *Contrato a favor de terceiro*, cit., 13

[509] DIOGO LEITE DE CAMPOS, *Contrato a favor de terceiro*, cit, 115; ANTUNES VARELA, cit, 410; LAURENT AYNÉS, cit., 130.

[510] Este aspecto é aliás enfocado por DIOGO LEITE DE CAMPOS como traço distintivo entre as figuras do subcontrato e do contrato a favor de terceiro. Cfr. *Contrato a favor de terceiro*, cit, 79. Ou seja, para além de na prática ficar acordado que o pagamento da retribuição ao trabalhador é feito pela cessionária, esta encontra-se ainda obrigada *ex vi* do art. 20.º a garantir o acesso do trabalhador aos seus equipamentos sociais e a assegurar-lhe o exercício da sua prestação em condições de higiene e segurança adequadas nos termos do Decreto-Lei n.º 441/91 e da Lei n.º 113/99, sob pena de responsabilidade a efectivar nos termos da Lei n.º 16/99 (art. 4.º n.º 1 al. b)).

3. Ius Variandi

O *ius variandi* é caracterizável como a faculdade anormal de o empregador "exigir ao trabalhador, temporariamente, a realização de serviços não abrangidos pelo objecto do contrato"[511]. Importa analisar a cedência à luz da definição apresentada. O Supremo Tribunal Administrativo, numa época em que a cedência tinha contornos mal definidos e em que o ordenamento laboral era fisionomicamente algo diferente, subsumiu a figura nos quadros do *ius variandi*. Este enquadramento parece contudo inaceitável, não obstante a permanência do seu acolhimento pela jurisprudência superior[512].

O desenho do instituto previsto no art. 22.º LCT tem como referência pressuponente um exercício da prestação laboral perante a mesma entidade[513]. A prestação perante uma entidade diferente, havendo uma alteração de dimensão subjectiva, não quadra tão pouco com o regime da cedência[514]. Não só no *ius variandi* não existe qualquer fragmentação jurídica da relação laboral[515], já que alteração do programa contratualmente definido mantém na respectiva entidade empregadora todos os direi-

---

[511] MONTEIRO FERNANDES, *Direito do Trabalho*, 10.º ed., cit., 197. Na perspectiva da modificabilidade unilateral, também CATARINA CARVALHO, sufragando a definição de MONTOYA MEGAR. Cfr. "O exercício do *ius variandi* no âmbito das relações individuais de trabalho e a polivalência funcional", cit., 1031.

[512] Ac. STJ. de 18 de Novembro de 1997, Processo 120/97 (ALMEIDA DEVESA) onde se pode ler que "*a cedência de trabalhadores de uma empresa a outra, com manutenção do vínculo laboral com a primeira, poderá configurar uma situação excepcional de ius variandi permitida pelo disposto no n.º 2 do art. 22.º LCT*".

[513] Conforme refere ROMANO MARTINEZ, "Cedência ocasional de trabalhadores", cit., 869, "*o ius variandi só permite alterações ao programa contratual no seio da empresa*".

[514] Diferentemente MENEZES CORDEIRO, *Manual de Direito do Trabalho*, cit, 1991, 681 admite o exercício do "*ius variandi*" fora do círculo da empresa.

[515] Na expressão de MARIA REGINA GOMES REDINHA que dá título ao seu "*Estudo sobre o trabalho temporário*".

tos e deveres inerentes a essa qualidade, como também dispensa a anuência do trabalhador. Ora, segundo se fez notar, a sua declaração de concordância constitui *"conditio sine qua non"* de todas as modalidades de cedência ocasional analisadas.

Ademais, a abdicação pelo empregador, ainda que temporariamente, da prestação principal, consubstancia iniludivelmente uma modificação substancial da posição do trabalhador[516], havendo uma alteração dos parâmetros de realização da prestação com a sujeição ao poder de direcção de uma entidade diversa, que tem uma organização produtiva diferente.

---

[516] MÁRIO PINTO/FURTADO MARTINS/NUNES DE CARVALHO, cit., 112.

4. Empreitada e Sub-Empreitada

A empreitada e a sub-empreitada constituem modalidades de contratos de prestação de serviços, cujo regime se encontra nos arts. 1207.º e ss e 1213.º e ss. do Código Civil. Semelhantemente ao que se verifica na cedência, os trabalhadores passam a trabalhar em proveito de uma pessoa com quem não detêm vínculo laboral. A empreitada e a subempreitada identificam-se contudo com o fenómeno do trabalho autónomo. Em ambas as figuras, uma das partes assume perante outra a obrigação de realizar determinada obra, de conseguir um concreto resultado material[517]. Este aspecto, traço característico das figuras, não encontra de forma alguma arrimo no desenho da cedência ocasional de trabalhadores. Nesta, por força do acordo no art. 28.º, o cedente limita-se a disponibilizar com o consentimento do trabalhador a respectiva força de trabalho, não se vinculando à produção de qualquer resultado material. Por outro lado, na empreitada/subempreitada, existe uma direcção única do empreiteiro//subempreiteiro, a quem os trabalhadores se encontram subordinados para todos os efeitos, não existindo qualquer bipartição funcional quanto à posição da entidade patronal[518]. Neste sentido, os trabalhadores do subempreiteiro não se encontram integrados na estrutura produtiva do empreiteiro, contrariamente ao que se verifica no quadro do regime regulador da cedência, com a inserção na estrutura produtiva da empresa cessionária que peculiariza a figura.

---

[517] Cfr. por todos, ROMANO MARTINEZ, *Direito das Obrigações (parte especial)*, cit., 303 ss.
[518] Ainda, ROMANO MARTINEZ, *O Subcontrato*, cit., 42.

5. Trabalho Temporário

A distinção, feita pelo legislador em sede preambular e no próprio corpo do diploma entre o trabalho temporário e a cedência ocasional, apesar da (deficiente) tentativa de regulação unitária, não deixa dúvidas quanto aos diferentes contornos dogmáticos que traçam a natureza de ambas as figuras. A exclusividade ou principalidade actuacional da empresa de trabalho temporário quanto à cedência de trabalhadores, o processo da sua constituição e regulamentação, a dispensa de qualquer relação antecedente de carácter jurídico-económico com a empresa utilizadora para a cedência do trabalhador, bem como a desnecessidade de anuência do trabalhador em ser destacado para uma outra empresa[519], são traços que apartam com clareza a fisiomonia de ambos os institutos. O fim lucrativo, que subjaz à actividade de cedência de trabalhadores da empresa de trabalho temporário e a natureza comercial da sua actividade, não encontram correspondência na figura da cedência ocasional de trabalhadores[520].

---

[519] Art. 11.º LTT.

[520] Neste sentido também o facto de o modelo apreensível do trabalho temporário assentar numa relação triangular mais difusa do que a cedência ocasional de trabalhadores é um aspecto que não tem sido devidamente assinalado enquanto traço distintivo entre as figuras. Se é certo que ambas são decomponíveis em dois vínculos, não é menos certo que, em relação ao trabalho temporário, não se estabelece entre o trabalhador e a empresa utilizadora qualquer relação jurídica autónoma de fundo convencional, pelo que a configuração tripolar associada à figura deve ser analisada no quadro de uma justaposição de duas relações interdependentes. Na cedência, o acordo desenhado no art. 28.º não prescinde do concreto consentimento do trabalhador.

6. Cessão da Posição contratual

"Nos contratos com prestações recíprocas, qualquer das partes tem a faculdade de transmitir a terceiro a sua posição contratual, desde que o outro contraente, antes ou depois da celebração do contrato, consinta na transmissão", segundo estabelece o art. 424.º CC. Resulta da definição a recondução da figura a um negócio unitário (*einheitliches Rechtsgeschäft*), mediante o qual um dos contraentes transmite a um terceiro a titularidade da relação jurídica complexa que lhe adviera desse contrato[521]. A estrutura plural commumente assinalada não se acomodaria ao figurino da cedência, já que, não ocorrendo com o acordo de cedência a translação global e definiva que enformaria a cessão da posição contratual e havendo uma fragmentação de poderes patronais entre a cedente e a cessionária, as figuras mostrar-se-iam materialmente incompatíveis. Contudo, e conforme sublinham MOTA PINTO[522] e ROMANO MARTINEZ[523], a cessão não tem de ser integral, sendo possível que, no quadro conjunto dos arts. 406.º e 424.º ss do Código Civil, não se processe uma translação absoluta da posição contratual, podendo o cedente conservar a sua posição de parte na relação contratual cedida[524]. Neste contexto, emerge uma relação triangular, em que existe apenas uma entidade patronal – a cedente- que detem o poder disciplinar, permanecendo como parte contratual ao lado do novo titular da posição contratual. A cessionária, por seu turno, exerce parte dos poderes

---

[521] ANTUNES VARELA, *Das Obrigações em geral II*, 7.º edição, 385.
[522] *Cessão da Posição Contratual*, cit. pp. 452 e 453, admitindo excepcionalmente a possibilidade.
[523] *Direito do Trabalho II*, cit. 129 e "Cedência Ocasional de trabalhadores"cit., 869. Na base da perspectiva do autor parece estar a teoria atomística (*Zerlegungstheorie*) da cessão consubstanciado num processo analítico ou de desmontagem, em termos de se ver nela uma cessão dos créditos resultantes do negócio cedido e uma assunção de dívidas com a mesma fonte.
[524] Advogando o carácter unitário (*einheitliches Rechtsgeschäft*) da cessão entre nós, cfr. ANTUNES VARELA, *Das Obrigações em geral II*, cit, 383.

arquetipicamente atribuídos à entidade patronal, estando reversamente adstrita a um conjunto de deveres que decorrem desse exercício[525], havendo alguma latitude quanto às obrigações permitidamente transferíveis[526]. Neste sentido, a natureza da cessão apresentar-se-ia como o único enquadramento normativo que permitiria explicar a imbrincada teia de relações que se estabelece entre cedente e cessionário, entre cedente e trabalhador e entre este e cessionária e que consentiria um delineamento com algum rigor das soluções aplicáveis aos conflitos de interesses potencialmente sobrevindos. O Tribunal da Relação de Coimbra caracterizou a cedência ocasional de trabalhadores como "cessão da posição contratual", semelhantemente a ROMANO MARTINEZ,[527] estando em análise uma situação de cálculo de antiguidade e de aferição de uma relação de continuidade contratual.

Não obstante, cremos que existe desde logo uma *differentia specifica*: a empresa cessionária não pode, por exemplo, opôr ao trabalhador um falta grave que este tenha cometido ao serviço da cedente, despedindo-o com justa causa, já que o exercício do poder disciplinar permanece como último reduto intangível da qualificação do trabalhador como subordinado da empresa cedente ou anular o contrato de trabalho com fundamento em erro sobre a pessoa em que lavrou o cedente aquando da contratação do trabalhador[528]. Um dos elementos axiais da cessão da posição contratual – "a oposição ao cedido dos meios de defesa do cedente derivados da relação contratual básica" – não tem nesta sede cabimento. Neste sentido, o acordo de cedência tem um âmbito de aplicação específico, diferente do que decorre do vínculo juslaboral, atendendo à modificação objectiva operada na prestação a que o trabalhador se adstringiu inicialmente a exercer. O *modo,* o *luga*r e a *duração* de trabalho

---

[525] Conforme assinala ROMANO MARTINEZ; "Cedência ocasional de trabalhadores" cit., 869, incumbe por exemplo à cessionária a obrigação de proporcionar boas condições de trabalho e de adoptar um tratamento respeitoso para como o trabalhador. Neste quadro, os deveres acessórios não são absolutamente identificáveis e vão surgindo com as circunstâncias e vicissitudes da relação contratual, "como emanação do princípio da boa fé, segundo o fim do contrato" conforme assinala MOTA PINTO, *Cessão da Posição Contratual*, cit., 348.

[526] Conforme referimos é o caso do pagamento da retribuição.

[527] Ac. Rel. Cb. De 23-11-95, CJ, Tomo V, 86-88. ROMANO MARTINEZ; *Direito do Trabalho* II, 2.º ed., cit., 128 e Cedência, cit., 869. O autor diz que a figura corresponde a uma "*cessão da posição contratual parcial, temporária e com carácter limitado*".

[528] Cfr. art. 251.º do CC. Este preceito pode no entanto ser utilizado pela cessionária para requerer a anulação do acordo de cedência nos termos do art. 287.º.

são em absoluto transmutados com a colocação do trabalhador sob o poder de direcção da cessionária[529].

De outra parte, não existe verdadeiramente uma transmissão da posição contratual de uma parte para um terceiro, cujo consentimento, segundo o art. 424.º CC, até pode ser dado anteriormente ao contrato. O art. 28.º denota clara preocupação em que o trabalhador conheça razoavelmente a identidade, a função e a estrutura produtiva da organização para onde vai laborar[530] e o legislador estabeleceu com clareza a necessidade de que o documento, que titula a cedência, contenha a sua declaração de concordância, afastando a anterioridade do consentimento[531].

Last but not least, a caracterização da cedência ocasional como cessão da posição contratual infirmaria o pressuposto em que escorámos a exposição: o trabalhador apenas tem um contrato de trabalho e uma entidade patronal. A admissibilidade de uma cessão parcial, ainda que possível, conduziria à qualificação da empresa cessionária como parte do contrato de trabalho firmado entre o trabalhador e a empresa cedente e *ipso jure* à consideração de que será também entidade patronal,[532] atenta a

---

[529] O fenómeno de transmissão (*Übertragung*) ou de assunção (*Übernahme*) implica uma tripolaridade posicional: num dos lados encontra-se a pessoa que "cede" a sua posição contratual, no outro a pessoa que a assume e, no restante, a pessoa que permanece em **idêntica** posição (*sublinhado nosso*), isto é, na posição inicial.

[530] Por isso falámos *supra* em modelo de informação.

[531] Na cessão da posição contratual, se o consentimento do cedido for anterior à cessão, a produção de efeitos só tem lugar após a notificação ou reconhecimento do contraente cedido. O reconhecimento, *nemo discrepante*, pode ser tacitamente manifestado. Cfr. Pires de Lima e Antunes Varela, *Código Civil AnotadoI*, cit., 402 (os autores apontam como exemplo "*qualquer pagamento feito ao cessionário*"). Ora na cedência, se a respectiva entidade patronal tivesse acordado com uma empresa do grupo que o trabalhador seria cedido por um período de três anos e este aparecesse nessa estrutura produtiva a exercer a prestação extrinsecamente acordada, face ao desenho da cedência ocasional, e perante a ausência de documento que titulasse a concordância do trabalhador, a cedência seria materialmente ilícita – art. 30.º – e o trabalhador disporia do direito de opção pela integração no efectivo de pessoal de qualquer uma das empresas envolvidas (ao que acresceria a aplicação da contra-ordenação prevista no art. 31.º). Não existe de todo a possibilidade de na cedência o trabalhador anuir à materialização da operação através de um consentimento tacitamente manifestado.

[532] Cfr. Romano Martinez, *O Subcontrato,* cit, 89, em que se apresenta o exemplo de um arrendatário de um prédio de dois andares que, com o consentimento do locador, cede a terceiro o arrendamento de um desses andares, passando a pagar metade da renda. Nesta situação o terceiro passa a ser arrendatário para todos os efeitos, tomando parte na relação locatícia existente. Na cedência, a empresa cessionária não passa a entidade patronal, pelo que a cessão não quadra com a lógica que permeia a figura.

modificação subjectiva verificada[533]. Se é certo que, com a cessão da posição contratual[534], pode não se registar uma completa liberação do cedente, não é menos certo que a posição contratual se transfere para o cessionário, *"não sendo a responsabilidade do cedente resultante da titularidade duma parte da relação contratual, promanando antes dum novo vínculo assumido por essa parte contratual"*.[535] Isto é, o que se transmite na cessão da posição contratual é a própria posição na relação jurídica adveniente do contrato: a posição de arrendatário, de empregador, e não o próprio contrato em si[536]. O pressuposto de cooperação interempresarial do acordo de cedência não pode ser valorado como o contrato-instrumento através do qual se efectua a transmissão de uma posição contratual. Assim sendo, não existe qualquer modificação subjectiva na relação contratual básica – o contrato de trabalho mantém-se com os mesmos sujeitos, permanecendo estático, apenas sucedendo que a este se acrescenta um outro acordo, no âmbito de uma relação de hierarquia ou de interdependência entre ambos.

A concepção do cessionário-empregador corresponderia à negação da cedência ocasional de trabalhadores e aportaria o intérprete à conclusão de uma situação de contitularidade patronal, que, no quadro do regime vigente e atendendo à temporariedade que enforma o regime previsto no art. 26.º e seguintes, seria materialmente caracterizável como uma situação de duplicidade contratual laboral temporalmente modalizada.

---

[533] Note-se que o consentimento desenhado no art. 424.º do CC, independentemente da sua qualificação como elemento constitutivo ou mero requisito de eficácia, pode ser dado antecedentemente à cessão, não se ajustando ao assentimento do trabalhador no quadro do modelo de informação que advogámos quanto à cedência ocasional de trabalhadores e que postula a sua posterioridade ao efectivo conhecimento da entidade cessionária.

[534] MOTA PINTO, *Cessão da posição contratual.*, cit, 452, alude a "*uma cláusula adrede estipulada*", admitindo a excepcionalidade da disjunção da cessão por força de uma manifestação de vontade com conteúdo negocial. Face à cedência de trabalhadores, a vontade das partes não terá qualquer relevância neste domínio, porquanto a reserva do poder disciplinar na esfera jurídica da empresa cedente constitui uma imposição legal impreterível da caracterização da figura.

[535] MOTA PINTO; *Cessão...*, cit, 452

[536] Assim RIBEIRO DE FARIA, *Direito das Obrigações II*, cit., 627. Este ponto é de facto fundamental pois a cessão tem por objecto a transmissão da posição contratual (enquanto relação obrigacional complexa) e não a transmissão do próprio contrato base, *in casu* o contrato de trabalho ou uma parcela da sua configuração.

7. Posição adoptada

Percorrido e esgotado o círculo subsuntivo da cedência ocasional nos quadros dogmáticos dos institutos jurídico-negociais instituídos, aparece mais sedimentado o desenho da sua natureza proteiforme, e percebe-se agora, com maior clareza, a amplitude da sua exorbitância do paradigma da relação jurídico-laboral.

A classificação da duidade contratual, que estrutura geneticamente a cedência, permite captar, para além de uma funcionalização teleologicamente projectada entre os dois negócios jurídicos em que o trabalhador e a entidade patronal aparecem como celebrantes, uma função paradoxal que escapa às malhas normativas da relação laboral tradicionalmente concretizada.

O cessionário recebe o trabalhador ao seu serviço, beneficiando e dirigindo a sua actividade, mas a situação não prejudica a qualidade patronal da empresa cedente no quadro desta tríplice relação, cuja estrutura não se esgota nos cânones dogmáticos dos institutos jurídico-tradicionais. A sua classificação como única contra-parte no (único) contrato de trabalho existente repousa na titularidade e exercício exclusivos do poder disciplinar, cuja materialização aparece porém cindida da autoridade e direcção e se apresenta materialmente subordinada no geral ao exercício do poder directivo exercido pela empresa cessionária[537]. A construção excogitada decorre de uma transmutação estrutural da noção económica de empregador para uma noção baseada no carácter social da função desempenhada, ainda que descarnada do auferimento dos benefícios directos da prestação de trabalho.

A relação jurídico-laboral tem (ainda) como referência pressuponente a celebração de um contrato de trabalho, havendo uma incindibilidade funcional entre este negócio e o acordo de cedência cuja análise se processa

---

[537] O poder directivo da cessionária recorta-se como uma conformação legal do nexo negocial de que a cedência é produto, havendo no entanto que afastar quaisquer tentames de recondução da cedente à condição de empregadora, atenta a dissociação *ad nauseam* apontada entre o exercício efectivo do poder directivo e a titularidade do contrato de trabalho.

nos seus estritos termos e relativamente ao qual o legislador exigiu um título de validação formal[538] que não encontra correspondência geral no princípio da liberdade de forma quanto à constituição de vínculos laborais[539]. Existe assim uma união de contratos (*verbundene Geshäfte*) funcional e necessária. Encontramos dois participantes comuns (trabalhador e entidade patronal), uma contemporaneidade de relações jurídicas assente na justaposição de dois negócios jurídicos distintos, estando o acordo de cedência balizado em termos objectivos pelo contrato de trabalho – vg *ius variandi* e impossibilidade de ultrapassagem da moldura temporal inerente à relação laboral[540]. A nulidade do contrato de trabalho, com o desaparecimento de um dos pólos referenciais da operação (a entidade empregadora a quem se encontram atribuídos a titularidade e o exercício do poder disciplinar) refractar-se-á também na validade do acordo de cedência, fazendo cessar automaticamente o acordo desenhado no art. 28.º.

A cedência corresponde, assim, mais do que à disciplina de uma situação jurídico-social com foros de inevitabilidade, a uma solução regulada de reconhecimento da autonomia da vontade na constituição de uma modificação estrutural na relação de trabalho, avultando neste contexto a relevância da concepção contratual. Isto é, não obstante a repartição dos tradicionais poderes que consubstanciam a subordinação jurídica, a relação laboral só existe se houver na sua génese um contrato de trabalho.

Assim, à guisa de proposição final, perante a falta de um regime jurídico próprio que regule as relações emergentes entre todas as partes envolvidas neste intrincado complexo negocial e face à regulamentação labiríntica e irrealista que se associa a um conjunto de deficiências técnicas e fórmulas imprecisamente utilizadas, aparecem inevitavelmente potenciadas contradições, incongruências e perplexidades a que o aplicador de direito não se poderá furtar. A resolução de todos os problemas sobrevindos, face à constatada impossibilidade de aproximação a um instituto civilístico comum, que permita colmatar as lacunas assinaladas e resolver as intrincadas questões levantantadas, terá de passar pelo recurso aos princípios gerais de direito do trabalho, concitando do intérprete um esforço contínuo de congruência teleológica e um atendimento particular à especificidade e heterogeneidade de cada um dos negócios jurídicos que entretecem a figura.

---

[538] Art. 28.º

[539] Art. 6.º LCT.

[540] A cessação do contrato de trabalho faz operar a caducidade do acordo desenhado no art. 28.º, não estando a empresa cedente, contrariamente às empresas de trabalho temporário, obrigada à substituição do trabalhador cedido.

CONCLUSÕES

1. O fenómeno regulativo da cedência ocasional de trabalhadores emerge num contexto de crise económica e social, enquanto figura que visa proporcionar às empresas expedientes contratuais de desenvolvimento de um modelo de adaptação gestionária às necessidades do mercado, inserindo-se, à época da sua normação, numa vasta paleta de medidas públicas tendentes à flexibilização do mercado de trabalho e de combate ao fenómeno do desemprego.

2. O modelo da relação jurídico-laboral, escorado na relação laborativa plenamente subordinada, aparece desfocado com o aparecimento de figuras como a cedência ocasional de trabalhadores e o trabalho temporário, em que a extracção de benefícios com a prestação de uma actividade e a respectiva conformação têm como ponto referencial uma entidade estranha ao contrato de trabalho.

3. O modelo subjacente à cedência ocasional de trabalhadores projecta o conceito de empresa enquanto realidade jurídica, cuja morfogenia levanta dificuldades operativas quanto à respectiva definição.

4. A noção de empresa no domínio jus-laboral, enquanto realidade dogmaticamente apartável do conceito de empregador (credor da prestação de trabalho e parte no contrato de trabalho), arranca de uma análise simbiótica dos vectores económico e social que pautam a confluência dos interesses heterogéneos que se projectam no seu âmbito de actuação.

5. Não obstante a crise do conceito de "incorporação do trabalhador na empresa", subjacente à desmaterialização do substracto pessoal que tradicionalmente caracterizava a estrutura empresarial e que aparece agudizada com o aparecimento de figuras como a cedência ocasional de trabalhadores, o contrato de trabalho continua a ser o único fundamento legitimante da relação laboral.

6. A estrutura das sociedades coligadas prevista no Código das Sociedades Comerciais, devido à estreiteza do respectivo regime e à sua circunscrição aplicativa a certo *tipo* de realidades empresariais, mostra-se conceitualmente insuficiente e não têm relevância operativa no domínio do Direito do Trabalho.

7. A empresa *"qua tale"* não constitui um ente subjectivável, dotado de personalidade jurídica, cabendo ao intérprete, face à necessidade de manutenção das coordenadas básicas do sistema juslaboral e tendo em atenção a fisionomia da factualidade com que se confronta, a construção de soluções materialmente adequadas que concretizem a axiologia do sistema.

8. A figura do levantamento da personalidade jurídica, em situações de fraude à lei e de abuso de direito, apruma-se como última *ratio* para a manutenção do espírito ordenante do sistema, sem que tal signifique a personificação da realidade grupo de empresas.

9. O grupo de empresas, por não ter personalidade jurídica, não pode ser parte no contrato de trabalho. A responsabilização, nas situações descritas, operará em relação à entidade cuja actuação suscita um juízo de desvalor que, enquanto tal, repugna à consciência jurídica e defrauda a tutela que o ordenamento atribui ao trabalhador.

10. O apuramento da agudeza da situação, que obriga o aplicador de direito a superar o formalismo da construção jurídica projectada na realidade, não dispensa o legislador da necessidade de formulação de um quadro normativo que vise, tanto quanto possível, estabelecer uma base de critérios atinente aos grupos de empresas, de molde a permitir uma aferição mais uniformizada da noção de *domínio,* afastando assim indagações casuísticas e fornecendo maior segurança neste espaço de análise.

11. A cedência de quadros técnicos, destinada ao exercício de funções de enquadramento ou técnicas de elevado grau, é permitida quando entre cedente e cessionário exista uma associação jurídica com projecção funcional na gestão das respectivas empresas e com contornos institucionalizados, realidade verificável no domínio dos contratos de franquia.

12. A cedência de trabalhadores, que não sejam quadros técnicos, apresenta potencialidades expansivas para contemplar uma congérie de realidade factuais que objectivem a lógica de cooperação inter-empresarial que pauta o respectivo regime.

13. A cedência constitui um desvio ao programa contratual delineado no contrato de trabalho com a intervenção de uma entidade absolutamente estranha ao vínculo firmado. O consentimento de quem dispõe da sua força de trabalho assume-se como elemento genético da operação.

14. O consentimento deve ser efectivado segundo um *modelo de informação*, num quadro analítico de ponderação pelo trabalhador das repercussões no plano profissional e familiar que a cedência comporta, dando concretização às preocupações legais dimensionadas no art. 28.º.

15. A motivação do acordo de cedência constitui um imperativo metódico na análise da licitude da operação enquanto derivação dos princípios gerais do sistema. A sua omissão torna a cedência ilícita com todas as consequências que daí defluem.

16. A temporariedade constitui um elemento intrínseco do desenho da cedência ocasional de trabalhadores, sem a qual a preocupação legal de que a prestação laboral não seja executada *ad aeternum* perante uma empresa desprovida da qualidade de entidade patronal ficaria em absoluto esvaziada.

17. Em face da ausência de um elenco tipificativo de situações que legitimem o recurso empresarial à cedência de trabalhadores, a operação torna-se possível para satisfazer necessidades de carácter estrutural ou permanente da empresa cessionária. No entanto, face às coordenadas de congruência teleológica do sistema juslaboral, a cedência que se destine ao preenchimento de necessidades permanentes ou que esteja sujeita a termo certo, não poderá exceder três anos e ultrapassar duas renovações – *nec plus ultra*.

18. Se a cedência for destinada ao preenchimento de uma necessidade pontual e transitória da empresa cessionária, é aponível um termo incerto, havendo, com a cessação da causa justificativa, uma caducidade do respectivo acordo – *cessante causa, cessat effectus*.

19. A cedência tem, também, de ser *ocasional* ou excepcional: encontra-se vedada a existência de sucessivos destacamentos do trabalhador perante outras tantas empresas, não podendo haver uma passagem fugaz pela empresa com quem o trabalhador tem um contrato de trabalho.

20. A existência de contrato de trabalho a termo não preclude a cedência de quadros técnicos, contanto que assegurada a intangibilidade da respectiva causa justificativa. A violação do regime injuntivo da contratação a termo torna a cedência ilícita, facultando ao trabalhador o exercício do direito de opção nos efectivos das empresas cedente e cessionária.

21. A diferença de regime entre a cedência de quadros técnicos e a cedência de todos os demais trabalhadores repousa primacialmente na ausência de imposição legal quanto à necessidade de os quadros técnicos se encontrarem vinculados sem termo. Ambas as modalidades de cedência são no entanto cruzáveis com outras realidades juslaborais (vg trabalho a tempo parcial) extraindo das figuras todas as potencialidades legalmente cabidas, contribuindo assim, numa perspectiva global, para a salvaguarda do respeito pela vontade de todos os *actores sociais* e para a dinamização do mercado de emprego.

22. O trabalhador cedido não pode rescindir, com justa causa, o contrato de trabalho com a empresa cedente, com fundamento em actuação exclusivamente imputável à cessionária, mas pode resolver o acordo de cedência dispondo de fundamento material para esse efeito. A rescisão com justa causa do contrato de trabalho existente só procederá com base em acção ou omissão da entidade cedente susceptível de quebrar o nexo de confiança exigido para a manutenção do contrato de trabalho.

23. O exercício do poder disciplinar, que a lei atribui em exclusividade à cedente, é indelegável na cessionária, e qualquer infracção, praticada pelo trabalhador ao serviço da cessionária que se mostre passível de acção disciplinar, só pode ser sancionada pela sua entidade patronal, contando-se o prazo para o seu exercício a partir do momento em que esta toma conhecimento da factualidade. A avaliação dos contornos da infracção é assaz complexa, podendo emergir formas de tratamento disciplinar discriminatórias face a comportamentos praticados em conjunto por trabalhadores efectivos da cessionária e trabalhadores cedidos, em que os primeiros tenham sido despedidos e os segundos fiquem impunes em virtude de omissão disciplinar da empresa cedente.

24. A empresa cedente não é responsável por danos produzidos pelo trabalhador cedido ao serviço da empresa cessionária, cabendo à última, no quadro da relação de dependência comitente/comissário, a responsabilidade por todos os prejuízos efectivamente causados.

25. O regime da cedência ocasional de trabalhadores consubstancia uma regulamentação labiríntica, irrealista e portadora de incertezas para as empresas e para os trabalhadores. A densificação material do respectivo regime e a sua autonomização sistemática no plano legal afiguram-se prementes.

26. O ordenamento faculta às partes, num pressuposto de relativa desideologização do Direito do Trabalho e de apreensão da sua matriz civilística, um conjunto de mecanismos de consensualização das respectivas vontades, que faz ressaltar *ad evidentiam* a inefectividade do desenho jurídico da cedência ocasional de trabalhadores. As preocupações operativas e as cautelas legais com a figura são evidentes, mas perdem conteúdo útil após o confronto com outros institutos civis e expedientes contratuais que permitem às partes a consecução de objectivos muito próximos daqueles que subjazeram à consagração da cedência ocasional.

27. A violação do regime da cedência ocasional de trabalhadores conduz à aplicação de coimas tipificadas e confere ao trabalhador envolvido um direito de opção pela integração no efectivo do pessoal da empresa cessionária, que tem, no entanto, de ser exercido até ao *termo* da cedência.

28. O acordo de cedência caduca não só com a extinção da empresa cessionária e com a cessação do contrato de trabalho que constitui a sua base legitimante, como também com o desaparecimento da relação de grupo que enforma o respectivo desenho.

29. A cedência recorta-se como uma figura demarcadamente específica, cuja complexa urdidura, face à constatada impossibilidade de enquadramento nos institutos jurídicos tradicionais, concita do intérprete um esforço de desconstrução analítica enquanto única fórmula capaz de desvelar a modelação jurídico-negocial bipartida que constitui a sua estrutura.

30. O Direito do Trabalho encontra-se em permanente mutação, estando cada vez mais modelado pela realidade sócio económica na procura de soluções que satisfaçam as necessidades comunitariamente sentidas e que acompanhem a realidade globalizante em curso. Neste contexto, o fenómeno da subcontratação, enquanto expediente crescentemente utilizado, obriga, à semelhança do que sucede no direito comparado, a uma regulação juridicamente adequada às relações estabelecíveis no seio desta *cadeia*.

BIBLIOGRAFIA

ABRANTES, José João
Formação e evolução histórica do Direito do Trabalho, em *Direito do Trabalho/Ensaios*, 1995.
"A redução do Período Normal de Trabalho. A Lei n.º 21/96 em questão", QL, ano IV, n.ºˢ 9-10, 1997.
A excepção de não cumprimento do contrato no direito civil português – conceito e fundamento, Coimbra, 1986.
ABREU, Jorge Coutinho de
"Grupos de sociedade e Direito do Trabalho", BFDUC, LXVI, 1990.
Da Empresarialidade – As Empresas no Direito, Coimbra, 1996.
ACAR, B. (com C. Bélier)
"Astreintes et temps de travail", DS, I, 1990.
AGUIAR, Joaquim
"Análise de grupo económico", *Análise Social*, n.º 30-31, vol. VIII, 1970.
AYNÉS, Laurent
La cession de contrat et les óperations juridiques à trois personnes, Paris, 1984.
ALBIOL MONTESINOS, I.
"Las empresas de trabajo temporal", *Tribuna Social*, n.º 43, 1994.
ALBIOL MONTESINOS, I. (com Alfonso Mellado, C.; Blasco Pellicer, A. e Goerlich Peset, J.)
Normas laborales – concordadas com la jurisprudencia de los Tribunales Constitucional y Supremo, Valencia, 2000.
ALBO GÓMEZ, P.
"Descentralización productiva, externalización y sucontratación", Al, n.º 10, 2000.
ALCAIDE CASTRO, M.
Las nuevas formas de organización del trabajo – un analisis sobre su viabilidad, Madrid, 1982.
ALIPTIEZ, A (com D. Leborgne)
L´Aprés fordisme et son espacé, Paris, 1988.
ALMEIDA, António Pereira de
Sociedades Comerciais, Coimbra, 1997.
ALMEIDA, Carlos Ferreira de
Direito Económico, Lisboa, 1982.
ALONSO OLEA, M.
Introduccion al derecho del Trabajo, 5.ª ed., 1994, Madrid.
AMADO, João Leal
"Inamovibilidade: Uma garantia Supletiva?", QL, ano I, n.º 3, 1994.

ANDRADE, Manuel de
Teoria Geral da Relação Jurídica (4.ª reimpressão), Coimbra, 1974.
ANTUNES, José Engrácia
Os Grupos de Sociedades – Estrutura e Organização Jurídica da Empresa Plurissocietária, Coimbra, 1993.
Os direitos dos sócios da sociedade-mãe na formação e direcção dos grupos societários, Porto, 1994.
ARAÚJO, Fernando
"Direito do Trabalho e Análise Económica" in VVAA: *Estudos do Instituto de Direito do Trabalho* (org. Pedro Romano Martinez), Faculdade de Direito de Lisboa, 2001.
ASCENSÃO, José de Oliveira
Direito Comercial, Volume IV, Lisboa, 1994.
Lições de Direito Comercial I, Lisboa, 1994.
O Direito – Introdução e Teoria Geral (10.ª edição), Coimbra, 1997.
BAPTISTA, Albino Mendes
Código de Processo do Trabalho Anotado, Lisboa, 2000.
BARROCAS, Manuel Pereira
"O contrato de *franchising*" em VVAA, *Novas Perspectivas do Direito Comercial*, Coimbra, 1988.
BELL, Daniel
The Coming of Post-Industrial Society- A venture in Social Forecasting, Nova Iorque, 1973.
BOYER, Robert
La Flexibilité du Travail en Europe, Paris, 1986.
BORRAJO DA CRUZ, E.
"Las empresas de trabajo temporal. Actualidad del tema", AL, n.º 15, 1993.
BOULI, G.
"A propos de la flexibilité de l'emploi: vers la fin du droit du travail", DS, 1981.
BRUNHES, B.
"La flexibilidad de la mano de obra en las empresas: estudio comparativo de cuatro países europeos", *Políticas de mercado de trabajo en los noventa*, MTSS, Madrid, 1991.
CABANILLAS SÁNCHEZ, A.
Los deberes de protección del deudor en el derecho civil en el mercantil y en el laboral, Madrid, 2000.
CALVET, Jacques
"La necessité d'une flexibilité et d'une mobilité dans l'industrie automobile contemporaine et les difficultés pour y parvenir", DS, n.º 11, 1986.
CAMANHO, Paula Ponces
"Algumas Reflexões sobre o Regime Jurídico do Contrato de Trabalho a Termo", in: VVAA, *Juris et de Jure*, Porto, 1998.
CAMANHO, Paula Ponces (com M. Cunha, S. Pais e P. Vilarinho)
"Trabalho temporário", RDES, ano VII da 2.ª Série, 1, 2 e 3, 1992.
CAMÂRA, Pedro (com P. Guerra e J. Rodrigues)
Humanator, Recursos Humanos e Sucesso Empresarial, Lisboa, 1997.
CAMPOS, Diogo Leite de
Contrato a favor de terceiro, Coimbra, 1980.
"Agrupamentos de Empresas", *Polis I,Enciclopédia da Sociedade e do Estado*, Lisboa, 1986.

CAMPS RUIZ, L.
"Tratamiento Laboral de los grupos de sociedades", AL, n.º 4, 1990.
La problematica jurídico-laboral de los grupos de sociedades, Madrid, 1987.
CANARIS, Claus- Wilhelm
Systemdenken und Systembegriff in der Jurisprudenz, 198; edição utilizada: *Pensamento Sistemático e Conceito de Sistema na Ciência do Direito*, tradução de António Menezes Cordeiro, Lisboa, 1989.
"De la maniére de constatere de combler les lacunes de la loi en droit allemand", em *Le probléme des lacunes en droit*, Bruxelles, 1968.
CANOTILHO, J. J. Gomes (com Vital Moreira)
Constituição da República Portuguesa Anotada, Coimbra, 1993.
CARVALHO, António Nunes de Carvalho
Das Carreiras Profissionais no Direito do Trabalho, dissertação de mestrado (inédita), Faculdade de Direito da Universidade Católica Portuguesa.
"O pluralismo do Direito do Trabalho" in VVAA: *III Congresso Nacional de Direito do Trabalho*, Coimbra, 2001
CARVALHO, Catarina
"*Ius Variandi* e Relações Individuais de Trabalho", in VVAA, *Juris et de Jure*, Porto, 1998
CARVALHO, José Eduardo
"Rating Social" – *Análise do valor económico-laboral nas organizações empresariais*, Lisboa, 1999.
CARVALHO, Orlando de
Critério e estrutura do estabelecimento comercial, Coimbra, 1967
"Empresa e direito do Trabalho", in VVAA, *Temas de Direito do Trabalho*, Coimbra, 1990.
CASTELLS, M.
"La era de la información. Economia, sociedad y cultura", *La sociedad red*, vol. I, Madrid, 1998.
CASTILLO, J. J. (com Ilona Kóvacs)
Novos Modelos de Produção – Trabalho e Pessoas, Oeiras, 1998.
CHACARTEGUI JÁVEGA, C.
Empresas de trabajo temporal y contrato de trabajo, Valencia, 2000.
CHRISTIAENS, Louis
A Organização Internacional do Trabalho e a Encíclica Social de João Paulo II Centesimus Annus (documentos coligidos), Lisboa, 1994.
COIMBRA, António Dias
"Grupo societário em relação de domínio total e cedência ocasional de trabalhadores: atribuição de prestação salarial complementar", RDES, ano XXXII, 1990.
"A mobilidade do trabalhador no Âmbito da Cedência Imprópria", ROA 53, III, Lisboa, 1993.
CORDEIRO, António Menezes
"Da situação jurídica laboral: perspectivas dogmáticas do Direito do Trabalho", ROA, 1982
Da Boa Fé no Direito Civil, Lisboa, 1984.
"Do contrato de Franquia ("Franchising")" – Autonomia Privada versus tipicidade negocial", ROA, ano 48, Abril, 1988, I

Introdução à tradução portuguesa de Systemdenken und Systembegriff in der Jurisprudenz v. CANARIS Claus-Wilhelm, *"Pensamento Sistemático e conceito de Sistema na ciência do Direito"*, Lisboa, 1989.
Teoria Geral do Direito Civil (2.º edição), volume I, Lisboa, 1992.
Direito das Obrigações, volumes I e II, Lisboa, 1994.
Manual de Direito do Trabalho, Coimbra, 1997
O levantamento da personalidade colectiva no direito civil e comercial, Coimbra, 2000.
Isenção de Horário – subsídios para a dogmática actual do direito da duração do trabalho, Coimbra, 2000.
"A Boa Fé nos finais do século XX", ROA, Ano 56, 1996, 905.
"Contrato-Promessa – artigo 410.º n.º 3, do Código Civil – Abuso do Direito – Inalegabilidade Formal", ROA, Ano 58, Lisboa, 1998.
"Salários em atraso e privilégios creditórios", ROA II, ano 58, 1998.
"Direito do Trabalho e Cidadania" in VVAA: *III Congresso Nacional de Direito do Trabalho*, Coimbra, 2001.

CORDEIRO, Pedro
A Desconsideração da Personalidade Jurídica das Sociedades Comerciais, Lisboa, 1989.

CORREIA, A. Ferrer
Lições de Direito Comercial I, Coimbra, 1973

CORREIA, Luís Brito
"Grupos de sociedades", in VVAA, *Novas Perspectivas do Direito Comercial*, Coimbra, 1988.

COSTA, Mário de Almeida
Direito das Obrigações, 6.ª edição, Coimbra, 1994

COTTA, Alain
Dicionário de Economia, Lisboa, 1991

CRUZ VILLALÓN, J.
"Descentralización productiva y responsabilidad laboral por contratas y subcontratas", RL, n.º 2/1992, 16ss.
"El marco jurídico de las ETT" in AAVV, *La Reforma Laboral de 1994* (org. Alárcon Caracuel), Marcial Pons, Madrid, 1994.

DANTI-JUAN, Michel
"Le détachament d'une travailleur auprés d'une autre entreprise", DS, 1985.

DIAS PEREIRA, Alexandre Libório
"Programas de Computador, Sistemas Informáticos e Comunicações Electrónicas – Alguns Aspectos Jurídico Contratuais", ROA, III, Ano 59, Dezembro 1999.

DIÉGUEZ, Gonzalo
"Nueva función del trabajo en el orden de la empresa", REDT, 62, 1993.

DICKEN, Peter
Global Shift, Londres, 1992.

DOCKÉS, Emmanuel
"La détermination de l'object des obligations nées du contrat de travail", DS, n.º 2, 1997

DRAY, Guilherme
O princípio da igualdade no direito do trabalho – sua aplicabilidade no domínio específico da formação de contratos individuais de trabalho, Coimbra, 1999.

DUPAS, Gilberto
Economia Global e Exclusão Social, Brasil, 1999.

ENGISCH, **Karl**
Introdução ao pensamento jurídico (tradução de Baptista Machado), 6.ª ed., Lisboa, 1990
FARIA, **Jorge Ribeiro**
Direito das obrigações I e II, Coimbra, 1990.
FERNANDES, **António Monteiro**
Direito do Trabalho (10.ª edição), Coimbra, 1998.
Direito do Trabalho (11.ª edição), Coimbra, 1999.
"Problemas jurídicos del trabajo realizado por mediación de empresas de trabajo temporal", REDT, 1984.
"Sobre o objecto do Direito do Trabalho", in VVAA, *Temas Laborais*, Coimbra, 1984
"O Sentido de uma Revisão Flexibilizante das Leis do Trabalho", in VVAA, *II Congresso de Direito do Trabalho*, Coimbra, 1999.
Reflexões sobre a Negociação Colectiva em Portugal", in VVAA, *III Congresso Nacional de Direito do Trabalho*, Coimbra, 2001.
FERNANDES, **Liberal**
"Alteração unilateral do horário de trabalho", QL, ano I, 3, 1994.
Comentário às leis da Duração Trabalho e do Trabalho Suplementar, Coimbra, 1995,
FERREIRA, **Abel Casimiro**
Direito do Trabalho e grupos de empresas, dissertação de mestrado (inédita), FDUL, 1996.
"Grupos de empresas e relações laborais (breve introdução ao tema)", in VVAA, *I Congresso Nacional do Direito do Trabalho*, Coimbra, 1998.
FERREIRA, **Rogério**
"Lucro", *Polis III, Encoclopédia da Sociedade e do Estado*, Lisboa, 1986.
FIGUEIRA, **Eliseu**
"Disciplina jurídica dos grupos de sociedades. Breves notas sobre o papel e a função do grupo de empresas e sua disciplina jurídica", CJ, ano XV, T. IV, Coimbra, 1990.
FIOLHIAIS, **Rui**
Sobre as Implicações Jurídico Laborais do Teletrabalho Subordinado em Portugal, Colecção Leis e Sociedade, Instituto do Emprego e Formação Profissional, Lisboa, 1998.
DIETER, **Frölich (com Colin Gill e Hubert Krieger)**
Implication du lieu de travail dans l'innovation technologique dans la Communauté européenne, Vol I, Les voies de la participation, Dublin, 99.
DURÁN LÓPEZ, **Federico**
"Globalización y relaciones de trabajo", REDT, n.º 92, 1999
FERRARO, **Giuseppe**
"Dal lavoro subordinato al lavoro autonomo", *Diritto del Lavoro e di Relazioni Industriali*, n.º 79, ano XX, 1998.
FORREST, **Humphrey**
"I valori politici della legislazione inglese sul rapporto individuale di lavoro",*Giornale di Diritto del Lavoro e di Relazioni Industriali*, n.º1, anoIV, 1982.
FRADA, **Manuel Carneiro da**
Contrato e Deveres de Protecção, Coimbra, 1994.
GASCÓN, **Olmo**
"Alteración sustancial del contrato laboral en el trabajo desarrolado através de empresas de trabajo temporal", AL, n.º 46, 1996.

GARCIA, Collado (com Baylos Grau)
Grupos de Empresas y Derecho del Trabajo. Introduccion, Madrid, 1994.
GARCIA PAREDES, M. L.
"Posición del trabajador en la subcontratación de obras y servicios", AL, n.º 3, 1994.
GHERA, Edoardo
"Mercato del Lavoro prospettive di riforma", Giornale di diritto del Lavoro e di Relazioni Industriali, n.º 16, 1982.
GOMES, Júlio V.
"Algumas reflexões sobre o ónus da prova em matéria de paridade de tratamento retributivo", *in*: VVAA, *I Congresso Nacional de Direito de Trabalho*, Lisboa, 1999.
"O Conflito entre a jurisprudência Nacional e a Jurisprudência do TJ das CCEE em Matéria de Transmissão do Estabelecimento no Direito do Trabalho: o art. 37.º da LCT e a Directiva 77/187/CEE", RDES XXXVIII (1996), n.ºˢ 1 e 4.
"Trabalho a Tempo Parcial" in VVAA: *III Congresso Nacional de Direito do Trabalho*, Coimbra, 2001, 57-92.
GOMES, Maria Irene
"Grupos de empresas e direito do trabalho", QL, 12, Ano V, Coimbra, 1998.
GÓMEZ-IGLESIAS CASAL, A.
La influencia del Derecho Romano en las modernas relaciones de trabajo, Cuadernos Civitas, Madrid, 1995.
HAURIOU, Maurice
Précis de Droit Administratif et de Droit Public, Paris, 1924.
HERRERA DUQUE, M.
Los Grupos de Empresas en el Ordenamento Jurídico Español, Valencia, 2000.
HOPT, K. J.
Groups of Companies in European Laws. Legal and Economic analysesw on Multinational Enterprises, Walter de Gruyter, Berlim e Nova Yorke, 1982.
ICHINO, Pietro
"Il Tempo di Lavoro nell`Unione europea. Direttiva Comunitaria e Tendenze degli Ordinamenti Nazionali", RIDL, n.º 2, 1998.
IRUZUBIETA FERNANDEZ, R.
El abuso del derecho y el fraude de ley en el Derecho del Trabajo, Madrid, 1989.
JACQUEMIN, A. (com B. Remiche)
Coopération entre entreprises, entreprises conjointes, stratégies industrielles et pouvoirs publics, Bruxelas, 1988.
JEANTIN, Michel
Droit des Societés, Paris, 1995.
KRAVARITOU-MANITAKIS, Yota
Nouvelles Formes de Travail: Aspects de Droit du Travail et de sécurité Sociale dans la Communauté Európéene, Dublin, 1988.
LLANO SÁNCHEZ, M.
Responsabilidad empresarial en las contratas y subcontratas, Colección Relaciones Laborales, Madrid, 1999.
LARENZ, Karl
Metodologia da Ciência do Direito, trad. Portuguesa de José Lamego, 2.ª ed., Lisboa, 1989.
LECLERCQ, Eric
Les théories du marché du travail, Paris, 1999.

LEITE, Jorge
"Observatório legislativo", QL, ano III, 1996.
"O Direito do Trabalho na crise (relatório geral)", in VVAA, *Temas de Direito do Trabalho*, Coimbra, 1990.
LEITE, Jorge (e outros)
Conselhos de empresa europeus, Lisboa, 1996
Direito Social Comunitário, Tomo I, O Direito de livre circulação dos trabalhadores comunitários – o mercado europeu de trabalho, Lisboa, 1998.
LYON-CAEN, Antoine
"Les rapports internationaux de travail", DS, 1978.
"Sur le transfert des emplois dans les groupes multinationaux", DS, 1995.
LYON-CAEN, Gérard
Le Droit du Travail Non Salarié, Paris, 1990
"Plasticité du capital et nouvelles formes d´emploi", DS, 1980, n.ºs 7-8
"La crise du droit du travail", in In Memoriam Sir Otto KahnFreund, Munique, 1980.
"La bataille truqué de la flexibilité", DS, 1985.
LOBO, Dias
Responsabilidade Objectiva do Empregador por inactividade temporária devido a perigo de lesão à vida e daúde do trabalhador, Coimbra, 1995.
LOIS BASTIDA, Fátima
La protección del inventor asalariado, Madrid, 2000
LOPES, J. Silva
"A inevitabilidade do diálogo social" in VVAA: *III Congresso Nacional de Direito do Trabalho*, Coimbra, 2001.
LOPES, Fernando Ribeiro
"A contratação colectiva", in VVAA, *I Congresso Nacional de Direito do Trabalho*, Coimbra, 1999.
KRISTENSEN, Soren
"La movilidad como proceso formativo", *Revista Europea Formación Professional*, n.º 16, 1999.
MAGANO, Octavio Bueno Magano
Os grupos de empresas no direito do trabalho, São Paulo, 1979
MACHADO, João Baptista
Introdução ao Direito e ao Discurso Legitimador, Coimbra, 1994.
Prefácio e Introdução ao Pensamento Jurídico de Karl Engisch, 5.ª ed., Lisboa, 1979.
"Tutela da Confiança e "Venire Contra Factum Proprium"", RLJ, Fevereiro, 1985.
MAGRINI, Sergio
La sostituzione soggetiva nel rapporto di lavoro, F. Angelli, Milão, 1979.
MANCINI, G. Frederico
"Direito do Trabalho e Direito Comunitário", BFDUC, vol. LXII, 1986.
MANTOVANI, Susanna
L´interposizione illecita nei rapporti di lavoro, Pádua, 1993.
MARQUES, Maria Leitão
A regulação das relações entre as empresas: o caso da subcontratação, Estudos Económicos e jurídicos, Lisboa, 1986.
Subcontratação e Autonomia Empresarial. O Caso Português, Coimbra, 1989.

MARTINEZ BARROSO, M.
"Análisis jurídico-laboral de los grupos de empresas", REDT, n.º 62, 1993.
MARTINEZ GIRON, J.
El empresario aparente, Estudos de Derecho Laboral, Madrid, 1992.
MARTINEZ MORENO, C.
"La circulácion de trabajadores entre las empresas de un mismo grupo y los derechos de antiguedad", REDT, 1992.
MARTINEZ, Pedro Romano
Acidentes de trabalho, Lisboa, 1996
O Subcontrato, Coimbra, 1989.
Cumprimento defeituoso em especial na compra e venda e na empreitada, Coimbra, 1994
"A justa causa de despedimento", inVVAA, I Congresso Nacional de Direito do Trabalho, Coimbra, 1999.
Direito do Trabalho, Lisboa, 1994
Direito do Trabalho (contrato de trabalho), Volume II, Lisboa, 1998.
"Cedência ocasional de trabalhadores – quadro jurídico", ROA, III, Ano 59, Dezembro 1999
Contratos em Especial, 1.ª edição, Lisboa, 1995.
Direito das Obrigações – contratos, Coimbra, 2000.
"Os novos horizontes do Direito do Trabalho" in VVAA: III Congresso Nacional de Direito do Trabalho, Coimbra, 2001.
MARTINEZ, Pedro Soares
Economia Política, 5.ª edição, Coimbra, 1991.
MARTINS, Costa
"O Poder Disciplinar da Entidade Patronal", in VVAA, I Congresso Nacional de Direito do Trabalho, Coimbra, 1998.
MARTINS, Pedro Furtado
"Aplicação ao trabalhador temporário da convenção colectiva de trabalho em vigor na empresa utilizadora", RDES, ano XXXVII, n.º 1,2,3, 1995.
"Algumas observações sobre o regime da transmissão do estabelecimento no direito do trabalho português", RDES, ano XXXVI, n.º 4, 1994.
Cessação do contrato de trabalho, Cascais, 1999.
"Anotação ao Acórdão da Relação do Porto de 21 de Setembro de 1992", RDES, 2.ª série, n.º 4 1992.
"Rescisão pelo trabalhador. Comunicação escrita – Anotação ao Ac. Relação de Lisboa de 22 de Janeiro", RDES, n.ºs 1-2-3-4, 1993.
"O Pluriemprego no Direito do Trabalho", in VVAA, II Congresso nacional de Direito do Trabalho, 1999.
"Despedimento Ilícito, reintegração na empresa e dever de ocupação efectiva, Suplemento de Direito e Justiça", Coimbra, 1992.
"A crise do contrato de trabalho", RDES, Outubro-Dezembro-1997, n.º 4.
MAZEAUD, Antoine
Droit du Travail, Paris, 1998
MEDEIROS, Rui
A decisão de inconstitucionalidade. Os autores, o conteúdo e os efeitos da decisão de inconstitucionalidade da lei, Univerisidade Católica, Lisboa, 1999.

MELIADÒ, Giuseppe
Il rapporto di lavoro nei gruppi di società – subordinazione e imprese a struttura complessa, Milão, 1991.
MENDES, João de Castro
Teoria Geral do Direito Civil, vol. II, Lisboa, 1979.
MENGONI, Luigi
"La questione della subordinazione", RIDL, I, 1988.
"L énciclica «Laborem exercens» e la cultura industriale", *Giornale di Diritto del Lavoro e di Relazioni Industriali*, n.º 6, ano IV, 1982.
MIRANDA, Jorge
Manual de Direito Constitucional II, Coimbra, 1992.
MIRANDA, JORGE (com M. Pedrosa Machado)
"Constitucionalidade da protecção penal dos direitos de autor e da propriedade industrial. Normas penais em branco, tipos abertos, crimes formais e interpretação conforme à Constituição", *Revista Portuguesa de Ciência Criminal*, ano 4, 4.º, Out.-Dez, 1994
MONEREO PEREZ, J. L.
Teoria Jurídica de Los Grupos de Empresas y Derecho del Trabajo,, Granada, 1997
"Aspectos Laborales de los grupos de empresas", REDT, n.º 21, 1985.
Introduccion al nuevo derecho del Trabajo – Una refléxion critica sobre el derecho flexible del Trabajo, Tirant lo Blanch, Valencia, 1996.
ANTÓNIO PINTO MONTEIRO
Sumários de Introdução ao Estudo do Direito, 1977-1978, Universidade de coimbra, 1978
MONTEIRO, Luís Henriques
"Da vontade contratual na configuração da prestação de trabalho", RDES, ano XXXII, n.º 1, 2, 3, 4, 1990.
MONTOYA MELGAR, Alfredo
Derecho del Trabajo, 4.ª ed.,Madrid,1981.
"Empresas multinacionales y relaciones de trabajo, REDT, n.º 16, 1983.
MOREIRA, Vital
Economia e Direito, separata da *Revista de Direito e Estudos Sociais*, XIX
MORALES, Osorio
"Notas para uma teoria general del contrato", *Revista de derecho Privado*, 1965
MOREIRA, Guilherme
O lucro e a questão económica, Coimbra, 1891.
MOREIRA, António
Trabalho temporário-Regime Jurídico Anotado, Coimbra, 1999
MORENO DE TORO, C.
La Responsabilidad Civil del Empresario por Actos de sus Empleados, CES, Madrid, 1999
MOURA, Barros
"Direito do Trabalho e Integração Económica", QL, ano II, n.º 5, 1995.
Compilação de Direito do Trabalho, Coimbra, 1992.
A convenção colectiva entre as fontes de Direito do Trabalho, Coimbra, 1984
MUMOT, Ulrich
Die Betriebsverfassungsrechtlichen Beteiligungsrechte bei der Beschäftigung von Leiharbeitnehmern, Bona, 1975
NETO, Francisco Amaral Neto
"Grupos de sociedades", ROA, Tomo II, ano 1987.

"Responsabilidade civil", *Polis V, Enciclopédia da Sociedade e do Estado*, Lisboa, 1990.
NEVES, Castanheira
Questão de facto – questão de direito ou o problema metodológico da juridicidade, Coimbra, 1967.
Digesta II. *Escritos acerca do Direito, do Pensamento Jurídico, da sua Metodologia e Outros*, Coimbra, 1995
OLAVO, Carlos
"O contrato de franchising", in VVAA, *Novas Perspectivas do Direito Comercial*, Coimbra, 1998.
PÁRAMO MONTERO, M.
Las responsailidades empresariales en el ámbito laboral y de Seguridad Social, CISS, Valencia, 1995.
PEDROSO, Paulo
"O Direito do Trabalho perante as transformações das Relações Laborais", *Sociedade e Trabalho*, n.º 7, Dezembro 1999.
PERALTA, Ana Maria
Direito Comercial Comparado, Lisboa, 1995
PEREIRA, Amorim
"O contrato de joint ventures", ROA IV, 1988
PESSI, Roberto
"Rapporti di Lavoro atipici tra Autonomia e Subordinazione nella Prospettiva dell'Integrazione Europea", RDIL I, 1992.
PINHEIRO, Luís de Lima
Joint Venture, Contrato de Empreendimento Comum em Direito Internacional Privado,, Lisboa, 1998
PINTO, Carlos Mota
Cessão da posição contratual (reimpressão), Coimbra, 1982.
Teoria Geral do Direito Civil, 3.ª edição, Coimbra, 1992
PINTO, Mário
Direito do Trabalho – Introdução e Relações Colectivas de Trabalho, Lisboa, 1996
"A função do Direito do Trabalho e a crise actual", RDES, n.º 1, 1986
PINTO, Mário (e outros)
Comentário às leis do trabalho, Vol. I, Lex, Lisboa, 1994.
Glossário de Direito do Trabalho e Relações Industriais, Lisboa, Universidade Católica Editora, 1996.
PITT, Gwineth
Cases and materials in Employment Law, Second Edition, Londres, 1998
PROENÇA, João
"A Inevitabilidade do Diálogo Social" *in VVAA: III Congresso Nacional de Direito do Trabalho*, Coimbra, 2001.
RAMALHO, Maria do Rosário
– *Do fundamento do poder disciplinar laboral*, Coimbra, 1993.
"Sobre os limites do poder disciplinar", in VVAA, *I Congresso Nacional de Direito do Trabalho*, Coimbra, 1999.
"Ainda a crise do Direito Laboral: a erosão da relação de trabalho «típica» e o futuro do Direito do Trabalho" in VVAA: *III Congresso Nacional de Direito do Trabalho*, Coimbra, 2001.

Ramos, Rui Moura
Da lei aplicável ao contrato de trabalho internacional, Almedina, Coimbra, 1991
Redinha, Maria Regina
"Empresa de trabalho temporário", RDE, ano X-XI, 1984/5
"Da cedência ocasional de trabalhadores", QL, ano I, I, 1994
"Trabalho temporário", QL, ano I, 3, 1994
A Relação laboral fragmentada – estudo sobre o trabalho temporário, BFDUC, STVDIA IVRIDICA 12, Coimbra, 1995
"A mobilidade interempresarial na contratação colectiva", QL, ano III, 8, 1996.
"A Precariedade do emprego -Uma interpelação ao Direito do Trabalho", in VVAA, *I Congresso Nacional de Trabalho*, 1998.
"Trabalho Temporário: apontamento sobre a reforma do seu jurídico" in VVAA: *Estudos do Instituto de Direito do Trabalho* (org. Pedro Romano Martinez), Faculdade de Direito de Lisboa, 2001.
Reis, Célia Afonso
Cedência de Trabalhadores, Almedina, Coimbra, 2000.
Renshaw, Geoffrey
Reajustamento e comportamento da economia dos países industrializados: uma síntese, Lisboa, 1993.
Rhodes, Martin (com M. Ferrera e A. Hemerijck)
The Future of Social europe, recasting work and welfare in the new Economy, Oeiras, 2000.
Ribeiro, João Soares
Contra-Ordenações Laborais – Regime Jurídico Anotado, Coimbra, 2000
Rifkin, Jeremy
La fine del Lavoro.Il declino della forza del lavoro globale e l'avvento dell'era post-mercato, Varese, 1995.
A Era do Acesso. A Revolução da Nova Economia (Tradução de Miguel Serras Pereira de "The Age of Acess"), Lisboa, 2001
Robertis, F. M.
I raporti di lavoro nel diritto romano, Milão, 1946.
Rodrigues, Maria João
– *Competitividade e Recursos Humanos*, Lisboa, 1991.
Rojo, A.
"Los Grupos de sociedades en el Derecho español", RDM 1996.
Roppo, Enzo
O Contrato (tradução de Ana Coimbra e M. Januário Gomes), Coimbra, 1988.
Sá, F. Cunha de
– *O direito ao cumprimento e direito a cumprir*, Coimbra, 1997.
Sanches, J. Saldanha
"Retenções na fonte do IRS: uma interpretação conforme à Constituição", *Revista Fisco*, n.ºs 12 e 13, Out. 1989.
Santos, Américo Ramos dos
"A Estratégia Europeia para o Emprego, a implementação dos planos de acção para o emprego e os desafios para o futuro", *Comunicação* (inédita) Instituto Superior de Gestão, Évora, 14 de Fevereiro de 2000.
Santos, Boaventura de Sousa (com J. Reis e M. L. Marques)
"O Estado e as transformações recentes da Relação salarial – A transição para um novo

modelo de regulação da Economia", in VVAA, *Temas de Direito do Trabalho*, Coimbra, 1990

Santos, Sabina Pereira
Direito do Trabalho e Política Social na União Europeia, Lisboa, 1999

Simões, Vítor Corado
Inovação e gestão em PME Industriais portuguesas, Lisboa, 1996

Savatier, Jean
"Modification unilatérale du contrat de travail et respect des engagements contractuels", DS, n.º 2, 1988.
"L´unité économique et sociale entre personnes morales juridiquement distincts", DS, 1986, n.º1.

Sendim, José
"Notas sobre o princípio da conexão mais estreita no Direito Internacional Privado Matrimonial Português", *Direito e Justiça*, Vol. VII, 1993.

Silva, João Calvão da
Responsabilidade Civil do produtor, Coimbra, 1990.

Silva, Maria Manuela Maia
"Mobilidade Profissional", QL, n.º 9-10, ano 1997.
"Os direitos constitucionais dos trabalhadores e a sua articulação com o direito ordinário" in VVAA: *III Congresso Nacional de Direito do Trabalho*, Coimbra, 2001

Sousa, António de
"Chefia da Empresa", *Polis Vol. I, Enciclopédia da Sociedade e do Estado*, Lisboa

Sousa, Maria José
Teletrabalho em Portugal – Difusão e condicionantes, Lisboa, 1999

Stahl, Thomas (com Barry Nyhan e Piera d´Aloja)
A organização qualificante – uma visão para o desenvolvimento dos recursos humanos, Lisboa, 1993.

Teixeira, Cláudio
Organização do Trabalho e Factor Humano, do Instrumento ao Actor, Lisboa, 1996.

Telles, Inocêncio Galvão
Direito das Obrigações, 7.ª edição, Coimbra, 1997

Teyssié, Bernard
"Les groupements d´employeurs", DS, n.º 2, 1986.
Droit Européen du Travail, ed. Litec, Paris, 2001

Thilbaut Aranda, J.
El Teletrabajo – análisis jurídico-laboral, CES, Madrid, 2000.

Touraine, Alain
Critique de la modernité, Paris, 1992

Treu, Tiziano
"La flexibilité du travail en Europe", *International Labour Review*, vol. 131, n.º 4-5,1992.

Treu, Tiziano (com Rocella)
Diritto del lavoro della Comunità Europea, Pádua, 1992.

Trigo, Maria da Graça
"Grupos de Sociedades", *O Direito*, ano 12,1, 1991.

Trigo, Maria Márcia
"Economia da Informação e do Saber", *Sociedade e Trabalho*, n.º 4, Março, 1999, Lisboa

VARELA, João Antunes
Código Civil Anotado, Vol. I, 3.º edição revista e actualizada, Coimbra., 1986.
Das Obrigações em geral I, 8.º edição, 1994.
Das Obrigações em geral, Vol. II, 7.ª ed., Coimbra, 1999.
VALLEBONA, Antonio
"Problemi del rapporto di lavoro nei gruppi di societá", *Giornale di Diritto del Lavoro e di relazioni Industriali*, n.º 16, 1982.
VASCONCELOS, Pedro Pais
Contratos Atípicos, Coimbra, 1995
VAZ, Teresa Anselmo
"A responsabilidade do accionista controlador", *O Direito*, ano 128.º, III-IV 1996.
VENEZIANI, Bruno
"La flessibilitá del lavoro e suoi antidoti", *Giornale di Diritto del Lavoro e di Relazioni industriali* n.º 58, 1993.
VENTURA, Raúl
"Primeiras notas sobre o contrato de consórcio", ROA, Volume III, 1981
Novos Estudos sobre Sociedades Anónimas e Sociedades em Nome Colectivo, Coimbra, 1994
"Grupos de Sociedades – uma introdução comparativa a propósito de um Projecto Preliminar de Directiva da CEE", ROA, ano 41, 1981.
"Primeiras notas sobre o contrato de consórcio", ROA, 1981, III.
"Sociedades complementares", RFDUL, XXVI, XXIV, 1972.
Teoria da Relação Jurídica de Trabalho. Estudo de Direito Privado, Porto, 1944.
XARDEL, D. (com Tarondeau)
La Distribution, Paris, 1992.
XAVIER, Bernardo Lobo
Curso de Direito do Trabalho (2.ª edição com aditamento de actualização), Lisboa, 1999.
"O direito do trabalho na crise (Portugal)" in VVAA, *Temas de Direito do Trabalho*, Coimbra, 1990.
O Direito da Greve, Lisboa, 1984.
" A crise e alguns institutos de Direito do Trabalho", RDES, Ano XXXVI, n.º 4, 1994
" Flexibilidade e Mobilidade "in VVAA, *I Congresso Nacional de Direito do Trabalho- -Memórias*, 1998.
"Direito do Trabalho", *Polis, vol. II, Encoclopédia da Sociedade e do Estado*, Lisboa.
"A mobilidade funcional e a nova redacção do art. 22.º da LCT", RDES, Janeiro- -Setembro, 1998
O Despedimento Colectivo no dimensionamento da empresa, Verbo, Lisboa, 2000.
" A matriz constitucional do Direito do Trabalho" in VVAA: *III Congresso Nacional de Direito do Trabalho*, Coimbra, 2001.
XAVIER, Bernardo Lobo (com P. F. Martins)
"Cessão da posição contratual laboral. Relevância dos grupos económicos. Regras de contagem de antiguidade", RDES, Ano XXXVI, n.º 4, 1994.
XAVIER, Brito
"A Crise do Direito do Trabalho" *in* VVAA: *III Congresso Nacional de Direito do Trabalho*, Coimbra, 2001.
WINDBICHLER, C.
"Mobilität im konzern", ZIAS 1995

WOOLDBRIDGE, F.
"Aspects of the Regulation of Groups of Companies in European Law, DRURY e XUEREB (eds.), *European Company Laws*, Aldershot, Darthmouth, 1991,

ZANELLI, Pietro
Impresa, Lavoro e Innovacione Tecnologica, Milão, 1985.

ÍNDICE

1. MODO DE CITAR 7
2. LEGENDA 9
3. INTRODUÇÃO 11

CAPÍTULO I
FUNDAMENTOS SOCIAIS E ECONÓMICOS DA CEDÊNCIA

1. A crise económica e social e os novos rumos jus-laborais 17
2. A cedência como epifenómeno 29
3. A cedência no quadro normativo nacional 33

CAPÍTULO II
GRUPOS DE EMPRESAS

SECÇÃO I
A EMPRESA

1. Conceito de empresa 41
2. Estiolamento da matriz empresarial tradicional 49

SECÇÃO II
NOÇÃO E TIPOLOGIA DOS GRUPOS

1. Grupos de Sociedades no Código das Sociedades Comerciais ... 53
2. Grupos de empresas na ordem jurídica e económica 57

CAPÍTULO III
DELIMITAÇÃO CONCEPTUAL DA CEDÊNCIA OCASIONAL DE TRABALHADORES

1. Conceito 79
2. Modalidades de cedência 83

SECÇÃO I
CEDÊNCIA DE QUADROS TÉCNICOS

1. Quadro subjectivo – Empresas entre si associadas ou pertencentes a um mesmo agrupamento de empresas 85
2. Conceito de quadros técnicos 93
3. Funções de enquadramento ou técnicas de elevado grau 95

SECÇÃO II
CEDÊNCIA DE TRABALHADORES

1. Quadro subjectivo – Empresas jurídica ou financeiramente associadas ou economicamente interdependentes 97

SECÇÃO III
REQUISITOS COMUNS A TODAS AS MODALIDADES DE CEDÊNCIA

1. Consentimento do trabalhador 101
2. Modelo de informação 111
3. Necessidade de motivação do acordo de cedência 115
4. Temporariedade 121
5. Ocasionalidade 131
6. Existência de contrato de trabalho sem termo? 137
7. Diferença entre a cedência de trabalhadores e de quadros técnicos 145

CAPÍTULO IV
ASPECTOS FUNDAMENTAIS DO REGIME DA CEDÊNCIA OCASIONAL

SECÇÃO I
A NATUREZA DO VÍNCULO COM A EMPRESA CEDENTE

1. Aspectos gerais e direitos do trabalhador 149
2. Fisionomia do acordo de cedência 153
3. Direito de rescisão 159

SECÇÃO II
A NATUREZA DO VÍNCULO COM A EMPRESA CESSIONÁRIA

1. Aspectos gerais 165
2. Responsabilidade por danos ocasionados pelo trabalhador 173

CAPÍTULO V
INEFECTIVIDADE NORMATIVA DA CEDÊNCIA OCASIONAL

1. Considerações gerais 181

SECÇÃO I
A CEDÊNCIA OCASIONAL PERANTE FIGURAS CONCORRENTES

1. Comissão de Serviço 187
2. Suspensão do contrato de trabalho 189
3. Cessão da posição contratual 191
4. Contrato a favor de terceiro 199
5. Cláusulas de mobilidade 207
6. Subcontratação 215

SECÇÃO II
DETERMINAÇÃO DO EMPREGADOR
NO ÂMBITO DE UMA POLÍTICA DE MOBILIDADE

1. Enquadramento 231

SECÇÃO III
CONSEQUÊNCIAS DA ILICITUDE DA CEDÊNCIA OCASIONAL

1. Traços gerais 237

SECÇÃO IV
O ACORDO DE CEDÊNCIA E A EXTINÇÃO DE UMA EMPRESA

1. Extinção da empresa cedente 243
2. Extinção da empresa cessionária 247

CAPÍTULO VI
A NATUREZA JURÍDICA DA CEDÊNCIA OCASIONAL

1. Cessão de créditos 255
2. Contrato a favor de terceiro 257
3. Ius variandi 259
4. Empreitada e sub-empreitada 261
5. Trabalho Temporário 263
6. Cessão da posição contratual 265
7. Posição adoptada 269

CONCLUSÕES 271
BIBLIOGRAFIA 277
ÍNDICE 291